I0715309

100 HISTOIRES SUR L'IMPRIMERIE QUI ONT MARQUÉ LE MONDE

www.royalcollins.com

100 HISTOIRES SUR L'IMPRIMERIE QUI ONT MARQUÉ LE MONDE

Li Ying

Traduction : Li Hainan
Relecture et correction : Agnès Belotel-Grenié

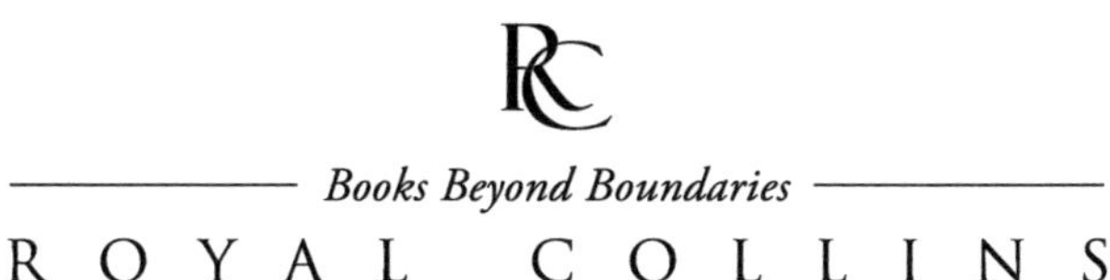

100 histoires sur l'imprimerie qui ont marqué le monde

Par Li Ying

Traduction : Li Hainan
Relecture et correction : Agnès Belotel-Grenié

Première édition française 2024
Par le groupe Royal Collins Publishing Group Inc.
550-555 boul. René-Lévesque O Montréal (Québec) H2Z1B1 Canada
www.royalcollins.com

© Li Ying, 2024
Édition originale © Elephant Press Co., Ltd.

Tous droits réservés. Aucune partie de cette publication ne peut être reproduite, stockée dans un système de récupération de données ou transmise, sous quelque forme ou par quelque moyen que ce soit, électronique, mécanique, ou autre, sans l'autorisation écrite de l'éditeur.

ISBN : 978-1-4878-1279-9

Table des matières

Avant-propos

Comme nous le savons tous, l'Afrique ancienne, en particulier l'Égypte ancienne, a créé une splendide civilisation. Puis, avec l'invention et le développement de la fabrication du papier et de l'imprimerie, la fleur de la civilisation s'est épanouie dans l'Est de la Chine. Avec l'essor de l'imprimerie en Europe, la lumière de la civilisation a de nouveau changé d'orientation. C'est un phénomène culturel que l'on peut résumer aujourd'hui à travers le long fleuve de l'histoire, et en même temps, il nous inspire : la technologie de l'héritage et de la transmission de culture est la condition préalable et le levier pour conduire le progrès de la civilisation. Alors, où se trouve le centre de la prochaine civilisation mondiale ? La réponse peut être grossièrement trouvée, et elle devrait être « Celui qui gagne le réseau gagnera le monde ».

La Chine est la patrie de l'imprimerie. Dans le long processus de civilisation humaine, la nation chinoise travailleuse et intelligente a inventé l'imprimerie. Cette invention importante a permis à la culture chinoise de se succéder, elle lui a permis également de communiquer et de se répandre dans le monde. Depuis l'invention de l'imprimerie, d'une part, la technologie d'impression a obtenu des résultats spectaculaires en reposant sur les échanges des civilisations, d'une autre part, l'imprimerie est elle-même un fort outil pour encourager les échanges des civilisations, qui a beaucoup contribué pour promouvoir le progrès de la civilisation humaine et la diversité culturelle.

Cependant, depuis la guerre de l'opium qui a marqué le début de l'histoire moderne de la Chine, l'influence de la culture chinoise a diminué et les préjugés contre l'idéologie ont approfondi l'incompréhension de certains pays

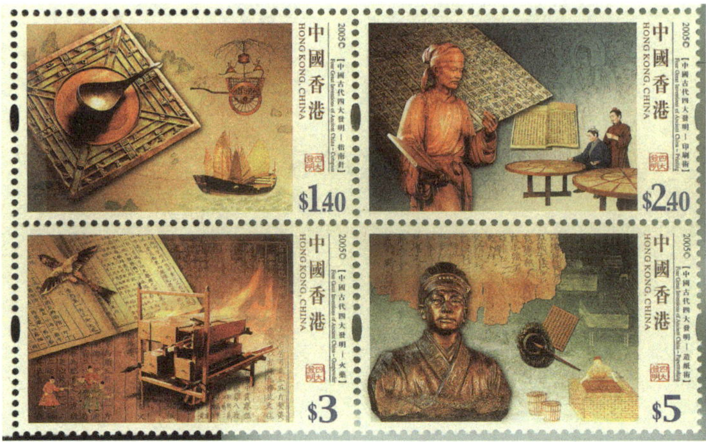

Timbres spéciaux
« Quatre grandes
inventions de la
Chine ancienne »
émis à Hong Kong
en 2005

à l'égard de la Chine. Bien que l'imprimerie ait été inventée en Chine, l'essor de la discipline de l'histoire de l'imprimerie trouve son origine en Occident. Par conséquent, l'histoire de l'imprimerie est essentiellement construite par le système de discours occidental. Dans la nouvelle ère, l'importance de raconter l'histoire de l'imprimerie chinoise n'a jamais été aussi accentuée qu'elle ne l'est aujourd'hui. Nous devons non seulement bien raconter nos propres histoires, mais aussi raconter clairement les histoires du monde. Ce n'est qu'ainsi que nous pourrons continuer à éliminer les lacunes causées par l'asymétrie de l'information. Il faut raconter non seulement la légende orientale de l'imprimerie, mais aussi la diffusion mondiale de l'imprimerie ; non seulement les histoires chinoises sur l'imprimerie, mais aussi les histoires mondiales de l'imprimerie ; non seulement la grande contribution de l'imprimerie, mais aussi la pensée, même l'hostilité, du nihilisme historique. La meilleure façon de répondre au défi du nihilisme historique est de replacer les histoires chinoises dans l'environnement mondial, d'utiliser une comparaison entre l'histoire et aujourd'hui ainsi qu'entre l'Orient et l'Occident, de briser le système de discours académique occidental formé dans le monde moderne, d'établir un système de discours chinois contemporain, de parler de la Chine, d'ouvrir les yeux pour voir le monde et de construire un consensus dans « la vue horizontale comme crête et la vue latérale comme sommet ».

Connecter la Chine et les pays étrangers, ainsi que communiquer avec le monde à travers la narration est l'intention initiale de l'écriture de ce livre. Chaque histoire peut relier des personnes, des objets, des techniques et des arts dans la longue histoire de l'imprimerie chinoise et étrangère. Chaque histoire, langage profond et subtil, peut inspirer la réflexion. Imaginez, sans l'invention de l'imprimerie, la civilisation chinoise aurait-elle pu s'épanouir au Moyen-Âge ? La culture chinoise aurait-elle pu être transmise de génération en génération ? L'Occident aurait-il pu mettre fin à l' « Âge des ténèbres » ?

Les réponses se trouvent dans le livre. Ce livre ne présente pas seulement le Chinois Bi Sheng[1], mais aussi de nombreux « Bi Sheng étrangers » que vous connaissez et que vous ne connaissez pas. Il n'y a pas seulement des images imprimées de livres, mais aussi celles de cartes, de billets de banque, de timbres, etc. Ce livre est basé sur des images historiques et vivantes des cultures de l'imprimerie à travers le monde afin de raconter l'histoire de « l'imprimerie chinoise et du monde ».

Les civilisations s'enrichissent par les échanges, et fleurissent par les apprentissages mutuels. Nous espérons que la publication de ce livre favorisera davantage les échanges et les apprentissages mutuels dans la communauté internationale de l'histoire de l'imprimerie.

La nation chinoise était autrefois unique dans le domaine de l'impression, et la technique d'impression s'est enracinée dans le monde entier, répandant des branches et des feuilles, épanouissant des fleurs. Dans la nouvelle ère, nous attendons de nos scientifiques qu'ils reprennent confiance et visent de nouveaux sommets.

---

[1] NdT : Inventeur chinois de la dynastie des Song du Nord, inventeur de l'imprimerie à caractères mobiles.

CHAPITRE I

Histoire de l'imprimerie

Pour la nation chinoise, le mot « imprimerie » possède des attributs à la fois culturels et techniques, ainsi que des sentiments nationaux particuliers. Elle n'est pas seulement connue comme l'une des quatre grandes inventions de la Chine ancienne, mais aussi comme la « Mère de la civilisation ». Aux yeux de Marx, l'imprimerie est un « outil », un « moyen » et un « levier ». Sous la plume d'Engels, l'imprimerie est une « lumière » et un « dieu sublime ». Les Chinois ont d'abord inventé l'impression par bloc xylographique. Afin de répondre à divers besoins, ils ont continué à innover dans la technologie et les méthodes d'impression, et ont successivement inventé l'impression par caractères mobiles en argile, l'impression par caractères mobiles en bois, l'impression par caractères mobiles en métal, l'impression de billets de banque, l'impression à partir d'une gravure sur bois, l'impression couleur à partir de plusieurs images superposées, la surimpression sur bois, ainsi que l'impression magnétique et l'impression d'argile. Ces technologies éparpillées brillent comme des étoiles, avec des couleurs éclatantes et variées. En termes de matériaux d'impression, outre la mise à jour des plaques, la technologie des encres d'impression s'est également améliorée en permanence. En un mot, dans l'histoire de l'imprimerie ancienne, les Chinois ont réalisé une série d'inventions riches et ont continué à innover, apportant une contribution considérable à la civilisation humaine et au progrès social.

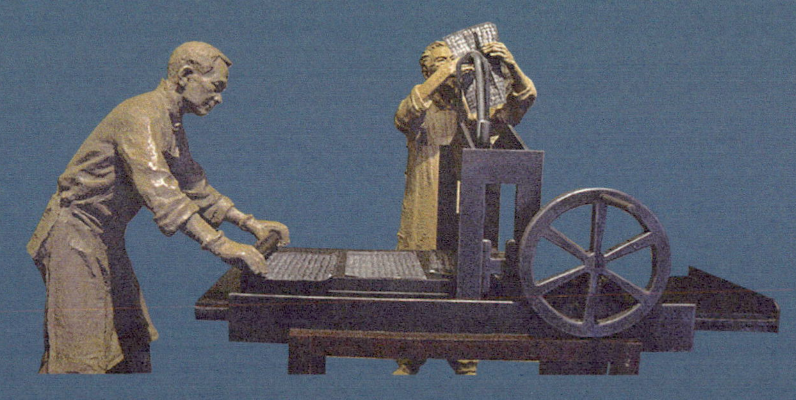

❶ Qu'est-ce que l'imprimerie ?

Lorsqu'on évoque l'imprimerie, ce qui vient à l'esprit ce sont les livres. La technique d'imprimerie mentionnée ici fait généralement référence à la technique d'impression des livres. Il est indéniable que l'édition de livres était l'un des domaines d'application les plus importants de l'imprimerie dans l'Antiquité, mais en fait, l'application de l'imprimerie dans l'Antiquité ne se limitait pas au domaine de la connaissance. Elle a également énormément contribué à l'embellissement de la vie et à la promotion du commerce. Par exemple : les tissus imprimés, les cartes à jouer, le papier peint, les estampes du Nouvel An, les certificats et billets…

Le terme *impression* est apparu pour la première fois il y a 1 000 ans dans *Meng xi bi tan*[1] – Arts et techniques : « Une planche est en cours d'impression et l'autre est déjà prête à l'être.» Si l'on consulte les dictionnaires et les ouvrages de référence d'aujourd'hui, le terme « impression » possède la définition suivante :

Ciyuan[2] : « Pour publier un livre, il faut réaliser une plaque d'impression reproduisant le manuscrit original des textes et des images, de l'encre est appliquée sur la plaque avec un pinceau brun, le papier est posé dessus, puis essuyé avec un pinceau propre avant d'être retiré. Ce processus est répété plusieurs fois, c'est ce qu'on appelle impression. »

Norme nationale de la République populaire de Chine, Terminologie des techniques d'impression : « Processus technique consistant à transférer les informations graphiques et textuelles d'un original sur un support d'impression à l'aide d'une plaque d'impression ou d'autres méthodes. »

Dictionnaire de chinois moderne (7ᵉ édition) : « Transformer des mots, des images, etc. en une plaque, l'enduire d'encre et l'imprimer sur du papier. »

Dictionnaire des sciences et technologies modernes (édition de 1980) : « Toute méthode de transfert d'encre de la surface d'une plaque sur du papier (ou un autre matériau) pour reproduire une image ou un texte. »

---

[1] NdT : *Meng xi bi tan* est un livre écrit en 1088 par le polymathe Shen Kuo (1031-1095) durant la dynastie Song (960-1279) de Chine.

[2] NdT : *Ciyuan* est le premier outil linguistique de grande envergure de l'histoire de la Chine moderne. Il contient des locutions, des expressions, des idiomes et des allusions du chinois ancien, ainsi que divers termes, noms de personnes, de lieux, de livres, de reliques culturelles, de règles et de règlements.

Selon les définitions ci-dessus, nous pouvons résumer les trois éléments de l'imprimerie : le premier est constitué par les images et le texte, le second est la plaque d'impression et le troisième est le gaufrage.

Cependant, les limites de cette définition sont devenues de plus en plus évidentes au fil du temps. L'impression étant une technologie, les changements scientifiques et technologiques conduisent inévitablement à la mise à jour de la définition de l'imprimerie. La combinaison de la technologie numérique, de la technologie d'Internet et de la technologie d'impression dans la société moderne a bouleversé la définition traditionnelle de l'imprimerie. L'émergence de l'impression à jet d'encre et de la publication en ligne rendent les deux principaux éléments de la définition traditionnelle, à savoir la plaque d'impression et le gaufrage, faibles et dépassés. Par conséquent, aujourd'hui, avec le développement rapide de la technologie, il est difficile d'utiliser une définition précise pour décrire ce terme hautement technique et traditionnel. Dans la nouvelle ère, nous pouvons considérer l'impression sous un angle différent. La technologie ne cesse jamais de progresser, mais la culture se perpétue. Si nous adoptons une perspective culturelle pour la définir, l'imprimerie peut être considérée comme une technique de reproduction de la connaissance humaine. Si, aujourd'hui, vous demandez aux gens : les peintures décoratives sont-elles des impressions ? Les images sur les T-shirts sont-elles imprimées ? Et les images sur les emballages en plastique ? Je pense que la réponse serait unanime : oui. Les objets de l'impression ne se limitent pas aux mots, mais peuvent inclure des dessins. Les matériaux d'impression ne se limitent pas au papier, mais peuvent inclure du tissu, du métal, du plastique... On peut dire que « en dehors de l'eau et de l'air, tout peut être imprimé ».

Alors, quelle était la première forme d'imprimerie ?

Au tout début, quand l'imprimerie a attiré l'attention des érudits, sa définition était étroite. À l'apparition de l'impression appliquée à embellir la vie, elle était simplement un procédé ordinaire, qui n'avait rien à voir avec « les dieux de la culture », les érudits ne considéraient pas qu'elle devait être glorifiée. Ce n'est que lorsque cette technologie a été appliquée aux écrits et a servi le domaine de la communication culturelle, qu'elle est entrée sur la scène de l'histoire avec un « visage radieux », les érudits chinois et occidentaux lui ont finalement fait les plus grands éloges. C'est précisément pour cette raison que l'imprimerie est qualifiée de « mère de la civilisation ». Par conséquent, la première définition de l'imprimerie donnée par les érudits fait spécifiquement référence à l'impression de textes.

La première forme d'imprimerie des écrits était l'impression sur bloc de bois. Elle consistait à graver sur une plaque de bois des caractères et des images en inversé, puis à encrer la plaque, à poser le papier et à exercer une pression pour que les caractères et les images puissent être transférés sur le papier. En fait, dans les premiers temps, l'imprimerie faisait justement référence à la gravure sur bois car elle utilisait des planches de bois, elle était également appelée « impression sur bois » ou « gravure sur bois ». La raison pour laquelle les mots « au bloc de bois » ont été ajoutés, c'est parce que plus tard, les gens ont voulu distinguer les différents processus en utilisant des adjectifs pour qualifier l'imprimerie, comme « caractères mobiles », « pierre lithographique », etc. C'est le même cas pour le terme « ordinateur personnel », qui faisait référence aux ordinateurs de bureau à ses débuts. Mais avec le développement des ordinateurs portables fins et légers, on a ajouté le déterminatif « de bureau » afin de faire la distinction. Le terme « au bloc de bois » était aussi appelé « en fer ciselé », « à la planche à graver », « à la planche xylographique », etc. L'impression au bloc de bois avait également d'autres noms. Dans les textes anciens, certains mots étaient interchangeables.

Au milieu du XIᵉ siècle, le roturier Bi Sheng inventa l'imprimerie à caractères mobiles qui permettait de gagner du temps et d'économiser du matériel, tout en étant pratique et rapide. Cela marqua la transition de la gravure en relief vers l'imprimerie à caractères mobiles, un tournant majeur dans l'histoire de l'imprimerie, ouvrant ainsi une nouvelle ère. La technologie d'imprimerie à caractères mobiles inventée par Bi Sheng était relativement mature. Les caractères mobiles en bois, en étain, en cuivre, en plomb qui sont apparus dans les générations suivantes n'ont changé que le matériau utilisé pour fabriquer les caractères mobiles, sans apporter de grands changements au procédé d'impression.

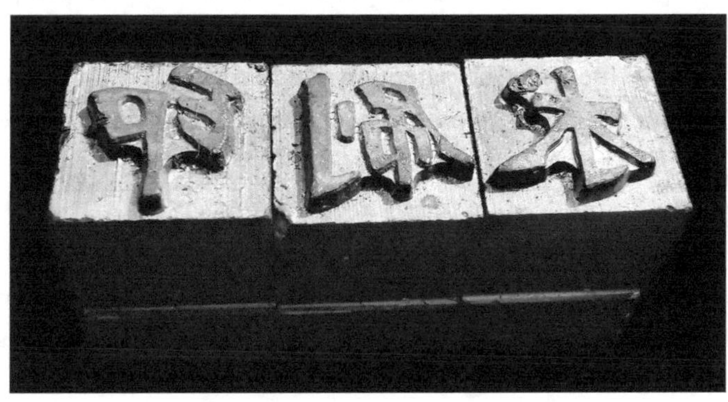

Caractères mobiles en plomb

Vers 1450, Johannes Gensfleisch zur Laden zum Gutenberg, dit Gutenberg (1400-1468), un imprimeur allemand, invente la machine d'imprimerie à caractères mobiles en alliage métallique, après avoir intégré des techniques existantes. Par rapport à la technique traditionnelle chinoise, celle de Gutenberg utilise des lettres et des symboles plus simples à produire et à composer que les caractères chinois. Pour Gutenberg, malgré sa série d'intégrations et d'innovations sur la technologie de l'imprimerie à caractères mobiles, le cœur de sa technique était la presse à imprimer. Cette méthode d'imprimerie mécanique s'est répandue rapidement d'abord en Europe puis dans d'autres régions du monde. Cette technique a ensuite été connue sous le nom d'imprimerie à caractères métalliques mobiles. En fait, c'est l'invention de la presse à imprimer qui a déclenché une révolution dans la technologie de l'imprimerie et qui a lancé le processus d'industrialisation de l'imprimerie.

❷ Les différents types d'impression

Autrefois, le monde considérait la technique d'impression de Gutenberg comme un « artéfact »culturel, tandis que l'impression au bloc de bois et l'impression à caractères mobiles de la Chine étaient appelées techniques d'impression anciennes. De nos jours, les caractères mobiles en plomb, tout comme la gravure, sont qualifiés de techniques anciennes, et sont tous sortis de la scène de l'histoire, pour appartenir fondamentalement à la catégorie du patrimoine culturel immatériel. Les technologies d'imprimerie moderne sont divisées en deux catégories : l'imprimerie numérique et l'imprimerie traditionnelle. Selon les caractéristiques des plaques d'impression, l'imprimerie traditionnelle peut être divisée en quatre types : l'impression en relief, l'impression en creux, l'impression au pochoir et l'impression à plat. Parmi elles, les technologies d'impression traditionnelles actuellement utilisées comprennent principalement la sérigraphie (impression au pochoir), la flexographie (impression en relief), l'impression en creux et l'hectographie (impression à plat).

Impression en relief

L'impression sur bois ancienne appartient à l'impression en relief, dans laquelle la partie textuelle et graphique de la plaque d'impression est en relief par rapport aux zones vides. Qu'il s'agisse de caractères mobiles en argile, en bois ou en plomb, tous les caractères mobiles appartiennent à l'impression en relief. La technologie d'impression en relief la plus utilisée à l'époque moderne n'est ni la gravure sur bois ni les caractères mobiles, mais la flexographie. La flexographie, aussi connue sous le nom d'impression en relief souple ou simplement flexo, utilise des plaques flexibles et transfère l'encre à travers des rouleaux anilox pour l'impression. Les plaques flexographiques sont généralement des plaques de résine photosensible d'une épaisseur de 1 à 5 mm. Si l'impression flexo se développe rapidement, c'est parce qu'elle présente trois avantages exceptionnels : premièrement, les plaques d'impression sont flexibles, ce qui leur permet de s'adapter à une large gamme de supports d'impression, aussi bien des matériaux

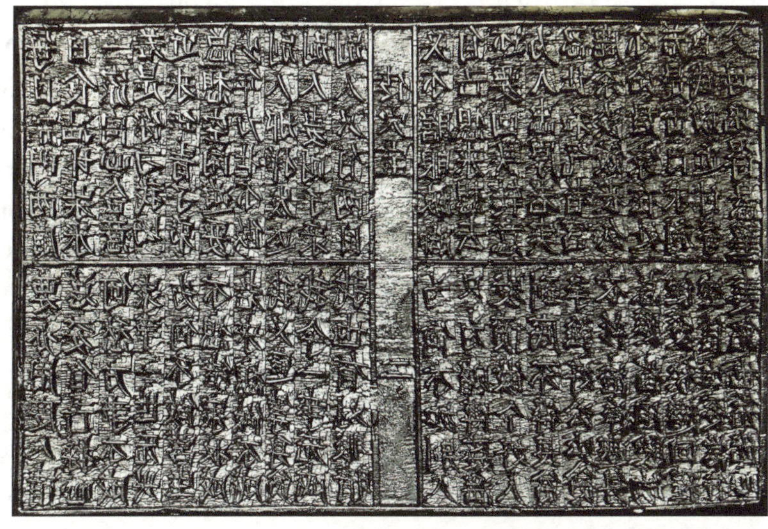

Plaque d'impression en relief en bois ancienne

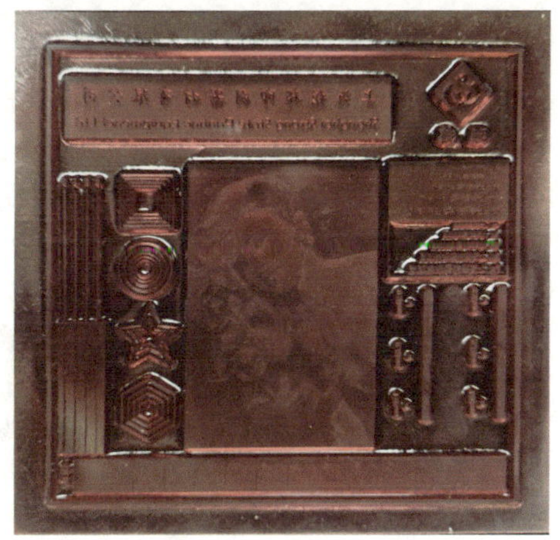

Plaque flexographique moderne

plus rugueux que des surfaces plus lisses comme les films plastiques, le papier de verre, les feuilles métalliques, la tôle, les étiquettes adhésives, les cartons épais, le papier kraft, le carton ondulé, et d'autres supports. Deuxièmement, ces plaques possèdent une résistance élevée à l'impression, les rouleaux anilox en métal chromé résistent à des millions d'impressions, pouvant atteindre jusqu'à 30 millions de cycles. Troisièmement, l'impression flexo peut utiliser une encre à base d'eau, ce qui évite la pollution environnementale et répond aux normes d'hygiène pour les emballages alimentaires.

Impression en creux

L'impression en creux, également connue sous le nom d'impression en taille-douce, est ainsi appelée parce que la partie textuelle et graphique de la plaque d'impression est enfoncée par rapport à la surface de la plaque. Au XVᵉ siècle, des orfèvres allemands et italiens ont été les pionniers de la gravure en creux à la main, marquant le début de l'ère de gravure sur plaque. L'impression en creux, également appelée gravure sur cuivre, est devenue un courant artistique de renommée mondiale pendant plusieurs siècles. De nombreux orfèvres et peintres se sont tournés vers la gravure qui est devenue une « technique incontournable » pour les artistes européens et a vu émerger de nombreux artistes célèbres dans le domaine de la gravure. Avec la popularité de la gravure, sa technologie s'est améliorée et perfectionnée de jour en jour. Au début du XVIIᵉ siècle, l'invention de la technique de corrosion du cuivre a marqué une nouvelle ère de développement de la gravure en creux. Au XIXᵉ siècle, la plaque en cuivre a été progressivement remplacée par la plaque en acier.

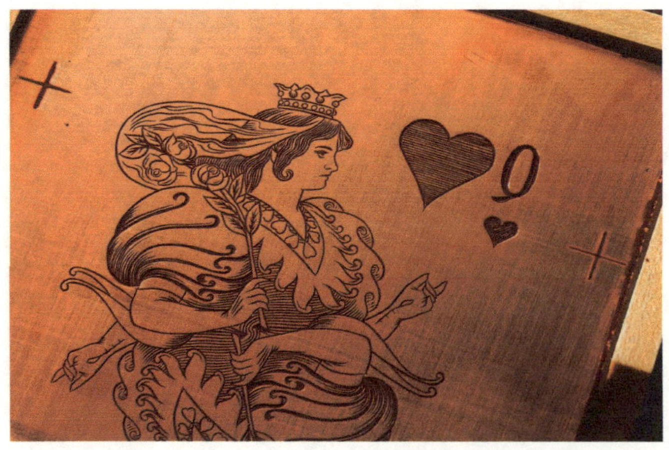

Plaque d'héliogravure en cuivre pour l'impression de cartes à jouer

Dans les temps modernes, l'impression en creux est divisée en trois catégories : l'héliogravure, la photogravure et l'héliogravure électronique. En héliogravure, l'encre est d'abord appliquée sur la plaque de gravure, puis la surface de la plaque est essuyée avec un racloir pour retirer l'excès d'encre. Ensuite, sous l'effet de la pression, l'encre restant dans les creux de la plaque entre en contact avec le support d'impression, transférant ainsi l'encre sur le support et créant l'imprimé final. L'impression en creux se caractérise par une couche d'encre épaisse, des couleurs vives et une grande résistance à l'usure. Elle est largement utilisée dans les domaines de l'impression d'emballages et d'impression de factures.

Impression xylographique

Il y a plus de 2 000 ans, les Chinois utilisaient la technologie d'impression xylographique pour imprimer des motifs sur la soie et décorer leur vie. L'impression xylographique consiste en une combinaison de trous formant les parties textuelles et graphiques de la plaque d'impression. Comme mentionné précédemment, le concept restreint de « mère de la civilisation » n'inclut pas l'impression xylographique, car ses débuts étaient presque déconnectés de l'écriture et de la diffusion culturelle. Au contraire, la technologie d'impression à caractères mobiles de Gutenberg se concentrait sur les mots, et ces caractères en plomb « divinisés » ne permettait pas d'imprimer des images ou des graphiques. Cependant, depuis le développement de la technologie d'impression, les frontières d'impression entre les images et le texte se sont estompées, et on peut même dire qu'elles ont été complètement effacées. Les techniques modernes d'impression permettent désormais de fusionner aisément textes et images lors du processus de création de la plaque d'impression, et le domaine de l'imprimerie est devenu vaste, englobant divers matériaux, objets et utilisations. Le procédé traditionnel

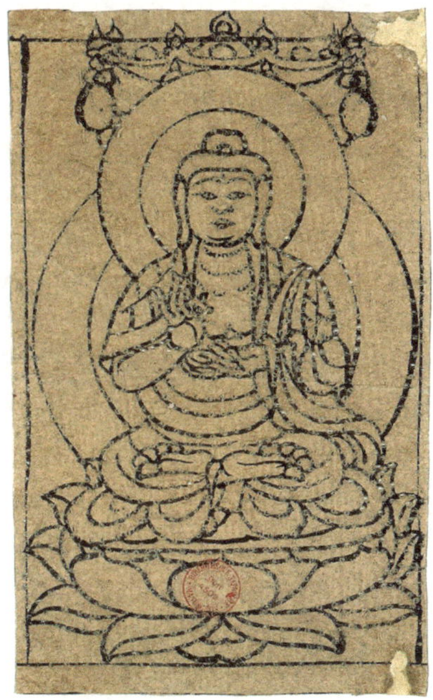

Peinture de Dunhuang imprimée au pochoir, exposée à la Bibliothèque nationale de France

d'impression à caractères mobiles en relief le plus couramment utilisé de nos jours est la sérigraphie, également appelée impression par écran. Cependant, avant la sérigraphie moderne, une autre technique d'impression à caractères mobiles en relief avait été utilisée et est à présent quelque peu oubliée : la miméographie.

La sérigraphie moderne fait référence à l'utilisation d'un écran comme base, une plaque de sérigraphie avec des images et du texte est réalisée grâce à une méthode de fabrication de plaques de photogravures. La sérigraphie est largement utilisée et étroitement liée à notre vie. En comparaison, la sérigraphie est une méthode d'impression « libre » : elle n'est pas limitée par la taille de la surface d'impression, et elle peut également être utilisée pour imprimer sur des surfaces courbes et des matériaux souples. Elle est bon marché et colorée, ce qui lui a valu une reconnaissance croissante et une utilisation dans de nombreux domaines. Dans la vie quotidienne, les circuits imprimés des appareils électroménagers, les motifs sur les textiles et les articles quotidiens, les motifs sur les T-shirts, les chemises et les chaussures, les textes sur divers matériaux, les décorations sur la céramique, le verre, les murs et les carreaux de sol, ainsi que les publicités, beaucoup d'entre eux sont des produits de sérigraphie.

Impression à plat

La première technologie d'impression à plat au monde est la lithographie, c'est-à-dire que le graphique et la plaque d'impression sont sur le même plan. Cela semble incroyable. L'impression en relief, en creux et l'impression au pochoir sont faciles à comprendre, car les graphiques et les textes sur la plaque peuvent être encrés séparément. Mais comment imprimer sur une plaque plate ? À la fin du XVIIIe siècle, le compositeur Aloys Senefelder (1771-1834), né à Prague (capitale de la République tchèque), inventa la lithographie. La lithographie est l'ancêtre de l'impression à plat. Le cœur de la technologie d'impression à plat est « répulsion de l'eau par l'encre », également appelé « répulsion de l'eau par l'huile », qui est une invention majeure dans l'histoire de l'impression et de la gravure. Aujourd'hui, l'impression offset suit toujours les principes de ce procédé. Il existe deux méthodes de fabrication de plaques lithographiques : l'une consiste à écrire ou dessiner directement des images et des textes avec une substance grasse sur la plaque de pierre ; l'autre consiste à transférer indirectement des images et des textes par le biais de photographies, de transferts sur papier, d'encre de transfert, etc. La première est appelée

« dessin sur pierre » et la seconde est appelée « transfert sur pierre ». Le processus de création de plaques par dessin sur pierre est simple, c'est la technologie appliquée au début de l'invention de la lithographie. Le processus de fabrication de plaques de pierre pour transfert est simple et il s'agit d'une technologie développée sur la base de la fabrication de plaques d'impressions litographiques.

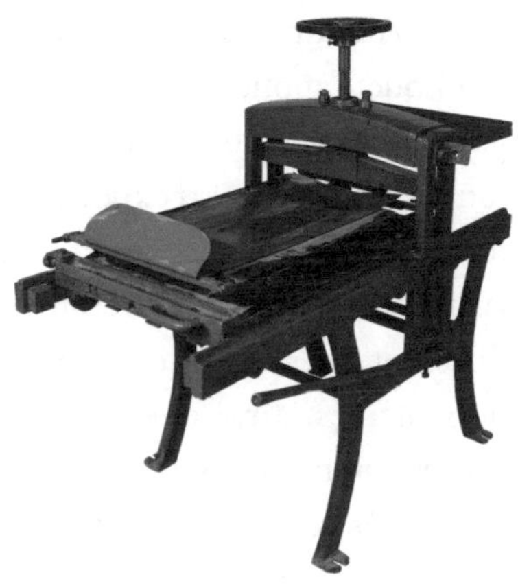

Machine de lithographie manuelle

L'impression phototypie bien connue dans le domaine de la reproduction artistique moderne est développée sur la base de la lithographie et appartient à un type de procédé d'impression lithographique. En effet, la phototypie contient quelques petites caractéristiques de l'héliogravure. La phototypie porte le nom du gel photosensible enduit sur la plaque. La phototypie a d'abord été appliquée sur des plaques de pierre, et après des innovations continues, elle a finalement été adaptée à des plaques de

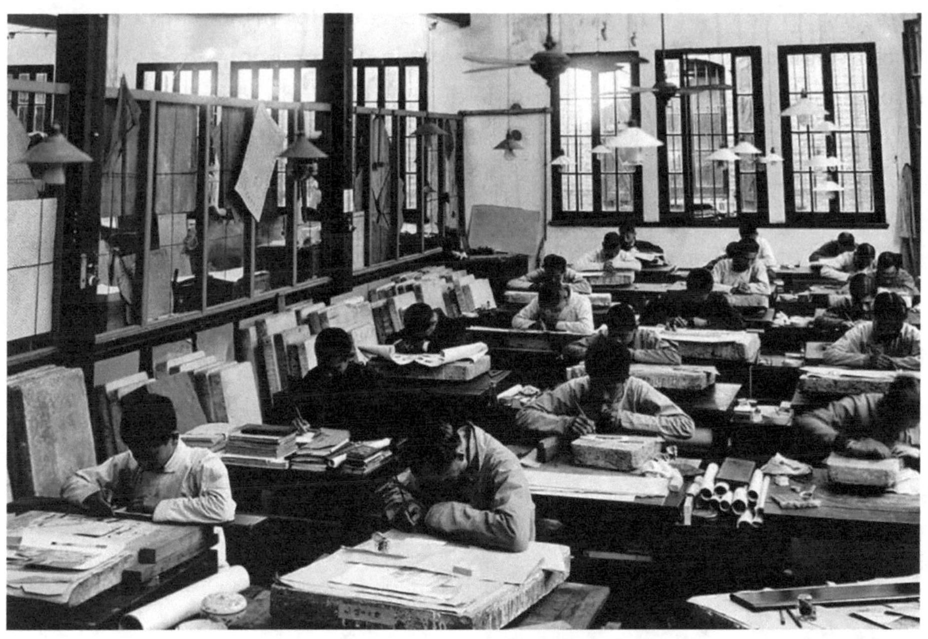

Au début du XXe siècle, les artisans du département de lithographie d'une grande imprimerie à Shanghai en Chine entrain de travailler sur une plaque lithographique

verre. Aujourd'hui, le processus de préparation de la plaque lithographique implique l'application du gel photosensible sur une plaque de verre, suivi par une exposition à la lumière grâce à une technique photographique. En fonction du temps d'exposition, la surface du gel photosensible se solidifie à des degrés variables, ce qui influe sur sa capacité à absorber l'eau et l'encre. Ainsi, des niveaux différents de solidification conduisent à des propriétés différentes d'absorption d'encre, permettant de contrôler les zones encrées et non encrées, ainsi que les zones avec plus ou moins d'encre, facilitant ainsi l'impression d'images et de textes.

Après cette clarification, on comprend mieux d'où vient le terme « impression offset ». Comme son nom l'indique, l'impression offset fait référence à une technologie d'impression caractérisée par une plaque d'impression recouverte d'un adhésif photosensible. Cependant, pendant longtemps, les cercles académiques chinois ont mal compris le terme « impression offset (*jiāo yìn* en chinois) », pensant que c'était en raison des cylindres d'impression en caoutchouc (le terme chinois *jiāo* signifie caoutchouc). Traditionnellement, les méthodes d'impression étaient nommées d'après le type de plaque utilisée : gravure sur bois, caractères mobiles, lithographie, impression au plomb, etc. Bien sûr, l'impression offset ne fait pas exception. Cependant, par rapport à la lithographie et à l'impression phototypie, l'une des principales innovations technologiques qui a permis à la technologie d'impression offset de se développer jusqu'à présent est la méthode de transfert indirect, c'est-à-dire que la plaque d'impression et le papier ne sont pas en contact direct, mais passe par un tiers, que l'on appelle « offset » en anglais qui signifie impression indirecte. Au cours de la diffusion de cette technologie d'ouest en est, le terme « offset » a été traduit par *jiāo yìn* en chinois et reste toujours en usage à ce jour.

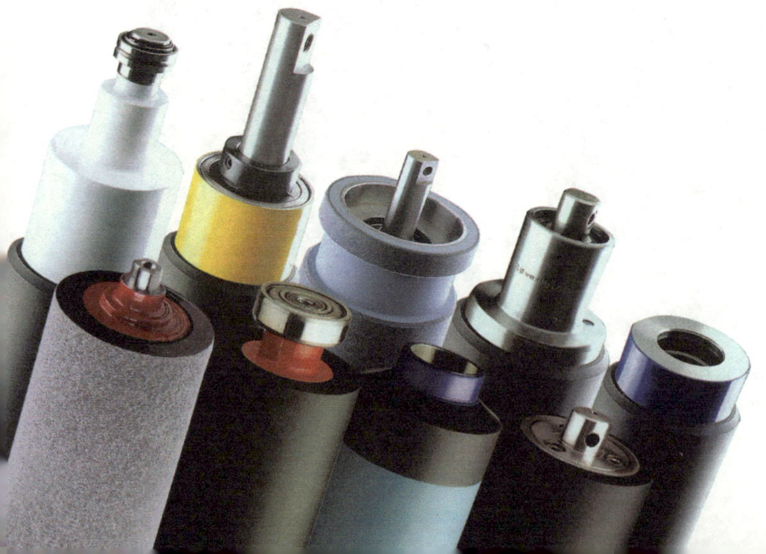

Rouleaux d'impression offset

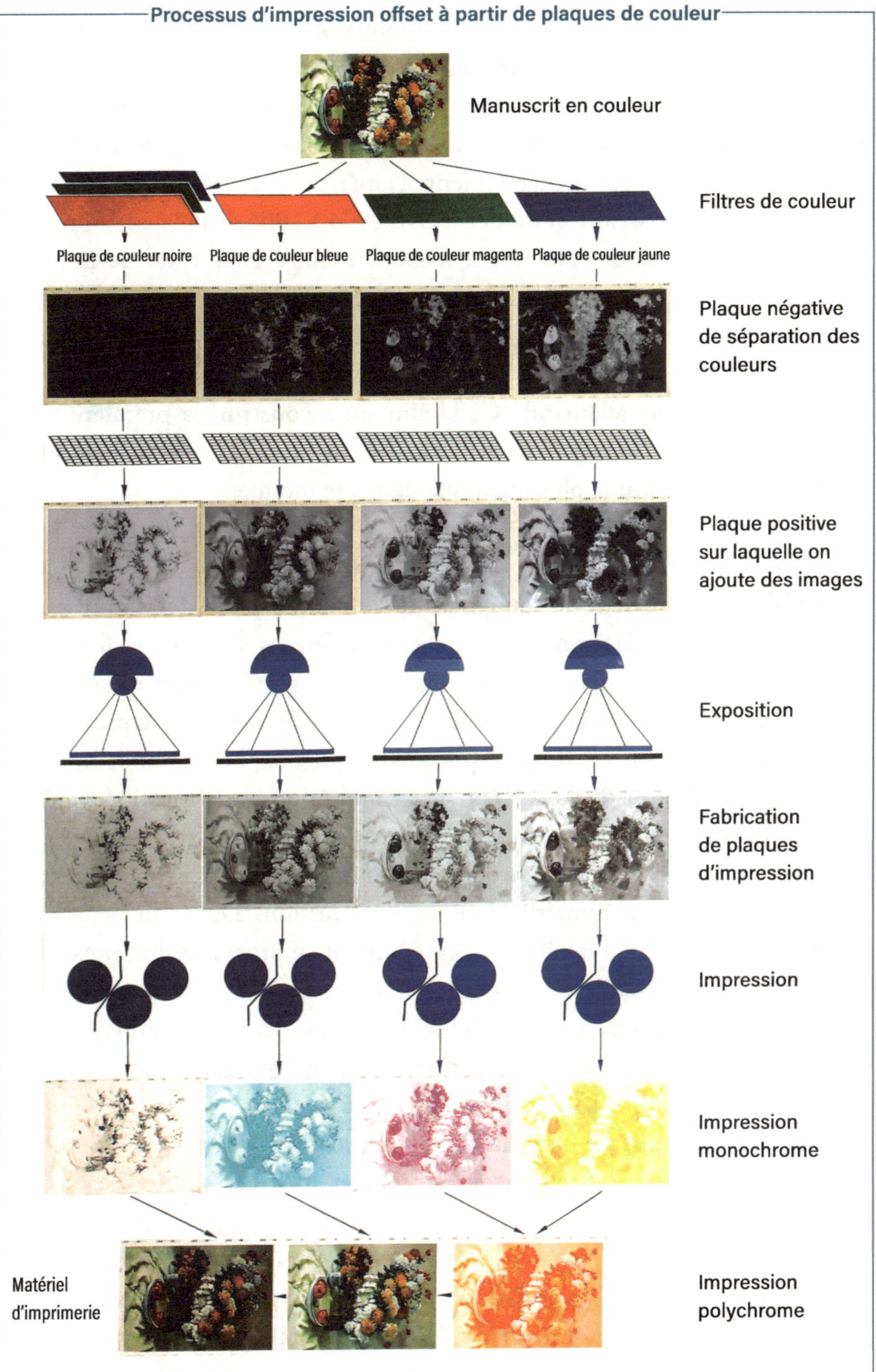

Schéma du processus d'impression offset en quadrichromie

Par conséquent, la lithographie, l'impression phototypie et l'impression offset sont toutes dans la même lignée, et elles sont toutes basées sur le principe de répulsion mutuelle entre l'encre et l'eau, qui appartiennent toutes à l'impression à plat. À la fin du XVIIIe siècle, la lithographie apparait en Europe. On considère généralement l'américain T. W. Rubell comme l'inventeur de la presse offset moderne. De 1904 à 1905, il a réalisé la première impression indirecte en transférant d'abord l'image et le texte de la plaque photosensible, appelée « plaques en gélatine », sur le blanchet enveloppant la surface du cylindre, puis en transférant cette feuille de caoutchouc sur le papier, ouvrant ainsi la voie à la méthode d'impression indirecte. En 1907, l'américain d'origine allemande C. Hellmann a construit la première presse offset à impression indirecte. À ce jour, l'impression offset reste toujours la méthode d'impression la plus répandue danns le monde.

Impression numérique

Tout d'abord, il convient de souligner que la numérisation de l'impression et l'impression numérique sont deux concepts différents souvent confondus. La numérisation de la technologie d'impression fait généralement référence à la numérisation de certains ou de tous les processus de l'ensemble du processus de prépresse, d'impression et de post-presse, tels que : la photocomposition laser, le transfert de plaque à distance, l'épreuvage numérique, la fabrication de plaque par ordinateur, le flux de travail, la technologie post-presse numérique et les systèmes de relations publiques du réseau d'imprimeries, tous appartiennent à la catégorie de la numérisation de l'impression. Dans un sens étroit, l'impression numérique se réfère spécifiquement au processus d'impression où les informations textuelles et graphiques numérisées sont directement encrées sur le support d'impression. En Chine, on utilise deux mots différents pour désigner le même mot anglais – « print », pour distinguer « imprimer » et « polycopier ». Lorsque la machine d'imprimerie a attiré l'attention du peuple chinois, elle est apparue sous la forme d'une imprimante matricielle. Son principe de fonctionnement est de « frapper » fort, c'est-à-dire de percuter, cela a donc été traduit par un terme propre. Le domaine d'application des imprimantes est principalement destiné au bureau et à la maison, tandis que le domaine d'application des presses à imprimer est principalement destiné aux domaines commerciaux. On peut dire que les imprimantes et les presses à imprimer ont commencé au même endroit, puis se sont séparées. Avec le développement de la technologie d'impression, elles recommencent maintenant à fusionner, et dans un avenir prévisible, les imprimantes et les presses à imprimer fusionneront enfin.

Selon différents principes d'imagerie, les machines d'impression numérique sont principalement divisées en trois types : l'impression numérique électrophotographique, l'impression numérique à jet d'encre et l'impression numérique thermique. La caractéristique de l'impression numérique est qu'elle ne nécessite pas de fabrication de plaques, elle peut donc effectuer des tâches que l'impression traditionnelle ne peut pas effectuer, telles que la personnalisation, la production en petite quantité et les données variables.

③ La diffusion de l'imprimerie

La Chine est le berceau de l'imprimerie. Elle l'a inventée et l'a répandue dans le monde, apportant une brillante contribution.

Il y a plus de 2 000 ans, Zhang Qian a « tracé la voie » vers les régions de l'Ouest et a officiellement ouvert la « Route terrestre de la soie » reliant Chang'an à Rome. La « Route maritime de la soie » a émergé sous les dynasties Sui et Tang. Depuis ces 2 000 ans, à travers la Route de la soie, la soie chinoise, le thé, la céramique, ont été continuellement introduits en Occident, tandis que les épices occidentales, le brocart persan, les melons, les fruits et les légumes ont été importés en Orient. Bien sûr, la Route de la soie n'était pas seulement une route d'échanges matériels, mais aussi une voie majeure d'échanges économiques, politiques et culturels entre l'Orient et l'Occident. Grâce à cette route, la fabrication du papier, la boussole, la poudre à canon et les techniques d'impression chinoises se sont répandues en Europe via la région arabe.

L'astronomie, le calendrier et la médecine arabes ont été introduits en Chine, écrivant un chapitre important dans l'histoire des échanges mutuels de civilisation.

L'invention de l'imprimerie chinoise a inspiré et dirigé le développement de l'imprimerie dans d'autres parties du monde, ce qui a joué un rôle énorme dans la promotion de la construction d'une communauté de destin pour l'humanité. Comme l'a souligné Xi Jinping dans son discours à la 17e Conférence des académiciens de l'Académie chinoise des sciences et à la 12e Conférence des académiciens de l'Académie chinoise d'ingénierie en 2014 : « Au cours du développement de la civilisation pendant plus de 5 000 ans, la nation chinoise a créé une civilisation hautement développée. Nos ancêtres ont inventé la fabrication du papier, la poudre à canon et l'imprimerie... Ils ont apporté d'innombrables innovations scientifiques et technologiques au monde, et ont eu un impact profond sur le progrès de la civilisation mondiale. Ce qui a également fait de notre pays un leader à long terme dans le monde. »

Après que la Chine a inventé l'imprimerie, celle-ci s'est progressivement étendue à toutes les régions du monde. Dans de nombreux pays, l'imprimerie a été soit importée de Chine, soit développée sous l'influence de la Chine. L'imprimerie a d'abord été introduite de la Chine vers la péninsule coréenne et le Japon à l'est, au sud vers le Vietnam, les Philippines et d'autres pays d'Asie du Sud-Est, puis à l'ouest vers l'Europe via l'Asie centrale et l'Asie occidentale. La technologie de fabrication du papier inventée en Chine s'est répandue en Europe au XIIe siècle, mais n'a prospéré en Europe qu'au XIVe siècle. Le développement de l'industrie du papier a jeté les bases matérielles de l'enracinement de la technique d'impression en Europe. On ne sait pas exactement quand et par qui la presse à imprimer est arrivée en Europe, mais ce qui est certain, c'est qu'au cours du long processus de communication entre la Chine et l'Occident, les hommes d'affaires, les voyageurs et les missionnaires européens qui se rendaient en Chine passaient par la Perse, l'Égypte, la Russie et d'autres pays, et ont introduit les cartes, les billets de banque et les livres imprimés de Chine en Europe. Ce fait a non seulement élargi les horizons des Européens, mais a également favorisé le développement de l'imprimerie européenne. La diffusion de l'imprimerie en Europe ne s'est pas faite uniquement via la Route de la soie, la route du nord a également joué un rôle important. Sous la dynastie Yuan, les conquêtes de la Mongolie contre les pays et les régions d'Asie centrale, la Perse, le Kipchak, la Russie et les pays européens ont objectivement contribué à l'émergence de nouveaux centres commerciaux et culturels, et ont facilité les contacts de la Chine avec la Perse, les pays arabes et européens. Au cours de cette période, l'Orient et l'Occident ont eu des échanges religieux et culturels sans précédent, créant un environnement favorable à la diffusion de l'imprimerie en Occident.

Pendant la dynastie Yuan, les Européens sont venus dans la capitale pour propager la religion. À cette époque, l'impression en bloc en Chine avait été inventée depuis environ 600 ans, et elle avait été largement utilisée dans tous les aspects de la vie. L'invention et l'utilisation de l'impression avec les caractères mobiles avaient une histoire d'environ 200 ans. Par conséquent, il était naturel pour ces missionnaires occidentaux de continuer à utiliser la gravure ou les caractères mobiles pour imprimer les écritures après leur retour. Le plus ancien imprimé existant en Europe est *Saint Christophe portant l'Enfant Jésus* gravé et imprimé en 1423, conforme aux anciennes estampes chinoises. Dans *Papier et Imprimerie* de Qian Cunxun, le voyageur britannique Robert Curzon a été cité : l'impression sur bois européenne et chinoise sont si similaires à presque tous les égards que « Nous supposons que l'impression de ces livres peut avoir été copiée à partir d'anciens échantillons chinois apportés de Chine par certains voyageurs dont les noms n'ont pas été transmis jusqu'à aujourd'hui ». En 1585, l'historien espagnol Juan Gonzàlez de Mendoza a introduit la technologie chinoise de fabrication d'armes à feu et de l'imprimerie dans son *Historia de la Grande Imperadora de China (Histoire du Grand Empire chinois)*. Il pense que la Chine a utilisé des canons plus tôt que les pays occidentaux et que l'imprimerie a précédé celle de Gutenberg en Allemagne. Il a dit : « Maintenant, ils (faisant référence à la Chine) ont beaucoup de livres, et ils ont été imprimés cinq cents ans avant que l'Allemagne ne commence à les inventer. J'ai une copie d'un livre chinois, et en même temps j'en ai vu d'autres en Espagne et en Italie, et aussi dans les Indes. »

Sur la base de la popularisation de l'impression sur bois en Europe, vers 1450, 400 ans après l'invention par Bi Sheng de l'imprimerie à caractères mobiles, l'allemand Gutenberg a innové l'impression à caractères mobiles. Il n'y a pas beaucoup de différences entre Bi Sheng et Gutenberg dans le principe de l'impression à caractères mobiles, mais Gutenberg a révolutionné les deux processus clés du processus d'impression à caractères mobiles : la fabrication de caractères mobiles et le processus d'impression. Il a utilisé des moules métalliques pour couler des caractères mobiles en plomb et a inventé la machine à imprimer à la main qui a ouvert l'ère de l'industrie de l'imprimerie.

Peu de temps après que Gutenberg a inventé la presse à imprimer, l'impression à caractères mobiles est rapidement devenue populaire dans toute l'Europe. Rien qu'à Venise, à la fin du XVe siècle, il y avait environ 100 nouvelles presses à caractères mobiles et environ 2 millions de livres ont été publiés. L'imprimerie a mis fin au monopole des moines sur la culture et l'éducation en Europe et a favorisé la Renaissance en Europe. Comme l'a souligné Marx : « L'imprimerie devient le moyen de renouveau scientifique, le levier le plus puissant pour créer les conditions préalables nécessaires au développement spirituel. »

Mendoza a également souligné dans son livre *Histoire du grand empire chinois* que Gutenberg a été influencé par la technologie d'impression chinoise.

La technologie d'impression chinoise a été introduite en Allemagne par deux voies. Une voie a été introduite en Allemagne via la Russie, et l'autre voie a été introduite en Allemagne via des marchands arabes transportant des livres. Gutenberg a utilisé ces livres chinois comme modèle pour son imprimerie. Le livre de Mendoza a été rapidement traduit en français, anglais et italien et a eu une grande influence en Europe. L'écrivain français Michel de Montaigne, l'historien Louis Le Roy et d'autres savants européens étaient tous d'accord avec les arguments de Mendoza.

Depuis Bi Sheng, les Chinois ont essayé une variété de matériaux pour les caractères mobiles notamment l'argile, le bois, le plomb, le cuivre, l'étain. Le cuivre était le principal matériau utilisé pour les caractères mobiles dans la péninsule coréenne. Selon les archives, les Européens ont commencé à apprendre l'impression à caractères mobiles non pas à partir des célèbres caractères mobiles en métal de Gutenberg, mais à partir de caractères mobiles en bois. L'*Encyclopedia Britannica* mentionne que de 1423 à 1437, le Néerlandais L. Jansson, également connu sous le nom de Coster, a sculpté des caractères mobiles en bois et imprimé avec succès la grammaire latine néerlandaise et les gros caractères du titre. Cependant, la qualité de la gravure des caractères mobiles en bois n'était pas meilleure que celle des plaques gravées, et cette technique n'a donc pas été popularisée. Ce récit est antérieur à l'invention de l'imprimerie par Gutenberg.

La technique d'impression de Gutenberg, considérée comme un dieu par les Occidentaux, n'a pas attiré l'attention des Chinois, car les Chinois étaient depuis longtemps habitués à l'impression à caractères mobiles, de plus, l'impression sur bois pouvait répondre à presque tous les besoins de produits culturels dans la société ancienne. De plus, la complexité des traits et le nombre de caractères dans les caractères d'imprimerie chinois, quel que soit le type de matériel utilisé, la difficulté de fabriquer un grand nombre de moules en cuivre, la difficulté de les monter et de les démonter, n'étaient pas du même ordre de grandeur que dans le monde occidental.

Par conséquent, pour les pays à écriture alphabétique, l'arrivée de la presse à imprimer pourrait marquer l'introduction de la technologie d'impression à caractères mobiles en plomb, alors que dans le monde chinois, la presse à imprimer n'est pas un problème sérieux, mais plutôt le perfectionnement de la fonte des caractères qui a marqué l'introduction de l'imprimerie de Gutenberg.

La popularité des caractères mobiles en plomb en Chine est inextricablement liée à l'essor de l'industrie de la presse moderne en Chine. Dans la seconde

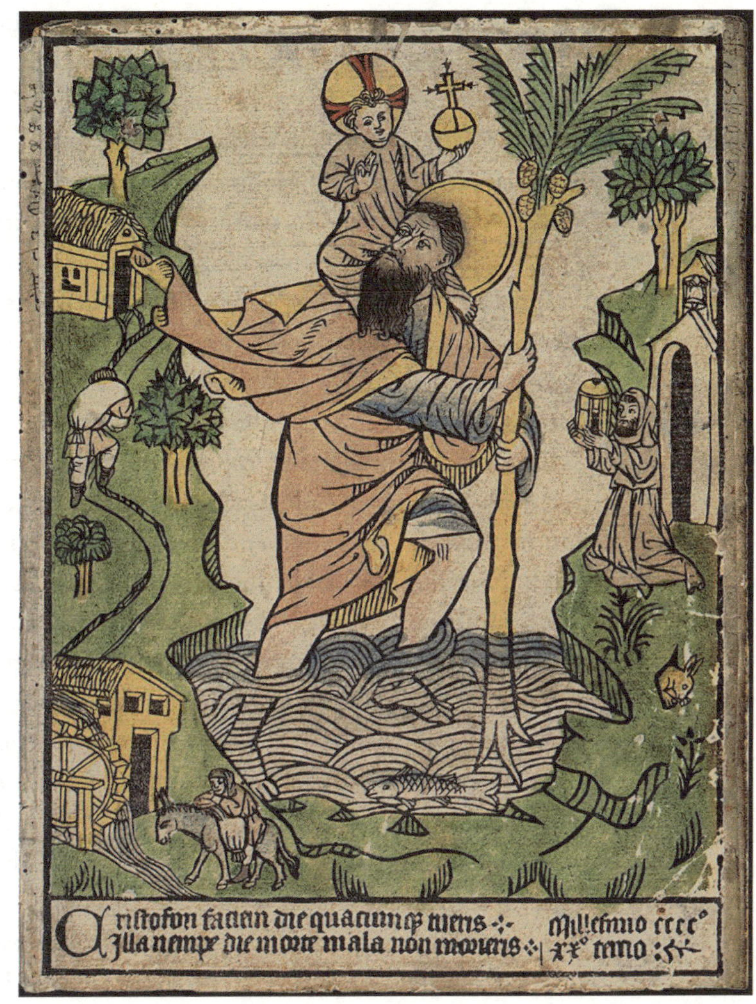

Gravure sur bois de Saint-Christophe portant l'Enfant Jésus, 1423, gravée dans le sud de l'Allemagne, conservée à John Rylands Library

moitié du XIXe siècle, l'industrie de la presse moderne émerge en Chine. Au début du XXe siècle, les journaux, représentants des médias de masse, deviennent progressivement « populaires » en Chine. Les premiers journaux étaient appelés papier journal (une variété de papier relativement bon marché utilisée pour l'impression des journaux). L'impression de journaux présente quatre caractéristiques uniques et distinctives. Premièrement, la vitesse de fabrication des plaques est très élevée. Si l'on compte sur l'impression manuelle de la gravure sur bois, le temps de fabrication des plaques est trop long et les « nouvelles » risquent de devenir de « vieilles nouvelles ». Deuxièmement, le processus d'impression est difficile et les journaux ont habituellement un grand format. Si la méthode traditionnelle est utilisée, la qualité est difficile à garantir. L'utilisation d'une presse à plat peut garantir la qualité de l'impression grand format. Troisièmement, le tirage est important, ce qui est également une caractéristique importante des journaux en tant que « leader » dans l'industrie des médias de masse. De grandes quantités de journaux doivent être imprimées dans un court laps de temps, et la presse à imprimer est le seul moyen. Quatrièmement, la nature journalistique des journaux fait que les plaques d'impression ne peuvent être utilisées qu'une seule fois. Les œuvres classiques imprimées avec des gravures peuvent être réimprimées et conservées. Cependant, bien que les plaques d'impression des journaux aient une disposition similaire, elles ont un contenu différent qui doit être remplacé fréquemment. Parmi les technologies d'impression généralement utilisées à cette époque-là, la seule qui pouvait satisfaire à la fois ces quatre caractéristiques était l'impression au plomb. Par conséquent, bien que le monde chinois soit d'une complexité indescriptible dans de nombreux métiers tels que la fabrication de caractères, le moulage de caractères mobiles, la sélection, la composition des caractères, le démontage et le retour des caractères… Pourtant, la demande stimule l'innovation. Les Chinois ont surmonté de nombreuses difficultés, ils ont continué à apprendre et à apporter des améliorations répétées pour que cette technoligie soit largement utilisée. En résumé, la technique d'imprimerie mécanique à caractères mobiles de Gutenberg a été utilisée dans le monde occidental pendant plus de 500 ans, mais elle n'a été utilisée dans le domaine de l'impression de caractères chinois en Chine que pendant 100 ans, de la fin du XIXe siècle à la fin du XXe siècle. C'est une différence particulièrement importante dans l'histoire de l'imprimerie entre la Chine et l'Occident. Par conséquent, du point de vue de l'impact sur la civilisation du monde occidental, Gutenberg a apporté de grandes contributions, mais ses inventions et lui n'ont pas eu un impact aussi remarquable sur les Chinois et sur la culture chinoise.

Outre l'Asie et l'Europe, petit à petit, l'imprimerie chinoise a également influencé d'autres pays et régions du monde. À la fin du XIXe siècle, 50 gravures sur bois ont été trouvées dans les ruines d'une ancienne ville égyptienne, qui étaient toutes des prières islamiques, des incantations et des fragments du Coran imprimés en caractères arabes anciens. Leurs méthodes d'impression étaient très similaires à la méthode d'impresson chinoise. Par conséquent, certains chercheurs pensent que des voyageurs ou des marchands ont peut-être apporté des imprimés arabes en Égypte lors de l'expédition occidentale de l'armée mongole.

CHAPITRE II

Histoires de l'imprimerie en Europe

L'apparition tardive de l'imprimerie en Europe s'explique bien sûr par des raisons géographiques, politiques, économiques et d'autres raisons, parmi lesquelles l'absence de fabrication de papier, support de l'impression est l'un des facteurs les plus importants. Aux XIIe et XIIIe siècles, des pays européens comme l'Espagne, l'Italie et la France ont introduit la fabrication de papier chinois à travers la région arabe et ont construit des moulins à papier. Aux XIIIe et XIVe siècles, les Européens sont entrés en contact avec un grand nombre d'imprimés chinoises, telles que des billets de banque, des peintures et des estampes religieuses ainsi qu'un grand nombre de cartes de papier. Ces imprimés ont servi de guide pour l'introduction de l'imprimerie en Europe. Malgré ses débuts tardifs, l'invention de la presse à imprimer au XVe siècle a été comme une gigantesque torche qui a éclairé la sortie du sombre Moyen Âge pour l'ensemble de l'Europe. La technologie de l'imprimerie, en constante évolution, est devenue un outil missionnaire, un catalyseur de la Renaissance, un moyen de renaissance scientifique et le levier le plus puissant de l'essor de l'Europe.

La Chine et l'Allemagne peuvent être considérées comme des « jumelles » de l'histoire de l'imprimerie, où l'Orient rencontre l'Occident. La Chine est le berceau de l'invention de la technique d'imprimerie, représentant l'origine et l'ère artisanale, tandis que l'Allemagne est le berceau de l'invention de la presse à imprimer, représentant l'innovation et l'ère industrielle. L'invention de Gutenberg a permis au monde occidental, qui a été relativement tardif dans son contact avec la technologie de l'imprimerie, de prendre un tournant dans le domaine de l'impression, et c'est pourquoi les spécialistes des pays de langues alphabétiques considèrent volontiers l'imprimerie à caractères mobiles comme l'ensemble de l'histoire de l'imprimerie. Parce que l'Occident était considéré obscurantiste au Moyen-Âge, beaucoup pensent que le monde entier était culturellement arriéré au Moyen-Âge, et que la Chine était en grande partie dans la même situation. À partir du XVIe siècle, l'étude de l'histoire de l'imprimerie est devenue une discipline universitaire en Occident. En raison du retard pris dans le processus de modernisation, les Chinois étaient largement absents de cette discipline. Ce n'est qu'à la fin du XXe siècle que des chercheurs de la patrie de l'imprimerie ont rejoint cette discipline, élaborée par des chercheurs occidentaux.

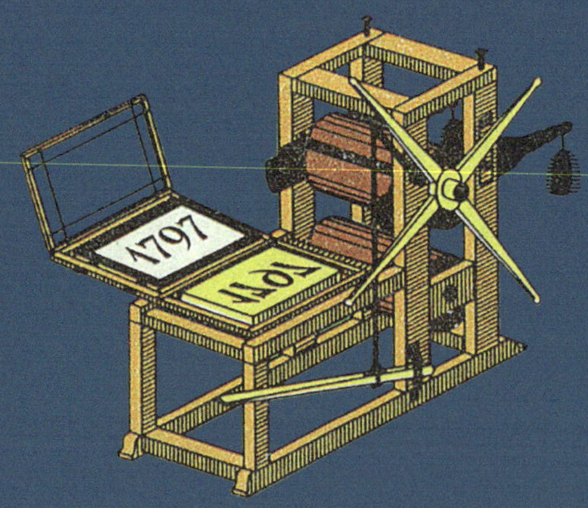

④ Origine de la fête de l'édition en Albanie

La République d'Albanie est désignée sous le nom d'Albanie. La plupart des historiens pensent que les ancêtres des Albanais étaient des Illyriens, l'un des plus anciens peuples des Balkans. Chaque année, le 25 août est célébré comme le jour de l'édition en Albanie. C'est la date à laquelle l'organe central du Parti communiste d'Albanie, *la Voix du Peuple*, a été lancé.

En fait, l'imprimerie moderne en Albanie a commencé très tôt, avec l'apparition d'imprimeries dans le nord du pays au XVIᵉ siècle. Le 5 janvier 1555, le premier livre en albanais, *La messe*, a été imprimé sur une presse à imprimer. Il s'agissait d'un recueil de traductions à des fins missionnaires, traduites et publiées par l'écclésiastique catholique Gjon Buzuku. Le premier journal albanais, de langue italienne, a été publié irrégulièrement en 1848 dans la ville de Shkodra, dans le nord du pays.

L'Albanie a été gouvernée par l'Empire ottoman pendant 500 ans pendant lesquels les Albanais n'avaient pas le droit d'utiliser leur propre langue, ce qui a eu pour effet d'étouffer et de subjuguer la diffusion de leur culture nationale. Ce n'est qu'en 1635, lorsque Frang Bardhi a publié le premier dictionnaire albanais bilingue à Rome, *Dictionarum latino-epiroticum (Dictionnaire latin-albanais)*, que davantage de personnes ont eu la possibilité d'apprendre leur propre langue et de développer un marché pour les livres en albanais. En 1860, dans la petite ville de Lamia, dans le centre de la Grèce, parut *Le Journal pélasgi*, publié en albanais et en grec. En 1879, l'Association de la Publication et de l'Écriture albanaises (Society for the Publication of Albanian Letters & Writings) a été fondée. La même année, *La Voix albanaise* a été inauguré à Shkodra, un journal complet qui englobe la politique, la société et la culture, ainsi que le premier journal (hebdomadaire) publié régulièrement dans l'histoire de l'Albanie.

En 1883 a été lancé *Le Drapeau d'Arberri (Banner of Arbërri)*, le premier magazine d'Albanie centrale, également le premier en Albanie. En 1884, le premier journal en albanais standard, *La Lumière (The Light)*, rebaptisé plus tard *Les Connaissances (Knowledge)*, a été publié.

Après le déclenchement de la Première Guerre mondiale dans les Balkans en 1914, la presse albanaise avait pratiquement disparu. L'occupation italienne fasciste de l'Albanie en avril 1939 a conduit à un monopole administratif direct des médias et à tout un système de presse et de publication au service du fascisme. Parallèlement, la presse antifasciste s'est développée. Le 8 novembre 1941, le Parti communiste d'Albanie crée le Front de libération

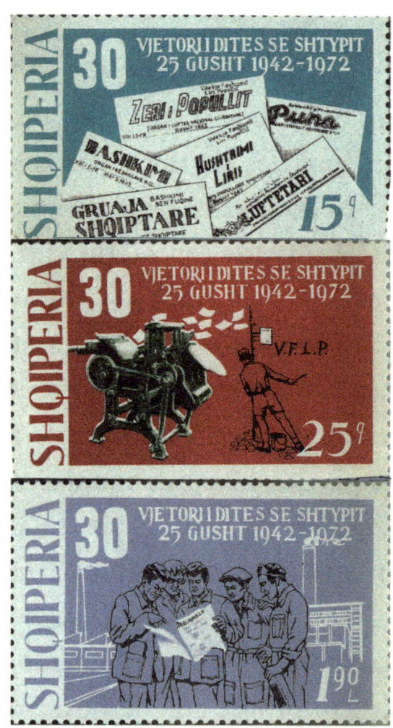

En 1972, l'Albanie a émis un timbre commémoratif pour la Journée de l'édition : la Voix du Peuple, la Presse à imprimer, les Lecteurs de journaux.

nationale. Le 25 août 1942, l'organe central du Parti communiste d'Albanie, *La Voix du Peuple,* est lancé à Tirana. Le journal a joué un rôle important dans la propagande et la mobilisation politique, appelant la population à prendre les armes et à lutter contre les occupants fascistes. Cependant, pendant la guerre contre le fascisme, il était très difficile d'imprimer et de publier le journal. *La Voix du Peuple* était imprimée sur des polycopiés dans une imprimerie secrète à l'extérieur de Tirana, avec un tirage de quelques centaines d'exemplaires seulement. Le journal était financièrement à bout de souffle et était publié principalement grâce aux dons de la population. Sharazli, chef du département diplomatique et politique de *La Voix du Peuple*, décrit la distribution du journal en ces termes : « Notre journal n'était pas imprimé sur une machine rotative moderne et n'était tiré qu'à quelques centaines d'exemplaires. Il ne disposait que de peu de revenus, si ce n'est des dons limités de la population. […] Mais notre journal circulait et se trouvait même dans les huttes isolées des montagnes albanaises. […] » Il s'agit d'une mémoire imprimée en rouge appartenant au peuple albanais.

Après la libération de l'Albanie en 1944, *La Voix du Peuple* a été publiée à Tirana et est devenu le journal le plus largement diffusé en Albanie. Le journal de 6 numéros par semaine, et de 4 pages par numéro, ne paraît pas le lundi. En novembre 2015, *La Voix du Peuple* a cessé d'être publié sous format papier pour devenir un journal en ligne.

❺ Les armoiries autrichiennes, protectrices de l'imprimerie

Les armoiries de l'Autriche, qui ont été élues parmi les plus belles du monde Internet, existent depuis des siècles. La pièce maîtresse des armoiries est un aigle autrichien noir avec une élégance royale. Au XIVe siècle, cependant, les armoiries autrichiennes arboraient l'aigle bicéphale byzantin, dont les deux ailes déployées symbolisaient la protection du pays sous ses ailes. En 1918, après la dissolution de l'Empire austro-hongrois, l'Autriche a proclamé la création de la République et le gouvernement a décidé d'adopter l'aigle royal unique de Frédéric II d'Allemagne comme blason national. La couronne d'or à trois créneaux sur la tête et la faucille et le marteau sur les deux griffes de l'aigle sont des éléments essentiels de l'emblème national et représentent respectivement les classes moyennes, les paysans et les ouvriers parmi le peuple autrichien. En 1938, après l'occupation de l'Autriche par l'Allemagne, l'aigle, symbole de la souveraineté a été effacé. En 1945, avec la défaite du Reich allemand lors de la Seconde Guerre mondiale, sur les armoiries autrichiennes réapparaît l'aigle à tête unique, sur les griffes duquel ont été ajoutées des chaînes brisées pour commémorer la libération de l'Autriche de la domination allemande, et les armoiries du drapeau autrichien ont été également ajoutées sur la poitrine de l'aigle.

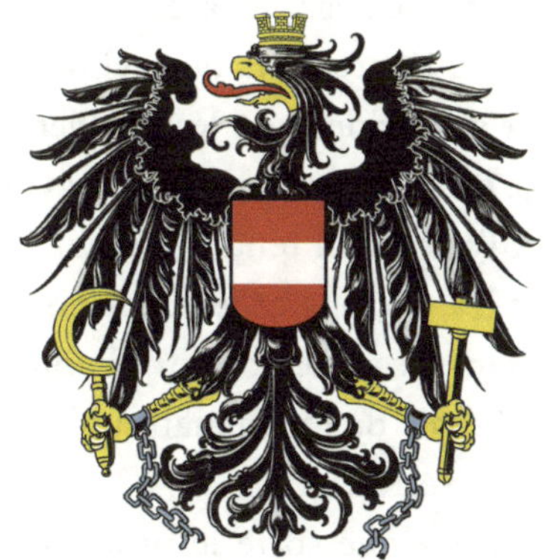

L'aigle autrichien, emblème national

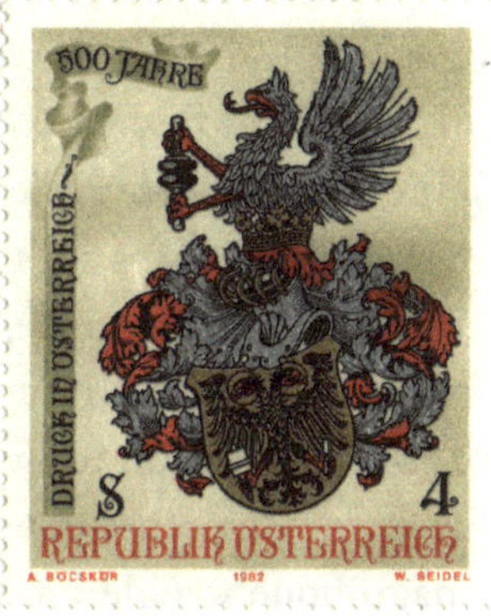

L'aigle, timbre commémoratif émis par l'Autriche pour le 500ᵉ anniversaire de l'imprimerie en 1982

En 1982, l'Office national autrichien des postes a imprimé et émis un timbre commémoratif pour le 500ᵉ anniversaire de l'imprimerie autrichienne, marquant l'année 1482 comme l'année initiale de l'industrie moderne de l'imprimerie en Autriche. Cependant, les détails du début de l'imprimerie autrichienne moderne en 1482 manquent dans les livres d'histoire autrichiens. La principale raison est probablement d'ordre politique, car vers le XVᵉ siècle, les frontières de l'Autriche changeaient souvent.

Ce petit timbre commémoratif de l'industrie de l'imprimerie est en revanche d'une grande importance. À première vue, il s'agit d'un timbre aux armoiries autrichiennes, non seulement imprimé en quadrichromie, mais aussi avec de l'encre spéciale en poudre d'argent et d'or, donnant à ce timbre un aspect brillant. Il ne fait aucun doute que le timbre est un objet imprimé, mais ce timbre ne semble pas avoir de lien avec la célébration du 500e anniversaire de l'imprimerie autrichienne. Cependant, en y regardant de plus près avec une loupe, on peut constater l'éclat et le savoir-faire de ce petit timbre et sa grande notoriété. Cet aigle n'est pas le même que celui qui figure sur les armoiries, il s'agit bien d'un « aigle », mais plus d'un « aigle », car il n'y en a pas un seul, mais deux. Sous l'aigle principal se trouve un écu d'or avec un deuxième aigle, l'aigle bicéphale byzantin décrit plus haut, qui représente une période historique de l'imprimerie du pays. Les concepteurs ont également fait preuve d'un peu de professionnalisme en incorporant un élément d'imprimerie dans l'image, trois rouleaux d'imprimerie. Pouvez-vous voir où ils se trouvent ? Cherchez-les !

Les rouleaux, également appelés cylindres, sont des éléments très importants de la presse à imprimer. Le nombre et la forme des rouleaux varient d'un type de presse à l'autre. Il existe des cylindres d'impression, des cylindres de plaque, des cylindres de blanchet, etc. Il n'est pas évident de les trouver pour nous. Même si on les trouve, il est probable qu'on ne trouve que le plus évident, celui que tient l'aigle dans ses deux serres. À l'origine, il tenait une faucille et un marteau dans chaque griffe, représentant les paysans et les ouvriers de la nation, mais aujourd'hui, il s'agit d'un rouleau avec une forme inhabituelle. En outre, si on zoome, on trouvera l'aigle bicéphale de l'écu tenant un rouleau d'encre de forme différente dans chacune de ses serres.

Ce magnifique « aigle bicéphale » est en quelque sorte le protecteur de l'imprimerie autrichienne.

⑥ Le père des circuits imprimés

Peu de gens associent les circuits imprimés à l'imprimerie. Les circuits imprimés, également connus sous le nom de carte de circuits imprimés (PCB), sont une technologie d'impression révolutionnaire. Cette technologie d'impression est aujourd'hui présente dans tous les appareils électroniques que nous utilisons, par exemple dans les ordinateurs, les téléphones portables, les voitures… Elle se voit partout, au bout de nos doigts, et fait partie de la vie de chacun.

L'invention de la technologie des circuits imprimés a changé le monde électronique tel que nous le connaissons aujourd'hui et a ouvert de nombreuses possibilités pour la création de nouvelles technologies à l'avenir. Avant l'avènement des circuits imprimés, les composants électroniques étaient directement reliés entre eux par des fils pour former des circuits complets. Aujourd'hui, les cartes de circuits électriques sont largement obsolètes et n'existent que comme outils expérimentaux, tandis que les circuits imprimés sont devenus absolument dominants dans l'industrie électronique. Qui a ouvert la voie à l'innovation dans le domaine des circuits imprimés ?

Au début du XXe siècle, les ingénieurs ont continué à proposer l'idée d'utiliser des conducteurs métalliques pour le câblage sur un substrat isolé afin de simplifier la production de machines électroniques, de réduire le câblage entre les composants électroniques et de diminuer les coûts de production, mais ils n'ont pas trouvé de solution plus pratique. En 1930, l'Autrichien Paul Eisler (1907-1992) a obtenu son diplôme d'ingénieur à l'université de technologie de Vienne. Il a commencé par travailler pour la Compagnie britannique de Technologie d'enregistrement, mais sa carrière a rapidement échoué et il a été obligé de retourner à Vienne pour travailler comme imprimeur pour un magazine radio hebdomadaire, qui a plus tard été repris par le Groupe d'édition social-démocrate autrichien, pour lequel il est devenu correspondant éditorial. En 1934, lors du coup d'État des fascistes autrichiens, Eisler a été recherché pour son rôle de rédacteur et journaliste pour le Groupe d'édition social-démocrate autrichien et a été contraint de quitter l'Autriche pour se rendre à nouveau en Angleterre.

Il s'est rapidement intéressé au développement de circuits imprimés. Malgré son expérience d'imprimeur, il s'est rendu à plusieurs reprises dans la salle de lecture du British National Museum pour compléter ses connaissances sur l'imprimerie. Dans son autobiographie, il a dit : « En lisant, j'ai absorbé tout ce qui concerne les principaux processus (de l'imprimerie), comme la sagesse du salut ultime, c'est le circuit imprimé ». Il a utilisé la méthode de gravure sur plaque de cuivre, courante dans l'industrie de l'imprimerie à l'époque. Il s'agit de dessiner d'abord un schéma de circuit électronique et de le graver ensuite sur une plaque isolante en feuille de cuivre, la partie non désirée de la feuille de cuivre étant corrodée pour ne laisser que les lignes conductrices, créant ainsi une plaque d'impression en cuivre du circuit. Contrairement à l'industrie de l'imprimerie, il n'est pas nécessaire d'encrer le circuit imprimé pour imprimer l'article, il s'agit déjà d'un produit en soi. Les composants électroniques sont reliés par un câblage formé d'une feuille de cuivre. On peut dire qu'un circuit imprimé est en fait une plaque d'impression en cuivre qui est dessinée sur une feuille de cuivre, sauf que le dessin sur la plaque est un schéma de circuit !

En 1936, Eisler a réussi à assembler une radio à l'aide de circuits imprimés, ce qui a constitué la première année du circuit imprimé. Plus tard, les inventions d'Eisler ont été prises au sérieux par l'armée américaine et les circuits imprimés ont été utilisés pour la première fois dans les fusées de proximité des canons antiaériens. Ces fusées nécessitaient un certain nombre de composants électroniques à loger de manière compacte dans un petit appareil, d'où l'utilisation de circuits imprimés. Les Alliés ont utilisé des obus de DCA avec des fusées de proximité, qui ont été dévastateurs pour les avions allemands, et les circuits imprimés ont commencé à être connus.

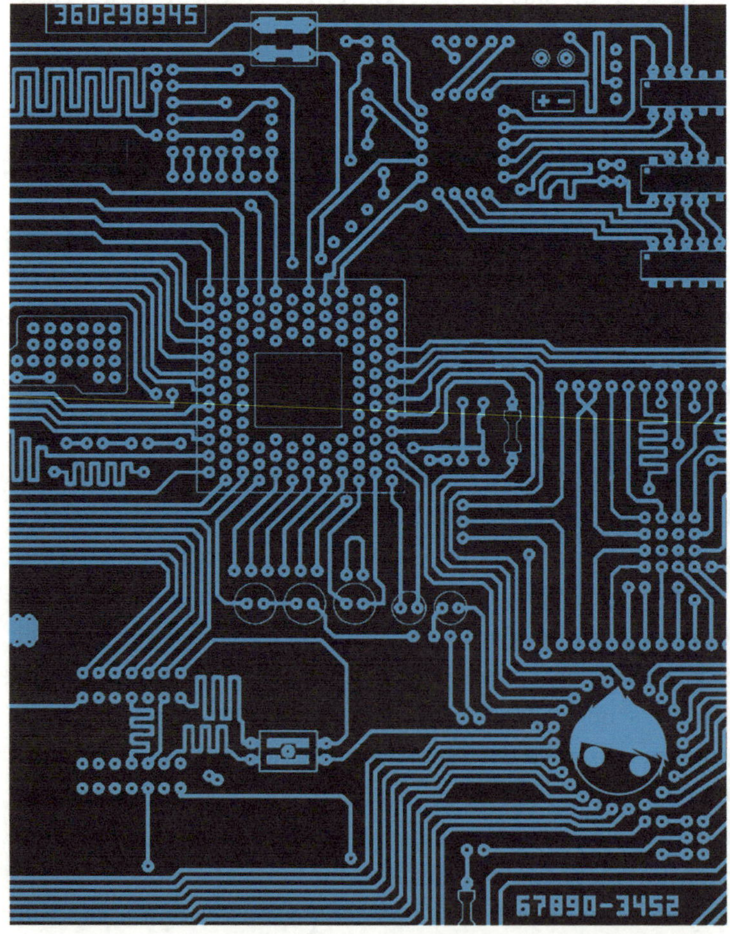

Carte de circuits imprimés

En 1943, Eisler a breveté une méthode de gravure d'un motif ou d'un circuit conducteur sur une feuille de cuivre collée à un substrat non conducteur renforcé de fibres de verre. Après avoir été reconnu aux États-Unis, le brevet original d'Eisler a finalement été divisé en trois brevets distincts : 639 111 (circuits imprimés tridimensionnels), 639 178 (technologie des feuilles pour circuits imprimés) et 639 179 (impression par poudrage). Ces trois brevets distincts ont été délivrés le 21 juin 1950 et, en 1992, Eisler a reçu la médaille d'argent Nuffield au Royaume-Uni, suivie de dizaines d'autres brevets portant son nom. Estimant que le chemin de l'innovation avait été semé d'embûches, quand il est devenu célèbre, il a écrit une autobiographie intitulée *Ma vie et les circuits imprimés* (*My Life and Printed Circuits*).

L'invention de la technologie des circuits imprimés gravés a permis de produire des appareils électroniques aux performances et à la qualité constantes et de les rendre compacts, ce qui a simplifié et facilité la production en masse d'appareils électroniques. Cette technologie est constamment améliorée grâce aux innovations des scientifiques du monde entier. Ces dernières années, la précision et la vitesse de la technologie des circuits se sont accrues et le célèbre procédé de photolithographie a été mis au point. Cependant, les circuits imprimés restent encore aujourd'hui la technologie la plus utilisée dans les appareils électroniques. Sans le procédé des circuits imprimés, les appareils électroniques modernes n'auraient pas pu faire autant de progrès. Bien entendu, la technologie de la plaque de cuivre gravée n'est pas la seule technique utilisée sur les circuits imprimés ; la technologie de la sérigraphie a également été utilisée « en tandem » ; sa principale application consistait à marquer les noms et les boîtes d'emplacement des composants sur les circuits imprimés afin de faciliter l'identification et la maintenance par les assembleurs de l'équipement.

⑦ La grande invention austro-hongroise : la lithographie

L'inventeur de la lithographie est Senefelder. Il est né à Prague (aujourd'hui République tchèque), où son père était acteur au Théâtre royal. Après la mort de son père, il n'a pas pu poursuivre ses études à l'université d'Ingolstadt en Allemagne et a donc tenté sans succès de gagner sa vie en tant que comédien et écrivain. Il a ensuite longtemps vécu et travaillé en Allemagne.

L'Autriche est un exemple typique des pays européens dont les relations historiques et géographiques sont particulièrement complexes. De la fin du

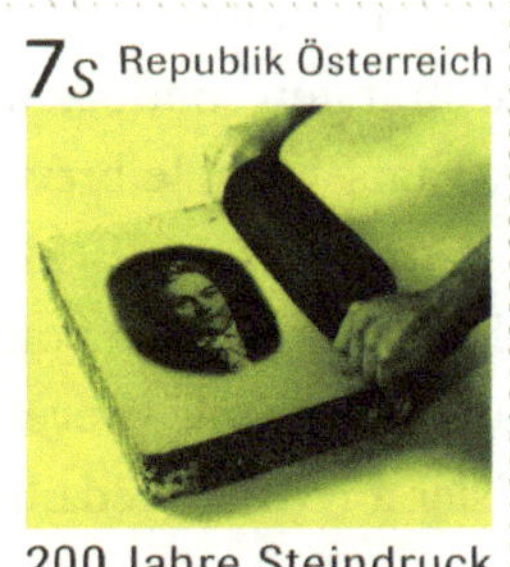

Timbre émis par l'Autriche, en 1998, pour commémorer l'invention de la lithographie par Senefelder

Moyen Âge à la fin de la Première Guerre mondiale, l'Autriche a été l'une des grandes puissances d'Europe et le siège de la maison des Habsbourg, qui a régné sur l'Europe centrale pendant plus de 600 ans. À partir de 1278, début de la domination des Habsbourg, le Grand-Duché d'Autriche a été au cœur de la puissance du Saint Empire romain germanique. La montée en puissance de Napoléon a accéléré l'effondrement du Saint Empire romain, et Franz II a fondé l'Empire d'Autriche en 1804. En 1867, l'Autriche et la Hongrie ont signé un compromis pour empêcher l'indépendance de la Hongrie, créant ainsi l'Empire austro-hongrois.

Après la Première Guerre mondiale, l'Empire austro-hongrois est dissous et la République d'Autriche est créée en novembre 1918. Elle est annexée par l'Allemagne fasciste en 1938 et occupée par l'Union soviétique, les États-Unis, la Grande-Bretagne et la France après la Seconde Guerre mondiale. L'Autriche a retrouvé son indépendance en 1955 et a été déclarée pays définitivement neutre le 26 octobre de la même année.

Tout au long de l'histoire moderne de l'Autriche, Prague et Munich ont fait partie de l'Empire austro-hongrois de la fin du XVIIIe siècle à la première moitié du XIXe siècle, époque à laquelle Senefelder a vécu. C'est pourquoi l'invention de la lithographie a fait l'objet d'une « triple rivalité » entre la République tchèque, l'Allemagne et l'Autriche. Il est intéressant de noter que l'Allemagne date l'invention de la lithographie à 1797, tandis que l'Autriche la date à 1798.

Un jour de 1796, Senefelder écrivit au crayon en cire les consignes de blanchisserie de sa mère sur une plaque de calcaire clair, dense et délicate, provenant des carrières de Solnhofen en Bavière, au cas où il les aurait oubliées. Par inadvertance, l'écriture a été transférée sur les vêtements à laver. Lorsqu'il a essayé de nettoyer l'ardoise avec une solution d'acide nitrique, il a constaté que l'écriture apparaissait en relief. Il a alors appliqué de l'encre et l'a essayée sur un papier, et l'écriture est réapparue sur la bavure.

En apprenant cette nouvelle, le directeur musical du Théâtre royal de Bavière, Gullaisner, dans l'intention d'imprimer la partition, acheta une machine à imprimer en cuivre pour que Senefelder puisse l'expérimenter. Sur la machine, la pierre se fissurait et le résultat de l'impression n'était pas satisfaisant.

Après d'autres recherches, Senefelder découvrit les propriétés d'absorption de l'eau et de drainage de l'huile de la gomme arabique. Il a donc tracé la pierre avec un crayon gras, puis l'a recouverte de gomme arabique mélangée à de l'acide nitrique. La pierre était lavée et humidifiée, puis recouverte d'encre, qui n'était que partiellement absorbée sur la trace du crayon et pouvait être imprimée sur le papier, l'huile et l'eau se repoussant mutuellement. En 1798, Senefelder utilise cette technique lithographique pour imprimer des partitions musicales et des dessins, ce qui constitue une invention majeure dans l'histoire de l'imprimerie et de la gravure. Aujourd'hui encore, l'impression offset, très répandue, utilise le principe de la lithographie qui consiste à « la répulsion mutuelle de l'eau et l'huile ». Ce type d'impression a été baptisé « lithographie » d'après le mot grec signifiant « représentation sur pierre ». En 1818, Senefelder a publié son livre *Lithographie*, dans lequel il a documenté les événements qui ont conduit à l'invention de la technique lithographique.

Senefelder est mort à Munich le 26 février 1834. Au moment où il fermait les yeux, les lithographes et les ateliers lithographiques de Londres, Paris, Milan, Barcelone et New York étaient devenus étonnamment actifs, et la lithographie avait même débarqué dans la patrie de l'imprimerie, la Chine, où des bulletins lithographiés sont apparus en 1834 à Guangzhou. En 1874, l'imprimerie Tushanwan, rattachée à l'église catholique de Xujiahui à Shanghai, a ouvert un département de lithographie pour imprimer la propagande de l'église. En 1876, E· Major, l'Anglais qui a fondé le journal *La Déclaration de Shanghai* (*The Shanghai Declaration*), a ouvert le Bureau Lithographique *Dianshi Zhai* à Shanghai et a commencé à lithographier des livres et des périodiques.

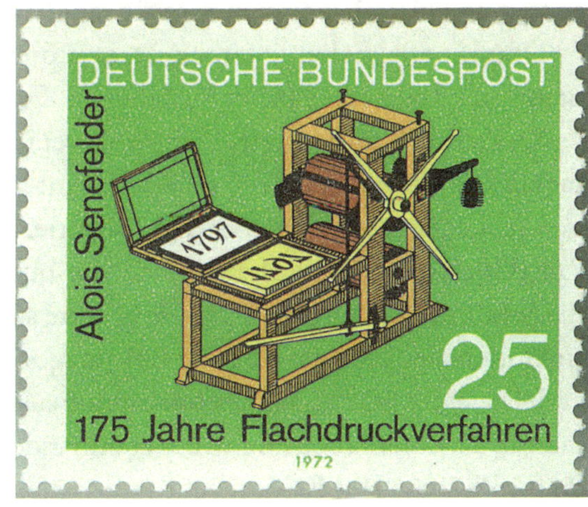

Timbre sur la presse lithographique émis par la République fédérale d'Allemagne en 1972 pour commémorer le 175e anniversaire de l'invention de la lithographie

Le 28 septembre 2000, la société autrichienne Hein a fait don au Musée de l'imprimerie de Chine de deux anciennes presses lithographiques, dont l'une a été fabriquée en 1892, ainsi que d'une collection de plaques lithographiques claires du même type que celles utilisées par Senefelder et d'estampes lithographiques européennes.

⑧ Le seul musée de l'imprimerie au monde à figurer deux fois sur la liste du patrimoine

Savez-vous que le seul musée au monde inscrit sur la *Liste du patrimoine mondial* est un musée de l'imprimerie qui conserve les livres d'affaires de la maison d'édition de 1563 à 1567, inscrits au *Registre de la mémoire du monde* en 2001 ? Il ne fait aucun doute que les musées de l'imprimerie du monde entier l'envient. Le musée Gutenberg de Mayence, en Allemagne, connu comme la « Jérusalem » de l'imprimerie occidentale, n'a pas non plus reçu cette distinction. Où se trouve ce musée de l'imprimerie ? Pourquoi est-il si précieux ?

Vers 1550, soit une centaine d'années après l'invention de l'imprimerie par Gutenberg, un relieur parisien émigre à Anvers, dans l'actuelle Belgique, et y crée un atelier de reliure. Il s'agit de Christophe Plantin (1514-1589), premier propriétaire de cet atelier. Né à Saint-Avedan, en France, Plantin a passé son enfance à Lyon et en Normandie, où il a appris le métier de relieur, d'imprimeur et de vendeur de livres.

Anvers était l'une des principales villes du monde et un port majeur pour le commerce maritime européen à la grande époque de la navigation maritime, et tout ce qui était nouveau arrivait rapidement à Anvers, dont l'art naissant de l'imprimerie. Selon le témoignage, la première œuvre imprimée aurait été produite à Anvers en 1481 et, au début du XVIe siècle, la ville comptait déjà plus de dix ateliers d'imprimerie. Plantin est venu ici avec des modèles de caractères mobiles en cuivre moulé qui représentaient la dernière technologie à Paris. Il a non seulement créé un atelier d'imprimerie, mais aussi la Presse de la boussole d'or (Golden Compass Press). Les livres qu'il publiait étaient principalement illustrés, utilisant les techniques de gravure sur cuivre de l'époque plutôt que les traditionnelles plaques de bois. Les images imprimées étaient donc exquises et délicates, et grâce à sa relecture minutieuse et à ses belles reliures, il était en mesure d'assurer la continuité des commandes. De 1568 à 1573, avec le soutien du roi Philippe II d'Espagne et l'autorisation du Saint-Siège, Plantin a publié huit volumes multilingues de la Bible, telles que celle en hébreu, en araméen, en grec et en syriaque. La commande a pris des proportions gigantesques, et la qualité et la quantité des Bibles imprimées étaient telles qu'elles sont devenues célèbres dans l'histoire. À partir de ce moment-là, son imprimerie a connu une croissance fulgurante : en 1576, il ouvre une imprimerie à Paris et, en 1583, une imprimerie à Leiden, en Hollande. Plus tard, il a exercé un quasi-monopole sur l'impression et l'édition dans le sud catholique des Pays-Bas. En 1585, Plantin s'est retiré à Anvers.

Lorsque Plantin, qui avait cinq filles mais pas de fils, mourut en 1589, son entreprise d'impression et d'édition fut confiée à son gendre Moretus. Grâce aux efforts de celui-ci, Anvers est devenu la troisième ville d'impression après Venise et Paris, modifiant et a ainsi influencé le paysage de l'imprimerie de l'Europe moderne. Plus tard, la famille Moretus a été élevée au rang de noble pour sa contribution exceptionnelle à l'industrie de l'imprimerie. Afin de préserver ce patrimoine culturel, la famille Moretus a vendu ses terres, ses biens, ses machines, sa bibliothèque et ses documents à la ville d'Anvers en 1876, avec le soutien du gouvernement belge, et les a ouverts au public l'année suivante sous le nom de « *Musée Plantin-Moretus* ».

Outre la maîtrise de son métier et la perspicacité de son esprit, Plantin avait une vision prospective. Il a commencé à collectionner des textes classiques dès les débuts de son imprimerie. C'est pourquoi le musée contient aujourd'hui des manuscrits de l'atelier d'écriture du IXe siècle, une Bible illustrée en deux volumes de 1403 et des documents jusqu'au XVIIIe siècle, en tout plus de 30 000 livres en version ancienne. Il comprend également une collection de livres de comptes qui a émerveillé le monde de l'imprimerie et a été inscrite au *Registre de la Mémoire du monde* de l'UNESCO. Ces archives sont extrêmement importantes pour l'étude du commerce et de la socio-économie de la publication en Europe, ainsi que pour la transmission et la diffusion de la culture à une époque troublée.

L'ensemble pittoresque « maison-atelier-musée » Plantin-Moretus est très apprécié des Belges et attire les visiteurs du monde entier. Le musée possède deux des plus anciennes presses d'imprimerie conservées au monde, ainsi qu'une collection complète de matériel d'imprimerie, des jeux de moules et de caractères, et une collection spéciale de caractères en plomb. Il s'agit également du seul ensemble de presses à imprimer du XVIe au XVIIIe siècle bien conservé. C'est pourquoi l'UNESCO a inscrit l'ensemble Maison-Atelier-Musée Plantin-Moretus sur la *Liste du patrimoine mondial* en 2005.

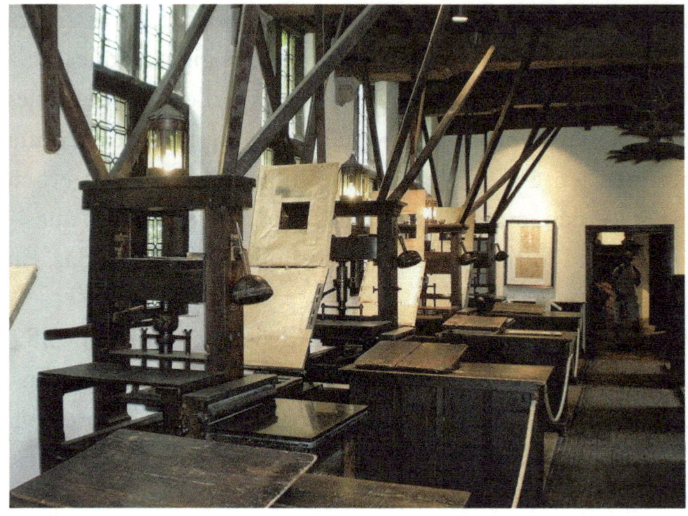

Anciennes presses
à imprimer dans le
complexe « Maison-
Atelier-musée »
Plantin-Moretus,
en Belgique

⑨ La première imprimerie de Bosnie-Herzégovine

La Bosnie-Herzégovine est située dans la partie nord-ouest des Balkans, au sud-est de l'Europe. À la fin du VIe siècle et au début du VIIe siècle, certains Slaves se sont déplacés vers le sud des Balkans et se sont installés en Bosnie-Herzégovine, où ils ont fondé la Principauté de Bosnie à la fin du XIIe siècle, avant d'être conquis par l'Empire ottoman dans la deuxième moitié du XVe siècle, puis de tomber aux mains de l'Empire austro-hongrois au XIXe siècle. En 1918, la Bosnie-Herzégovine a été incorporée au Royaume de Serbie-Croatie-Slovénie et, en 1945, elle est devenue membre de la République populaire fédérale de Yougoslavie, et a déclaré son indépendance le 29 octobre 1991. Sur le plan administratif, la Bosnie-Herzégovine est divisée en trois entités : la Fédération croato-musulmane, la Republika Srpska et le district de Brčko. Goražde est la capitale du canton de Bosnie-Podrinje, situé dans le sud de la Bosnie-Herzégovine, sur les rives de la Drina. C'est là qu'a été installée la première imprimerie de l'histoire de la Bosnie-Herzégovine. L'imprimerie de Goražde a été l'une des premières imprimeries serbes et est aujourd'hui la première imprimerie de la Bosnie-Herzégovine. En fait, sa fondation remonte à 1519 et elle était à l'origine située ailleurs, à Venise, en Italie.

L'histoire commence avec Božidar. C'était un marchand célèbre à l'époque des Goražde et, grâce à sa perspicacité de marchand, il a vu une grande possibilité dans la nouvelle industrie de l'imprimerie. Depuis la fin du XVe siècle, Venise en Italie était l'un des centres mondiaux de l'imprimerie. À la fin de l'année 1518, Božidar a donc envoyé ses deux fils à Venise pour y apprendre l'art de l'imprimerie. Les frères y ont acheté une presse à imprimer et, le 1er juillet 1519, ils ont achevé l'impression de leur premier livre à Venise, un *Manuel à l'usage des prêtres*. Malheureusement, l'un des fils est mort à Venise. Peu après, un autre fils, Theodorov, a transporté la presse à Goražde. Teodorov y a installe l'imprimerie de Goražde, située dans l'église orthodoxe Saint-Georges, près de l'actuelle ville de Goražde. L'imprimerie publia deux livres d'église : le *Psautier* en 1521, qui comptait 352 pages, et les *Petites Euchologions* en 1523.

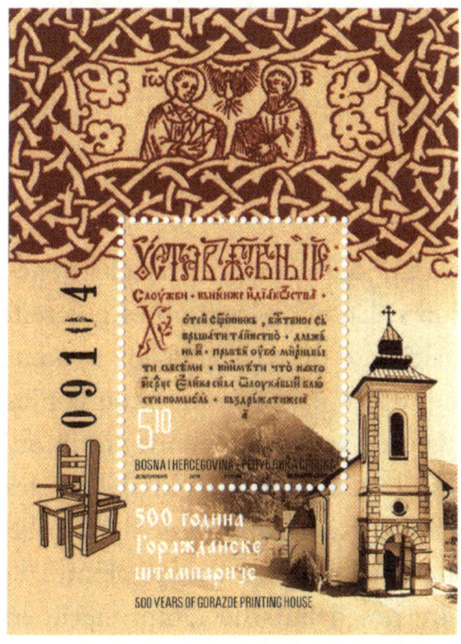

Imprimerie de Goražde, la plus ancienne imprimerie de Bosnie-Herzégovine, datant de 1519.

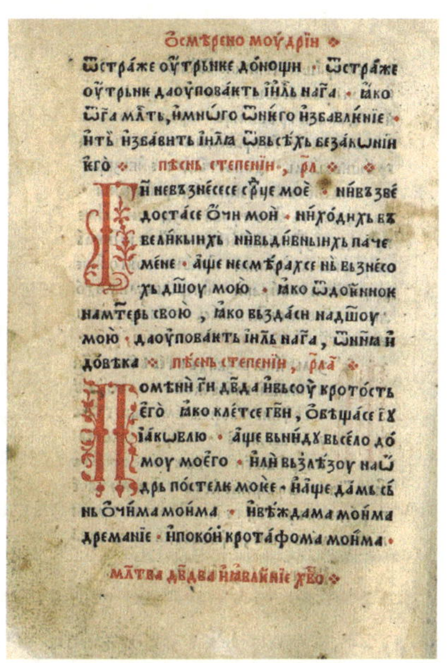

Imprimerie de Goražde, *Le Psautier* imprimé en 1521, en rouge et noir, en caractères mobiles de plomb. L'illustration est en gravure sur bois.

Cependant, pour des raisons inconnues, l'imprimerie de Goražde a été fermée en 1523 et il n'y a plus eu d'impression. En 1544, le fils de Teodorov, petit-fils de Bozidar, a apporté la presse à imprimer de Goražde à Targovishte, capitale de l'État bulgare de Targovishte, et a créé la deuxième presse à imprimer sur le territoire de la Roumanie. Depuis lors, il n'y a plus eu d'imprimerie locale à Goražde. En cas de demande locale pour de petites quantités, les imprimeries de Venise, Vienne, Rome et d'ailleurs étaient chargées de les produire. Ce n'est que dans la seconde moitié du XIXe siècle que l'intérêt pour l'impression et l'édition en Bosnie-Herzégovine s'est ravivé.

En 1866, la première maison d'édition nationale moderne, fondée par Ignjat Sopron, a ouvert ses portes à Sarajevo. Il était à la fois journaliste et éditeur. La maison d'édition a été baptisée Sopron en l'honneur de son fondateur. Cette maison d'édition est rapidement devenue la maison d'édition officielle, et a été rebaptisée plus tard *Maison d'édition de Vilayet (Autonomous Press)*, et a publié des livres en latin, en cyrillique, en hébreu et en arabe. Après l'occupation austro-hongroise de la Bosnie-Herzégovine en 1878, la maison d'édition a été rebaptisée Maison d'édition d'État et a continué à publier des livres. Mais au fil du temps, les autorités changèrent et la maison d'édition disparut discrètement.

⑩ Origines de l'impression en caractères bulgares

L'homme d'État bulgare Georgi Dimitrov a un jour comparé avec éloquence les timbres à la « carte de visite d'une nation ». En effet, les timbres reflètent la création matérielle et spirituelle d'une nation, d'un pays et d'une époque, ainsi que la technologie d'impression et de lutte contre la contrefaçon la plus avancée de l'époque. Le 21 mai 1955, la Bulgarie a imprimé et émis un timbre commémorant le 1 100e anniversaire de la création de l'alphabet cyrillique : les frères Cyrille et Méthode, Paisii Hilendarski, presse d'imprimerie de Nicolas Karastojanov. Ces trois images commémoratives, soigneusement peintes et gravées, rappellent et transmettent l'histoire des débuts de l'imprimerie en caractères bulgares.

La Bulgarie est située au sud-est de l'Europe, au bord de la mer Noire, et est traversée par les montagnes des Balkans, qui s'étendent d'est en ouest. Au nord et au sud de ces montagnes s'étendent les plaines du Danube, séparées de la Roumanie par le Danube, et les plaines de Thrace, qui s'étendent jusqu'à la Grèce et la Turquie. Les tribus turques d'Asie centrale, arrivées sur les grandes prairies européennes de la rive occidentale de la Volga avec les Huns au IVe siècle après J.-C. et employées plus tard par Byzance pour combattre les Ottomans, se sont progressivement installées plus près de la mer Noire.

L'écriture bulgare est basée sur l'alphabet cyrillique. Cet alphabet, principalement dérivé de l'alphabet grec, mais également basé sur l'alphabet latin, est aujourd'hui utilisé dans les langues de la Bulgarie, de la Serbie, de la Macédoine,

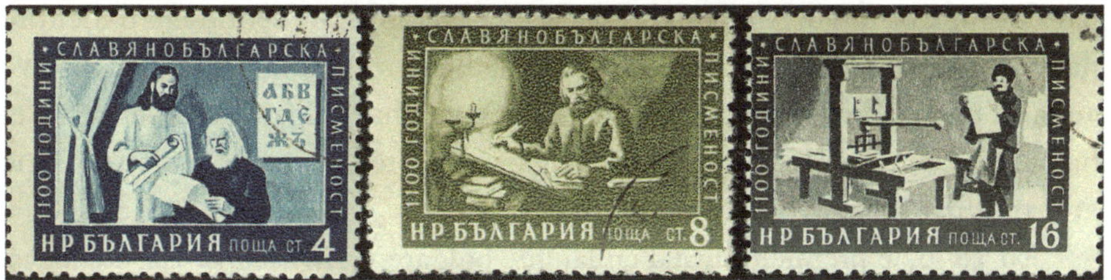

Timbres émis par la Bulgarie le 21 mai 1955 pour commémorer le 1 100e anniversaire de la création de l'alphabet cyrillique : Saints Cyrille et Méthode (4 c), Paisii Hilendarski (8 c), presse d'imprimerie de Nicolas Karastojanov (16 c)

de la Russie et de l'Ukraine, ainsi que dans les autres pays orthodoxes de la CEI. Toutefois, le nombre de lettres adoptées varie : par exemple, le bulgare et le serbe utilisent chacun 30 lettres, le russe 32 et l'ukrainien 33.

Au IXe siècle, les frères missionnaires Cyrille et Méthode ont cofondé l'alphabet slave. Théologiens et philologues, ils ont été envoyés par l'empereur byzantin et le patriarche de Constantinople (titre d'un haut évêque chrétien) pour prêcher parmi les Slaves, et ont donc été honorés par les générations suivantes comme les « apôtres slaves ». Ils ont établi le premier scriptorium slave en Bulgarie, à la fois pour traduire les écritures grecques et pour consolider les premiers textes slaves. Plus tard, l'anniversaire de Cyrille (le 24 mai) est devenu une fête éducative bulgare pour commémorer la création de l'écriture slave et la contribution des frères Cyrille au développement de la culture et de l'éducation bulgares.

L'Empire ottoman ayant interdit la création de maisons d'édition en Bulgarie, les premières publications en langue bulgare ont été dispersées principalement dans ce qui est aujourd'hui la Turquie, l'Autriche, la Roumanie, la Serbie et d'autres pays. En 1840, la Bulgarie a importé sa première presse à imprimer des États-Unis. Cette presse à imprimer en caractères slaves était déposée à Smyrne, en Asie mineure, aujourd'hui la station touristique d'Izmir, en Turquie. En 1844, *L'Amour des Mots [Lyuboslovie ("philology", "love of words")]* de Konstantin Fotinov ont été publiés à Smyrne. Il s'agit du premier périodique en langue bulgare, mais le tirage n'a duré qu'un peu plus d'un an.

En 1844, le livre *Histoire slavo-bulgare* a été imprimé pour la première fois à l'imprimerie de l'université Kraljevska à Budapest. Ce livre est considéré comme le « cri de ralliement » du mouvement de renouveau national bulgare. L'histoire contenue dans le livre a inspiré les Bulgares, qui avaient été gouvernés par l'Empire ottoman pendant des siècles, à développer un sentiment d'identité nationale et ethnique et à adopter la langue bulgare. Cet imprimé se conserve aujourd'hui à la bibliothèque centrale de l'Académie bulgare des sciences. Cet ouvrage a eu un impact profond en Bulgarie et a été largement copié, imprimé et extrait par les générations suivantes.

En 1846, le premier journal en langue bulgare, *L'Aigle bulgare*, a été lancé. Ce journal se voulait civil, commercial et littéraire, présentant les dernières nouvelles et les faits marquants de l'Europe, mais seuls trois numéros ont été publiés.

⓫ Francisco Skorina, « père de l'imprimerie » au Belarus

La République de Biélorussie est appelée Belarus. Les Biélorusses sont un groupe de Slaves orientaux. Aux IXe et XIe siècles, la Biélorussie faisait partie du Grand-Duché de Kievan Rus, aux XIIe et XIVe siècles du Grand-Duché de Lituanie, en 1596 du Royaume de Pologne-Lituanie, et à la fin du XVIIIe siècle, elle a été annexée par la Russie tsariste. Le 25 mars 1918,

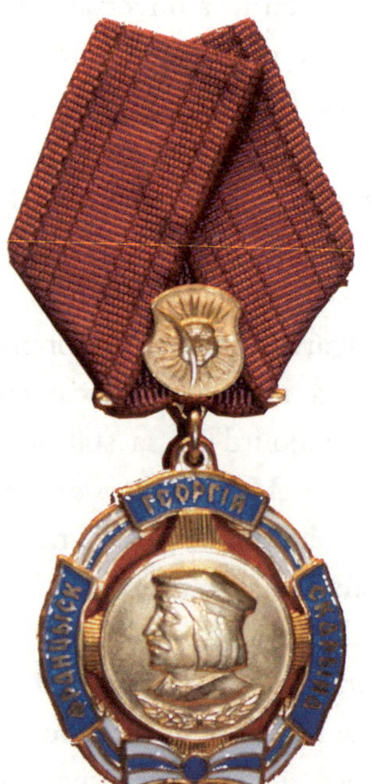

Ordre biélorusse de Francesco Skorina, décerné comme la plus haute distinction à des citoyens ayant contribué au développement culturel du pays.

l'indépendance a été déclarée et la République populaire de Biélorussie a été créée. En 1919, la République socialiste soviétique de Biélorussie a été créée et, en 1922, elle a rejoint l'Union soviétique en tant que l'une de ses républiques constitutives. Elle a retrouvé son indépendance le 25 août 1991 et a été rebaptisée République de Biélorussie le 19 décembre de la même année.

L'Ordre de Francisco Skorina est un ordre national biélorusse créé en 1995, qui porte le nom de Francisco Skorina (1490-1551), traducteur, écrivain, humaniste, activiste social, éducateur médical et éditeur-imprimeur renommé de nationalité biélorusse et slave orientale, pour sa contribution au développement de la langue biélorusse.

Francisco Skorina est né à Polotsk, dans le nord de la Biélorussie, en 1490. Il a obtenu une licence en philosophie et une maîtrise en médecine à l'université de Cracovie, en Pologne, puis est allé à l'université de Padoue (Università di Padova), en Italie, où il a obtenu un doctorat en médecine. Skorina a créé sa propre imprimerie à Prague. Il a traduit 23 Bibles illustrées en vieux biélorusse et, le 6 août 1517, a publié le premier livre imprimé en écriture slave orientale et le premier hymne en vieux biélorusse à Prague. Les langues slaves orientales se composent principalement du russe, du biélorusse et de l'ukrainien. La langue bélarusse est dérivée du dialecte méridional du vieux russe, également connu sous le nom de vieux bélarusse. Le 6 août est reconnu comme la date de la naissance de l'industrie de l'impression de livres de Biélorussie, qui est devenue ce que l'on appelle aujourd'hui la Journée du livre au Belarus. En 1520, Skorina est venu à Vilna (aujourd'hui Vilnius, Lituanie) pour ouvrir une imprimerie. En 1522, il a imprimé et publié *Le Manuel de Voyage* et, en 1525, *L'interrogateur* (*The Inquirer*). Pendant l'essor de l'imprimerie en gravure à la Renaissance, Skorina se consacre également à l'illustration et à l'imprimerie en gravure et devient un imprimeur chevronné.

La première traduction et impression de la Bible illustrée et en vieux biélorusse, à partir d'une langue religieuse obscure, par Skorina, a joué un rôle inestimable dans la diffusion de la Bible et de la langue biélorusse, ainsi que dans la promotion de l'imprimerie. Il est connu comme le « père de l'imprimerie » en Biélorussie, et sa position en Biélorussie est encore plus importante que celle de Bi Sheng en Chine. À ce jour, la langue de la « Bible de Skorina » reste la langue de base de la terminologie théologique au Belarus, en Pologne et en République tchèque et d'autres pays d'Europe de l'Est. L'impression de la Bible de Skorina et de nombreux autres ouvrages théologiques a permis

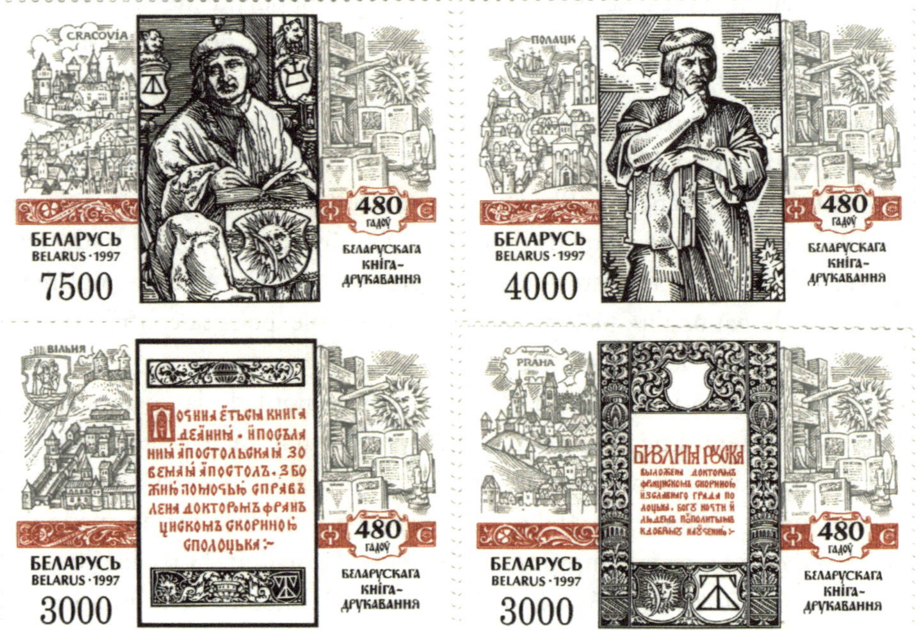

En 1997, le Belarus a émis un timbre en l'honneur de Francisco Skorina

d'établir le statut des livres en biélorusse dans l'édition européenne et de diffuser la langue et la culture biélorusses. Skorina est l'une des figures culturelles les plus importantes de l'histoire du Bélarus, et l'on trouve des statues à son image dans tout le pays, ainsi que des écoles portant son nom. On trouve une statue de lui tenant une Bible et une clé devant l'entrée principale de la bibliothèque nationale de la Biélorussie et également des statues à Kaliningrad en Russie, et à Prague en République tchèque.

En août 2017, une série d'événements ont été organisés en Biélorussie. La bibliothèque nationale biélorusse a publié 21 volumes de livres de Francisco Skorina sous forme de photocopies. Il s'agit d'une anthologie de livres publiés par Skorina à Prague et à Vilna. La majeure partie de cette édition reste au Belarus dans les collections des principaux bibliothèques, musées et archives, avec un petit nombre de dons à la recherche et aux collections à l'étranger, y compris les bibliothèques de France, de Pologne, de Lettonie, de République tchèque, du Royaume-Uni, d'Autriche, de Suisse, d'Allemagne et de Belgique, ainsi que la bibliothèque des Nations unies.

①② Imprimerie « rouge » et journée internationale des journalistes de Tchèquie

La République tchèque est un pays enclavé d'Europe centrale, où les Slaves ont fondé la Principauté de Samo en 623, la Principauté de Grande Moravie en 830, le Royaume de Bohême en 1198 avant d'être annexé par la dynastie des Habsbourg en 1620. Le 28 octobre 1918, elle s'est unie à la Slovaquie pour créer la République tchécoslovaque, devenue la République socialiste tchécoslovaque en 1960 et la République fédérale tchèque et slovaque en 1990, avant de s'être séparée pacifiquement de la Slovaquie en tant qu'État indépendant et souverain depuis le 1er janvier 1993. Les Tchèques ont apporté de nombreuses innovations techniques dans l'histoire de l'imprimerie moderne. Par exemple, Karl Klič, né à Hostinné en Bohême, a inventé la technique moderne de la photogravure à la raclette, qui combine la technologie photographique et la photoglyptique, et qui est encore utilisée aujourd'hui. Le grand inventeur de la lithographie, Senefelder, est aussi né à Prague. Outre ces inventeurs de la technologie de l'impression, un autre homme a profondément marqué le monde du journalisme et de l'édition : le héros national tchèque, Julius Fučík. Le jour de sa mort a été désigné comme la Journée internationale des journalistes, également connue sous le nom de la Journée de solidarité internationale des journalistes.

Julius Fučík est né le 23 février 1903 dans une petite ville près de Prague. À l'âge de 17 ans, il avait déjà rédigé des articles pour les journaux de la gauche révolutionnaire en Tchécoslovaquie, et puis il a adhéré au *Journal des Droits rouges* en tant qu'éditeur-journaliste.

Après 1936, lorsque les nazis avaient la mainmise sur la Tchécoslovaquie, un groupe de journalistes, représenté par Fučík, a écrit nombre d'articles percutants dénonçant la conspiration nazie avec une grande ferveur patriotique. Lorsque les nazis ont envahi la Tchécoslovaquie le 15 mars 1939, Fučík est entré dans la clandestinité. Le 24 avril 1942, il a été arrêté lors d'une réunion de la résistance à la suite d'une trahison. En prison, il fut soumis à des tortures inhumaines, mais il surmonta ses souffrances physiques avec une volonté surhumaine, conserva un esprit positif et optimiste et organisa et dirigea la lutte politique en prison. Sa grande personnalité a ému l'un des gardiens de la prison. Celui-ci lui donna quelques crayons et des bouts de papier. C'est avec ces humbles objets qu'il a écrit son œuvre monumentale, *Écrit sous la*

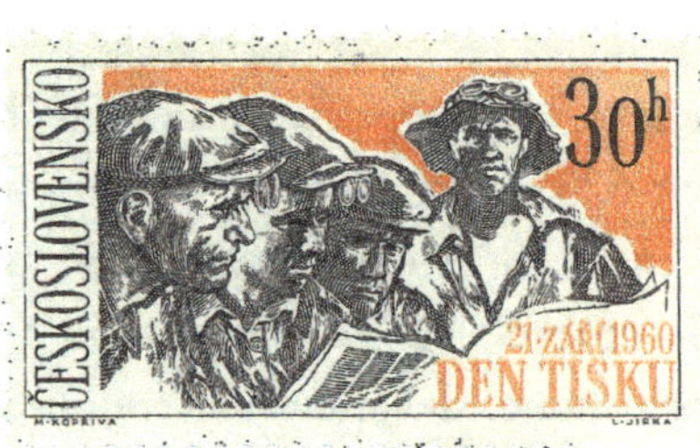

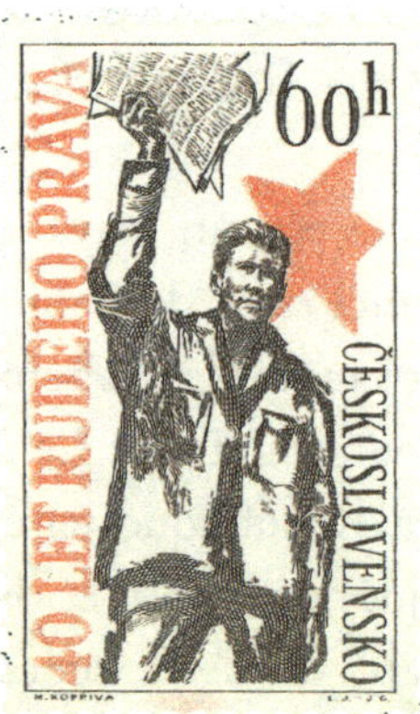

En 1960, la Tchécoslovaquie émet des timbres pour commémorer le 40ᵉ anniversaire du *Journal des Droits rouges* : « Journal des droits rouges », « Julius Fučík ».

potence, connue dans le monde entier. En mai 1945, après la défaite des nazis, sa femme, libérée, reçut son manuscrit des mains des gardiens et le publia. Ce n'est qu'à ce moment-là que cette œuvre, fruit du sang et de la vie de Fučík, a été mise en lumière. Il n'a pas pu attendre ce jour et a été secrètement tué par les nazis le 8 septembre 1943.

Traduit dans plus de 90 langues et publié dans plus de 300 éditions à travers le monde, l'*Écrit sous la potence* de Fučík est devenu une légende monumentale dans l'histoire de l'édition. En sa mémoire, la Journée internationale des journalistes a été instituée le 8 septembre de chaque année lors du 4ᵉ Congrès de l'Association internationale des journalistes à Bucarest en mai 1958.

Le premier journal imprimé en République tchèque a été un journal en allemand *Prague News* créé en 1719. En septembre 1920, *Les Droits du Peuple*, l'organe du parti social-démocrate de gauche, a été imprimé et lancé. Après deux numéros, il a été rebaptisé *Journal des Droits rouges* à partir du 21 septembre de la même année et a été publié en langue tchèque à Prague. Le journal a joué un rôle important dans la fondation du Parti communiste tchécoslovaque et est devenu l'organe du Comité central du Parti communiste tchécoslovaque lors de sa création en mai 1921. Pendant l'occupation fasciste allemande de la Seconde Guerre mondiale, il a été contraint de passer dans la clandestinité et de publier en secret, mais après la guerre, il a repris sa publication publique. Ce n'est que le 6 novembre 1990 que le journal a annoncé sa séparation du Parti communiste tchèque et est devenu un journal indépendant. Après la dissolution de la Tchécoslovaquie en 1993, le journal a été réorganisé en quotidien généraliste tchèque de gauche et rebaptisé *Les Droits (Rights)*. Le 26 mars 2016, à la veille de sa visite en République tchèque, le président chinois XI Jinping a publié un article d'opinion intitulé « Jouons une musique puissante de l'époque dans les relations sino-tchèques ».

❶❸ La première presse à imprimer dans la ville natale d'Andersen

Quand on pense au Danemark, les Chinois pensent à Hans Christian Andersen. Quiconque a lu un conte de fées dans son enfance ne peut ignorer Hans Christian Andersen. L'ancienne Première ministre danoise, Helle Thorning-Schmidt, s'est un jour exclamée : « Nous n'avons pas vu de pays au monde qui aime autant les contes de Hans Christian Andersen que la Chine ». *La petite fille aux allumettes*, *La fille de la mer*, *Les habits neufs de l'empereur*, *Le rossignol*... Les contes de Hans Christian Andersen ont même été inscrits dans nos manuels scolaires lorsque nous étions enfants et sont sans aucun doute connus de tous. Cependant, il se peut que la plupart des gens ne connaissent pas grand-chose sur la ville natale de ce grand écrivain. Par coïncidence, c'est dans la ville natale d'Andersen que l'industrie moderne de l'imprimerie danoise a vu le jour. À mon avis, il ne s'agit pas d'une coïncidence, mais d'une nécessité. La grandeur de l'imprimerie réside précisément dans le fait qu'elle est la mère de la civilisation et la lumière de la culture.

Hans Christian Andersen est né le 2 avril 1805 à Odense, au Danemark, dans une famille de cordonniers. Odense est la troisième grande ville du Danemark et l'une des villes les plus heureuses du monde. Outre Hans Christian Andersen, la ville est également le berceau de Carl Nielsen, considéré comme l'un des plus grands musiciens de l'histoire de la musique danoise. À l'époque moderne, c'est aussi une ville d'innovation et de dynamisme. À l'époque médiévale, Odense était le centre du clergé danois, avec de nombreux monastères et églises, et de nombreux pèlerins venus d'autres régions de l'Europe qui s'y rendaient.

Après que Gutenberg a imprimé *La Bible à 42 lignes* sur une presse à caractères en plomb au milieu du XVe siècle, l'imprimerie s'est répandue dans toute l'Europe comme une étincelle, et les pays se sont empressés de l'introduire. En 1482, l'évêque danois Carl Rønnow a fait venir l'imprimeur allemand Johann Snell à Odense. Snell était l'un des plus grands talents de l'industrie de l'imprimerie, une industrie nouvelle en Europe dans la seconde moitié du XVe siècle. À l'époque, la possession de caractères en cuivre et de

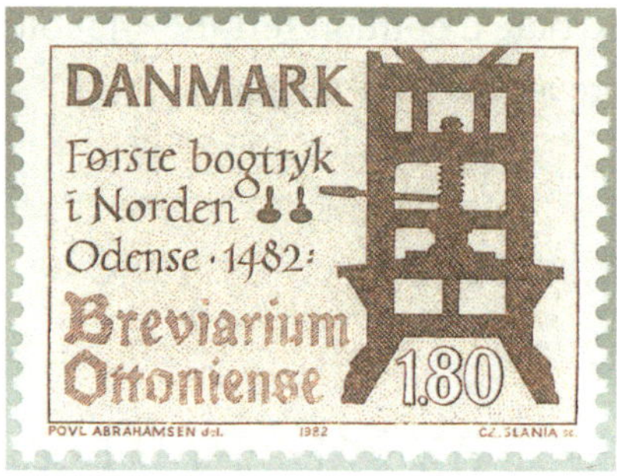

Timbre commémoratif d'une presse à imprimer manuelle en bois utilisée pour imprimer le premier livre danois, Breviarium Ottoniense, en 1482.

presses d'imprimerie constituait la clé de la technologie des médias et de l'édition, et Snell était invité partout. Il se rendit à Odense pour y fonder une imprimerie d'église et y imprima le livre de prières *Breviarium Ottoniense*, considéré comme le premier ouvrage imprimé en Scandinavie. La même année, Snell a imprimé à Odense le livre populaire de l'auteur français Guillaume Caoursin, *Le siège de Rhodes*. Guillaume Caoursin ayant assisté à l'invasion ottomane de Rhodes en 1480, son livre *Le siège de Rhodes* est le récit historique le plus vivant de la bataille. Ces deux ouvrages, les premiers livres imprimés en caractères mobiles de plomb d'Odense, se trouvent aujourd'hui à la Bibliothèque royale danoise.

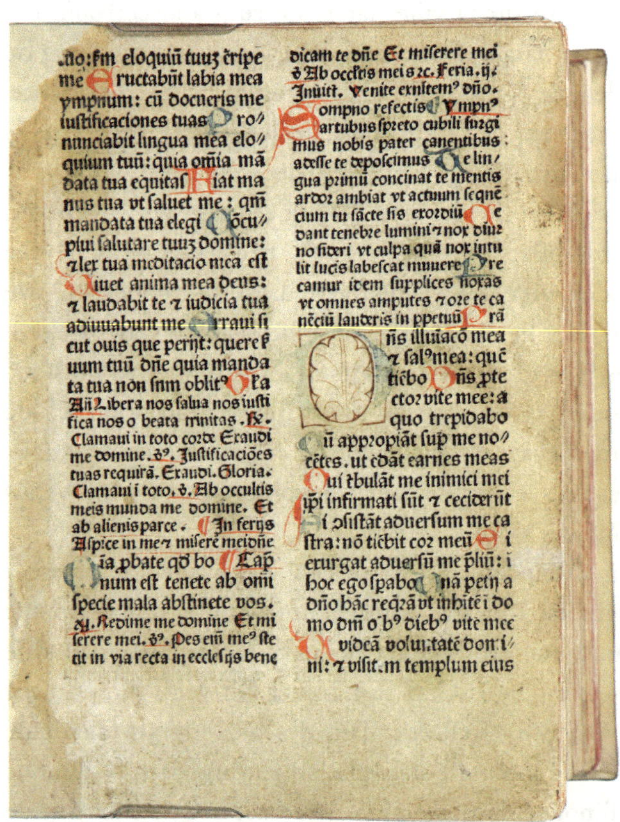

Breviarium Ottoniense, avec lettres couleurs écrites et peintes à la main.

Après seulement un an au Danemark, où il a lancé l'industrie danoise de l'imprimerie, Snell est invité à se rendre en Suède. En 1483, dans un monastère franciscain de Stockholm, il a publié le premier livre suédois imprimé en caractères de plomb. Cependant, les livres imprimés par Snell étaient tous en latin, probablement parce que Snell possédait lui-même un jeu de moules de caractères en cuivre de l'alphabet latin, ce qui lui permettait de couler facilement des caractères en plomb en latin.

Pour commémorer l'initiative de Snell, Odense a construit en 1984 le Musée graphique du Danemark (Danmarks Grafiske Museum), aujourd'hui connu sous le nom de Odense Media Museum, qui contient une collection de plus de 100 000 objets, dont des journaux modernes, des magazines, des publicités, des illustrations, des photos de presse, des presses d'imprimerie, etc. À partir de 1493, l'imprimerie danoise a été principalement réalisée à Copenhague.

①④ L'incident collectif de la « page blanche » des journaux estoniens

L'Estonie, un des trois États baltes avec la Lettonie et la Lituanie au sud, est un pays capitaliste développé, classé par la Banque mondiale parmi les pays à revenu élevé. L'Estonie possède un paysage magnifique, une longue histoire et une riche culture, ainsi que de riches ressources touristiques.

L'Estonie n'était pas encore un pays indépendant lorsque l'imprimerie de Gutenberg faisait fureur en Europe. Le pays a été envahi par la Prusse et le Danemark du XIIIe au XVIe siècles, divisé entre la Suède, le Danemark et la Pologne au XVIe siècle, l'ensemble du territoire a été occupé par la Suède au XVIIe siècle et incorporé à l'Empire russe au

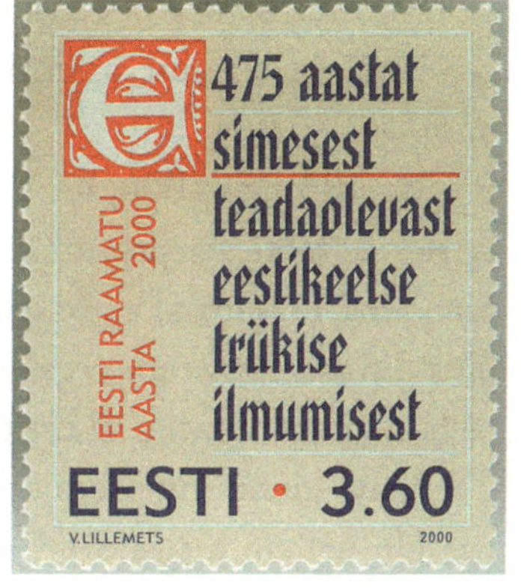

Timbre émis le 22 avril 2000 par la poste estonienne commémorant le 475e anniversaire de la publication du premier livre en estonien en caractères mobiles

XVIIIe siècle. Il est donc difficile pour l'Estonie de se forger sa propre histoire d'imprimerie. Toutefois, il existe des documents attestant que le premier livre en estonien imprimé en caractères mobiles a été publié en 1525. C'est également pour cette raison que le service postal estonien a émis un timbre le 22 avril 2000 pour commémorer le 475ᵉ anniversaire de ce grand événement. Malheureusement, le livre n'a pas survécu, il n'en reste même pas une seule trace. En bref, l'histoire de l'imprimerie et de l'édition estoniennes est plutôt pâle et il semble qu'il n'y ait pas de quoi s'extasier. Pourtant, le 18 mars 2010, la presse estonienne a uni ses forces pour créer un incident de la « page blanche », ce qui a fait les gros titres du monde du journalisme et de l'édition.

Le premier journal « à page blanche » d'après les documents est le premier journal américain, *Public Events at Home and Abroad*, publié à Boston le 25 septembre 1690. Son premier (et aussi dernier) numéro se composait de quatre pages, dont la quatrième était complètement vide. L'objectif de cette page blanche était de permettre aux lecteurs d'y inscrire leurs opinions personnelles sur les « anciennes nouvelles » ou les « nouvelles » et de les transmettre à leurs voisins. La page blanche est donc comparable à un blog moderne. Malheureusement, ce journal « post-moderne » a été interdit par le gouvernement après l'impression d'un seul numéro. L'objectif et la signification de la « page blanche » a depuis lors changé. Elle est aujourd'hui définie dans les milieux journalistiques comme « un espace manquant dans les pages d'un journal créé par la suppression forcée de textes, une façon pour les journaux de protester contre la censure ou la pression, et pour les lecteurs de connaître la vérité, en laissant intentionnellement un espace dans leurs pages, d'où le nom. »

Le 18 mars 2000, les Estoniens qui achetaient des journaux locaux dans la rue ont été surpris de constater que les grands journaux, dont *Evening Standard*, le journal estonien le plus diffusé, *Postimees*, le deuxième journal le plus diffusé, *Estonian Express* et *Estonian Daily News*, avaient tous publié une page blanche en une. Il est très rare dans le monde que les principaux médias d'un pays aient une première page toute vierge. Quelle en était la raison ?

Un article intitulé « Unfounded restrictions » publié sur le site web du *Postimees*, a apporté la réponse que les gens attendaient. Il s'est avéré que l'action collective des médias estoniens de la « une blanche » visait à protester contre un projet de loi proposé par le ministre estonien de la Justice pour restreindre la liberté de la presse. Ce projet stipule que les journalistes doivent divulguer leurs sources lorsque le gouvernement le juge nécessaire, et que le refus de le faire entraînera des sanctions, voire une peine d'emprisonnement.

① ⑤ Gutenberg, « père de la typographie »

L'Allemand Gutenberg est vénéré en Occident comme le « dieu de l'imprimerie » et a reçu divers titres de la part des érudits du monde entier.

Johannes Gutenberg est né à Mayence (Mainz), en Allemagne, dans une famille de nobles et de marchands. À l'époque de sa naissance, l'Allemagne ne s'appelait pas l'Allemagne, mais Saint Empire romain germanique, avec la Germanie en son centre et quelques régions périphériques. À partir du début du XVe siècle, l'empire était divisé en différentes parties. La vie de Gutenberg a été marquée par le chaos d'un empire divisé. De 1434 à 1444, il a vécu à Strasbourg (aujourd'hui en France) et, en 1439, il a monté une affaire avec un associé pour fabriquer un miroir en alliage destiné à être vendu aux pèlerins qui se rendaient à Aix-la-Chapelle (aujourd'hui en Allemagne). L'entreprise a échoué et il a été traduit en justice. Comme le dit le proverbe, « l'échec est la mère du succès », et l'expérience de la fabrication du miroir a également jeté discrètement les bases de ses grandes inventions. Les orfèvres avec lesquels il est entré en contact étaient en plein essor technologique dans le domaine de la gravure et des plaques de cuivre de l'imprimerie. Au lieu de travailler sur la gravure elle-même, Gutenberg lui-même était prêt à développer des « produits créatifs » à partir des plaques de cuivre. Il a mis au point une méthode de fabrication de pochoirs en cuivre centrés sur l'alphabet. Dès lors, le moule à lettres en cuivre est devenu l'arme secrète, « celui qui possède le moule à lettres possède le monde ». Grâce aux moules en cuivre, il était possible de couler d'innombrables caractères en plomb ce qui lui a donné l'idée de construire une imprimerie. Il a emprunté de l'argent à l'homme d'affaires local Johann Fust, pour mettre en place l'imprimerie.

Inspiré par les pressoirs verticaux utilisés à l'époque pour presser le jus de raisin, Gutenberg a transformé une presse en bois en première presse d'imprimerie. Après des ajustements et des améliorations constants, il et enfin parvenu à une impression de grande qualité. Le premier ouvrage complet qu'il a imprimé est la célèbre *Bible de Gutenberg*, composée de deux volumes de 1 282 pages comportant 42 lignes par page, d'où le nom de « Bible à 42 lignes ». La Bible de Gutenberg était magnifiquement imprimée et la reproduction était beaucoup plus rapide et moins chère qu'une Bible copiée à la main, ce qui aurait pris un an. Seuls 180 exemplaires de la Bible de Gutenberg ont été

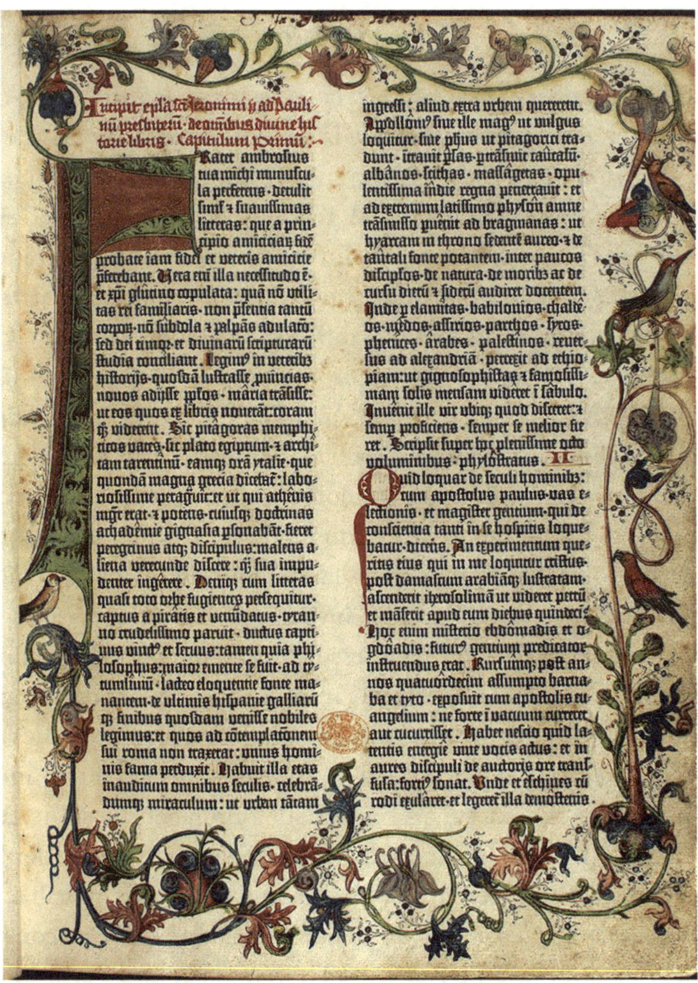

Bible à 42 lignes, imprimée par Gutenberg en 1455

imprimés à l'époque, dont 150 sur papier et 30 sur vélin fin, plus onéreux. Les 48 exemplaires qui ont survécu se trouvent actuellement en Allemagne, en Belgique, en France, en Autriche, au Japon, au Vatican, au Danemark et dans d'autres pays.

En 1456, Gutenberg et Fust ont eu un désaccord qui a entrainé la rupture de leur collaboration. Le tribunal a attribué à Fust l'ensemble de l'imprimerie et les plaques de plomb de la Bible à 42 lignes. Plus tard, avec l'aide du maire de Mayence, et de l'archevêque Adolphe II de Nassau, Gutenberg a racheté une partie de l'équipement d'origine et construit une nouvelle presse à imprimer.

En 1462, Mayence a été mise à sac lors d'un conflit entre les deux archevêques. Gutenberg a été exilé et les ouvriers de l'imprimerie déplacés. Son invention de l'imprimerie s'est rapidement répandue en Europe et a joué un rôle crucial dans l'essor de la Renaissance, de la Réforme, des Lumières et de la révolution scientifique.

En 1465, Gutenberg a reçu de l'archevêque le titre de courtisan. Le 3 février 1468, il meurt et est enterré dans l'église franciscaine de Mayence. L'église et le cimetière ont été détruits par la suite. À partir du XVIe siècle, l'étude de l'histoire de l'imprimerie connaît un véritable essor au sein de l'intelligentsia occidentale montante, et Gutenberg a été célébré et fêté dans le monde entier par des successeurs. En réalité, il n'a laissé aucune image de lui de son vivant. Ce n'est qu'en 1567 que son premier « portrait » est apparu dans un livre de biographies sur les Allemands célèbres, un portrait basé sur l'imagination de la génération suivante.

Les deux principales inventions de Gutenberg sont le moule à caractères mobiles en cuivre permettannt de couler des caractères en plomb « à l'infini », et la presse à imprimer en bois, qui reposait sur le principe du gaufrage. Les inventions de Gutenberg étaient incontestablement géniales et les Chinois les admiraient tout autant. Cependant, les langues chinoises et occidentales appartiennent à deux systèmes complètement différents, et ont suivi deux voies complètement différentes depuis leur création. L'alphabet occidental ne compte que quelques dizaines de lettres, et l'histoire de l'Occident est écrite juste à partir de ces dizaines de lettres. Le chinois, quant à lui, compte des dizaines de milliers de caractères uniques, et l'histoire de la Chine est écrite en caractères chinois. En Chine, la fabrication du papier et l'imprimerie étaient déjà en place depuis longtemps, et la production et la reproduction des livres n'ont jamais posé de problème au Moyen Âge. En Occident, en revanche, il n'y avait ni fabrication de papier ni impression et le savoir était depuis longtemps entre les mains d'un petit nombre. Gutenberg est « l'élu », et il est arrivé au bon moment : les papeteries européennes se préparaient, l'imprimerie commençait à se répandre en Occident, il ne manquait plus qu'une innovation technique. Lorsque son invention fut lancée, ce fut comme un éclair dans le ciel nocturne, et "Europe s'embrasa. En revanche, son invention n'a jamais été populaire auprès des Chinois. Outre le grand nombre de caractères chinois, qui rendait la production, la composition et le démontage des caractères « plus difficiles que jamais », la culture traditionnelle chinoise considérait même que la nature mécanique des caractères mobiles n'était pas esthétiquement

Timbre commémorant le 500e anniversaire de l'impression de La Bible de Gutenberg, émis en Allemagne en 1954.

attrayante. Ce n'est qu'au XIXe siècle, avec l'essor de la presse chinoise, que l'imprimerie chinoise a été obligée d'adopter la technique d'impression de Gutenberg, qui permettait de mouler les caractères de manière répétée afin d'imprimer rapidement et en grande quantité. En Chine, l'impression au plomb n'a donc été utilisée que pendant une centaine d'années. Il n'était pas possible d'imprimer des images, mais seulement des mots. L'influence de l'imprimerie de Gutenberg sur le monde chinois a donc été très limitée et, aujourd'hui encore, le concept d'une « bonne copie » n'a guère d'importance pour les Chinois.

16   Friedrich Koenig, le père de l'imprimerie à vapeur

L'Allemagne est un pays capitaliste très développé et l'une des quatre plus grandes puissances économiques d'Europe. L'industrie manufacturière haut de gamme, représentée par les automobiles et les machines-outils de précision, est un symbole important de l'Allemagne. Dans le domaine des presses d'imprimerie, l'Allemagne a toujours été à l'avant-garde, perpétuant la gloire créée par Gutenberg. Le deuxième grand inventeur de l'industrie occidentale de l'imprimerie durant plus de 500 ans a été Friedrich Koenig (1774-1833), le « père de la presse à vapeur », qui a posé le deuxième jalon de l'histoire de l'imprimerie.

Friedrich Koenig est né dans une famille de paysans allemands et a été apprenti chez un imprimeur à Leipzig avant de devenir imprimeur. En 1803, Koenig a conçu une presse à imprimer avec des engrenages pour contrôler le levage et l'abaissement de la table des plaques et l'encrage du cylindre à l'arbre, une amélioration qu'il a combinée avec une presse à main courante. La vapeur pourrait-elle remplacer le travail laborieux d'une presse manuelle ? L'idée trotte dans la tête de Friedrich Koenig, imprimeur chevronné et inventeur de talent, qui décide finalement d'introduire le cylindre rotatif dans le processus d'impression. En 1806, Koenig arrive en Angleterre, où il rencontre bientôt son compatriote Andreas Bauer (1783-1860). Celui-ci est un fabricant d'instruments de précision et possède des compétences mécaniques que Koenig n'a pas. Entre 1810 et 1814, tous deux continuent de créer et d'innover et obtiennent quatre brevets.

Ils ont reçu une commande du *Times* pour la construction d'une presse d'imprimerie destinée à l'impression d'un journal quotidien. Le 29 novembre 1814, 360 ans après l'invention de la presse manuelle par Gutenberg, une nouvelle presse à vapeur à deux tambours, mise au point par Koenig et Bauer, imprimait avec succès *The Times* pour la première fois à Londres. Cette presse a constitué un pas de géant pour l'industrie de l'imprimerie. La presse était capable de réaliser jusqu'à 1 100 impressions par heure, soit une productivité presque quadruplée par rapport aux 240 impressions de la presse manuelle de Gutenberg. La presse à deux cylindres a été une révolution dans trois aspects : premièrement, elle a remplacé le travail manuel par des machines ; deuxièmement, elle a aidé à largement accélérer la vitesse d'impression ; et

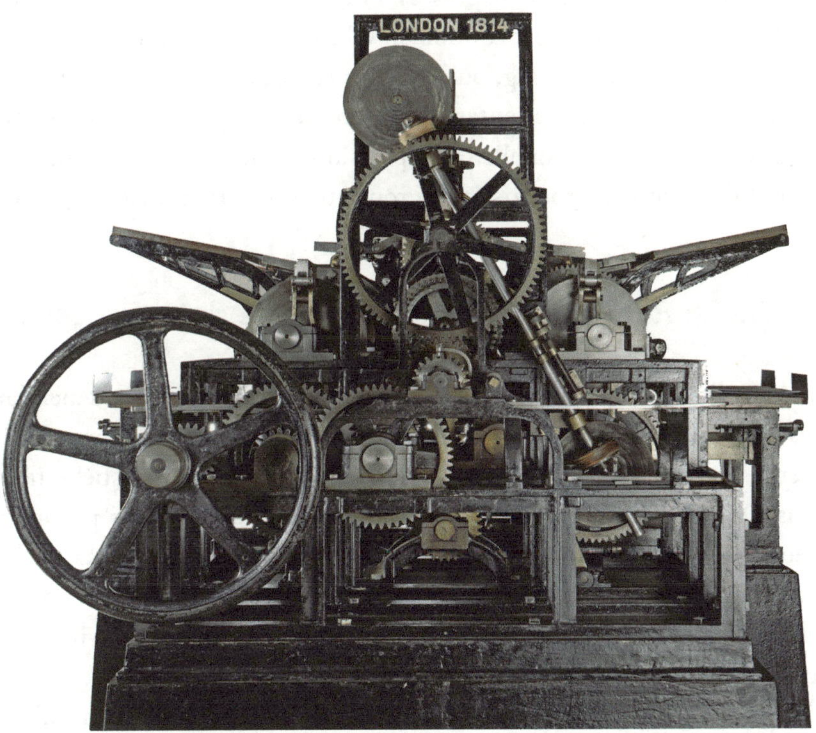

Presse à vapeur inventée par Friedrich Koenig en 1814, dont une réplique à l'échelle 1:2 est exposée au musée Gobel.

troisièmement, elle a fait baisser le prix du matériel imprimé sur le marché et a permis de répandre davantage les connaissances.

Le 9 août 1817, dans un monastère d'Oberzell, près de Würzburg, deux pionniers fondent la première usine de la fabrication des machines d'imprimerie au monde, la presse rapide Koenig & Bauer. En 1832, Friedrich Koenig a eu l'idée de développer une machine d'impression offset à bobines. L'inventeur meurt en 1833 sans avoir pu mener à bien sa grande idée. Son épouse Fanny Koenig et son associé Andreas Bauer ont poursuivi son œuvre inachevée. D'autres fabricants de presses d'Allemagne, d'Angleterre, d'Autriche et des États-Unis ont commencé à proliférer, et leurs riches idées ont continué à faire progresser la technologie de fabrication des presses. La société de Koenig et Bauer a posé de nombreux jalons dans l'histoire de l'imprimerie. Tout au long de ses 200 ans d'existence, elle a été toujours le leader mondial du marché des rotatives à grande vitesse. Aujourd'hui, l'usine principale a quitté Oberzell pour s'installer de l'autre côté du Main, et ce qui n'était alors qu'un petit atelier dans un couvent s'est transformé en l'un des plus grands groupes de fabrication de presses d'imprimerie au monde. Aujourd'hui, la société Koenig & Bauer est connue en Chine sous le nom de Gopal. Cette invention pionnière de Koenig, où le papier est guidé par un cylindre rotatif et imprimé à l'aide d'une alimentation d'encre mécanique, est toujours utilisée dans l'imprimerie traditionnelle. L'impression numérique utilise désormais également des tambours rotatifs et des rouleaux pour transporter le papier.

❶❼ De La Rue, légende de l'imprimerie de Guernesey

Guernesey dont la capitale est St Peter Port, est l'une des trois dépendances royales du Royaume Uni. Le 24 mars 1793, dans un petit village situé sur une petite île de 78 kilomètres carrés, naissait à Guernesey un bébé nommé Thomas De La Rue (1793-1866). Ses parents n'auraient jamais pu imaginer que leur fils, d'origine modeste, deviendrait, bien des années plus tard, une légende mondialement connue. Il est devenu non seulement le célèbre « père des cartes à jouer modernes », mais aussi le « père de la plus grande imprimerie commerciale » au monde.

Thomas De La Rue était le septième des neuf enfants de sa famille. L'un de ses frères était un important imprimeur de St Peter Port, responsable de l'impression de la *Gazette de Guernesey*, le premier journal imprimé de l'île, et

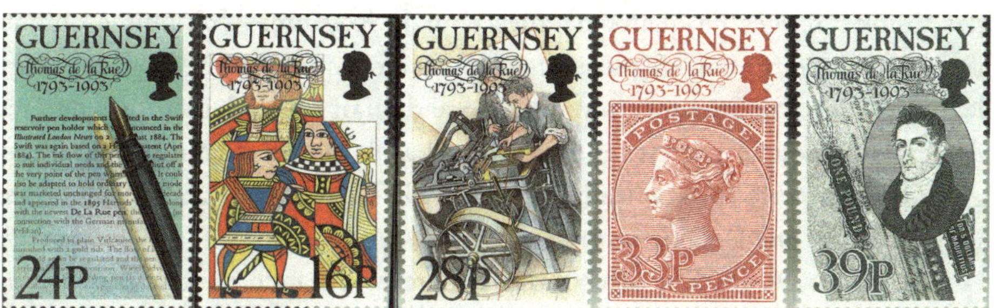

Timbre commémoratif émis à Guernesey : De La Rue et l'empire de l'impression de cartes à jouer qu'il a créé

dès l'âge de dix ans, il a été mis en apprentissage dans l'usine de son frère, ce qui lui a permis de se faire une place avant qu'il ne soit trop tard et, il y a acquis une connaissance approfondie de la typographie. En 1813, dans la force de l'âge, il crée sa propre entreprise, le journal francophone *Le Miroir politique*, considéré comme le début de l'entreprise De La Rue. En 1818, il déménage avec sa famille à Londres, où il ouvre son entreprise en 1821. Celle-ci comprend l'impression, la vente de papeterie et des articles de décoration. Quelques années plus tard, il s'intéresse à une activité plus lucrative, l'impression de cartes à jouer, et commence à s'y plonger. À l'époque où il débute, les cartes à jouer sont gravées et imprimées, tout comme les peintures du Nouvel An chinois, avec des lignes d'encre imprimées d'abord, puis colorées à la main. Il a introduit la technologie des caractères mobiles en plomb dans l'impression des cartes et a réalisé une série d'innovations techniques pour les cartes à jouer, notamment des encres de couleur à séchage rapide, des techniques de vernissage et des techniques d'impression sur feuilles cuivre. En 1831, le roi Guillaume IV d'Angleterre lui accorde une licence de brevet pour sa technique d'impression de cartes à jouer. Ses cartes à jouer sont devenues très populaires à l'époque et ont été vendues dans le monde entier. En 1868, la production annuelle de cartes à jouer De La Rue atteignait 2 650 cartes. En 1868, la production annuelle de cartes de De La Rue avait atteint 265 048 boîtes. Il a été reconnu comme le « père des cartes à jouer modernes » pour son excellente capacité d'impression.

En 1846, De La Rue dépose un autre brevet pour une autre invention, la machine à fabriquer des enveloppes, pouvant produire 2 700 enveloppes à l'heure et qui a été exposée à la première exposition universelle de Londres en 1851. En 1853, De La Rue reprend l'impression des timbres fiscaux au Royaume-Uni et, en 1855, l'entreprise De La Rue commence à imprimer des timbres rouges de quatre pennies pour le Royaume-Uni, puis a obtenu l'impression de timbres de plusieurs colonies britanniques. De La Rue meurt le 7 juin 1866. En fermant les yeux, il ne se doutait probablement pas que ses descendants poursuivraient l'entreprise qu'il avait lancée et en feraient la plus grande imprimerie commerciale au monde. De La Rue était sans aucun doute un gagnant et une légende immortelle.

En 1860, De La Rue a reçu sa première commande pour imprimer des billets de banque pour la colonie britannique de l'île Maurice, ce qui constituait le premier pas vers l'impression monétaire, et en 1914, la société de De La Rue a été chargée par le Trésor britannique d'imprimer pour la première fois des billets de banque en livres sterling. En 1930, la société de De La Rue reçoit sa première commande pour l'impression de billets de banque chinois et, pendant les 18 années suivantes, la Chine sera le client VIP de De La Rue. Quelle histoire fascinante ! Le pays qui a inventé les billets de banque au XIe siècle les a fait imprimer par les Britanniques au XXe siècle !

Depuis le milieu du XXe siècle, après un siècle de développement, la société De La Rue a connu une croissance fulgurante et l'impression de billets de banque a connu un essor fulgurant. En 1947, l'entreprise est cotée à la Bourse de Londres et devient une société cotée. En 1961, elle rachète son ancien rival, Waterlow ; en 1986, elle achète Bradbury-Wilkinson Printing ; en 1995, elle rachète le groupe Portals, qui fournit du papier-monnnaie à la Banque d'Angleterre depuis 1724… La principale raison pour laquelle De La Rue a progressé est l'importance accordée à l'innovation technologique. Au cours de ses plus de 200 ans d'histoire, l'entreprise De La Rue n'a jamais ralenti son rythme d'innovation.

En 1967, De La Rue et la Barclays Bank ont développé le premier distributeur automatique de billets au monde et, en 2013, De La Rue a utilisé pour la première fois le polymère qu'elle a recherché et développé, « Safeguard™ », pour imprimer un nouveau billet de 5 dollars pour les Fidji. De La Rue a également amélioré sa technologie de changement de lumière colorée et a inventé une technique anti-contrefaçon de changement de couleurs sous lumière « Orbital™ ». Dans le motif « Orbital™ », on peut voir un anneau de lumière qui s'agrandit et se rétrécit au fur et à mesure que le point de vue change.

Au XXIe siècle, De La Rue est aujourd'hui la première imprimerie commerciale au monde, imprimant plus de 150 types de billets de banque dans le monde entier, sur tous les continents. C'est incroyable !

①⑧ Le premier livre imprimé dans les îles Féroé

Les îles Féroé sont situées à mi-chemin entre la Norvège et l'Islande. Les habitants sont pour la plupart d'origine scandinave, avec quelques Celtes ou d'autres ethnies. La langue féroïenne est prédominante, le danois étant couramment utilisé. Les îles Féroé sont aujourd'hui un territoire d'outre-mer autonome du Danemark. Le magazine *National Geographic* a classé les îles Féroé au premier rang des plus belles îles du monde, parmi plus de 100 îles.

En 1981, la poste féroïenne a demandé au graveur Max Müller de graver à la main une série de cinq timbres qui racontent l'histoire écrite et le patrimoine culturel des îles Féroé avec cinq objets les plus précieux, tels que la pierre de Rune, des chansons folkloriques, des lettres sur parchemin, *Les îles Féroé et le Peuple féroïen*, ainsi que des sceaux.

En fait, l'écriture des îles Féroé n'est attestée que depuis plus de 1 000 ans. L'écriture la plus ancienne connue est appelée Rune, qui se traduit en chinois par *ru ni*, *runa*, l'écrit de *ru en*. Il s'agit d'un ancien alphabet scandinave. Outre l'utilisation de ces lettres en tant qu'écriture, les Féroïens les gravaient également sur des peaux d'animaux, des morceaux de bois, des pierres, des cristaux, des métaux ou des gemmes représentant les symboles qui leur appartenaient à des fins de divination. Dans les îles Féroé, les plus anciennes sculptures de pierres de Rune datent de 800 à 1 000 ans apr. J.-C. Les symboles figurant sur chacune de ces pierres racontent une histoire et ont une signification mystique, symbolisant l'essence de la culture ancienne.

Avec une population de seulement plusieurs dizaines de milliers d'habitants et plus de 80 000 moutons, les îles Féroé sont connues sous le nom d'îles aux moutons, et le parchemin sur peau de mouton est naturellement l'une de leurs spécialités. Il n'y avait pas de forêts sur les îles, donc pas d'industrie papetière, il n'y avait pas non plus de laîche, et le parchemin sur peau de mouton était donc le meilleur moyen d'écrire dans les premiers temps. Les plus

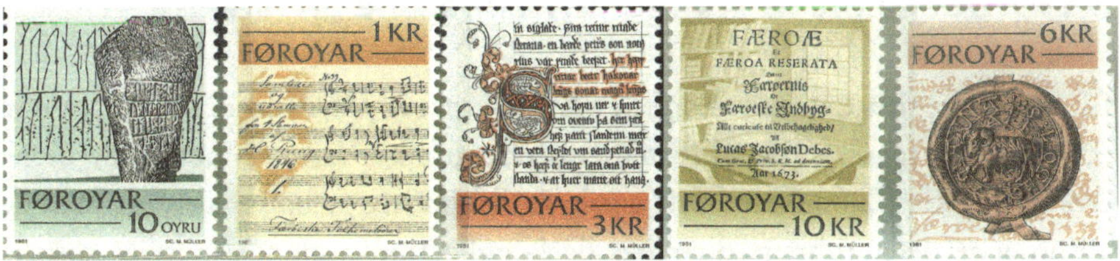

Timbre gravé à la main par Max Müller, commandé par la poste des îles Féroé en 1981.

anciennes lettres écrites sur parchemin conservés sur les îles remontent à 1298. En 1600, elles ont été transportées à Bergen en Norvège, puis elles furent acheminées à Stockholm, en Suède, une centaine d'années plus tard, et ont été conservées dans les archives royales suédoises. Elles ont ensuite été confiées à la Bibliothèque royale de Stockholm et, le 7 décembre 1989, le gouvernement suédois a décidé de les rendre aux îles Féroé et de les confier aux archives féroïennes pour qu'elles soient conservées en toute sécurité.

L'utilisation de sceaux de cire en peinture de feu dans les îles Féroé remonte au XIVe siècle. Le plus ancien sceau peint au feu a été apposé le 15 août 1533. Il porte l'ancien emblème féroïen, un bélier, entouré de l'inscription « S:LOGRETTVMANNA A:F » en latin.

L'un des ouvrages imprimés les plus précieux des Féroïens est *Les îles Féroé et le Peuple féroïen* de Lucas Jacobson Debes (1623-1675). Debes était un prêtre danois et un topographe de talent. En 1652, il arriva aux îles Féroé, où il devint plus tard directeur du lycée, et en 1658, Debes se rendit à Copenhague. À cette époque, le Danemark et la Suède étaient presque en guerre, et son navire a été pris par les Suédois à mi-parcours, faisant de Debes un prisonnier à Göteborg. Heureusement, Debes gagna la confiance du commandant suédois grâce à son expertise et à ses prêches, et il fut libéré l'année suivante. Après sa libération, il se rendit à Copenhague comme prévu. Pendant son séjour à Copenhague, Debes a obtenu sa maîtrise en 1673. En 1675, après son retour aux îles Féroé, Debes est décédé.

Debes s'est fait connaître par son livre sur les îles Féroé et leurs habitants, qui a été imprimé pour la première fois au Danemark en 1673 et qui comprenait la première carte des îles Féroé, d'une valeur inestimable. L'ouvrage a rapidement attiré l'attention en Europe et 22 éditions ont été imprimées en anglais dans divers pays européens entre 1675 et 1975. Il s'agit du plus ancien livre imprimé sur les îles Féroé et de la base d'une histoire écrite des îles Féroé.

⬤⬤ Quel a été le premier livre imprimé en Finlande ?

La Finlande, située dans le nord de l'Europe, est la patrie du Père Noël et une économie de marché libéral fortement industrialisée avec un niveau de bien-être assez élevé. Depuis le XXIe siècle, la Bibliothèque nationale de Finlande a numérisé de nombreux ouvrages de la collection nationale publiés sous la domination suédoise en Finlande et les a mis à disposition en ligne. Avec le

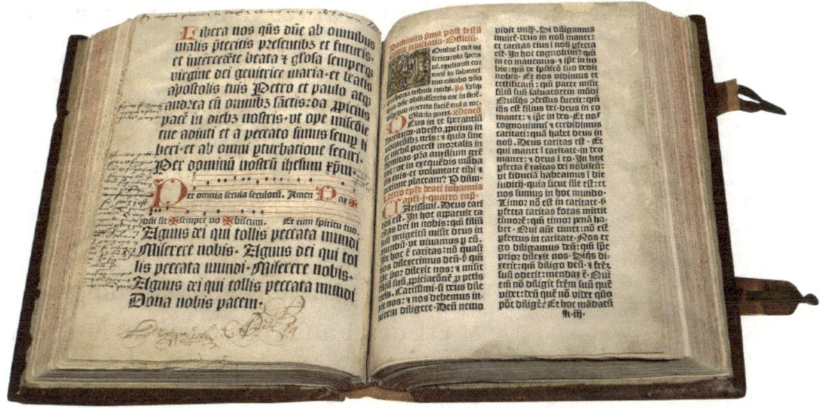

Le *Missel* de Finlande, imprimé en 1488, et conservé aujourd'hui à la Bibliothèque nationale de Finlande

soutien de la Fondation culturelle et de la Fondation du patrimoine culturel de la Bibliothèque nationale, plus de 1 600 trésors de la collection sont désormais disponibles sur Internet et peuvent être partagés avec le monde entier, dont le plus ancien est le *Missel (Misssale Aboense)*, imprimé en 1488.

C'est à cette époque que le Missel de 1488 a été imprimé, alors que l'imprimerie en moule de caractères mobiles en était à ses débuts et que la Finlande était sous domination suédoise. Dans la seconde moitié du XVe siècle, aucune presse d'imprimerie n'a été construite en Finlande. En 1488, à la demande de l'évêque de Turku, Konrad Bitz, Bartholomeus Ghotan réalisa l'impression à l'imprimerie allemande de Lübeck. Le texte de ce livre de messe comprend des passages bibliques et des prières classées selon le calendrier liturgique. Selon la préface de l'évêque de Turku, il a été imprimé le 17 août 1488. Il s'agit du seul incunable dans l'histoire finlandaise. Unn incunable désigne un livre rare et précieux du XVe siècle, imprimé sur une presse à caractères mobiles, c'est-à-dire avant l'an 1500.

Le livre a été imprimé sur parchemin de peau de mouton en deux couleurs avec de l'encre rouge et noire, les abréviations plus importantes et certaines illustrations ont été faites à la main, et tout en couleur dorée. Le livre compte 550 pages. Les quatre exemplaires existants du *Missel* sont en relativement bon état, le plus complet et le mieux relié étant celui de l'église d'Halikko, aujourd'hui conservé à la Bibliothèque royale de Copenhague, où il attire toujours l'attention après plus de 500 ans grâce à sa qualité d'impression et son magnifique format.

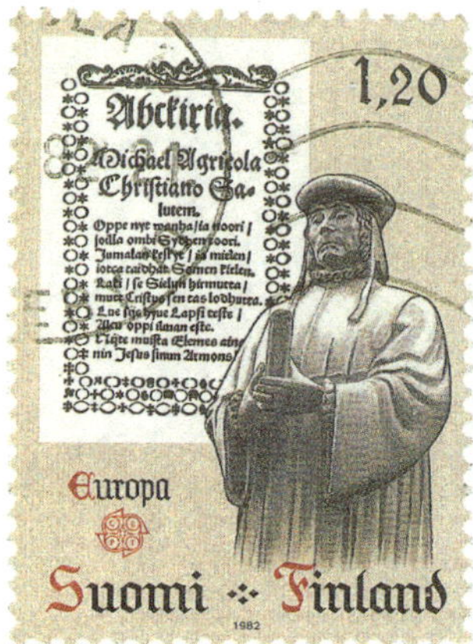

Timbre commémoratif de Mikael Agricola et de la couverture du *Livre ABC*

Le *Missel* est considéré comme le premier livre imprimé en Finlande, mais il n'a pas été imprimé en Finlande même, ni en finnois, mais en latin. Le premier livre imprimé en finnois a été publié en 1543, sous le titre *Livre ABC*, par Mikael Agricola (1510-1557). Agricola a étudié la théologie à l'université de Wittenberg, où il a rencontré Martin Luther et Philip Melancthon et est devenu un défenseur du luthéranisme. À son retour, il est devenu recteur de la Grande Église et évêque de Turku. Le *Livre ABC* est un livre d'orthographe populaire destiné à aider les Finlandais à apprendre à lire et à écrire dans leur langue maternelle. La première partie du livre est une introduction ; la seconde partie porte sur l'Église et comprend les commandements, la foi, les sacrements et les prières. Agricola est donc considéré comme l'inventeur de l'alphabet finlandais et est connu comme « père de l'alphabet finlandais ». Vers 1548, il a également traduit et publié le *Nouveau Testament* en finnois.

Cependant, ni le *Missel* en latin, ni le texte en finnois du *Livre ABC* n'ont été imprimés en Finlande. Les Finlandais eux-mêmes n'ont imprimé leurs propres livres en finnois qu'après 1642, lorsque la première presse à imprimer a été créée.

②⓪ Pourquoi y a-t-il de plus en plus d'arbres en Finlande, un grand pays papetier ?

L'industrie du papier est depuis longtemps l'un des piliers de l'économie finlandaise, la technologie de la papeterie étant à la pointe du progrès depuis le XXe siècle. La Finlande est le deuxième exportateur mondial de papier et de carton, représentant 25 % des exportations mondiales, et le quatrième exportateur mondial de pâte à papier. La Finlande compte deux des dix plus grandes entreprises papetières du monde. La Finlande est riche en ressources forestières, 69 % de son territoire étant recouvert de forêts, soit 26 millions d'hectares. Alors que la Chine est en proie à la pollution causée par les usines de papier, la Finlande a réussi à maintenir son couvert forestier propre et clair

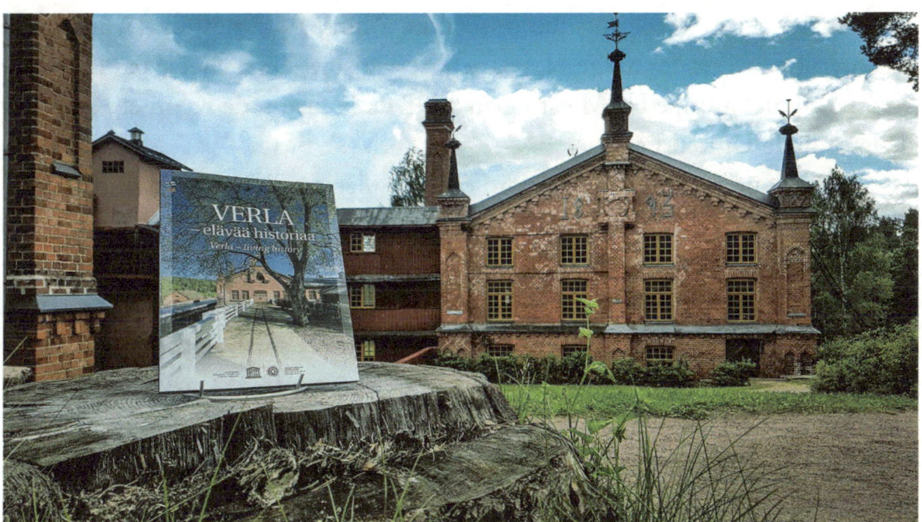

Musée de l'usine de traitement du bois et de carton de Verla en Finlande.

en gardant son industrie repapetière développée, et est devenue un modèle à suivre pour le monde entier. Quelles sont donc les leçons à tirer de l'industrie papetière finlandaise ? En général, le développement durable de l'industrie papetière est principalement dû à un système de gestion forestière solide et à un système d'épuration bien développé.

Prenons le groupe UPM pour exemple. UPM est l'un des principaux groupes multinationaux de l'industrie forestière et le plus grand producteur mondial de papier magazine et de papier pour étiquettes. Ses principaux produits comprennent le papier magazine, le papier journal, les papiers de qualité supérieure et les papiers à usage spécial, les produits de transformation du papier et les produits du bois. UPM implante des sites de production dans plus de 10 pays à travers le monde, parmi lesquels ceux de Changshu, dans la province du Jiangsu, et de Shanghai, en Chine. Avec plus de 100 ans d'histoire, le groupe a été témoin d'un siècle de changement dans l'industrie papetière finlandaise et possède un musée du site industriel classé au patrimoine mondial de l'UNESCO.

Ce musée est centré sur l'usine de traitement du bois et de carton de Verla. L'usine a été fondée en 1872 par un ingénieur appelé Hugo Neuman (1847-1906). L'usine est située dans la municipalité de Jaala, à environ 140 km au nord-est de la capitale finlandaise Helsinki. L'usine a été réduite en cendres lors d'un incendie en 1876, reconstruite en 1882-1885, puis détruite par un autre incendie en 1892, lorsque le séchoir à bois a été détruit, l'usine a été reconstruite en briques rouges. La papeterie a ensuite été rachetée par la société Kymi. L'actuel groupe UPM est né en 1995 de la fusion de Kymi et Repola et de leur filiale United Paper.

L'économie finlandaise a d'abord été stimulée par l'essor de la transformation du bois et de la pâte à papier, et l'équipement de l'usine de carton de Verla était le plus avancé de l'époque. L'usine de Verla est un exemple typique de l'architecture industrielle scandinave. La résidence des gestionnaires se trouvait au bord de la rivière, entourée de jardins et surplombant l'usine ; les logements des ouvriers étaient construits de l'autre côté de la rivière et étaient très bien agencés. Cependant, l'usine a fermé ses portes le 18 juillet 1964. Kymi a décidé de conserver l'usine et d'en faire un musée du patrimoine industriel. Les logements anciennement occupés par les ouvriers ont été utilisés comme espace de loisis des employés des autres usines de la société. La transformation en musée d'un si grand bâtiment industriel et de toutes ses machines, ainsi que de ses équipements annexes, était une initiative clairvoyante et bien pensée en Finlande et dans le monde entier à l'époque, et encore plus aujourd'hui. La préservation de l'usine a été rendue possible par le directeur de Kymi de l'époque, Veikko Talvi, également historien et qui a publié en 1982 un livre intitulé *Le musée de l'usine à Verla* (*The Factory Museum in Verla*), documentant les scènes de production et le folklore de la région de Verla à l'époque.

En 1996, l'usine de traitement du bois et de carton de Verla a été inscrit sur la liste du Patrimoine mondial de l'UNESCO.

❷❶ Qianlong, l'empereur pionnier des arts occidentaux en Orient

La gravure sur cuivre est apparue en Europe au XVe siècle et, avec la Renaissance, a rapidement donné naissance à un marché florissant de la reproduction d'estampes. De nombreux grands artistes de la Renaissance se sont également spécialisés dans la gravure. Au XVIIIe siècle, la France était le centre de l'industrie européenne de l'estampe et les graveurs les plus célèbres se réunissaient à Paris. Afin de s'adapter aux différentes exigences de la reproduction, les graveurs ont inventé de nouvelles méthodes de fabrication des plaques, telles que la fabrication au crayon de charbon, à la craie et la gravure à l'acide sur les plaques de cuivre. Ces méthodes ont considérablement amélioré la finesse et la superposition des lignes de la plaque de cuivre, renforçant ainsi l'art et le réalisme de la gravure, qui est devenue populaire dans le monde entier et est devenue un moyen important de communication culturelle populaire. Avant la naissance de l'impression photographique, les gravures sur cuivre avaient deux fonctions : premièrement, enregistrer des scènes historiques et les diffuser au public sous la forme d'images documentaires ; deuxièmement, reproduire des trésors artistiques, en utilisant des méthodes réalistes pour imprimer des peintures précieuses sur plaques de cuivre afin de transmettre l'art et d'embellir la vie.

Qianlong, l'un des empereurs les plus connus de l'histoire chinoise, a joué un rôle majeur dans le cours de l'histoire de la Chine à partir du XVIIIe siècle. Aujourd'hui encore, il reste une figure populaire dans de nombreux domaines littéraires et cinématographiques. En 1757, l'empire Qing réprime une rébellion armée contre la tribu des Junggar, une victoire que l'empereur Qianlong considère comme un exploit militaire majeur pour lui-même. En conséquence, Qianlong demanda à l'Italien Giuseppe Castiglione (nom chinois : Lang Shining, 1688-1766), peintre de la cour qu'il admirait beaucoup, de diriger une équipe de création composée, entre autres, du peintre français Jean-Denis Attiret (nom chinois : Wang Zicheng, 1702-1768), du jésuite bohémien Ignatius Sichelbarth (nom chinois : Ai Qimeng, 1708-1780) et de la jésuite romaine Jean Damascène Sallusti (nom chinois : An Deyi, mort en1781), pour peindre un ensemble de 16 tableaux de triomphe. Cependant, Qianlong ne se contentait pas de s'amuser, il voulait les distribuer dans toutes les parties du monde pour qu'elles soient largement célébrées et admirées par l'ensemble des générations suivantes. Pour cela, il a eu recours à l'imprimerie. Qianlong avait déjà vu et apprécié les belles gravures sur cuivre qui lui avaient été envoyées d'Occident, et il décida de les envoyer en France pour qu'elles soient imprimées. Li Siyao, gouverneur des deux provinces Guang, s'en est chargé et les treize entreprises de Guangzhou ont assuré toute la réalisation. Se sentant responsable, Pan Qi, le marchand responsable général de la confrérie commerciale Tongwen à Guangzhou, s'est associé à d'autres marchands pour signer un contrat avec la Compagnie française des Indes orientales pour la production d'un ensemble de peintures *Les Conquêtes des régions de l'Ouest de l'empereur Qianlong*. En 1765, l'arrivée des premières peintures à Paris ont fait sensation en France. À cette époque, les pays européens souhaitaient ouvrir la porte au commerce avec la Chine, et ce projet culturel unique commandé par la famille impériale chinoise a été pris au sérieux par les autorités françaises.

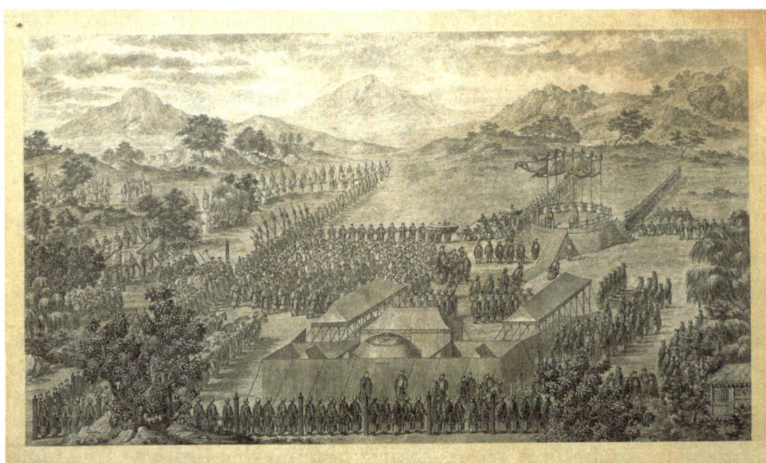

Plaque de gravure en cuivre « *On accueille et régale les armées victorieuses de la tribu Hui en banlieue de la capitale* », une des peintures de l'ensemble de « *Les conquêtes des régions ouest de l'Empereur Qianlong* », conservé maintenant au Musée national d'Allemagne, Ethnologisches Museum.

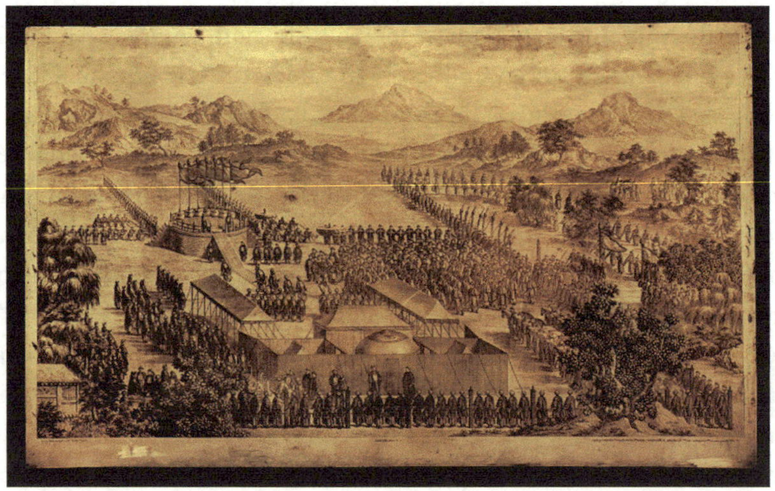

« *On accueille et régale les armées victorieuses de la tribu Hui en banlieue de la capitale* ».

Après l'arrivée de la peinture en France, le ministre français des Affaires étrangères Henri Bertin a ordonné au marquis de Marigny, président de l'Académie royale des Beaux-arts de France, de prendre des dispositions personnelles pour qu'une équipe de projet présidée par le plus remarquable graveur sur cuivre français, Charles-Nicolas Cochin, se mette immédiatement au travail, et que le célèbre artisan parisien Jacques-Philippe Le Bas (1707-1783) soit chargé de la gravure. Conformément à la tradition française, il a fait graver son nom en bas de l'image. Il faut attendre cinq ans, soit 1770 pour que la première gravure sur cuivre arrive en Chine. Ce n'est qu'en 1777, la 42ᵉ année du règne de Qianlong, que les Français ont terminé les 16 gravures sur cuivre et imprimé 200 exemplaires pour chaque image, avec des outils d'impression, du papier et de l'encre spéciaux, et les ont livrées à Pékin. Cela faisait 13 ans, à partir de 1764, date à laquelle Lang Shining a dessiné les esquisses, pour produire cette précieuse série de gravures sur cuivre. Ce précieux ensemble de gravures sur cuivre était conservé dans la Cité interdite jusqu'à l'envahissement des forces alliées des Huit Puissances à Pékin en 1900 où ce précieux et lourd ensemble de gravures sur cuivre a été pillé et dispersé à l'étranger. Trois des gravures originales sur cuivre de cet ensemble se trouvent actuellement au musée ethnographique du Musée national de Berlin en Allemagne, tandis que l'on ignore ce qu'il est advenu des autres. Heureusement, le Musée national du Palais et le Musée national du Palais à Taipei conservent tous deux les albums originaux dans leurs collections, et la Bibliothèque nationale de France et le Louvre les conservent également.

Entre la 40ᵉ année du règne de Qianlong (1775) et la période Jiaqing, la cour de Qing a souhaité produire quelques peintures documentaires de batailles supplémentaires sous forme de gravures sur cuivre, qui, heureusement, n'avaient plus besoin d'être envoyées en France pour être réalisées, mais qui ont été produites avec succès par le peintre jésuite Benoît Michel (nom chinois : Jiang Youren, 1715-1774) à Pékin, qui a guidé les artisans venant de Guangzhou. À cette époque, les gravures sur cuivre chinoises sont également entrées dans le domaine de la diffusion grand public, devenant un moyen complémentaire à l'impression à la gravure traditionnelle, et constituant un bon exemple de « l'art d'impression moderne occidental vers l'Orient ».

Cette collaboration transnationale entre l'art chinois et l'art occidental a fait des *Conquêtes des régions ouest de l'Empereur Qianlong* la première collaboration transatlantique dans l'histoire de l'imprimerie mondiale. C'est une véritable gravure sur cuivre alliant parfaitement l'Orient et l'Occident, et un témoignage historique des échanges politiques, économiques et culturels entre l'Orient et l'Occident au XVIIIe siècle.

❷❷ L'invention de la photographie a pour but de capturer des impressions

Aujourd'hui, c'est l'ère des photos et vidéos, qui ne sait pas prendre une photo ? Tout le monde devient photographe lorsqu'il prend un appareil photo. En fait, l'appareil photo rentre lui aussi dans l'histoire, car les téléphones portables offrent désormais des capacités de prise de vue haute résolution. Comment cet art populaire de la photographie a-t-il évolué pour devenir ce qu'il est aujourd'hui ?

La photographie devrait en fait être appelée impression ou empreinte et les photographies étaient à l'origine des pièces d'images. Au moins, au début de leur invention, l'impression d'images était leur principal objectif. La première photographie reconnue au monde a été prise par un Français Nicéphore Niépce en 1826, mais c'est l'artiste et chimiste français Louis Jacques Mandé Daguerre (1789-1851) qui est aujourd'hui reconnu dans le monde entier comme l'inventeur de la photographie. Le processus de l'invention a connu de nombreux rebondissements et a été marqué par une innombrable sagesse. Il est surprenant que de nombreuses technologies de ces années-là, dont la photographie, aient été inventées par des peintres.

Après la naissance de la lithographie à la fin du XVIIIe siècle, elle s'est rapidement transformée en une mode en Europe. Dans la première moitié du XIXe siècle, en France, centre mondial de l'estampe, artistes et artisans étaient obsédés par la recherche d'une percée dans le domaine de la lithographie. À l'origine, la lithographie nécessitait un dessin, et l'artiste avait du mal à donner à l'image un aspect merveilleusement réaliste là-dessus. En outre, les plaques lithographiques nécessitaient que l'image soit reflétée, ou inversée, sur la plaque, ce qui posait un problème pour le procédé lithographique. À l'époque, de nombreuses personnes exploraient et expérimentaient pour résoudre ce problème. Les peintres ont inventé divers appareils et outils de dessin et de mesure pour les aider à peindre, et ils ont également découvert le principe bien connu de l'imagerie à travers petits trous. En effet, l'image obtenue par petite ouverture n'est pas seulement précise, elle est aussi inversée. Sur la base du principe par petite ouverture, le peintre a inventé un dispositif magique

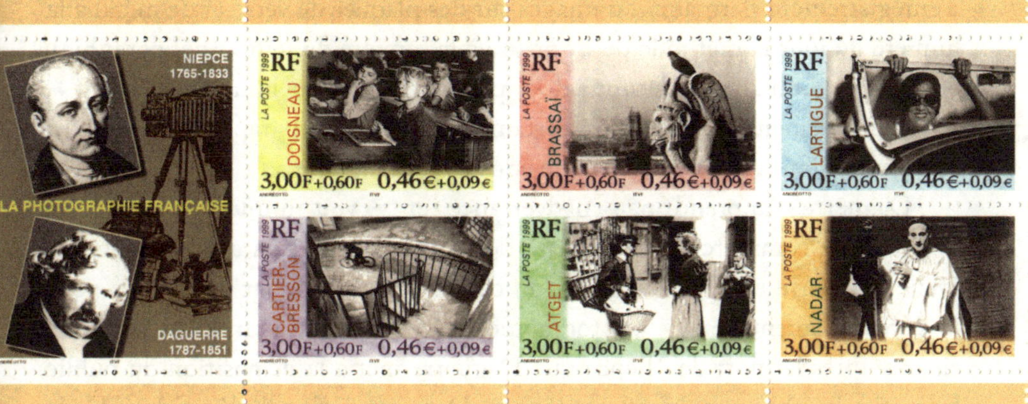

Timbres commémoratifs des pionniers français de la photographie Niépce et Daguerre, et des premières séries d'estampes

appelé *camera obscura* (chambre noire), un instrument optique qui ressemble à un appareil photo et qui permet au peintre de capturer des images n'importe où et n'importe quand. En plaçant du papier translucide sur le verre dépoli de la camera obscura, l'artiste pouvait estamper le contour inverse exact de la scène, ce qui est nécessaire pour la plaque d'impression. Dans leur quête de précision et de réalisme, les peintres de l'époque ont également eu recours à de nombreuses nouvelles inventions technologiques, telles que la camera obscura amovible, le portraitiste à projection et le verre de Claude.

Niépce commence également à expérimenter l'art naissant de la lithographie. Comme il ne savait pas dessiner et qu'il ne pouvait pas trouver de pierre appropriée, il a essayé de trouver un moyen de faire des empreintes automatiques. Il découvre alors les matériaux sensibles à la lumière et commence à expérimenter les techniques sensibles à la lumière. Il a exploité les propriétés de sensibilité à la lumière du chlorure d'argent pour faire apparaître des images photographiques à travers le verre. Il a ensuite transféré l'image sur une lithographie et l'a reproduite par impression. En 1825, Niépce demande à Charles Sèvres, un marchand d'optique français, de fabriquer des lentilles optiques pour sa cassette photographique. En 1826, il introduit le matériel photographique qu'il a inventé dans la cassette et prend et enregistre la première image photographique dans l'histoire. La première image photographique de l'histoire – « *Point de vue du Gras* » (*Outside the Window*). L'œuvre a été prise chez lui, en Bourgogne (France), à travers une fenêtre de son grenier, avec un temps de pose de plus de huit heures. Niépce a appelé sa méthode d'enregistrement permanent d'images sur des plaques de verre et de métal à la lumière du jour la méthode de « gravure à la lumière du jour » (héliographie), également connue sous le nom de « photographie à la lumière du soleil ». Malheureusement, au bout d'un certain temps, les photographies deviennent sombres et floues et ne peuvent être conservées longtemps.

Daguerre l'apprend par inadvertance et y voit immédiatement une opportunité commerciale et propose donc une coopération avec Niépce. En 1829, Daguerre et Niépce signent un contrat de partenariat de dix ans pour le développement de la « photographie à la lumière du jour ». Ce n'est que six ans après la mort de Niépce que Daguerre met à la disposition du public la méthode photographique améliorée. Daguerre affine l'idée originale de Niépce en commençant par « photosensibiliser » une plaque de cuivre argentée soigneusement nettoyée et polie avec de la vapeur d'iode, puis en l'exposant à l'appareil photo pour former une image latente, en la « développant » et enfumant avec de la vapeur de mercure, puis en la « fixant » et rendant permanente avec une solution de thiosulfate de sodium, ce qui réduit considérablement le temps d'exposition et permet d'obtenir une image orthographique stable. Le 19 août 1839, l'Académie française des sciences et des arts annonçait au monde que le gouvernement français avait acquis le brevet de l'invention du « daguerréotype » et partageait gratuitement cette technique photographique avec le monde entier. C'est l'une des grandes contributions de la France à l'humanité, et cette année est donc reconnue dans le monde entier comme l'année de naissance de la photographie, et dès lors Daguerre fut connu comme le « père de la photographie ».

Comme la photographie a d'abord été utilisée pour fabriquer des plaques lithographiques, la lithographie originale photographiée était elle-même une « photographie », sauf qu'il ne s'agissait pas d'une photographie sur papier, mais sur pierre. En apparence, une lithographie réalisée à partir d'une plaque photographique correspond davantage à la définition d'une photographie dans notre esprit. Après l'invention du papier photographique, le terme d'« impression de développement et de tirage » est apparu, de même que la photographie sur papier.

Grâce aux innovations et améliorations constantes des experts de différents pays, l'art de la photographie est rapidement entré dans l'histoire des techniques de reproduction et de la création artistique. La fabrication des plaques photographiques s'est progressivement transformée en une discipline de prépresse dans l'industrie de l'imprimerie.

❷❸ L'impressionnisme est le fruit des progrès de l'imprimerie

La création de l'impressionnisme n'est pas le fruit du hasard, mais le résultat inévitable des progrès de la technologie française de l'estampe au XIXe siècle.

Depuis la Renaissance, l'estampe est devenue un outil d'expression important pour les peintres participant aux débats sociaux et à la diffusion des connaissances culturelles et à l'expresson des valeurs humanistes. Les peintres étaient les pionniers de cette époque, ils possédaient des connaissances culturelles, une imagination débordante et une vigueur novatrice sans fin, constituant ainsi un groupe important d'inventeurs et une force de la Renaissance. Grâce à leurs efforts constants, de nouvelles techniques telles que la gravure sur cuivre, la lithographie, la gravure à l'eau-forte et la photographie ont été développées. Les peintres, qui étaient aussi des inventeurs, ne pouvaient plus se contenter du monde de l'impression d'images en noir et blanc ; ils ont donné naissance à la science des couleurs, ont résumé de nombreuses théories sur les couleurs et ont continué à créer et à innover dans le domaine de l'optique. À l'époque, les peintres installaient des ateliers, où on trouvait non seulement des pinceaux, des peintures et du papier, mais aussi du matériel de gravure, divers instruments d'optique et des outils de mesure, à l'image d'un laboratoire scientifique.

L'avènement de la photographie au XIXe siècle a été une bénédiction pour la gravure, mais un grand défi pour l'art de la peinture, ce qui a incité les artistes à chercher une nouvelle voie. Avant l'invention de la photographie, la peinture avait pour tâche importante d'enregistrer les images. Avec la popularisation de la photographie, le coût des tirages a diminué, rendant celle-ci plus accessible à tout le monde. La peinture a perdu beaucoup de son pouvoir de narration et les peintres ont ressenti une crise professionnelle. À cette époque, certains peintres pensaient même qu'il n'y avait pas d'avenir pour le développement de la photographie et de la peinture réaliste. La division entre les peintres et les graveurs a commencé à cette époque, ceux-ci s'enfonçant de plus en plus dans la voie technique, tandis que ceux-là commençaient à abandonner la méthode classique de la photo-réaliste et cherchaient de nouvelles façons de travailler la couleur.

Au milieu du XIXe siècle, malgré l'émergence d'une école réaliste osant affronter la tradition, les académiciens sont encore très puissants et, en 1863, le Salon, soutenu par les académiciens, rejette plus de 3 000 œuvres, provoquant un mécontentement général dans la société. Napoléon III prend les choses en main pour stabiliser la situation et organise alors une exposition en marge du Salon officiel académique, le « Salon des non-sélectionnés ». Lors de cette exposition, le controversé *Déjeuner sur l'herbe* de Manet fait sensation, attaqué par certains mais apprécié par un groupe de jeunes peintres et écrivains.

Depuis lors, un groupe de jeunes artistes, refusant d'être liés à l'art traditionnel et cherchant à innover, se réunissait au Café Guerbois, situé sur le boulevard Batignolles à Paris, pour parler d'art et de littérature, explorer de nouvelles idées et se livrer à des débats passionnés. Le groupe était composé de Monet, Renoir, Sisley et Bazille, quatre étudiants de l'atelier du peintre Charles Gleyre, auxquels se sont joints plus tard Pissarro, Cézanne, la peintre Morisot, Manet, Degas et l'écrivain Zola. Manet était le plus âgé du groupe et avait déjà une réussite artistique, c'est pourquoi il a été honoré en tant que guide spirituel du groupe. Outre les discussions sur l'art, ces peintres se rendaient souvent en plein air pour peindre ensemble, explorant de nouvelles façons de représenter les variations de la lumière et de l'ombre dans leurs tableaux. L'œuvre de Courbet a également eu une influence importante sur les impressionnistes.

En 1874, ce groupe d'artistes a organisé sa première exposition commune, intitulée « Exposition des peintures, sculptures, et estampes des artistes indépendants », à laquelle 29 artistes ont participé avec plus de 160 œuvres d'art, et qui a eu un grand retentissement dans la société. L'une des œuvres

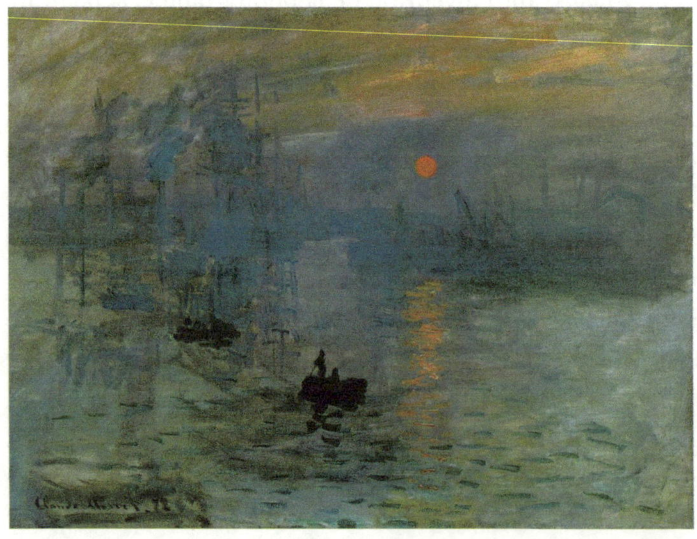

« *Impression, soleil levant* »

exposées était un paysage marin du peintre Monet intitulé « *Impression, soleil levant* ». La vision avant-gardiste et le courage d'autodérision de Monet ont ainsi été mis en évidence. À l'époque, le mot « impression » était un nouveau mot à la mode et à l'avant-garde. Aux yeux des peintres de l'époque, le mot « impression », bien que représentant une technologie de pointe, avait une connotation péjorative sur le plan artistique, car les peintures réalisées à partir d' « impressions » manquaient relativement de profondeur, étaient floues et grossières. Louis Leroy, journaliste au magazine *Le Charivari*, a satirisé cette œuvre de Monet dans un article intitulé « Exposition des impressionnistes ». Dans son article, il critique les œuvres des peintres classiques, affirmant que « Impression, Soleil levant », était « présenté d'une manière floue et désagréable, témoignant de l'ignorance de son auteur et de son refus de la beauté et de la vérité, et que même un simple papier peint floral serait plus complet que ce paysage marin ».

De manière inattendue, après l'exposition, le terme ironique d'« impressionnisme » a été volontiers accepté par le groupe de peintres et n'a jamais cessé d'être utilisé depuis. C'est ainsi qu'est né l'impressionnisme, une école artistique qui a fait date dans l'histoire de la peinture occidentale.

②④ William Caxton, pionnier de l'imprimerie en Grande-Bretagne

Le jour du Nouvel An 1999, William Caxton (1422-1491) a été honoré par la BBC dans son « BBC Listeners' Choice of Britain's Most Famous People of the Millennium » (choix des personnes les plus célèbres du millénaire par les auditeurs de la BBC), devançant Darwin, Newton et Cromwell. Pour la plupart des Chinois, Caxton reste un nom peu familier. Mais en fait, en termes de contribution et d'influence sur la culture britannique, il n'y a probablement personne d'autre que Shakespeare qui pourrait lui être comparé. Il a été le premier imprimeur d'Angleterre et est également connu comme le premier éditeurs de textes en anglais.

Caxton est né dans le Kent, en Angleterre. À l'âge de 16 ans, il entre en apprentissage chez le célèbre marchand de tissus Robert Large. Peu après la mort de Large, Caxton s'est installé dans la ville belge de Bruges dotée d'un environnement culturel riche, pour créer sa propre entreprise. Par la suite, les affaires de Caxton ont prospéré et il est devenu un homme riche et prospère.

Caxton était un homme d'affaires qui aimait lire lorsqu'il ne travaillait pas. En 1469, Caxton commence à traduire la revue française de *L'Histoire de Troie*, qu'il copie et distribue et qui est bien accueillie par ses amis. À la même époque, vers 1450, l'imprimerie mécanique à caractères mobiles en plomb, inventée par Gutenberg, s'était répandue le long du Rhin de Mayence, en Allemagne, jusqu'à Cologne. À cette nouvelle, Caxton se rendit à Cologne en 1471 où il paya des frais d'apprentissage élevés pour apprendre assidûment l'art de l'imprimerie.

Aux alentours de 1474, Caxton retourna à Bruges avec un jeu de caractères d'imprimerie mobiles en plomb, où il créa une imprimerie. En 1475, en collaboration avec Colas Mansion, il imprima à Bruges le premier livre en anglais au monde. Cet événement a fait date dans le monde anglophone et l'année a été considérée comme la première année de l'imprimerie anglaise. En 1476, Caxton est retourné en Angleterre sur ordre du roi Édouard IV d'Angleterre et a installé la première presse anglaise dans l'aumônerie de Westminster, à Londres, où il a commencé à publier des livres à grande échelle. En 1477, on voit la publication du premier livre en langue anglaise imprimé sur le sol anglais, « *Dictes and Sayenges of the Phylosophers* », qui est également le premier livre imprimé en anglais et avec une date de publication. Jusqu'à sa mort en 1491, Caxton avait publié près d'une centaine de titres, dont 74 en anglais et certains monumentaux. Environ un tiers de ces éditions de Caxton ont survécu et sont connues sous le nom de « Cradle Books of England » (joyaux de l'édition anglaise).

Le succès de Caxton est principalement dû à trois raisons : premièrement, il est né et a vécu à une époque où l'imprimerie était en plein essor en Europe,

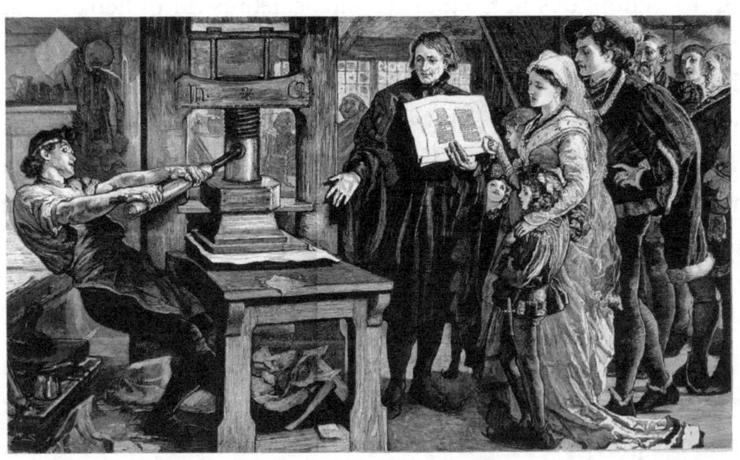

En 1476, Caxton a présenté à Édouard IV et à la reine sa presse à imprimer et les livres imprimés en anglais

et il a saisi l'occasion d'être l'homme du moment. Deuxièmement, il avait une longue expérience des affaires et connaissait bien le marché, et il savait quels livres répondraient aux besoins et aux goûts de ses lecteurs, parmi lesquels la famille royale, la noblesse et les gens du peuple. Troisièmement, la richesse de Caxton lui a également permis de publier ses livres préférés en fonction de ses propres intérêts, sans avoir à se soucier entièrement des exigences du marché. En tant qu'amateur de littérature, l'idéal de Caxton en matière d'édition était littéraire. Caxton a publié presque toute la littérature anglaise disponible à l'époque, dont *Les Contes de Canterbury* de Geoffrey Chaucer en 1478 (réimprimés avec des illustrations gravées sur bois en 1484), *Troïlus et Cressida* de Chaucer et d'autres poèmes, ainsi qu'une adaptation de *La mort du roi Arthur* de Thomas Malory en 1485. En outre, Caxton a traduit et publié de nombreuses œuvres littéraires étrangères, telles que *Les Fables d'Ésope* et *Le Roman de Renard*. Ces livres ont non seulement contribué de manière significative à la préservation de la littérature anglaise ancienne, mais ont aussi profondément influencé la lecture et l'écriture de la littérature anglaise ultérieure.

②⑤ Le Manifeste du Parti communiste, un classique rouge en vert

« Un spectre hante l'Europe, le spectre du communisme. » Tels sont les premiers mots du *Manifeste du Parti communiste*. C'est cette « hantise » du communisme qui a favorisé le développement du socialisme et a profondément changé le cours de l'histoire de l'humanité. Comment ce « spectre » erre-t-il ? Qu'est-ce qui répand cette voix de la vérité ?

Il s'agit de la presse à imprimer ! Marx a fait l'éloge de l'imprimerie à de nombreuses reprises dans ses écrits, la qualifiant d'outil du protestantisme, de moyen de renouveau scientifique et de levier le plus puissant pour stimuler le développement spirituel et la création. Imaginez que les théories de Marx et Engels aient été simplement transmises par la parole ou copiées à la main, ces grandes idées se seraient perdues dans la poussière de l'histoire et auraient rapidement disparu sans laisser de traces. C'est l'imprimerie qui a donné corps à ces idées et enfermé la vie de la langue dans des signes d'écriture ; c'est le fonctionnnement de l'imprimerie qui a fait du communisme un « spectre » omniprésent en Europe et dans le monde. C'est sous la direction de la version imprimée du *Manifeste du Parti communiste* que le Parti communiste chinois (PCC) a été fondé, et que la révolution, la construction et la réforme chinoises ont obtenu de grands résultats. Aujourd'hui, ce livre a été publié dans plus de 1 000 versions et dans plus de 200 langues à travers le monde, ce qui en fait l'ouvrage socio-politique et de sciences humaines et sociales le plus diffusé au monde.

Étonnamment, la couverture de la première édition de ce classique rouge n'était pas rouge, et il n'y avait pas de couleur rouge à l'intérieur ou à l'extérieur, mais elle était verte ; elle n'a pas été imprimée et publiée dans la patrie de Marx, l'Allemagne, mais en Angleterre ; elle a été imprimée et publiée à Londres, en Angleterre, mais pas en anglais. Il ne s'agit pas d'un livret d'une apparence impressionnante, mais d'un mince livret vert foncé, imprimé en allemand dans une petite imprimerie inconnue de Londres, simple et modeste.

Au cours du second semestre de 1847, Marx et Engels ont rédigé un programme pour la Ligue de Communiste, qui a débouché sur le *Manifeste du Parti communiste*. Les manuscrits ont été envoyés à Londres au début du mois de février 1848 depuis Bruxelles, en Belgique, où Marx vivait à l'époque. Malheureusement, les manuscrits n'ont pas été conservés. Selon un procès-verbal de l'Association éducative des ouvriers allemands à Londres, en Angleterre, un jeu de caractères mobiles de style gothique a été acheté au cours du second semestre 1837 pour un coût de 25 livres sterling, dans l'espoir de produire un livre de propagande magnifiquement mis en page, qui permettrait de mieux diffuser les idées de la révolution et de promouvoir le mouvement ouvrier. Le manuscrit est remis au membre associé J.E. Burghard, chargé de la mise en page et de l'impression. Burghardt était un petit imprimeur dont l'imprimerie était située au 46 rue Liverpool Street, Bishop's Gate à Londres.

La première série du *Manifeste du Parti communiste* a été imprimée à 500 exemplaires. Ce petit livret mesurait 21,5 centimètres de long et 13,4 centimètres de large, relié à la main avec des coutures. Le format des pages de ce petit livre est unique et différent de celui des livres modernes. Comme la composition et l'impression se faisaient à l'origine par page, le livre contenait au total 23 pages, y compris la couverture et la page de garde. Mais la couverture, la page de titre et la première page n'étaient pas numérotées, de sorte que la première page avec un numéro de page est déjà la quatrième page. En outre, les numéros de page se trouvaient toujours au centre de l'en-tête. En raison de la structure complexe de la gothique et la petite taille des caractères mobiles, et comme la face des caractères mobiles est inversée, il était très

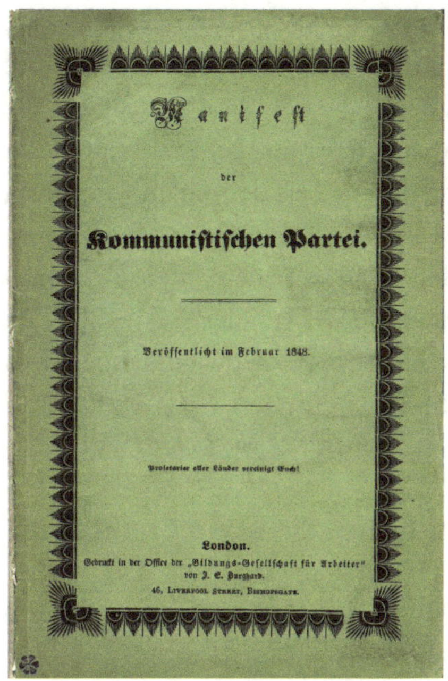

Couverture de la première édition en allemand du *Manifeste du Parti communiste* imprimée en février 1848, conservée à la Bibliothèque nationale de Grande-Bretagne.

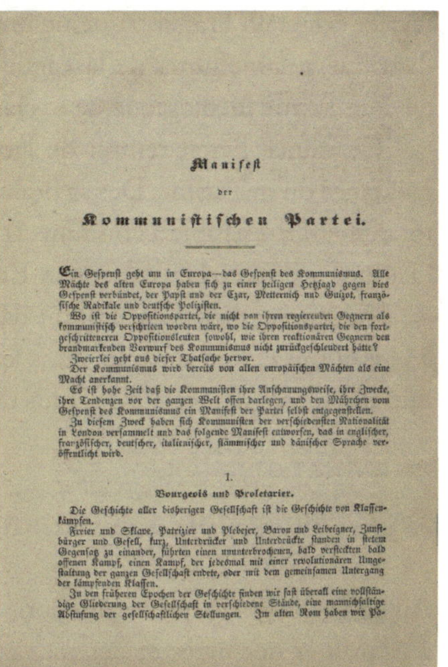

Première page de la première édition de l'édition en allemand du *Manifeste du Parti communiste*, sans numéro de page, imprimée en février 1848, conservée à la Bibliothèque nationale de Grande-Bretagne.

facile de faire une erreur lors de la sélection manuelle de caractères. Ainsi, à la 17ᵉ page du texte principal du livre, il y avait deux numéros de page différents le numéro « 17 » était imprimé au centre de l'en-tête, et « 2 » au centre du pied de page. À partir de la deuxième édition, le nombre d'erreurs typographiques a été progressivement réduit.

La couverture du livret est faite d'un papier d'emballage vert relativement bon marché, mais avec avec une mise en page soignée : le titre « *Manifeste du Parti communiste* » est composé de trois lignes de tailles différentes ; au centre se trouve la mention « publié en février 1848 » ; au centre de la partie inférieure de la couverture figure le slogan du Manifeste : « Prolétaires de tous les pays, unissez-vous ! » En bas, l'éditeur et le lieu de publication sont précisés : « London, Printing House of the German Workers' Educational Association, J.E. Burghard, Bishop's Gate ». La couverture est entourée d'une bordure noire dentelée. Cependant, la couverture de la première édition n'est pas signée par les auteurs Marx et Engels. C'est à ce moment-là que la Révolution de février éclate en France. À peine imprimé, le *Manifeste du Parti communiste* est distribué aux membres de la Ligue des Communistes dans différents pays et devient l'arme idéologique de la classe ouvrière.

Ce mince livret, rempli de lettres en caractères gothiques, a marqué la naissance du marxisme. Dès sa première apparition, il est devenu un « spectre », totalement irrésistible à l'homme. Il a brisé l' « encerclement » et a « hanté toute l'Europe », sans jamais s'arrêter. Entre 1848 et 1918 seulement, le *Manifeste du Parti communiste* a été traduit dans de nombreuses langues, a fait l'objet de 544 éditions et s'est répandu dans le monde entier, bien au-delà des espérances initiales de ses défenseurs les plus optimistes.

❷❻ Sinisation des caractères mobiles de style occidental

Au XIXe siècle, lorsque les missionnaires occidentaux en Chine se sont préparés à imprimer des livres et des magazines chinois dans le style occidental pour contribuer à la propagation de leur religion, ils ont été pris dans le « piège » de la fabrication de plaques à caractères mobiles chinoises. Ce dilemme ne concernait pas la technologie de moulage elle-même, mais plutôt la grande différence entre la quantité de caractères chinois et celle de lettres occidentales, qui se traduisait directement par une énorme différence de coût. Les alphabets occidentaux sont simples et comportent moins de caractères, tandis que les caractères chinois ont une structure complexe et leur nombre total se compte en dizaines de milliers, avec plusieurs milliers de caractères couramment utilisés. Dans les conditions techniques de l'époque, seuls un ou deux caractères mobiles chinois pouvaient être réalisés en une journée selon le processus occidental traditionnel « moule - modèle - caractère mobile ». Le temps consacré trop long et les coûts d'investissement considérables ont fait hésiter les missionnaires. Pendant ce temps, en Chine, la technique de l'impression en relief inventée par les Chinois dès le VIIe siècle était déjà utilisée depuis un millier d'années. Du point de vue de l'utilité, les deux techniques, chinoise et occidentale, avaient leurs propres avantages et inconvénients. Au début et au milieu du XIXe siècle, les technologies d'impression chinoises et occidentales s'affrontaient et il était difficile de déterminer laquelle était supérieure.

En 1826, Robert Morrison, missionnaire de la London Society, commence à imprimer des tracts à Macao en utilisant la lithogaphie. L'année suivante, le missionnaire anglais Walter Henry Medhurst a essayé d'imprimer des livres par lithographie dans son imprimerie de Batavia (aujourd'hui Jakarta, Indonésie). Par la suite, il a trouvé des plaques d'impression sur pierre adaptées, ce qui a permis de localiser et de spécialiser l'impression en pierre, et des imprimeries sur pierre ont commencé à s'établir en Chine. L'impression lithographique de livres manuscrits permet de conserver l'aspect original de l'écriture et, surtout, d'éviter le processus le plus laborieux de la gravure. En particulier, après l'application de la photographie à la plaque d'impression en pierre, la taille des caractères chinois a pu être ajustée librement, ce qui a permis non seulement d'économiser du papier, mais aussi de réduire considérablement le coût de production. La technique de la gravure sur bois, qui avait duré des milliers d'années, a été reléguée au second plan par la lithographie et a commencé à disparaître de la scène de l'imprimerie en Chine. Cependant, le problème de la fabrication des caractères mobiles chinois n'a pas été résolu de manière pratique.

En fait, dès 1812, le missionnaire baptiste britannique Joshua-Marshman a commencé à couler des caractères mobiles chinois à Serampore en Inde, dans le but d'imprimer sa traduction de *La Bible* en chinois. En 1822, il a coulé un jeu de caractères mobiles chinois couramment utilisés, avec lesquels il a réussi à imprimer *La Bible*. Cependant, Marshman ayant longtemps vécu en Inde, il lui était donc difficile de comprendre la connotation historique et la signification culturelle des caractères chinois, ce qui a entraîné une incompatibilité avec l'esthétique chinoise, et son jeu de caractères mobiles n'a pas été apprécié à sa juste valeur.

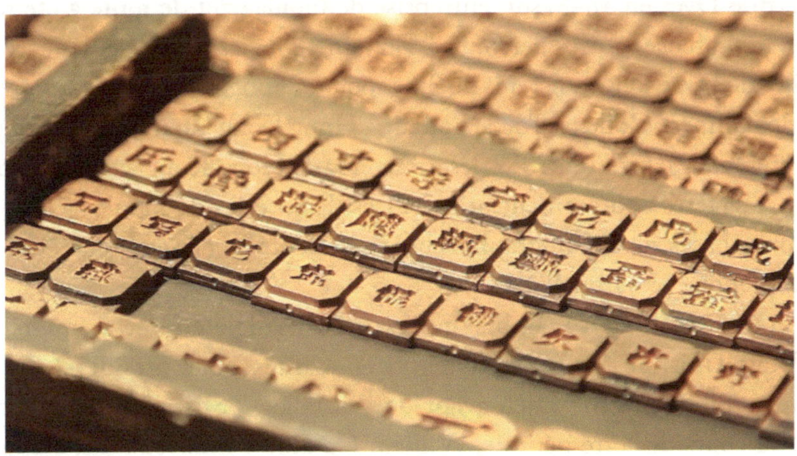

Modèles de caractères chinois en cuivre

Le premier livre imprimé en chinois avec des caractères mobiles est le *Dictionnaire bilingue chinois-anglais* (Dictionary of the Chinese Language, in Three Parts) de Morrison, dont la publication a duré huit ans, de 1815 à 1823, pour un coût élevé de 5 000 yuans. Cependant, ces caractères mobiles ont été gravés directement sur les modèles de caractères, au lieu de la méthode « moule -modèle - caractère mobile » qui était courante en Occident. Bien que le processus de création directe d'un modèle de caractères qui se passe de la fabrication de moules puisse économiser du temps et des coûts de fabrication, cette méthode ne pouvait être considérée que comme une mesure temporaire, car cette série de caractères mobiles ne pouvait pas être reproduite, de sorte que le tirage était limité et que le coût 'était élevé.

En 1834, Marcellin Legrand, fabricant de caractères originaire de Paris, commence à couler des caractères mobiles chinois. Sur les conseils et l'orientation du sinologue Guillaume Pauthier, Legrand utilise la méthode de conception consistant à combiner des radicaux pour former des caractères afin de fabriquer des moules de caractères assemblés. Ainsi, avec seulement 4 200 caractères mobiles, on pouvait former près de 30 000 caractères chinois différents, permettant d'économiser beaucoup de temps et d'argent dans la construction d'un grand nombre de moules et modèles de caractères. Il s'agit également d'une autre mesure opportune. Ce jeu de caractères chinois combinés, bien que pratique, a été mal accueilli parce que les caractères obtenus ne montraient pas la beauté des caractères chinois.

Après plusieur essais, L'Anglais S. Dyer adopte finalement la méthode consistant à graver les moules avant de couler les caractères en plomb. Après la mort de Dyer en 1843, son entreprise de moulage et de fonte a été reprise par de nombreuses autres personnes. En juin 1846, les moules et les caractères mobiles de Dyer sont transférés de Singapour à Hong Kong, où ils sont remis à l'Anglo-Chinese College, d'où le nom de « Hong Kong Characters » (caractères de Hong Kong). Jusqu'en 1857, les caractères de Hong Kong avaient accumulé 5 584 caractères couramment utilisés. Les deux séries de moules à caractères en bronze basés sur la calligraphie chinoise ont été largement appréciées 'pour leur esthétique remarquable.

En 1858, William Gamble, qui est né en Angleterre et a émigré après aux États-Unis, s'est rendu à Ningbo en Chine, pour présider la Maison de presse biblique Hua Hua, avant de s'installer à Shanghai deux ans plus tard. Au cours de cette période, William Gamble a innové la disposition des caractères mobiles chinois et a inventé la technique de procédé galvanoplastie pour les matrices de caractères chinois. Ces deux inventions typographiques pratiques, qui simplifient le processus de production et réduisent le coût de la production de caractères mobiles, portent un coup fatal à l'impression gravée traditionnelle, et ont permis à la technologie des caractères chinois moulés de s'imposer en Chine.

Cependant, même si ces préparatifs techniques ont été menés à bien, les caractères mobiles en plomb n'ont toujours pas réussi à remplacer la version gravée. Ce n'est qu'au début du XXe siècle, lorsque les périodiques modernes, un « produit de consommation rapide » caractérisés par la diffusion d'informations, ont commencé à être appréciés par les Chinois, que le printemps de l'impression à caractères mobiles est réellement arrivé, et que l'imprimerie a commencé à jouer un rôle de « catalyseur d'évolution sociale » dans la société chinoise.

②⑦ Imprimerie clandestine, Tbilissi, Géorgie

À la fin du XXe siècle, un manuel scolaire chinois de collège contenait un récit intitulé *L'imprimerie clandestine de Tbilisi*, écrit par le grand écrivain Mao Dun. Il s'était rendu en Union soviétique en décembre 1946 à l'invitation de la Société pan-soviétique pour les relations culturelles avec l'étranger (VOKS, Vsesoiuznoe Obshchestvo Kul'turnoi Sviazi s zagranitsei). Après son retour en Chine, Mao Dun a publié plus de 30 articles sur ses expériences. Ces articles et le journal qu'il a tenu pendant son séjour en URSS ont été réunis dans un livre, *Soviet Stories. L'imprimerie clandestine de Tbilisi* est l'un des articles de ce livre.

En fait, cette imprimerie, connue à l'origine sous le nom d'imprimerie Avlabari, a été fondée sous la direction de Joseph Vissarionovitch Staline (1878-1953), secrétaire général du Comité central du Parti communiste de l'Union soviétique (PCUS). Staline, d'origine géorgienne, a été le chef suprême de l'Union soviétique qui a régné le plus longtemps et a profondément influencé l'histoire soviétique et mondiale au XXe siècle. Dans son article, Mao Dun raconte comment Staline et d'autres révolutionnaires ont secrètement imprimé des journaux révolutionnaires et de la propagande dans une imprimerie clandestine en Géorgie, dans l'Empire russe, entre 1903 et 1906. Staline et les révolutionnaires y ont imprimé de nombreux tracts, tels que « Travailleurs du Caucase, c'est l'heure de la revanche ! », « La lettre à tous les travailleurs », ainsi que le programme et la constitution du Parti communiste de l'Union

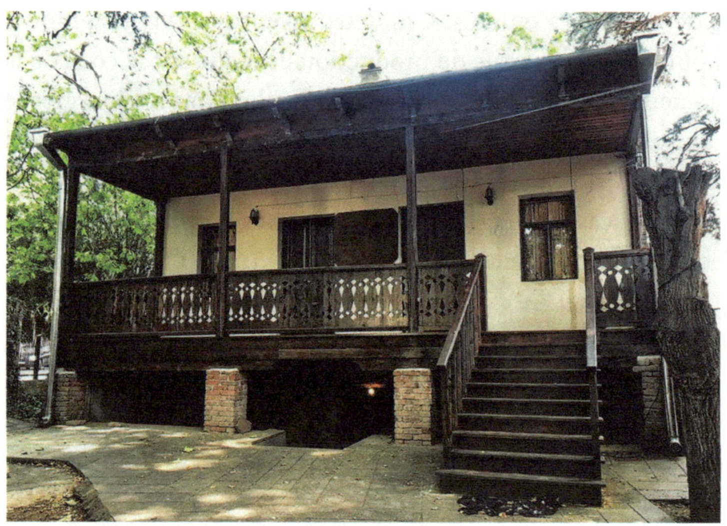

Imprimerie clandestine de Tbilisi.

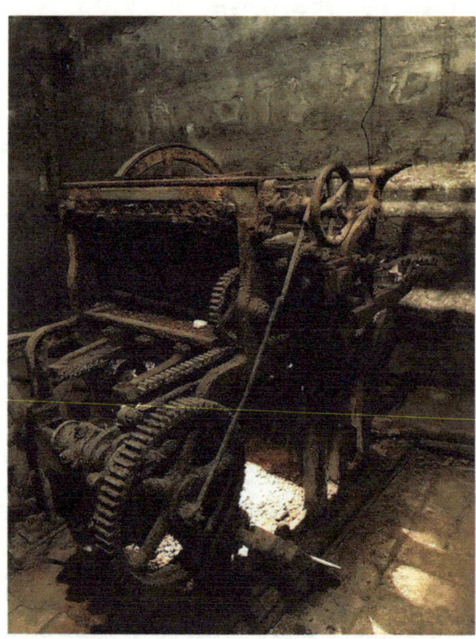

Presses à imprimer rouillées dans l'imprimerie clandestine de Tbilisi, fabriquées au XIXe siècle en Allemagne.

soviétique et le journal « Lutte prolétarienne ». Avec un langage précis et vivant, Mao Dun recrée la conception, la construction, l'utilisation, l'exposition et la destination finale de ce « lieu clandestin », qui était extrêmement secret, délicieusement structuré et plein de romantisme révolutionnaire. L'ensemble du texte ne fait ni l'apologie ni l'éloge du travail révolutionnaire, et l'auteur lui-même n'y ajoute pas de commentaires émotionnels, mais il est écrit d'une manière claire et nette, attirant l'imagination des gens, et faisant en sorte que les lecteurs ne puissent s'empêcher de ressentir un sentiment d' « aventure ».

L'imprimerie clandestine travailla secrètement pendant deux ans et, en 1906, l'organisation révolutionnaire géorgienne créa un groupe militaire qui se réunissait dans la maison principale, du côté gauche de la même cour. Plus tard, un traître est allé voir la police et a saboté le groupe militaire. La police est venue fouiller l'endroit à plusieurs reprises sans rien trouver. La dernière fois, un capitaine de la gendarmerie a remarqué que les côtés et les parois du puits étaient très lisses, et il a donc supposé que quelqu'un avait dû souvent utiliser le puits pour monter et descendre. Il alluma un rouleau de papier dans un seau et le descendit lentement dans le puits. Lorsqu'il fut proche de la surface de l'eau, la flamme s'inclina soudainement sur le côté, comme si elle était guidée par quelque chose. On envoya quelqu'un vérifier, et il s'agissait en fait d'un tunnel. Le secret était découvert et les gendarmes creusèrent toute l'imprimerie souterraine.

Les objets confisqués dans l'imprimerie clandestine comprenaient une machine d'impression à pli croisé, plus de 1 000 kg de caractères géorgiens, arméniens et russes, 800 kg de pamphlets et de tracts imprimés, 320 kg de journaux blancs, des bombes, des fausses cartes d'identité, etc. (*L'imprimerie clandestine de Tbilisi*)

L'imprimerie clandestine de Tbilisi, qui avait été saisie et incendiée par les gendarmes tsaristes en 1906, a été reconstruite sous les auspices du Parti communiste de Géorgie en 1937 avec un petit bâtiment de deux étages en briques rouges construit à côté en guise de mémorial. Avec l'effondrement de l'Union soviétique et l'indépendance de la Géorgie, le gouvernement a cessé de financer le musée et l'a fermé. En 1994, la Géorgie a créé le Parti communiste unifié. Après de nombreux efforts, le PCU a récupéré le mémorial en 1998.

Aujourd'hui, le site et le mémorial sont toujours ouverts, mais ils ne sont entretenus que par les cotisations des membres du Parti communiste de Géorgie et les dons des touristes.

②⑧ L'origine des livres illustrés

Lorsque l'on parle de livres illustrés à l'époque moderne, il est peu probable qu'on les confonde avec des livres dessinés à la main. Il s'agit spécialement de livres imprimés qui illustrent des connaissances culturelles pour enfants et dont

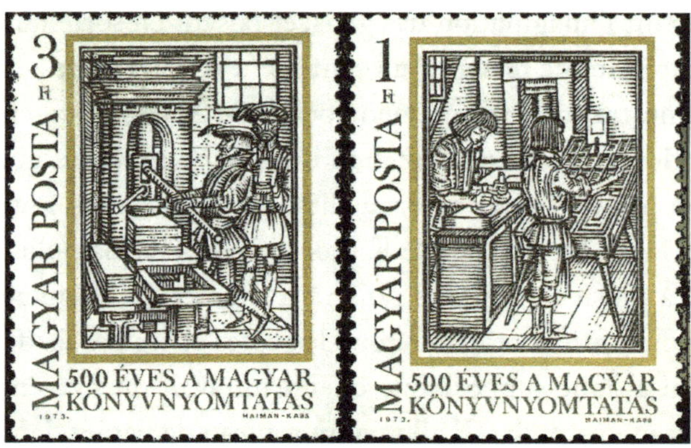

En 1973, la Hongrie a émis un timbre commémorant le 500e anniversaire de l'impression des livres, dont l'image est « l'*Imprimeur et la machine à imprimer* », l'une des illustrations du « *Monde illustré* ».

les illustrations sont réalisées à la main par un artiste ou générées par ordinateur puis imprimées. Au début de l'imprimerie, en Chine et dans d'autres pays, il n'y avait pas de distinction dans les publics de lecteurs et donc pas de concept de « livres pour enfants ». Après l'arrivée en Europe de l'invention chinoise de l'imprimerie en gravure, les premiers imprimés étaient principalement des cartes à jouer et des images religieuses, qui se sont progressivement transformées en livres religieux illustrés. Au XVe siècle, après l'introduction en Europe de l'imprimerie à caractères mobiles en plomb, la méthode d'impression mixte « gravure sur bois + caractères mobiles en plomb » a vu le jour et s'est progressivement popularisée. En 1658, Johnn Amos Comenius (1592-1670) a imprimé et publié *Orbis Pictus (The World Illustrated)*, considéré comme le premier livre d'images pour enfants au monde et l'initiateur des livres illustrés modernes. Comenius, de nationalité tchèque, a écrit le livre en Hongrie, et il a été imprimé et distribué en Allemagne. En outre, le texte du livre n'est ni en tchèque ni en anglais, mais bilingue latin - allemand.

Comenius n'est pas seulement le fondateur des livres illustrés pour enfants, mais aussi le fondateur de l'éducation moderne. Grâce à la pratique et à la recherche pédagogiques qu'il a menées tout au long de sa vie, il a résumé de manière exhaustive les réalisations et les expériences de l'éducation humaniste depuis la Renaissance, a proposé un ensemble de théories pédagogiques systématiques, a été le pionnier de l'enseignement en classe et a conduit à une innovation pédagogique mondiale, jetant ainsi les bases des théories pédagogiques modernes.

Le Monde en images, créé pendant son séjour en Hongrie, est un recueil de la sagesse de sa vie. Il s'agit d'un manuel encyclopédique destiné à éclairer les enfants. Il traite non seulement des règnes animal et végétal, mais aussi de l'origine de l'homme, des caractéristiques des différents âges, des composants de l'organisme humain, des activités humaines, des caractéristiques morales, des relations entre l'homme et la famille, la ville, la société, l'État et l'Église. L'ouvrage est divisé en 150 chapitres et est illustré de quelque 200 images dans une mise en page richement illustrée. Les illustrations sont toutes des gravures sur bois, que l'auteur a mis deux ans à graver et à imprimer. Les images sont vivantes et éclatantes, et le contraste avec le texte est fascinant. Cette mise en page originale a stimulé l'intérêt des enfants pour la lecture et leur a permis d'acquérir des connaissances de manière progressive et active dans une situation naturelle et heureuse ; plus important encore, les enfants ont également été cultivés par la beauté et le développement de la capacité de réflexion sur l'image tout en maîtrisant les connaissances. Comenius a expliqué les caractéristiques du livre dans la préface : « Le livre n'est pas épais, mais c'est un panorama du monde entier et de la langue entière, et il est plein d'illustrations, de noms et de descriptions des choses. » C'est pourquoi il l'a appelé *Le Monde en images* « Le Monde en un coup d'œil ».

Dès sa parution, *Le Monde en images* fait sensation en Europe, est traduit et imprimé dans plusieurs langues et reste populaire pendant près de 200 ans. Comenius devient donc célèbre dans le monde entier. Le philosophe et scientifique allemand Gottfried Wilhelm Leibniz a préconisé l'utilisation du *Monde en images* comme manuel pour l'enseignement primaire des langues ; le grand écrivain allemand Johann Wolfgang von Goethe l'a même qualifié dans son autobiographie de « seul livre » pour enfants de son enfance.

Comenius a également déclaré : « Un livre est un instrument de transmission de la sagesse ».

❷❾ « L'imprimeur des rois, le roi des imprimeurs »

Le texte est l'âme de l'imprimerie. Dans la Chine ancienne, le développement de la gravure et de l'impression a conduit à la naissance de polices de caractères spéciales pour l'imprimerie, telles que le style Song (Songti) et l'imitation du style Song (Fangsong). Au début du développement de l'imprimerie occidentale, le même processus de création et d'évolution des polices d'imprimerie a été expérimenté. En comparaison avec les caractères chinois, les lettres de l'alphabet occidental sont moins nombreuses, plus flexibles, et la création de polices de caractères occidentales est donc beaucoup plus facile que la création de polices de caractères chinoises. L'ère des caractères en plomb était une époque où « les polices de caractères étaient cruciales », et la conception des caractères était au cœur de la concurrence entre les grands industriels de l'imprimerie de l'époque. C'est pourquoi les imprimeurs et les concepteurs du monde occidental ont continué à innover en matière de polices de caractères, et un certain nombre de maîtres célèbres ont vu le jour.

Gianbattista Bodoni (1740-1813) est l'un des plus grands maîtres européens de la typographie du XVIIIe siècle. La police de caractères Bodoni qu'il a conçue et produite en 1790 a inauguré l'ère des polices de caractères modernes grâce à ses lignes épurées et à son aspect élégant, et reste toujours un classique aujourd'hui. La police de caractères du fondateur chinois, sont basées sur la police Bodoni. Depuis des centaines d'années, la police Bodoni demeure la préférée du monde de la mode et a été choisie pour de nombreux logos mondialement connus, notamment ceux du magazine *Vanity Fair*, du film *Blanche-Neige (et le Chasseur)*, de l'hôtel Hilton et du groupe de rock *Nirvana*.

Né à Saluces en Italie, dans une famille d'imprimeurs (son grand-père et son père étaient tous deux imprimeurs), il quitte le domicile familial à l'âge de 18 ans pour faire son apprentissage à l'Imprimerie pontificale de l'Église catholique romaine, où il est chargé de ranger les caractères les moins utilisés dans les écritures du Moyen-Orient et de l'Asie. Dans ce travail, Bodoni démontre rapidement son talent pour les langues étrangères. Il est envoyé à Rome pour étudier l'hébreu et l'arabe à l'Université de la Sapienza. En février

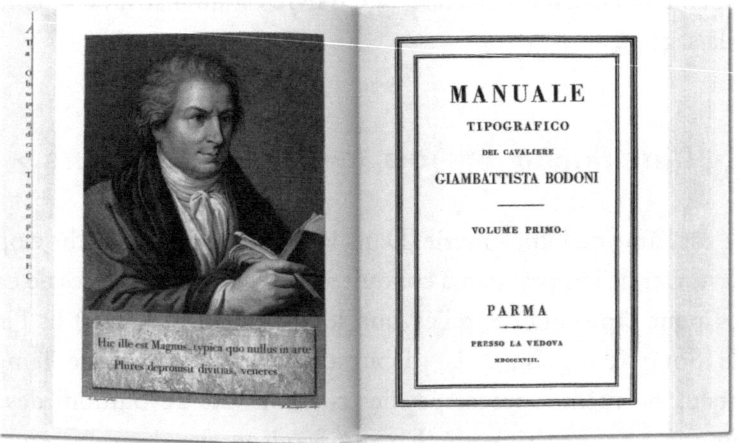

L'éminent créateur italien de la police de caractères Bodoni (Image tirée de *Giambattista Bodoni, The Complete Manual of Typography*, Taschen, 2016).

1768, il entre à la cour de Parme pour fonder l'imprimerie royale. Il commande à la France la presse à imprimer, les différents caractères et la typographie. Les premières impressions de l'Imprimerie royale furent les fournitures de mariage du duc de Parme (*Descrizione Delle Feste Celebrate In Parma L'Anno MDCCLXIX*). La beauté et la texture des caractères sont exceptionnelles et démontrent au reste de l'Europe les compétences talentueuses du jeune Italien en matière d'impression. Par la suite, Bodoni a commencé à concevoir de nouveaux caractères et à fabriquer de nouveaux moules. Il est approché dans le monde entier pour tenter de le « débaucher », parmi lesquels l'ambassadeur d'Espagne à Rome. Ce dernier considère que le travail exclusif pour le duc est un gâchis de son talent et donc l'encourage à se rendre à Rome pour imprimer les classiques. Afin de conserver son talent, le duc permet à Bodoni de créer sa propre imprimerie. Dans les années qui suivent 1791, Bodoni imprime un certain nombre de classiques.

Ses talents d'imprimeur le rendent très populaire. L'imprimerie de Bodoni devint une attraction touristique qui attire des visiteurs du monde entier pour lui rendre visite ou le rencontrer par hasard en achetant de belles impressions. Arthur Young, le célèbre économiste agricole britannique, a écrit dans son livre *Voyage en Italie pendant l'année 1789* « (9 décembre 1789) Dans l'après-midi, je me suis rendu à la célèbre imprimerie de Bodoni. Bodoni a exposé la plupart des belles estampes… *Daphne et Chloe*, et *Amynta* imprimées de manière tout à fait magnifique. Ces ouvrages peuvent être considérés comme représentatifs de l'imprimerie italienne, et j'ai acheté le dernier. »

Bodoni fut récompensé non seulement par le roi d'Espagne, mais aussi par le pape lui-même ; la ville de Parme construisit, en son honneur, un monument commémoratif ; et même aux États-Unis, Franklin était un de ses grands admirateurs. En 1805, l'empereur Napoléon et l'impératrice Joséphine, lorsqu'ils visitèrent la ville de Bodoni, demandèrent à le voir et lui décernèrent le titre de chevalier, ainsi qu'une pension pour le reste de sa vie. Il était connu comme « l'imprimeur des rois, le roi des imprimeurs ».

❸⓪ Premier livre croate imprimé en langue glagolitique

La famille humaine est composée de nombreux peuples. Historiquement, le monde a été caractérisé par une diversité de peuples et de langues. Pour diverses raisons, certains de ces peuples et leurs langues et écritures ont disparu

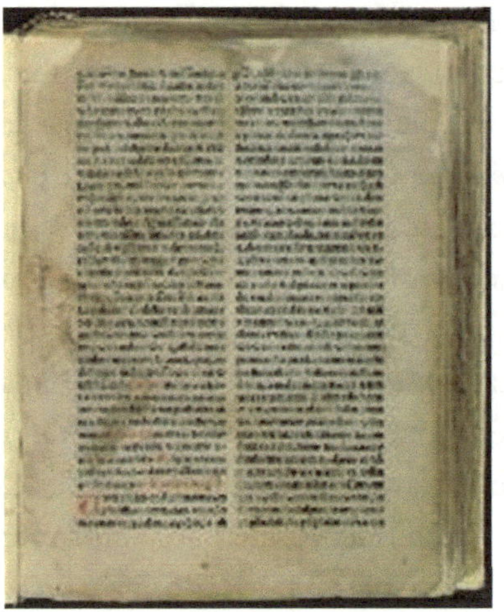

Missel en glagolitique, imprimé en 1494.

au cours de l'histoire. Cependant, il existe encore des écritures nationales qui ont été délaissées pendant un certain temps, mais qui ont heureusement survécu, et qui ont été transmises et ravivées avec le développement de leur culture, et l'écriture glagolitique est l'un de ces exemples. L'imprimerie a joué un rôle indélébile dans la transmission et la renaissance de l'écriture glagolitique. L'imprimerie a contribué au processus de civilisation humaine de nombreuses façons, notamment par la création d'écritures et de littératures nationales, et même par l'établissement de nouveaux États-nations, bien que l'on ait accordé peu d'attention à sa contribution dans ces domaines.

La langue officielle de la Croatie contemporaine est le croate, et s'écrit en alphabet latin. Cependant, historiquement, la langue croate a été écrite en alphabets grec, cyrillique, latin, glagolitique et arabe. L'alphabet glagolitique est le plus ancien alphabet slave. Il a vu le jour aux alentours du IXe siècle et a été motivé par la nécessité pour les missionnaires de traduire *La Bible* dans l'ancienne langue slave de l'Église utilisée par les masses. Cependant, l'alphabet n'a pas été nommé pendant les siècles qui ont suivi sa création. On suppose que le nom Glagolitique est né en Croatie du verbe « glagoliti » (dire), mais la date et la raison exactes de ce nom restent inconnues. Au XIIe siècle, la plupart des Slaves étaient passés au cyrillique.

Senj est une ville côtière très importante de Croatie, où la culture de l'alphabet glagolitique est profondément ancrée. Dès 1248, le pape a autorisé par écrit Philippe, évêque de Senj, à utiliser la langue glagolitique dans ses offices. Naturellement, ces utilisateurs de l'alphabet glagolitique ont eu très tôt l'idée d'utiliser la presse à imprimer pour reproduire la culture de l'écriture glagolitique. Blaž Baromić (1440-1505) fut l'un des premiers à participer à la publication de livres en écriture glagolitique. Il commença sa carrière comme copiste de livres religieux. Plus tard, il se rendit à Venise, centre de la technologie de l'imprimerie en Europe à l'époque, où il est entré dans une imprimerie et a appris l'art de l'impression. En 1493, il a imprimé et publié une nouvelle en glagolitique. Par la suite, Baromic a acheté une presse à clé en bois et un jeu de caractères mobiles en plomb glagolitiques, et s'est rendu à Senj pour fonder une imprimerie en langue glagolitique, et a imprimé son premier livre, *Le Missel*, en 1494. Il s'agit du premier livre imprimé sur le sol croate en langue glagolitique. Le livre a été imprimé en haute qualité, avec une typographie exquise et une belle reliure. De nombreux spécialistes le considèrent comme l'un des plus beaux livres de son époque et l'une des plus grandes œuvres d'art graphique.

Pour commémorer cet événement, un musée a été établi dans la ville croate de Senj et une statue de Baromic a été érigée dans les rues de la ville. Aujourd'hui, l'alphabet glagolitique est un symbole de la spécificité nationale croate. Même dans les boutiques de souvenirs, on trouve des T-shirts et des gravures en alphabet ancien. L'alphabet glagolitique est utilisé comme écriture du monde dépeint dans la série de jeux *Witcher*, et il est également utilisé comme inscription dans le dessin animé japonais *Log Horizon*.

3 1 Monaco, le pays des timbres

La Principauté de Monaco, ou Monaco en abrégé, est située entre la France et l'Italie, au bord de la mer Méditerranée. La langue officielle est le français, mais l'anglais et l'italien sont également largement parlés. Avec une superficie de seulement 2,02 km², dont environ 0,5 km² sont gagnés sur la mer, la Principauté de Monaco pourrait être décrite plus justement comme un « micro-État » ou un « État de poche ». Outre le tourisme, l'industrie du timbre est l'un des principaux contributeurs au revenu national de ce micro-État. Vous imaginez ? C'est pourquoi Monaco est également connu sous le nom de « Pays des timbres ».

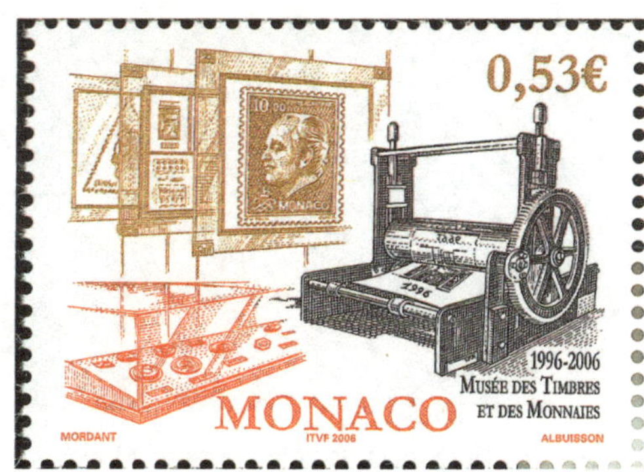

Timbres commémoratifs du Musée des Timbres et des Monnaies de Monaco, comprenant une presse d'impression par héliogravure à timbres, une exposition des monnaies et une présentation de timbres.

Depuis le XIXe siècle, la souveraineté postale est l'un des symboles de la souveraineté nationale, et le droit d'émettre des timbres fait partie de cette souveraineté. Aux XIXe et XXe siècles, le timbre était essentiellement une monnaie forte dans tous les pays du monde et constituait donc une industrie importante. Les timbres étaient également une source importante de revenus pour Monaco, qui a commencé à émettre des timbres en 1885, très appréciés pour la beauté de leur conception et de leur impression. Les autorités monégasques attachent une grande importance à la production et à la distribution des timbres. Dès 1937, un Bureau spécial d'émission des timbres a été créé. Dans le processus d'émission des timbres, de la finalisation du dessin à la peinture des couleurs, tout doit être approuvé par le Prince, et le Directeur de l'Émission détermine ensuite la valeur, le type de timbre, le dessinateur et le graveur. Les dessinateurs des timbres sont employés par la Poste française parmi les artistes, et ont obtenu des prix internationaux pour leur travail remarquable.

Le Prince Rainier III de Monaco était passionné par les timbres, il les définissait comme « les principaux ambassadeurs du pays ». Le prince est surtout connu pour son histoire d'amour et son mariage avec Grace Kelly, l'actrice hollywoodienne. En 1950, juste après son accession au trône, Rainier III

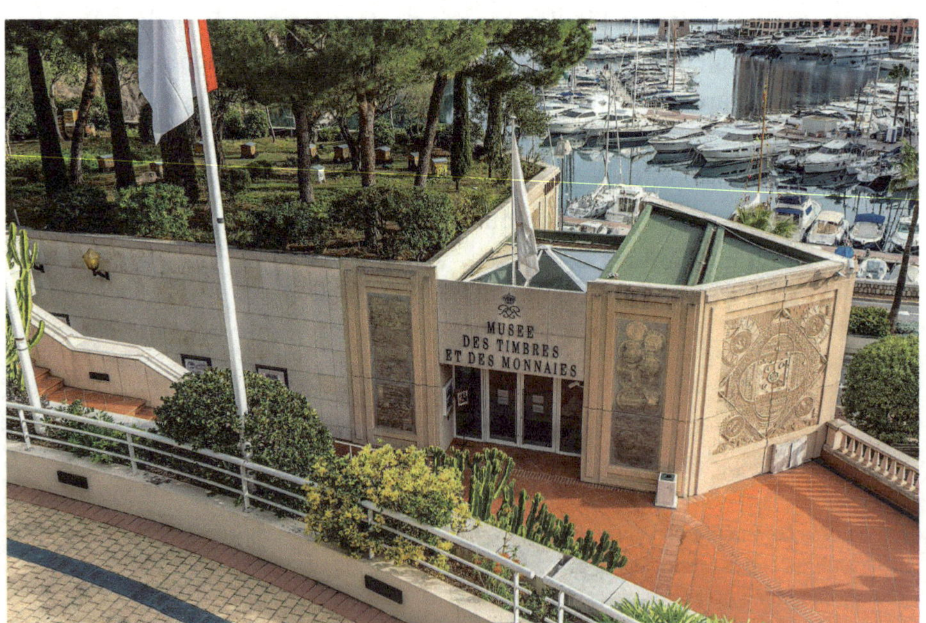

Musée des Timbres et des Monnaies de Monaco.

a décidé de créer un « musée postal » dans son palais afin d'y présenter les timbres de la Principauté et d'en assurer la classification et la conservation des collections du Prince Albert 1er et du Prince Louis II. En 1987, Monaco a créé une commission consultative des collections philatéliques, chargée de classer tous les documents relatifs aux timbres, y compris les variétés. Par la suite, Rainier III a construit un musée des timbres et monnaies pour collectionner et exposer une partie de la collection de timbres de sa famille. Le musée a été ouvert au public en 1996. Le musée est aujourd'hui une attraction touristique incontournable de Monaco. Le Musée moderne des timbres et des monnaies de Monaco est situé sur une terrasse de la montagne pittoresque, accompagné de yachts dans la baie, se présentant d'une manière luxueuse et élégante, ce qui en fait un lieu incontournable pour les philatélistes du monde entier. Le musée se compose de deux salles d'exposition :

La première galerie présente l'histoire des monnaies monégasques depuis 1641 et l'histoire des timbres monégasques depuis 1885. La salle 1 comprend également un espace pour les expositions temporaires. Les visiteurs peuvent voir les matrices utilisées pour la frappe des monnaies, les sceaux et tous les documents nécessaires à l'émission des timbres. Une presse à héliogravure est également exposée, elle permet d'imprimer des timbres de plus de 60 années différentes.

La deuxième salle, la salle des timbres rares, contient des documents philatéliques, des timbres sardes et français utilisés par la Principauté, ainsi que les premiers timbres monégasques rares des règnes de Charles III et de Louis II. La salle des timbres rares a accueilli également une exposition spéciale sur « Les 100 timbres et documents philatéliques les plus rares du monde ».

❸❷ Gutenberg contre Coster, qui a inventé les caractères mobiles en Occident ?

Pékin a accueilli les Jeux olympiques en 2008. Lors de la cérémonie d'ouverture, une représentation de 5 897 caractères chinois sous la forme de « caractères mobiles d'impression » a émerveillé de nombreux spectateurs chinois et étrangers, et a montré au monde la magie de l'imprimerie chinoise. Cependant, Bernt Schneiders, un Néerlandais qui a également assisté à la cérémonie d'ouverture, n'était pas tellement de bonne humeur. Cette année-là, Bernt Schneiders était maire de Haarlem, une petite ville des Pays-Bas. Après avoir vu la cérémonie d'ouverture des Jeux Olympiques de Beijing (Pékin), il a écrit une lettre au maire de Beijing, déclarant que « l'imprimerie a été inventée par Coster, un citoyen de Haarlem, en 1400 av. J.-C. » et affirmant que « c'est un fait bien connu ». Il faut reconnaître qu'il s'agit-là d'un maire consciencieux, fier de son pays et de son peuple, mais qui montre en même temps sa méconnaissance de la Chine et de la culture chinoise. Il est incontestable que l'imprimerie à caractères mobiles a été inventée par les Chinois, mais avant le XXe siècle, l'industrie chinoise de l'imprimerie n'avait que très peu de poids sur la scène mondiale, et le monde occidental ne savait pas grand-chose de l'histoire de l'imprimerie en Chine. Cependant, lorsqu'il s'agit de l'imprimerie des caractères mobiles dans les langues occidentales, l'Allemand Gutenberg est l'inventeur aux yeux des Chinois, alors pourquoi pour les Néerlandais disent-ils cela ?

Que les Chinois le sachent ou non, qu'ils le veuillent ou non, les Néerlandais pensent que l'inventeur de l'imprimerie à caractères mobiles est Laurens Coster. Coster est le « héros » de Haarlem, aux Pays-Bas, et il est honoré par les Néerlandais comme l'inventeur des caractères mobiles, et sa statue et son nom se voient partout dans la région. Son invention de l'imprimerie est documentée dans le livre *Batavia*, écrit par Hadrianus Junius vers 1567, publié en 1588 et citée par l'écrivain Cornelius de Beet. Junius était un érudit classique, un traducteur, un grammairien, un archéologue, un historien, un poète latin, un médecin et un maître d'école. Junius note que vers 1420, Coster amusait ses petits-enfants à Haarlem en sculptant des lettres sur du bois, et qu'il observa que les lettres laissaient une empreinte sur le sable. Il commença alors à utiliser des lettres mobiles en bois pour la composition et l'impression, qu'il améliora par la suite en utilisant des métaux tels que le plomb et l'étain pour fabriquer des lettres mobiles et en inventant un nouveau type d'encre pour s'adapter aux différents matériaux des lettres mobiles. Il crée ainsi une imprimerie qui prospère. Cependant, ses caractères mobiles et son matériel d'impression ont été brûlés lors d'une guerre en 1426. Johann Fust, le célèbre associé de Gutenberg, aurait été l'un de ses assistants. Ensemble, ils ont imprimé plusieurs livres, dont *Le Spectre humain*. C'est Fust qui a rompu sa promesse de secret et volé la technologie d'impression de Laurens au moment où celui-ci était sur le point de mourir. Il est ensuite retourné dans sa ville natale de Mayence, en Allemagne, où il a fondé sa propre imprimerie et a rendu Gutenberg célèbre.

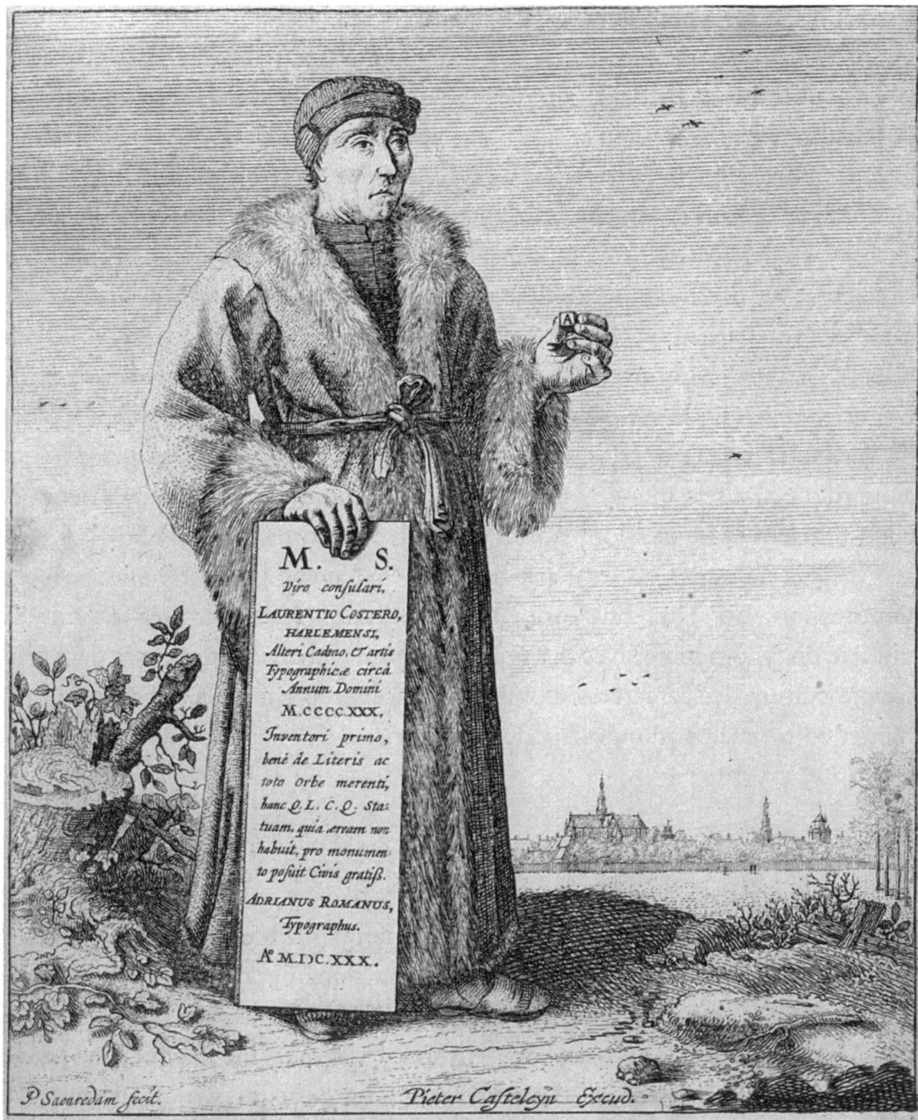

Lithographie de Coster datant de 1630, peinte et gravée par le peintre néerlandais de l'âge d'or néerlandais Pieter Jansz Saenredam. Coster tient un caractère mobile, ce qui le représente comme l'inventeur des caractères mobiles. Collection du Musée national d'Amsterdam.

La première statue de Coster a été érigée à Haarlem en 1630. Depuis, la figure de Coster a été animée par des statues et des gravures, et son œuvre a été largement diffusée. En 1823, un monument a été érigé dans le parc municipal de Haarlem pour célébrer le 400e anniversaire de l'invention par Coster de l'imprimerie à caractères mobiles. Le monument est orné d'inscriptions latines et de textes commémoratifs néerlandais, et est surmonté du symbole de la lettre « A » représentant « caractères mobiles ». Les Allemands, inspirés par la célébration néerlandaise du 400e anniversaire de l'invention des caractères mobiles, ont également érigé une statue de Gutenberg et, en 1840, ils ont célébré le fameux anniversaire en grande pompe, avec la participation de Friedrich Engels. Il est peu connu que ni Gutenberg ni Coster n'avaient de véritables portraits en circulation, et que les images que les gens voient aujourd'hui dans le monde entier sont les créations de peintres ultérieurs et elles diffusent et impressionnent les gens par l'imprimerie.

Jusqu'à aujourd'hui, les Pays-Bas ont également une forte industrie de l'impression. Les Pays-Bas sont toujours réputés pour leurs réalisations en matière de typographie, avec des graphistes profondément immergés dans leur propre culture des caractères mobiles, un enseignement de la typographie, un métier éditorial et une industrie du livre florissants.

③③ Livres miniatures sur les timbres aux Pays-Bas

Fondée en 1932, la Semaine du livre néerlandais (Boekenweek en Dutch) est un événement annuel d'une durée d'une semaine à dix jours aux Pays-Bas, organisée pour cultiver une atmosphère de lecture et promouvoir le développement de l'industrie de l'édition. En mars de chaque année, au Concert Hall d'Amsterdam, des écrivains et des éditeurs participent au « Bal du livre », qui marque l'ouverture de la Semaine du livre néerlandaise. Le Bal du livre jouit d'une très grande notoriété dans le monde littéraire néerlandais et est fréquenté par le gratin des arts, de la culture et des médias. Pendant la Semaine du livre, des événements tels que séances de dédicaces, saisons littéraires et débats ont lieu dans tout le pays. Chaque année, la Semaine du livre a un thème différent et un auteur de la Semaine du livre est choisi pour l'année suivante. L'auteur choisi doit écrire un livre-cadeau, généralement une nouvelle, pour la Semaine du livre néerlandaise. Le livre-cadeau est offert gratuitement à toute personne qui achète un certain nombre de livres pendant

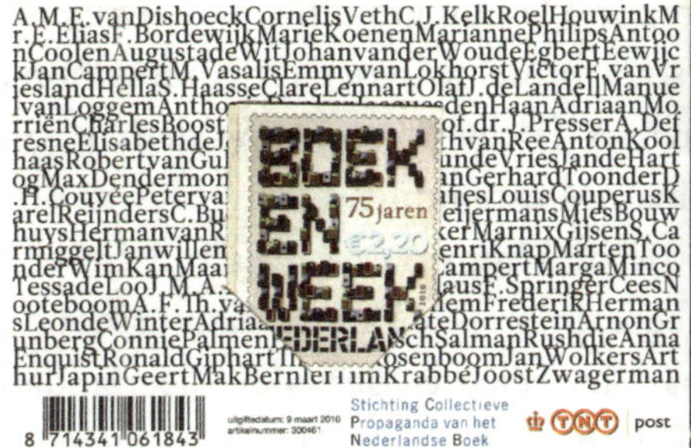
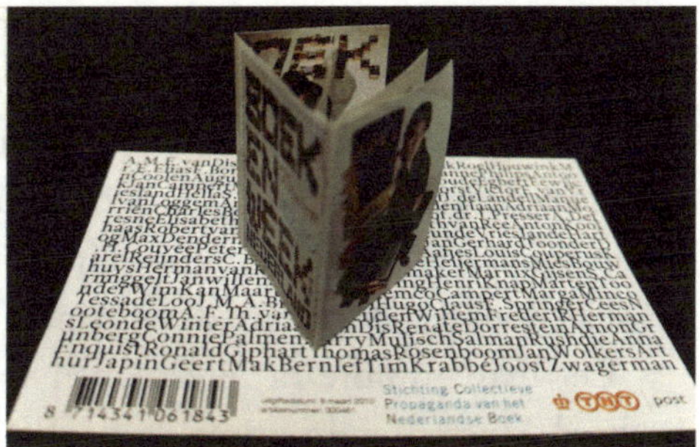

Livre-cadeau pour la Semaine du livre néerlandaise 2010 : Livres miniatures sur timbres.

la Semaine du livre. Depuis 2002, la Société nationale des Chemins de fer néerlandais est le principal sponsor de la Semaine du livre néerlandaise et offrent un voyage gratuit en train partout aux Pays-Bas le dernier jour de la Semaine du livre avec un livre-cadeau. Depuis lors, cette offre est devenue une caractéristique régulière de la Semaine du livre.

L'auteur de la Semaine du livre 2010 est Joost Zwagerman (1963-2015). Zwagerman a fait ses débuts en 1986 avec son roman *De houdgreep*, qui a été adapté au théâtre en 1989 et qui a attiré l'attention du public. En 1991, il a écrit son troisième livre, *Vals Licht*, qui a été sélectionné pour le prix littéraire AKO aux Pays-Bas. Le livre a ensuite été adapté en 1993 dans le film *Theo van Gogh*, qui a fait la réputation de Zwagerman. Il est incontestablement un écrivain prolifique, dont les livres sont constamment imprimés et certains ont été traduits en 12 langues, dont l'allemand, le français et le japonais.

Le livre de Zwagerman pour la Semaine du livre 2010 s'intitule « *What Could Be Worse…* ». Cette année-là, le comité d'organisation de la Semaine du livre a innové en faisant du livre-cadeau un timbre-poste accessible au public. Il ne s'agit donc pas seulement d'un timbre, mais aussi d'un livre de poche.

Ce livre timbre miniature, émis le 9 mars 2010, ne mesure que 4 cm de long et 3 cm de large. Ce qui semble être un timbre unique est en fait un livre miniature imprimé sur deux feuilles de papier de taille différente, collées et pliées en une minuscule pile et insérées dans les pages soigneusement conçues d'un bloc-feuillet. Le plus long des deux feuillets est plié en trois pages, dont la page au milieu étant le timbre lui-même et la couverture du livre. La quatrième de couverture est ornée de la photo d'un homme lisant un livre. Le livre se compose de 10 pages et, outre la couverture et la quatrième de couverture, il y a 5 pages de texte miniatures de 500 mots et la page officielle des droits d'auteur. La page des droits d'auteur comporte le numéro officiel du livre et la mention suivante : « Ce timbre est émis sous forme de livre pour commémorer le 75e anniversaire de la Semaine du livre. » Il comporte même deux pages conçues comme jaquettes. Ce livre miniature estampillé a remporté le prix Spike d'innovation décerné par l'industrie de l'imprimerie néerlandaise et a été sélectionné comme l'un des dix meilleurs timbres de l'année dans le monde.

Le livre timbre a été conçu par le célèbre designer néerlandais Richard Hutten et imprimé par Joh. Enschede & Zn, l'un des principaux groupes d'imprimerie des Pays-Bas. Fondée en 1703, l'entreprise est depuis longtemps spécialisée dans l'impression de billets de banque. Joh Enschede a imprimé le premier billet de banque néerlandais en 1814 et n'a jamais cessé d'imprimer des billets de banque, et a commencé l'impression des timbres à partir de 1866.

③④ Le « Gutenberg » russe

Au centre de la capitale russe, Moscou, non loin de la place du Théâtre, se trouve le monument commémoratif d'Ivan Fedorov (1510-1583), fondateur de l'imprimerie russe, tenant dans une main une plaque d'impression et dans l'autre une page fraîchement imprimée. Aux yeux des Russes, Fedorov est l'équivalent russe de Gutenberg.

La Russie a développé sa propre industrie du livre vers le Xe siècle, mais à cette époque, les livres étaient encore copiés à la main et il n'existait pas d'industrie d'impression et d'édition gravée à part entière comme en Chine. À l'époque, le centre de l'industrie du livre russe se trouvait dans les monastères, où de nombreux moines gagnaient leur vie en copiant des livres missionnaires. La copie des livres à la main était une tâche qui demandait beaucoup de travail et de temps, et il fallait des mois, voire des années, à un moine pour finir la copie d'un livre.

En 1563, le tsar Ivan IV (Ivan le Terrible) a ordonné la construction d'une presse à imprimer au plomb à Moscou pour imprimer des livres dans le pays ; c'est la première imprimerie en Russie. Ivan Fedorov, qui auparavant, avait acquis une plus grande expérience en tant qu'ouvrier dans des imprimeries en dehors de la Russie, a été le premier directeur de cette imprimerie. Le 1er mars 1564, Ivan Fedorov a terminé l'impression du livre des *Actes des Apôtres (Apostolos)* dans l'imprimerie de Moscou. *Les Actes des Apôtres* sont un livre

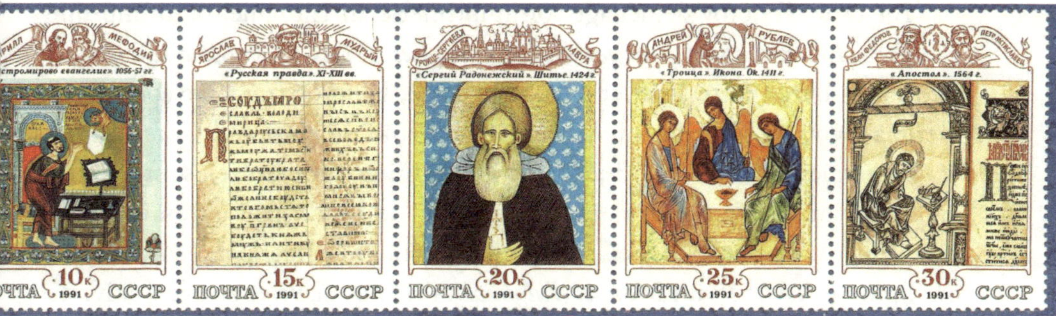

Timbres culturels russes émis pour l'impression et l'édition médiévales, émis en 1991, la cinquième image montre Fedorov imprimant Les Actes des Apôtres en 1564

liturgique chrétien, qui comprend une partie du *Nouveau Testament* et le *Livre de l'Apocalypse*. Le jour de la sortie officielle du livre est considéré comme le jour fondateur de l'imprimerie russe, et *Les Actes des Apôtres* sont considérés comme le premier livre imprimé daté en Russie. Le livre est également considéré comme un chef-d'œuvre de l'ancienne technologie d'impression de la nation russe en raison de la beauté et de la clarté des caractères utilisés, avec de belles lettres majuscules au début de chaque phrase et une belle reliure. Après avoir été imprimé et distribué, le livre a été apprécié et chéri par le peuple. Aujourd'hui, il en reste environ 50 exemplaires dans les collections, qui sont conservées dans les bibliothèques, les musées et les archives de différentes villes du pays. En 1565, Ivan Fedorov a imprimé et publié « *Le livre des heures'* », qui était le principal manuel scolaire de la Russie au XVIe siècle.

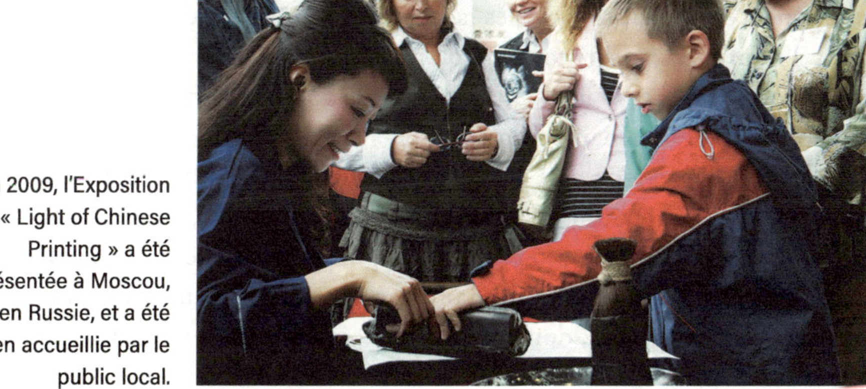

En 2009, l'Exposition « Light of Chinese Printing » a été présentée à Moscou, en Russie, et a été bien accueillie par le public local.

En 1567, Fedorov déménage son imprimerie en Lituanie, où il imprime et publie *Les Évangiles pour les enseignants*, *Les Textes de la Bible sélectionnés* et d'autres livres entre 1569 et 1570. Fin 1572, Fedorov transfère son imprimerie à Lviv, en Ukraine, où le premier livre ukrainien des *Actes des Apôtres* et le premier *Manuel d'alphabétisation* ukrainien (littérature) sont publiés le 15 février 1574 et il devient le fondateur de l'industrie ukrainienne de l'imprimerie. Début 1575, Fedorov déménage son imprimerie de Lviv à Volyn, où il produit en 1578 un *Manuel d'alphabétisation* en slave et en grec, suivi du *Nouveau Testament et d'autres livres*. Fedorov retourne à Lviv en 1582, où il meurt en décembre de l'année suivante. Devant sa tombe se trouve une stèle en pierre portant l'emblème le plus ancien de l'industrie de l'imprimerie et de l'édition et l'inscription : « Imprimeur de livres sans précédent en Russie ».

En novembre 1909, un monument a été érigé en son honneur à Moscou, et en 1941 est sorti le film biographique « Ivan Fedorov, fondateur de l'imprimerie », qui raconte l'histoire de sa vie extraordinaire. En décembre 1977, la ville de Lviv, en Ukraine, a construit un musée en son honneur dans le monastère où Fedorov est enterré.

③⑤ Comment l'imprimerie a-t-elle changé le monde

Lorsque Christophe Colomb quitta les côtes espagnoles en 1492 pour se diriger vers l'ouest à la recherche de l'Orient lointain, il emporta avec lui, ainsi que ses voiliers et ses marins, un livre *Géographia* écrit par Claude Ptolémée (Claudius Ptolemy). Ce livre, accompagné d'une carte du monde, était à l'époque « le meilleur guide de géographie du monde connu ». Ce livre a inspiré la ferveur de Christophe Colomb pour l'exploration et la découverte du monde, et c'est aussi l'une des façons dont l'imprimerie a changé le monde. Sans l'imprimerie, Christophe Colomb, ou un autre « Kolomp », n'aurait jamais eu la chance de lire *Géographia*, ni de voir une carte du monde, et l'ère de la voile n'aurait jamais commencé.

En fait, *Géographia* a été créé il y a plus de 1 300 ans, bien avant 1492. Son auteur, Ptolémée, était un mathématicien, un astronome, un géographe et un astrologue égyptien. Citoyen romain d'origine grecque, il écrivait en grec et ses grandes œuvres sont donc majoritairement en grec. Ptolémée a écrit une série d'ouvrages scientifiques, dont au moins trois ont eu un impact considérable sur le développement de la science dans le monde islamique et en Europe. Le premier est *La Grande Composition* (*l'Almageste*), le deuxième, *Les Quatre livres de l'astrologie*, et le troisième, *La Géographie*, qui est une étude exhaustive des connaissances géographiques. À une époque où l'imprimerie n'existait pas, toute l'humanité ne possédait qu'un seul exemplaire de ces manuscrits si précieux, pourtant « conservés dans l'obscurité et l'inconnu ». Sans l'imprimerie, ces grandes œuvres sont restées silencieuses pendant près de 1 200 ans, au cours du long et sombre Moyen Âge européen. Ce n'est qu'en 1295, à Constantinople (aujourd'hui Istanbul, Turquie), capitale de l'Empire romain d'Orient (Empire byzantin), que Maximos, un moine érudit, a enfin trouvé dans la bibliothèque de la cathédrale impériale le livre de ses anciens ancêtres grecs qu'il attendait depuis si longtemps, et ce n'est qu'à ce moment-là que *Géographia* est réapparu sous les yeux des Européens, sorti de la poussière de mille ans d'histoire. Dans cet ouvrage, Ptolémée explique en détail comment utiliser deux méthodes pour dessiner la Terre sphérique sur une surface plane, en soulevant la question de la projection et de l'échelle, et précisant que les cartes doivent être « nord en haut, sud en bas ». Aujourd'hui encore, ces théories restent la référence en matière de topographie et de cartographie mondiale. Mais comme le manuscrit était en grec, il était difficile à comprendre. En 1406, ce remarquable manuscrit a été traduit en latin, mais la première traduction latine n'était toutefois pas accompagnée de cartes, et ce n'est qu'au milieu et à la fin du XVe siècle que les érudits ont pu produire des copies de cartes basées sur le texte du livre.

En 1477, le premier atlas imprimé du monde a été publié à Bologne, en Italie. Il a été traduit sous le titre *La Cosmographie de Ptolémée*, plus tard connu sous le nom de *Manuel de géographie*. Dans cet atlas, la taille de la Chine est surestimée, tandis que le monde est représenté relativement petit, ce qui reflète l'admiration des Occidentaux de l'époque pour la Chine.

C'était l'époque des rêves maritimes et l'impression et l'édition du *Manuel de géographique* de Bologne a entraîné un boom de l'impression des cartes du monde en Europe. Des explorateurs, dont Christophe Colomb, ont possédé et lu le *Manuel de géographie*. En 1492, ce livre se trouvaient à bord du voilier de Christophe Colomb, sur les flots de sa « conquête du monde ». Par conséquent, si l'on regarde l'histoire, l'impression et la distribution du *Manuel de géographie* ont sans aucun doute constitué un événement révolutionnaire, aussi mémorable que la découverte du Nouveau Monde par Christophe Colomb. En l'absence d'un grand nombre d'exemplaires de livres imprimés et de distribution, les manuscrits ne pouvaient être qu'une collection privée, qui aurait été mise de côté ; s'il n'y avait pas d'impression, ce serait difficile de donner le coup d'envoi pour la Renaissance européenne, et la découverte géographique ne pourrait tout simplement pas prendre le large. Cette édition contient les coordonnées en latitude et longitude de plus de 8 000 lieux minutieusement collectés par Ptolémée, ainsi que 26 cartes d'Europe, d'Asie et d'Afrique collectées ou dessinées.

En 1978, Lord Waddington d'Angleterre a acheté un exemplaire de l'édition 1477 du *Manuel de géographie* pour 75 000 livres sterling. En 2004, un incendie dans l'Oxfordshire a détruit la moitié du manoir de Waddington, mais les villageois ont pu sauver du feu la bibliothèque du manoir, qui contenait quelque 700 atlas et livres de géographie. Pour payer les énormes frais de réparation, la famille Waddington a dû envoyer l'atlas à Sotheby's. En 2006, il a atteint 2,139 millions de livres sterling, le prix le plus élevé jamais payé pour une carte lors d'une vente aux enchères.

③⑥ Éloge à l'invention de l'imprimerie

N'es-tu pas toi aussi un dieu ?
Il y a des siècles, tu as donné corps à la pensée et à la parole,
En enfermant la vie de la parole dans des symboles imprimés,
Sinon, elle se serait enfuie sans laisser de traces.

Sans vous, ah,
Le temps se serait dévoré lui-même,
Et aurait été enterré à jamais dans la tombe de l'oubli.
Mais tu es enfin venue,
La pensée a donc franchi les barrières qui, dans son enfance,
L'avaient longtemps enfermée.
Elle déploie enfin ses ailes et s'envole vers le monde lointain
Où se déroule un dialogue solennel,
Entre le passé et l'avenir.
Toi, l'illuminateur
Dieu des cieux
Méritant maintenant les louanges et les honneurs
Dieu immortel
Réjouis-toi de la louange et de l'honneur !
Et la nature, à travers toi, semble manifester

Quels merveilleux pouvoirs elle renferme encore

Mais depuis, elle s'est reposée, très avare,

Et n'a plus jamais accordé de telles merveilles au monde.

Il s'agit d'un passage d'un long poème contenu dans le volume 41 des Œuvres complètes de Marx et Engels. Le poème, intitulé « L'Invention de l'imprimerie *(Au invención de la imprenta)* », a été traduit de l'allemand d'Engels en chinois par le Bureau de compilation et de traduction des œuvres de Marx, Engels, Lénine et Staline du Comité central du Parti communiste chinois. L'auteur original du poème n'est cependant pas Engels, qui s'est autoproclamé traducteur, mais l'écrivain espagnol Manuel Jose Quintana (1772-1857). Il a écrit le poème en juillet 1800, initialement intitulé « *L'Invention de l'imprimerie* ».

Quintana a participé à la première révolution espagnole. Il s'agissait d'une guerre d'indépendance contre la domination étrangère de Napoléon. Ses œuvres littéraires, empreintes de patriotisme et incarnant l'esprit de la

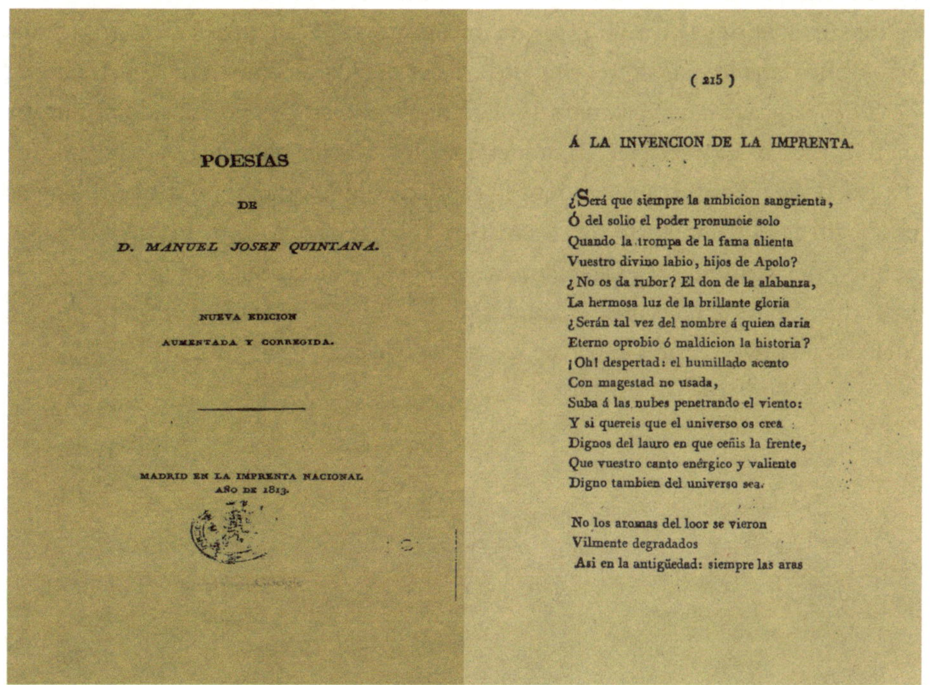

Recueil de poèmes du poète espagnol Quintana et son poème « *L'invention de l'imprimerie* », imprimé et publié en 1813, conservé dans la bibliothèque de l'université de Gent, en Belgique.

nation, ont été suivies et appréciées par le peuple espagnol. Cependant, il a été emprisonné pendant six ans pour sa participation à la révolution et, après sa libération en 1820, il est devenu président du Conseil de l'éducation publique, précepteur de la reine Isabella II en 1833, sénateur en 1835 et a été élu poète lauréat en 1855. Son œuvre la plus importante est *Les vies des Espagnols célèbres* en trois volumes, ainsi que des poèmes tels que *La Bataille de Trafalgar, En Espagne après la révolution de mars, La Lutte armée des provinces espagnoles contre les Français* et les tragédies néoclassiques *Pelayo* et *Le Duc de Viseo*. Ce poème lyrique de Quintana a été écrit en 1800 et publié pour la première fois à Madrid en 1802. En 1813, l'Imprimerie nationale espagnole de Madrid a publié une version actualisée de son *Recueil de poèmes* en espagnol. Le poème *L'invention de l'imprimerie* se trouve aux pages 215-224 du Recueil et s'étend sur dix pages.

En août 1837, une statue de Gutenberg a été inaugurée à Mayence, sa ville natale. À l'occasion de cette commémoration, il fut décidé d'organiser en 1840 une « Célébration des 400 ans de l'invention de l'imprimerie à caractères mobiles en Europe ». Un éditeur de Braunschweig, en Allemagne, envisage de publier un *Mémorial de Gutenberg* pour coïncider avec l'anniversaire des quatre centenaires, et dès la fin du mois de décembre 1838, un appel à contributions est publié dans le magazine. Engels le vit et décida de contribuer au *Mémorial de Gutenberg*. De janvier à mars 1840, Engels choisit des poèmes de Quintana qu'il traduisit et réécrivit. Il généralise les forces obscures que Quintana déteste. Ces réécritures reflétaient la tendance idéologique politique d'Engels et constituaient une sorte de re-création d'Engels, qui avait une signification et une valeur uniques. Le *Mémorial de Gutenberg* a été publié en juillet 1840, et la traduction et la réécriture d'Engels de « *L'Invention de l'imprimerie* » ont été incluses aux pages 208-225, avec le poème original espagnol.

CHAPITRE III

Histoires de l'imprimerie en Afrique

Si l'Afrique est la patrie de l'humanité, la Chine et l'Afrique, qui se trouvent à des milliers de kilomètres l'une de l'autre, doivent également entretenir des liens de longue date. Outre les liens anthropologiques, la Chine et l'Afrique ont également eu des échanges culturels directs ou indirects tout au long de l'histoire, et l'échange de presses d'imprimerie en est un exemple. Comme nous le savons tous, l'Afrique ancienne, en particulier la région de l'Égypte ancienne, a créé une civilisation splendide. Plus tard, avec l'invention et le développement de la fabrication du papier et les progrès de l'imprimerie, la fleur de la civilisation s'est épanouie en Chine orientale. Avec l'essor de l'imprimerie en Europe, la lumière de la civilisation a de nouveau changé de direction. C'est un phénomène culturel que l'histoire nous enseigne aujourd'hui et qui nous inspire également aujourd'hui : la transmission de la culture et de la technologie est la condition préalable et le levier du développement et du progrès des civilisations.

Dans ce livre, 12 pays (régions) sur un total d'environ 60 en Afrique ont été sélectionnés pour raconter l'histoire de l'introduction et de l'essor de l'imprimerie sur le continent, ainsi que l'histoire de personnalités africaines associées à l'histoire de l'imprimerie. Le développement lent et laborieux de l'imprimerie, « mère des civilisations », en Afrique, reflète le rythme et les caractéristiques du développement de la civilisation africaine, ancienne et moderne.

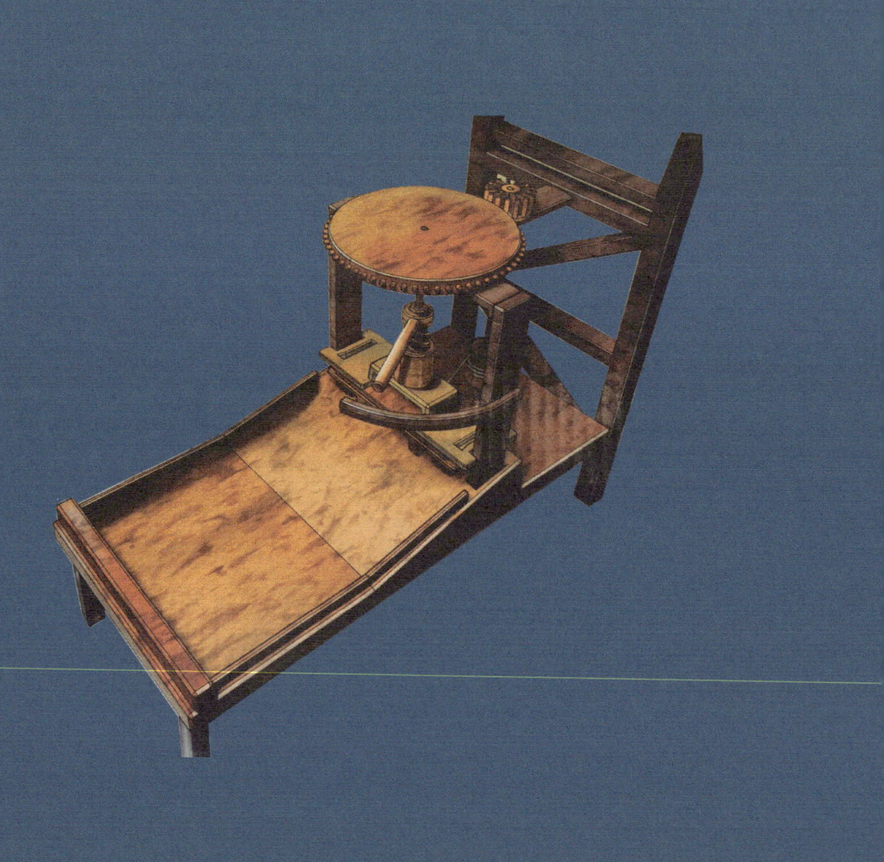

③⑦ Salut au papyrus égyptien

L'Égypte est une civilisation ancienne qui a une longue histoire. Avant l'essor du parchemin et l'invention de la fabrication du papier en Chine, le papyrus égyptien a été le principal support d'écriture pendant des milliers d'années. Le papyrus est fabriqué à partir de la plante papyrus. Le papyrus est une plante qui pousse en abondance le long du Nil et dont les feuilles sont de forme triangulaire. Les tiges du papyrus sont hautes et solides, riches en fibres. La méthode traditionnelle de fabrication du papyrus : éplucher la peau verte du papyrus en laissant la moelle, qu'on coupe en fines tranches et plonge dans l'eau pendant quelques jours, avant de les sortir et de les battre à l'aide d'un maillet en bois, pour faire sortir l'eau, il faut répéter l'opération de nombreuses fois, couper les extrémités des fines tranches, ranger horizontalement les pièces côte à côte, puis en rangées longitudinales par dessus, presser avec une lourde pierre pour presser le mucus sucré, de sorte que les morceaux d'herbe se collent les uns aux autres. Après séchage, la surface des lames est lissée avec de l'ivoire ou des coquillages pour obtenir le papyrus. Le papyrus se présente généralement sous la forme de feuilles mesurant au plus 48 centimètres de long et 43 centimètres de large. Les anciens Égyptiens ont d'abord roulé le papier en rouleaux, de plusieurs feuilles à une douzaine, dans le sens horizontal des fibres, afin de pouvoir l'utiliser en cas d'urgence. Dans l'ensemble, le papyrus ressemble à la natte d'été chinoise, tant au niveau de la fabrication que de la forme.

Grâce à l'invention du papyrus, le peuple égyptien antique a pu créer une brillante civilisation. En outre, le papyrus a été le support de signes dans au moins six langues, enregistrant des informations historiques précieuses sur

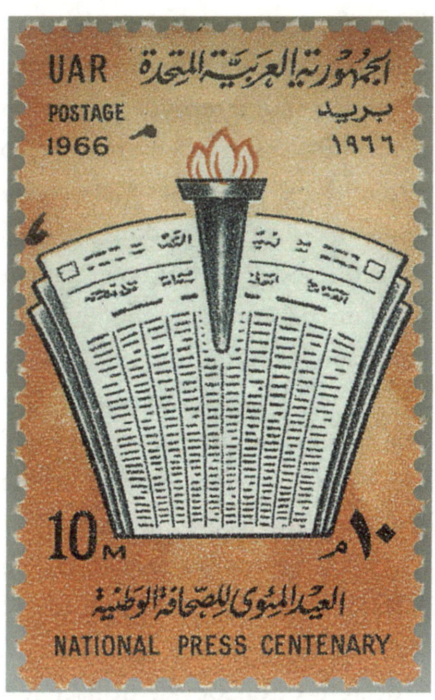

Timbres commémorant l'Exposition industrielle égyptienne de 1966. Le journal et la torche sur les timbres commémorent le 100e anniversaire de l'imprimerie dans les pays arabes.

l'Égypte ancienne, la Grèce, Rome et l'Empire arabe, ce qui constitue un héritage culturel précieux des civilisations anciennes pour les générations futures. Le papyrus était également exporté dans le monde entier et, pendant un certain temps, il est même devenu la principale source de revenus de l'Égypte.

En même temps, ce papyrus présentait plusieurs limites. Il présente trois défauts évidents : premièrement, l'origine des matières premières est limitée au climat chaud des zones marécageuses, essentiellement cantonné à la région du delta du Nil, et il était donc très facile de former un monopole ; deuxièmement, la texture est fine, fragile et cassante, elle ne peut pas être pliée, il suffit de la plier un peu pour qu'elle se brise ; troisièmement, le transport est difficile, en raison de la taille limitée du papyrus, les rouleaux formés ne peuvent pas résister aux chocs du transport terrestre sur de longues distances, et ne peuventt être transporté que par voie navigable. En raison de ces inconvénients, les gens ont longtemps cherché des alternatives au papyrus. Depuis le IIe siècle avant J.-C., le papyrus a été progressivement remplacé par le parchemin et le papier.

Dans le monde arabe, la mission du papyrus a pris fin au milieu du VIIIe siècle, sous le règne de Harun al-Rashid de la dynastie abbasside. Selon Ibn al-Nadim dans son *Al-Fihrist (Le Catalogue)*, Harun al-Rashid a décrété qu'on devait utiliser le papier pour l'écriture. En conséquence, les Égyptiens comblèrent les étangs et les marais utilisés pour la culture du papyrus, nettoyèrent les 'canaux d'eau et déracinèrent en grande quantité les papyrus, de sorte que la culture du papyrus et la production de papier de papyrus disparurent progressivement. Depuis lors, le papier inventé en Chine a progressivement remplacé le papyrus comme principal support d'écriture. La Bibliothèque nationale d'Autriche possède environ 12 500 documents écrits sur papyrus. Une étude de la collection montre que les documents écrits sur papyrus existaient plutôt avant le VIIIe siècle tandis qu'après cette époque, le papier a été de plus en plus utilisé comme support d'écriture. Comparé au papyrus, les matières premières du papier chinois sont largement disponibles, avec des couleurs adaptées à la lecture, une texture douce et souple, donc faciles à plier et à stocker, sans les inconvénients du dessèchement et de froissement du papyrus.

Vers la fin de la dynastie de Touloun, au XIe siècle, l'Égypte a commencé à posséder ses propres papeteries, produisant du papier selon l'art chinois de la fabrication du papier, qui était à la base de l'imprimerie. Ce n'est qu'ensuite que la technique d'impression à caractères mobiles chinoise a bénéficié des conditions de base pour débarquer en Égypte. Lors de l'exposition thématique

« Être Marco Polo pour un jour : découvrir la sagesse de la route de la soie », tenue en 2020 au Musée des sciences et technologies, de Chine ont été présentées les plus anciennes estampes égyptiennes conservées utilisant la technique chinoise d'impression à caractères mobiles. Ces impressions étaient en langue arabe, datant de 1300 à 1350 environ.

Le 19 mai 1798, Napoléon mène une expédition contre l'Égypte avec un corps expéditionnaire de 32 000 hommes, soit l'armée d'Orient. Outre 2 000 canons, il apporte des centaines de caisses de livres, ainsi que 175 linguistes, scientifiques, archéologues et artistes de premier ordre, et plusieurs experts en édition et en imprimerie. Le corps expéditionnaire transporte également trois presses capables d'imprimer en français et en arabe. Les Français débarquent dans le port d'Alexandrie le 2 juillet et occupent Le Caire le 22. Immédiatement après, Napoléon crée le premier journal en Égypte, *Le Courrier de l'Égypte*, et le journal de *La Décade égyptienne*, publication officielle de l'Institut d'Égypte, avec 36 pages par numéro, principalement consacré aux sciences et à la littérature, s'adressant à la population instruite, et publié au moins jusqu'en juillet 1799 d'après les documents.

Premier propagandiste à utiliser la presse à imprimer avancée de son temps, Napoléon a non seulement apporté une contribution importante à la communication moderne, en particulier à la théorie de la communication en temps de guerre, mais a également fondé et influencé plusieurs journaux et périodiques. La première presse à imprimer que Napoléon a apportée en Égypte a permis de combattre les forces traditionnelles en Égypte et de diffuser les idées et la culture de la bourgeoisie occidentale. L'utilisation de la presse à imprimer et la diffusion d'imprimés ont également contribué aux réformes du célèbre réformateur égyptien Muhammad Ali. Quoi qu'il en soit, l'arrivée de l'imprimerie en Égypte a été un moyen de colonisation culturelle du centre du monde arabe par Napoléon.

❸❽ Crise de l'impression des billets de banque en Libye

Il est bien connu que l'imprimerie a grandement contribué au progrès de la civilisation humaine. En fait, il existe un autre domaine d'application de l'imprimerie, dont le rôle peut être considéré comme aussi important que le changement de la situation politique et le contrôle de l'économie, et aussi petit que les nécessités quotidiennes de la vie des gens. Ce domaine est celui

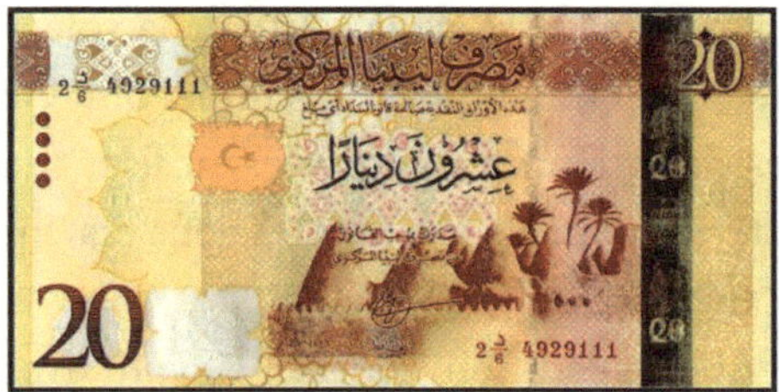 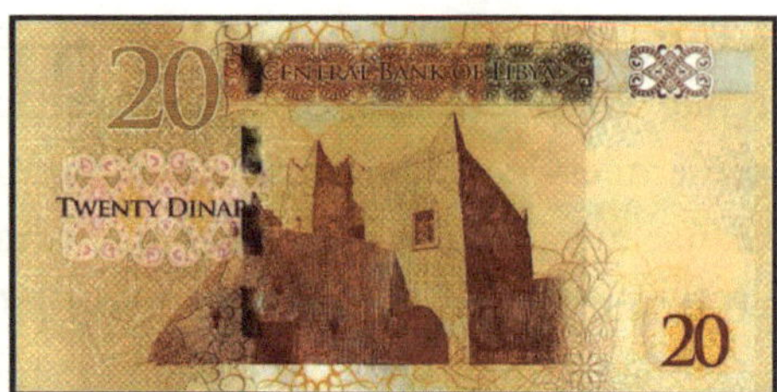

Billet de 20 dinars libyens, édition 2021, imprimée en Russie

du papier-monnaie. Le premier papier-monnaie imprimé au monde est le « jiaozi », apparu à Chengdu, dans la province du Sichuan, sous la dynastie des Song du Nord en Chine. En 1694, la Banque d'Angleterre a été fondée au Royaume-Uni et a commencé à émettre des certificats d'argent. Les billets de banque étaient initialement écrits à la main, mais ils ont ensuite été imprimés et sont devenus des billets de banque au sens propre du terme. La fabrication des billets de banque a de fortes exigences en matière de technologie d'impression, du processus de fabrication du papier à la production des plaques d'impression, l'ensemble du processus d'impression doit être anti-contrefaçon et précis, de sorte que le seuil technique de l'industrie de l'impression des billets de banque est très élevé, et le niveau d'impression des billets d'un pays reflète directement le niveau de la technologie d'impression du pays.

La Libye, pays d'Afrique du Nord situé sur la rive sud de la mer Méditerranée, a lancé une campagne d'alphabétisation en 1967, accompagnée de la sortie d'un grand nombre de manuels d'alphabétisation, et l'industrie de l'édition et de l'imprimerie a été très active. À des fins de publicité et de sensibilisation, la Libye a imprimé des timbres commémorant la campagne d'alphabétisation, qui ont été distribués dans tout le pays. La Constitution libyenne de 1969 stipule également que l'éducation est obligatoire jusqu'à l'âge de 14 ans, avec six années d'enseignement primaire comme étape obligatoire, ce qui s'est poursuivi jusqu'à aujourd'hui.

La Libye, qui a longtemps eu une économie unique gérée par l'État et qui a été le pays le plus riche d'Afrique grâce à ses riches ressources pétrolières, a souffert d'une récession économique en raison des sanctions internationales qui lui ont été imposées à partir de 1992. En conséquence, l'industrie moderne de l'imprimerie libyenne est très peu développée et le pays n'a pas la capacité d'imprimer ses propres billets de banque – le dinar – et doit en confier l'impression à des pays étrangers. Par conséquent, le contrôle économique du pays est plutôt passif et il y a même des crises monétaires occasionnelles.

Depuis 2011, la Libye a connu une dichotomie entre le gouvernement d'union nationale et l' « Armée nationale », ce qui a également divisé l'économie du pays. Depuis lors, la Libye dispose de deux banques centrales. Les dinars émis par les banques contrôlées par l' « Armée nationale » sont imprimés par la Russian State Company for Printing and Minting of Banknotes and Currency, tandis que les dinars émis par les banques contrôlées par le gouvernement d'union nationale de Libye sont imprimés par une société britannique.

C'est en 2011 que la Libye a été confrontée pour la première fois à une crise de l'impression monétaire externalisée. Le 4 mars 2011, un cargo transportant des dinars libyens a été retenu par le gouvernement britannique, ce qui a entraîné une grave pénurie de billets de banque en Libye, et les services gouvernementaux n'ont pas été en mesure de payer les salaires et il y a eu diverses crises humanitaires. Le 30 août 2011, le Conseil de sécurité des Nations unies a décidé d'autoriser le gouvernement britannique à débloquer les fonds. Le 31 août, des avions de l'armée de l'air britannique sont arrivés en Libye avec à leur bord environ 280 millions de dinars libyens de billets de banque imprimés par la célèbre imprimerie britannique (Thomas) De La Rue, d'un poids de 40 tonnes.

En mai 2016, 4 milliards de dinars libyens en billets imprimés par la Russie sont arrivés en Libye. Les informations pertinentes montrent que pour la seule période 2016-2018, la Russie a imprimé et livré à la Libye des dinars d'une valeur d'environ 7,1 milliards de dollars. En septembre 2019, les douanes maltaises ont retenu une cargaison de dinars libyens imprimés par la Russie. Le 29 mai 2020, les autorités maltaises ont de nouveau confisqué une cargaison de dinars libyens imprimés par la Russie d'une valeur totale de 1,1 milliard de dollars, ce qui a suscité une vive inquiétude au niveau international.

③⑨ L'imprimerie, agent du changement social en Tunisie

Le 15 novembre 1995, l'UNESCO, sur la base d'une proposition de l'Espagne, a officiellement désigné le 23 avril de chaque année comme Journée mondiale du livre et du droit d'auteur, et en 1996 a changé son nom en Journée mondiale de la lecture, également connue sous le nom de Journée mondiale du livre. Pourquoi la Journée mondiale du livre est-elle fixée au 23 avril ? Parce qu'il s'agit d'une journée qui revêt une importance particulière dans le domaine de la littérature mondiale. C'est le jour où l'écrivain espagnol Cervantès et l'écrivain

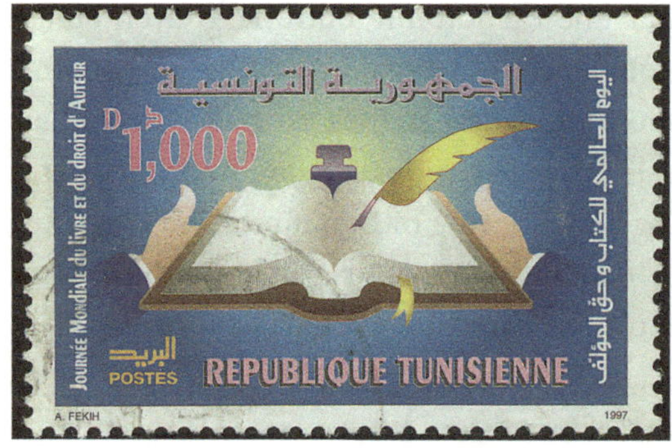

Timbre de la Journée du livre (Journée mondiale de la lecture) émis par la Tunisie le 23 avril 1997, représentant un lecteur tenant un cahier à couverture rigide avec une bouteille d'encre à l'arrière et une plume sur le dessus du cahier.

britannique Shakespeare sont morts, et c'est aussi le jour d'anniversaire ou de mort de quelques autres écrivains célèbres dans le monde. Depuis lors, un large éventail d'activités liées à la lecture est organisé chaque année dans le monde entier à l'occasion de cette journée. L'objectif est d'encourager la culture mondiale et l'habitude de la lecture, et de guider le monde, en particulier les jeunes, à découvrir les joies de la lecture.

La République tunisienne, ou Tunisie en abrégé, est située dans la partie la plus septentrionale du continent africain, au carrefour de la navigation méditerranéenne Est-Ouest, avec la Libye au sud-est et l'Algérie à l'ouest. Elle est située au centre de la région méditerranéenne et possède un littoral de 1 300 kilomètres. En tant que terre de civilisations anciennes et de multiculturalisme, et l'extrémité occidentale de la route de la soie, la Tunisie a joué un rôle unique dans la diffusion de l'imprimerie chinoise en Occident.

Le rôle de l'imprimerie dans l'histoire de l'humanité est bien connu pour sa diffusion des innovations et des normes culturelles. Aux XVIIIe et XIXe siècles, l'art de l'imprimerie a eu un impact profond sur le développement politique, économique et culturel de la société tunisienne, et on peut dire qu'elle a été une force motrice du changement social en Tunisie.

Tout d'abord, l'imprimerie est arrivée en Tunisie en améliorant l'alphabétisation de la population. Le premier livre de contes tunisiens localement imprimés en arabe, a été publié en 1866. Plus tard, la littérature française, les récits historiques et le folklore ont été imprimés en grand nombre. Ils sont souvent imprimés en petit format, dans des livrets de quelques pages. Mais c'est la distribution et la circulation de ces livrets qui ont brisé le monopole du savoir des clans, et les citoyens alphabétisés sont devenus actifs. L'expansion de la culture, en augmentant l'alphabétisation et en promouvant l'éducation populaire, a changé la forme de la société elle-même.

Deuxièmement, l'émergence de l'imprimerie moderne a étendu l'influence de la religion, le premier livre religieux en arabe a été imprimé et distribué par une imprimerie tunisienne utilisant les techniques de la lithographie en 1849. On peut dire que la diffusion du christianisme, de l'islam et du judaïsme dans le monde est inextricablement liée aux progrès de l'imprimerie.

Troisièmement, l'imprimerie a facilité la circulation et la diffusion de l'information. Lors des invasions des puissances européennes, la propagande par l'imprimerie a toujours été au premier plan du processus d'invasion. La presse arabe s'est développée avec l'amélioration de la technologie de l'imprimerie, en particulier avec l'avènement d'équipements d'impression en langue arabe. En 1861, la dynastie tunisienne a adopté un nouveau code pénal et un nouveau code civil, la première constitution du monde arabe. *Arra'id Attunisi*, premier journal de Tunisie, a été créé à cet effet, pour que les textes juridiques soient diffusés à toutes les couches de la société grâce à l'impression et à la distribution du journal. En outre, la première maison d'édition a été créée à Tunis en 1861 et le premier livre imprimé a été la *Constitution du Royaume de Tunisie*. Deux ans plus tard, les Britanniques ont signé un traité avec la Tunisie prévoyant que les Britanniques « puissent posséder toutes sortes de biens immobiliers » en Tunisie, et des traités similaires ont été signés ensuite entre la Tunisie et la France, l'Autriche, l'Italie et la Prusse. La Tunisie est devenue de plus en plus ouverte et cosmopolite et a connu de profonds changements socio-économiques et politiques.

Quatrièmement, l'imprimerie est devenue un outil de diffusion des idées politiques. Le Tunisien Khayr al-Din (1810-1889), homme politique et réformateur du XIXe siècle, a écrit un traité politique intitulé « *Le chemin le plus sûr vers la connaissance des conditions des pays (Aqwam al-Masalik fi Ma'rifat Ahwal al-Mamalik)* », qui a été imprimé et distribué par l'imprimerie d'État tunisienne avec l'accord du Bey, en 1867. Ce livre est devenu une étincelle qui a eu un impact profond sur la politique tunisienne et le monde arabe.

La Tunisie a même commencé à imprimer et à émettre des timbres-poste en 1888, à peine plus tard que l'Égypte parmi les pays africains. Cela en dit long sur la sophistication relative de la technologie de l'imprimerie en Tunisie au XIXe siècle et sur l'impact de la presse à imprimer sur la vie politique, économique et culturelle. On a assisté à un glissement culturel progressif et au mouvement démocratique qui s'en sont suivis. Derrière toutes ces réactions sociales en chaîne se trouvait l'imprimerie en tant qu'agent du changement social.

④⓪ L'Algérie et l'histoire d'amour de la Chine avec les livres

La Journée mondiale de la propriété intellectuelle est célébrée chaque année le 26 avril. Mais ce que beaucoup ignorent, c'est que la désignation du 26 avril comme Journée mondiale de la propriété intellectuelle est le fruit d'une motion co-proposée par la Chine et l'Algérie. N'est-ce pas un peu surprenant ?

La Chine et l'Algérie ont proposé conjointement l'établissement d'une Journée mondiale de la propriété intellectuelle lors de la 34e Assemblée générale de l'OMPI (Organisation mondiale de la propriété intellectuelle) en 1999, et la proposition a été adoptée par la 35e Assemblée générale de l'OMPI en 2000. La proposition a été bien accueillie par les États membres, convenant que l'institution de la Journée mondiale de la propriété intellectuelle et les activités connexes contribueraient à mettre en évidence le rôle et la contribution de la propriété intellectuelle dans le développement économique, culturel et social de tous les pays, et aideraient à sensibiliser le public et à mieux faire comprendre ce qu'il se passe dans ce domaine. Le 26 avril marque également l'anniversaire de la mise en œuvre de *la Convention instituant l'Organisation mondiale de la propriété intellectuelle (OMPI).* Promulguée le 14 juillet 1967, la Convention est entrée en vigueur le 26 avril 1970. Depuis 2001, la Journée mondiale de la propriété intellectuelle est célébrée le 26 avril de chaque année par les États membres de l'OMPI de diverses manières.

Dans un discours prononcé le 26 avril 2012, le directeur général de l'OMPI, Francis Gurry, a rendu hommage aux arts chinois de la papeterie et de l'imprimerie, ainsi qu'à Cai Lun. Il a déclaré : « Leurs innovations (celles d'innovateurs de talent) ont changé nos vies. Leur impact a été énorme. Elles ont le potentiel de changer le fonctionnement de la société. Prenons l'exemple de l'innovateur chinois Cai Lun. Il a jeté les bases de la fabrication du papier, une technologie qui a tout changé parce qu'elle a créé les conditions nécessaires à l'enregistrement des connaissances. Et puis l'invention des caractères mobiles (en Chine), repris par Gutenberg en Europe, et l'invention de l'imprimerie, qui a facilité la diffusion et la démocratisation du savoir ».

En octobre 2018, à l'occasion du 60e anniversaire de l'établissement des relations diplomatiques entre la Chine et l'Algérie, la Chine et l'Algérie ont poursuivi leur histoire d'amitié à travers les livres. Des éditeurs chinois ont parcouru des milliers de kilomètres pour se rendre à Alger, la capitale de l'Algérie, afin d'organiser le 23e Salon international du livre d'Alger en tant qu'invité d'honneur au palais des expositions Pins maritimes, et ont entamé un voyage d'échange culturel de 13 jours entre la Chine et l'Algérie au nom du livre. Le pavillon chinois s'est ouvert sur une exposition culturelle intitulée « L'édition et l'imprimerie en Chine », organisée par le Musée de l'imprimerie de Chine, qui a offert aux visiteurs algériens une présentation complète, vivante et tridimensionnelle des charmes de la culture chinoise. L'activité a adopté une combinaison « exposition + interaction », qui a raconté de manière vivante l'histoire de la Chine et diffusé délicatement la culture chinoise, et a été bien accueillie par les médias et le public algériens. Des hommes politiques et des représentants culturels algériens ont visité l'espace d'exposition de l'invité d'honneur et l'espace d'exposition de la culture de l'édition et de l'imprimerie chinoises. Les médias chinois et algériens ont réalisé des interviews et des reportages sur la zone d'exposition de la culture de l'édition et de l'impression chinoises et sur les activités expérimentales.

« Recherchez le savoir, même si vous devez aller jusqu'en Chine ». Ce proverbe est largement répandu dans la région arabe. Au cours de cette foire du livre, le pavillon de la Chine a présenté plus de 2 500 types de livres provenant de 43 éditeurs chinois importants, soit un total de plus de 7 500 volumes, dont 60 % en arabe ou en français, couvrant les sujets tels que la culture traditionnelle, les sciences sociales, la littérature et les livres pour enfants. Il s'agissait non seulement d'un événement sans précédent en matière de livres chinois pour les lecteurs d'Alger, mais aussi d'un événement d'échanges culturels sino-arabes et de communication entre les peuples chinois et arabe.

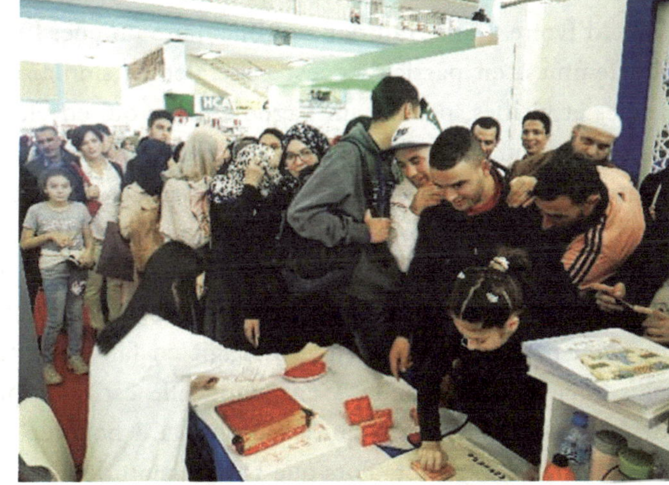

Zone d'activités expérimentales de l'exposition culturelle « L'édition et l'impression en Chine » exposition de l'invité d'honneur, au Salon international du livre d'Alger en 2018.

MO Yan, A Lai, CAO Wenxuan, ZHAO Lihong, XU Zechen, XIN Deyong et d'autres écrivains et savants chinois influents ont participé collectivement à cette foire du livre. Avec d'autres membres de la délégation chinoise de l'édition, ils ont échangé des idées, ont appris et communiqué avec des universitaires, des écrivains et des éditeurs du monde entier, et partagé les excellentes réalisations de la culture de toutes les nationalités. Au cours de ce programme d'échange, MO Yan a également reçu le prix national d'Excellence algérien.

La version arabe de la gouvernance de la Chine de XI Jinping (volume 1 et volume 2) était l'œuvre la plus importante apportée par la délégation chinoise de l'édition. Elle ouvre une fenêtre au peuple algérien et aux lecteurs d'autres pays arabes de comprendre la Chine contemporaine. Bachar Chebaro, secrétaire général de l'Association des éditeurs arabes, a expliqué pourquoi les lecteurs algériens s'intéressent tant à l'ouvrage de XI Jinping intitulé « Ruling the Country », parce qu'il est important à la fois pour les lecteurs arabes et pour les lecteurs du monde entier : « Vos dirigeants jouent de belles chansons avec dix doigts et ne manquent jamais une note. » Bachar Chebaro exprime ses sentiments d'une manière poétique typique des Arabes. Il estime que ce livre illustre la pensée et le style des dirigeants chinois et qu'il constitue un symbole important de l'initiative de la Chine visant à communiquer avec le monde. « En lisant ce livre, on peut prévoir l'avenir de la Chine. »

④① Côte d'Ivoire : le motif Pagne Baoulé

La Côte d'Ivoire est connue sous le nom de République de Côte d'Ivoire. La Côte d'Ivoire a une tradition vestimentaire unique. Le costume traditionnel des femmes, en particulier, est généralemnt similaire. Toutes les femmes, jeunes et vieilles, portent un pagne à fleurs qui enveloppe les épaules ou est attaché autour de la taille et qui descend jusqu'aux chevilles. Le tissu porté comme un « tablier » est appelé « Pagne Baoulé ». Le pagne étant une nécessité quotidienne, les Ivoiriens affectionnent particulièrement les tissus imprimés depuis l'antiquité, et la demande est particulièrement forte.

L'impression de motifs est le processus d'application de colorants sur un tissu pour un motif donné. Il s'agit en fait de la forme d'impression la plus ancienne au monde. Cependant, elle est conceptuellement différente de la presse à imprimer, qui a été plus tard honorée comme la « mère des civilisations ». En effet, alors que l'impression de motifs est un procédé dans lequel les motifs sont le contenu principal de la communication et à des fins décoratives, la « mère de toutes les civilisations » est un procédé dans lequel l'information textuelle est utilisée comme contenu principal de la communication et à des fins de transmission de la culture. En outre, elle peut également être largement utilisée dans l'emballage, la décoration, l'impression de tissus et d'autres domaines.

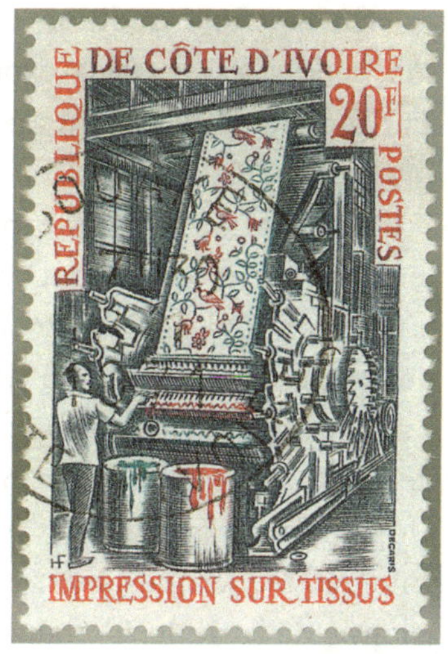

Timbres sur l'impression de tissu en 1970 émis par la Côte d'Ivoire, démontrant la capacité d'imprimer du tissu imprimé sur de grandes presses à grande vitesse.

Dans le passé, lorsque l'on étudiait l'histoire de l'imprimerie, on avait tendance à se limiter au domaine des publications écrites et à en ignorer les sources. En fait, cela ne peut être considéré que comme l'histoire de l'impression de livres, mais pas comme l'histoire complète et réelle de toute l'imprimerie. D'après les lois du développement historique, nous pouvons comprendre que le véritable art de l'imprimerie a dû naître des besoins de la vie quotidienne des gens. L'imprimerie de motifs est sans aucun doute une technique d'impression, qui a précédé la gravure. Les premiers imprimés que nous voyons aujourd'hui sont des tissus imprimés de la dynastie des Han de l'Ouest. Dès les dynasties Qin et Han dans la Chine ancienne, la méthode d'impression entre plaques *Jia Xie* est apparue. Sous la dynastie Han de l'Ouest, le *Jia Xie* et le batik étaient déjà devenus populaires, et le niveau d'impression s'était également amélioré. Pendant la période *Da ye*[1] de la dynastie des Sui, l'impression était réalisée sur des cadres à mailles de soie, ce qui a conduit au développement de la sérigraphie basé sur le *Jia Xie*. À l'époque contemporaine, la technologie de l'impression de motifs continue de progresser, et la technologie de l'impression numérique se développe à un rythme rapide.

---

1 NdT : Da Ye est le nom de l'une des périodes pendant lesquelles l'empereur Yang de la dynastie des Sui a régné, elle a duré 12 ans, de 605 à 616 ap. J.-C. L'empereur Yang (569 – 11 avril 618) de la dynastie des Sui, s'appelle Yang Guang, il était le second fils de l'empereur Wen de la dynastie des Sui qui était le premier empereur de cette dynastie, il régna quatorze ans (de 604 à 618).

En tant que tradition nationale, le pagne a toujours été cohérent dans son style. Les femmes expriment donc leurs préférences personnelles et leur individualité avec des couleurs et des motifs variés, colorés et riches en substance.

Les motifs du pagne peuvent également exprimer les sentiments des femmes, par exemple : un type de pagne présente un dessin de quatre pieds humains, ce qui signifie « toi et moi sommes inséparables » ; il existe également un type de pagne avec un dessin de poisson nageant, connu sous le nom de « poisson grillé », ce qui signifie que son mari l'emmène au restaurant les soirs de fin de semaine. Tous ces motifs témoignent de l'amour entre mari et femme. Un autre type de pagne est orné d'un œil, appelé « l'œil qui cherche l'ennemi amoureux », destiné à mettre en valeur la beauté d'une personne et à susciter la jalousie de la rivale. Certains motifs indiquent « pourquoi me détestes-tu ? » ; d'autres écrivent « chérie, ne te détourne pas », ce qui est une protestation silencieuse de la femme à l'égard de l'homme.

Les motifs du pagne peuvent également être adaptés à des situations politiques et économiques et à la vie réelle. Ainsi, lors de l'inauguration de la cathédrale d'Abidjan en août 1985, des milliers de femmes ont porté un Pagne avec la tête du pape. À la fin des années 1980 et au début des années 1990, alors que la Côte d'Ivoire connaissait des difficultés économiques, un type de pagne appelé « crise » était très populaire. En octobre 2000, lors des élections présidentielles en Côte d'Ivoire, de nombreuses femmes portaient un pagne à l'effigie du candidat présidentiel qu'elles préféraient.

④② La machine à imprimer inventée par Léonard de Vinci

Le titre n'est-il pas erroné ? Léonardo de Vinci (1452-1519) n'était-il pas peintre ? N'est-ce pas Gutenberg qui a inventé l'imprimerie ? En effet, nous savons tous que Léonard de Vinci était peintre et que son fameux sourire de *la Joconde* est si envoûtant qu'il est gravé dans le cœur des gens du monde entier. Mais il n'était pas seulement peintre, il était aussi inventeur.

Né en Italie à l'époque de la Renaissance, Léonard de Vinci a pratiqué le dessin, la peinture, la sculpture, l'architecture, la science, la musique, les mathématiques, l'ingénierie, la littérature, l'anatomie, la géologie, l'astronomie, la botanique, la paléontologie et la cartographie. Il est considéré comme l'un des plus grands peintres que le monde n'ait jamais connu et qui a beaucoup apporté aux artistes suivants. Malgré son manque de formation académique, de nombreux historiens et érudits considèrent de Vinci comme un exemple de « génie universel » et « grand maître de la Renaissance ». Il possédait la curiosité d'un génie et une imagination très créative. De Vinci était un homme spécialiste dans de multiples disciplines, qui embrassait différentes influences. Il est même considéré par les internautes contemporains comme le plus grand inventeur de tous les temps parce qu'il a inventé beaucoup de choses. Léonard de Vinci prenait souvent des notes et a laissé après sa mort un grand nombre de manuscrits inorganisés. Plus de 20 livres et près de 10 000 pages de manuscrits de Léonard de Vinci ont survécu. Mais ce n'est qu'une partie de son écrit, car des manuscrits ont été vendus comme papier de rebut au moment de la mort de celui-ci. Pour être plus précis, Léonard de Vinci écrivait inlassablement des manuscrits au moins depuis qu'il avait 16 ans, ce qui signifie que les trois quarts de sa vie sont témoignés dans des manuscrits. Nous pouvons même reconstituer ce qu'il s'est passé chaque jour de sa vie pendant plus de 50 ans en nous basant sur la date de création de ses manuscrits. Une chose très intéressante est qu'en 2005, un chirurgien britannique a effectué une opération de réparation du cœur en utilisant une méthode conçue par de Vinci. C'est en soi étonnant, étant donné que Léonard de Vinci n'avait aucune idée du fonctionnement du système circulatoire humain à l'époque.

Les manuscrits de Léonard de Vinci contiennent des dessins de nombreux objets, dont la presse à imprimer. Léonard de Vinci vivait à une époque où la presse à imprimer envahissait le monde occidental et où tout le monde l'adorait. Sa passion pour la presse à imprimer l'a poussé à l'étudier et à l'explorer. Dans ses manuscrits, il a dessiné une presse à imprimer « d'une forme étrange », qui a été appelée et traduite comme une « presse à imprimer-poinçonneur à caractères mobiles en plomb automatique ». Il invente la presse à imprimer seulement un demi-siècle après Gutenberg, qui fut le premier à inventer une presse à imprimer mécanique avec des caractères en plomb. Et pendant un demi-siècle, la presse à plat manuelle de Gutenberg n'a pas été améliorée. Léonard de Vinci voulant rendre l'impression plus automatisée et moins exigeante en main-d'œuvre, a combiné le poinçonneur avec la presse à imprimer, en ajoutant un dispositif de pression de type disque sur le haut de la barre de spirale. Par le biais du disque entraîné par engrenage, la presse à imprimer peut réaliser automatiquement l'impression sous pression, et la liaison pour pousser le papier sous le disque, elle n'a donc besoin que d'une personne pour fonctionner qui peut accomplir en même temps les deux processus, et est conceptuellement plus efficace et économique en main-d'œuvre.

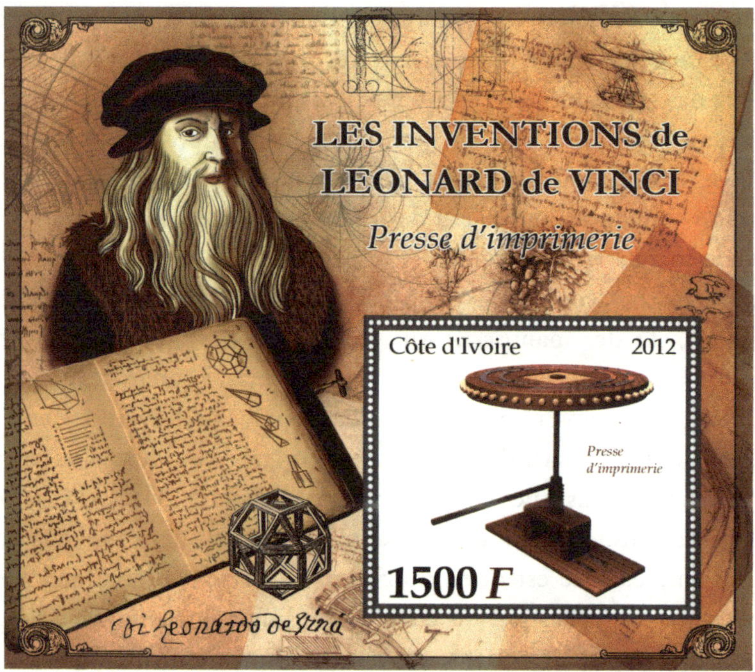

Timbres émis par la Côte d'Ivoire en 2012 : Léonard de Vinci et la presse à imprimer qu'il a conçue.

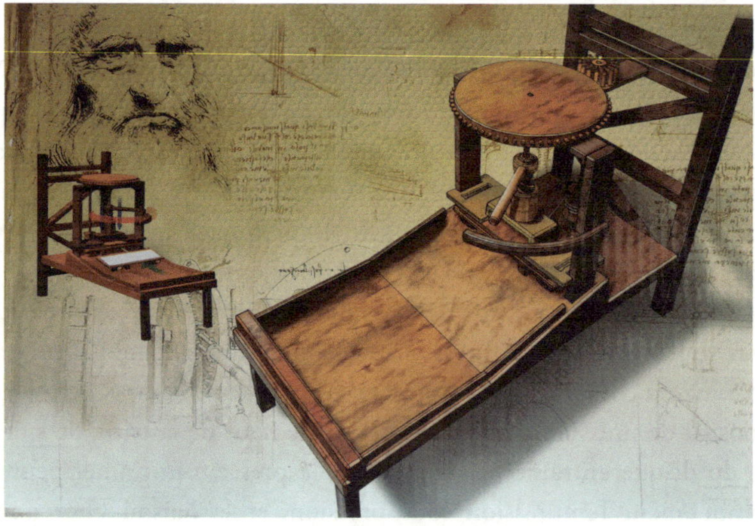

Un modèle restauré de la presse à imprimer conçue par Léonard de Vinci

À son époque, cependant, la presse n'est restée que dans le manuscrit de ses carnets. Aujourd'hui, le modèle de la presse à compas dans les manuscrits de de Vinci a été restauré présenté à l'exposition. On l'a même transformée en un produit créatif qui permet aux enfants d'exercer leurs talents manuels et de s'inspirer des idées fantaisistes de de Vinci.

❹❸ Les Togolais pensent que l'imprimerie à caractères mobiles sont venus de Chine

La République togolaise, ou Togo en abrégé, est un pays d'Afrique de l'Ouest et l'un des moins développés au monde. Malgré son sous-développement, le pays a un grand respect pour son histoire et s'efforce de se développer. Ainsi, en 2000, le Togo a émis une grande série de timbres commémoratifs pour honorer les événements importants qui ont façonné le cours de l'humanité au cours des 50 années entre 1000 et 1050. Chacun des 18 timbres de la série, à l'exception d'un timbre chronologique, représente un événement important. C'est-à-dire qu'aux yeux du peuple togolais, 17 événements majeurs ont façonné le monde entre 1000 et 1050. Trois de ces timbres représentent des événements survenus en Chine, à savoir les « Trois Grandes Inventions ». Cette série de timbres commémoratifs est présentée dans l'ordre chronologique de l'histoire, la colonne de gauche contenant des annotations sur les images, parmi lesquelles on voit celle de l'invention de la poudre à canon en Chine, datée de l'an 1000, où l'on voit deux anciens Chinois allumant un feu pour tirer un canon ; celle de l'invention du rouet en Chine, datée de 1035, où on voit une Chinoise filant du fil sur un rouet ; et celle de l'invention de l'imprimerie à caractères mobiles en Chine, datée de 1050, où on voit un Chinois réalisant la composition des caractères mobiles.

En résumé, du point de vue togolais, trois des 17 événements importants du début du deuxième millénaire dans la chronologie de la société humaine proviennent de la Chine, ce qui représente un pourcentage assez élevé. Ce qui est le plus remarquable, c'est que le Togo lointain a exprimé dans le langage le plus précis l'invention de l'imprimerie à caractères mobiles, qui a des significations différentes dans les contextes chinois et occidentaux. Je pense que cela devrait rendre honteux de nombreux Chinois présomptueux. En effet, certains Chinois qui ont oublié leurs ancêtres et leur histoire ont déprécié l'invention des caractères mobiles par Bi Sheng et ont décerné la « médaille d'or » pour l'invention de l'imprimerie à caractères mobiles à Gutenberg en Allemagne, et certains Coréens ont même essayé de se l'approprier. Si un pays, ou même l'humanité dans son ensemble, n'accepte pas l'histoire avec tolérance et ne respecte pas la sagesse et le travail de ses prédécesseurs, il sera difficile d'établir une confiance culturelle, et puis encore plus difficile de progresser et d'innover sur la base de ses prédécesseurs.

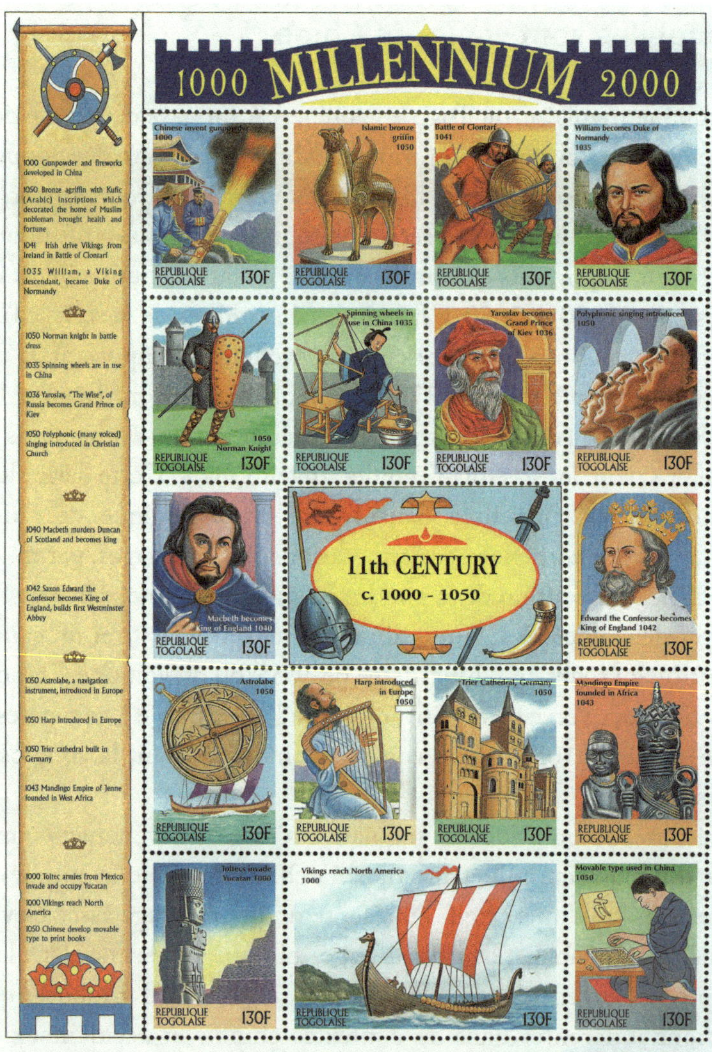

En 2000, le Togo a émis un grand feuillet de timbres commémoratifs pour l'année du millénaire, incluant celui de l'invention chinoise de l'imprimerie à caractères mobiles.

L'invention de l'imprimerie à caractères mobiles a été le deuxième jalon de l'histoire de l'imprimerie en Chine ancienne, juste après l'imprimerie en gravure. Comme l'indique la note sur ce timbre togolais : « La Chine a inventé l'imprimerie à caractères mobiles pour l'impression des livres ». Il ne fait aucun doute que les caractères mobiles ont été utilisés pour imprimer des textes. Seuls les caractères mobiles ont une caractéristique aussi distinctive : les gravures qui les ont précédées, et les différents types d'impression qui les ont suivies, se caractérisaient par la capacité d'imprimer à la fois des images et des mots ; seuls les caractères mobiles, évidemment, étaient destinés aux mots.

En Chine, le procédé d'impression à caractères mobiles, inventé par Bi Sheng au XIᵉ siècle, était déjà bien mature, et les caractères mobiles en bois, en étain, en cuivre et en plomb apparus plus tard n'étaient qu'un changement de matière utilisée pour fabriquer les caractères mobiles, sans changement substantiel dans le procédé d'impression.

L'impression du tissu batik à dessins est une industrie importante dans la République togolaise moderne. La technique de l'impression batik s'est implantée très tôt dans toutes les régions du monde. Le fait que les tissus batik soient apparus plus tard en Afrique qu'en Égypte ou en Inde ne les a pas empêchés de devenir un fier artisanat traditionnel. Depuis le début du XXIᵉ siècle, les techniques modernes de sérigraphie permettent de reproduire les imprimés batik traditionnels avec une esthétique traditionnelle. Par conséquent, en tant que partenaire commercial amical du Togo, les tissus sérigraphiés chinois ont été exportés avec succès vers le Togo, à un prix moins élevé et d'une bonne qualité, renouvelant ainsi la belle histoire de la « Route de la soie » dans la nouvelle ère.

4 4 Au Congo (Brazzaville), une usine textile construite avec l'aide de la Chine imprime des tissus avec des motifs

La République du Congo, connue simplement sous le nom de Congo (Brazzaville), est située dans le centre-ouest de l'Afrique. Bien que le Congo (Brazzaville) soit un pays équatorial dont la température oscille toute l'année entre 15 °C et 35 °C, sans changements évidents entre les saisons, les tissus, les vêtements, les serviettes, les moustiquaires, les draps de lit et les couvertures sont des articles de première nécessité. Ce dont la population du Congo-Brazzaville a le plus besoin, ce sont les tissus imprimés. Jusqu'au milieu du XXe iècle, il n'y avait pas d'usine textile ni de fabrique de vêtements au Congo, et les produits textiles étaient entièrement importés.

Le 22 février 1964, la Chine et le Congo (Brazzaville) ont établi des relations diplomatiques. Depuis, la Chine a fourni des dizaines de projets d'assistance au Congo (Brazzaville), dont trois machines de sérigraphie automatiques pour imprimer des tissus à motifs pour les usines textiles. Après le lancement du projet, le premier groupe de stagiaires congolais en impression textile est venu en Chine en juillet et en octobre 1966, et s'est rendu dans trois usines à Dalian et à Jinzhou pour y faire un stage. Dans le même temps, l'usine textile de Kinsoundi, conçue par l'Institut de conception du ministère de l'Industrie légère chinois (aujourd'hui Institut d'ingénierie industrielle textile chinois), construite par le Bureau textile du Liaoning, a été fondé dans la banlieue de Brazzaville, avec un investissement total d'environ 7 080 yuans. En 1969, la première usine textile moderne du Congo (Brazzaville) a été construite et mise en service, avec une capacité de traitement annuelle de 1 100 tonnes de coton, une capacité de production annuelle de 4 millions de mètres de tissus à motifs et de 150 000 douzaines de produits de bonneterie. Au cours de cette période, la partie chinoise a continué à agrandir l'usine, dont l'atelier de confection, l'atelier de laine et de serviettes de bain et l'atelier de

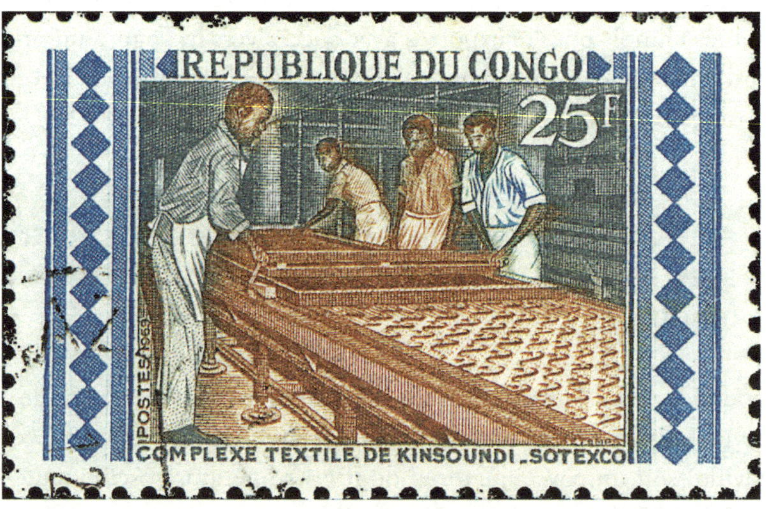

Timbre émis en 1969 au Congo (Brazzaville) pour célébrer l'ouverture d'une usine textile bénéficiant d'une aide chinoise, montrant des ouvriers congolais imprimant du tissu à motifs sur une presse sérigraphique automatique chinoise.

sérigraphie. Cependant, le Congo (Brazzaville) ne produisant pas de coton, plus de 90 % des matières premières de l'usine textile étaient importées. En raison d'une gestion chaotique et d'autres facteurs, la partie textile de l'usine a cessé de fonctionner en 1977, et l'ensemble de l'usine a cessé de fonctionner et a été fermée en 1988. Les temps ont changé, l'usine textile de Kinsoundi est aujourd'hui complètement déserte, à l'intérieur des grillages vivent des pauvres sans-abri. En 1969, le Congo (Brazzaville) a émis des timbres-poste célébrant la mise en service de l'usine textile construite avec l'aide de la Chine. La machine d'impression sérigraphique automatique venue de Chine, représentée sur ce timbre, a depuis lors disparu sans laisser de trace.

Dans la nouvelle ère, la Chine a mis en avant l'idée de construire une communauté de destin pour l'humanité, qui est une proposition chinoise pour promouvoir la paix et le développement dans le monde, ainsi que la direction et l'objectif des efforts de la Chine pour parvenir à un meilleur avenir pour l'humanité. Les usines textiles de la République du Congo (Brazzaville) que la Chine a aidé à construire, les presses sérigraphiques automatiques qu'elle a exportées et la formation des travailleurs congolais à la technologie de l'imprimerie sont autant des pratiques concrètes dans la construction d'une communauté de destin pour l'humanité que des exemples des bénéfices continus des grandes inventions de la Chine à l'humanité tout entière. C'est pourquoi nous disons que l'art d'imprimerie est à la fois chinois et mondial.

④⑤ Les « Quatre Grandes Inventions » aux yeux des Wendishers

Le Venda est situé au sud du Zimbabwe, en Afrique, et couvre une superficie de 6 198 km², y compris une enclave dans la province du Transvaal, en Afrique du Sud. Le Venda est devenu indépendant en 1979 et a réintégré l'Afrique du Sud en 1994.

En 1991, le Venda a imprimé et émis une série de timbres intitulée « Quatre grandes inventions chinoises anciennes ». Contrairement aux quatre grandes inventions chinoises que nous, Chinois, connaissons bien, les quatre grandes inventions de la Chine citées ici sont la poudre à canon, la papeterie, l'abaque et la boussole, l'abaque remplaçant l'imprimerie. Pourquoi ? La fabrication du papier, l'imprimerie, la poudre à canon et la boussole sont les « quatre grandes inventions » de la Chine ancienne, c'est un fait bien connu de tout le monde,

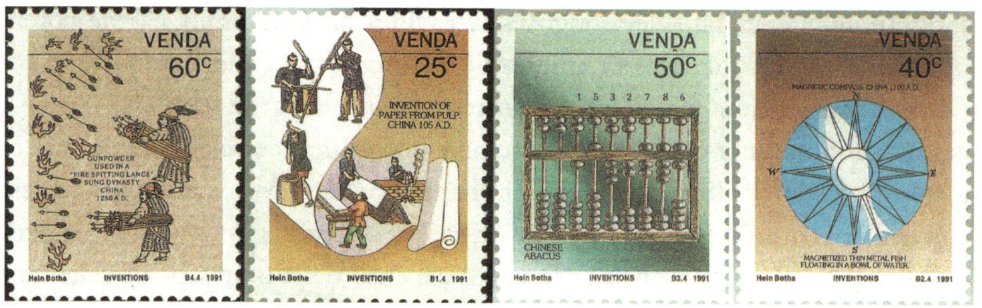

Timbres émis par le Venda en 1991, « Les quatre grandes inventions de la Chine ancienne » :
poudre à canon, fabrication du papier, boulier, boussole.

et qui font l'honneur et la fierté du peuple chinois. Mais pourquoi les appelle-t-on les « quatre grandes inventions » ? Qui a lancé le concept des « quatre grandes inventions » ? Quand cela a-t-il été proposé pour la première fois ? … Les réponses à ces questions sont peu connues.

En fait, au début, ce ne sont pas quatre grandes inventions, mais trois, qui n'incluaient pas la fabrication du papier. Les « trois grandes inventions » n'ont pas été proposées pour la première fois par les Chinois. M. CANG Xiaohe, ancien directeur de l'Institut d'histoire des sciences naturelles de l'Académie chinoise des sciences et ancien vice-président de la Société de l'histoire des sciences et des technologies chinoises, a écrit dans le *Compendium de l'Histoire des Sciences naturelles* qu'en 1550, le mathématicien italien Jérôme Cardan (1501-1576) a souligné pour la première fois que la Chine avait pour les « trois grandes inventions » le Si Nan (boussole), l'imprimerie et la poudre à canon, et que c'étaient « des inventions 'sans 'équivalent dans toute l'antiquité ».

À partir du XVIᵉ siècle, les érudits occidentaux ont étudié l'imprimerie comme une invention importante et lui ont généreusement décerné toutes sortes d'honneurs, et au XIXᵉ siècle, l'étude de l'histoire de l'imprimerie dans les académies occidentales a atteint son apogée. Au XIXᵉ siècle, l'étude de l'histoire de l'imprimerie a atteint son apogée en Occident. De grands savants comme Karl Marx et Friedrich Engels ont rendu hommage à l'importante contribution de l'art d'imprimerie.

Le concept des « trois grandes inventions » a commencé à apparaître fréquemment dans les manuels d'histoire chinois publiés dans les années 1930, et le concept des « quatre grandes inventions » a été introduit pour la première fois en 1933 dans l'ouvrage *The History of China in High School*, édité par l'érudit chinois CHEN Dengyuan et imprimé par la Maison d'édition du

Monde. Dans ce livre, les « quatre grandes inventions » ont été spécifiquement expliquées en tant que nouveau terme, et Chen a souligné : « Dans les temps modernes, la nation chinoise ne semble pas avoir apporté de contribution au monde. Cependant, dans le passé, elle a réalisé beaucoup de grands mérites. En d'autres termes, quant aux "quatre grandes inventions", le peuple chinois ne sait pas à quel point elles peuvent aider l'ensemble de l'humanité ! Le papier et l'imprimerie sont essentiels à la civilisation moderne, tandis que la poudre à canon à usage militaire et la boussole pour la navigation maritime ne contribuent pas moins que ces deux premières. Or, ces quatre éléments ont été découverts pour la première fois dans l'histoire de la Chine ! » Dès lors, l'expression des « quatre grandes inventions » est entrée officiellement dans les manuels scolaires chinois et s'est progressivement répandue. En 1940, l'Administration générale de l'éducation, a publié le *Manuel d'histoire de l'école primaire supérieure*, qui prouve l'émergence et la diffusion des « quatre grandes inventions ». Ainsi, à travers plusieurs générations de rédacteurs de manuels, les quatre grandes inventions sont progressivement devenues une connaissance commune de l'histoire chinoise, comprise et mémorisée par le grand public.

Le Venda fait aujourd'hui partie de la République d'Afrique du Sud. Celle-ci a des échanges fréquents avec la Chine et particulièrement une longue histoire d'échanges dans les industries de l'édition et de l'imprimerie. Près de 30 journaux en langue chinoise ont été créés en Afrique du Sud, dont le premier en chinois en Afrique du Sud a été *La Voix des Chinois d'outre-mer*, fondé en

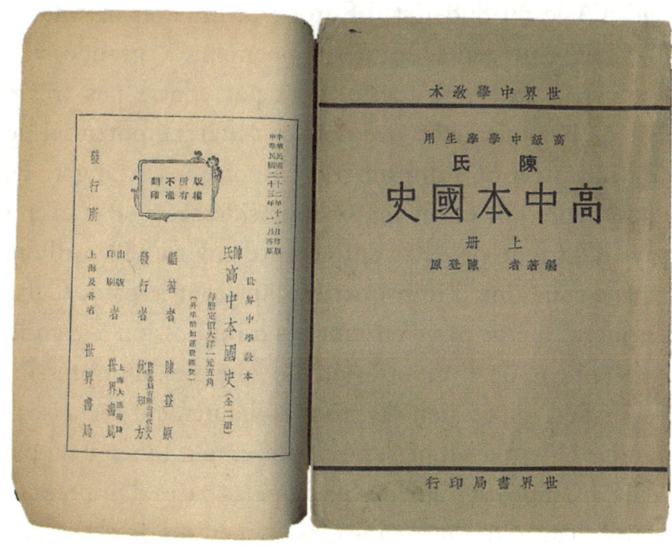

Histoire de Chine pour le lycée, édité par CHEN Dengyuan, World Bookstore, en Chine, en 1933.

1931 avec le capital mis en commun par les Chinois d'outre-mer s'installant en Afrique du Sud. Certains équipements d'impression, en particulier les caractères chinois mobiles en plomb, ont été achetés en Chine. En 1994, les Chinois en Afrique du Sud ont créé *Overseas Chinese Newspaper*, qui est le plus ancien journal encore en circulation en Afrique du Sud. Le 1er mai 2005, le premier journal en langue chinoise adressé à toute l'Afrique, *African Times*, a été lancé à Johannesburg, en Afrique du Sud. C'est également l'un des médias en langue chinoise les plus largement diffusés en Afrique. Outre les journaux traditionnels, un certain nombre de périodiques en chinois sont également publiés en Afrique du Sud, dont *Rainbow Weekly* et *Chinese in South Africa* sont deux des plus diffusés. Le *Rainbow Weekly*, lancé en août 2006, est le premier hebdomadaire sud-africain publié en chinois simplifié.

④⑥ Impression sur la Ceinture et la Route dans la nouvelle ère

Depuis 2013, depuis que le président chinois Xi Jinping s'est rendu au Kazakhstan et en Indonésie, en mettant en avant l'initiative de construction de « la Ceinture et la Route » et de la « Route de la soie maritime du XXIe siècle », le flux commercial entre la Chine et les régions concernées a progressivement augmenté. L'initiative de « la Ceinture et la Route » se concentre principalement sur l'Asie centrale, l'Asie occidentale, l'Asie du Sud, l'Asie du Sud-Est, l'Europe centrale et orientale, l'Afrique et d'autres marchés émergents en développement à grande vitesse, dans lesquelles l'industrie de l'imprimerie, n'est par contre pas très développée. On peut dire qu'ils pourraient être nouveau marché potentiel pour le développement de l'industrie de l'imprimerie chinoise à l'étranger. Parmi eux, l'Afrique a une population et un marché considérables. Par exemple, en Tanzanie, un pays d'Afrique de l'Est qui compte environ 50 millions d'habitants, il n'y a qu'une trentaine d'imprimeries dans tout le pays. Certains pays africains ne disposent même pas d'entreprises d'impression à grande échelle et dépendent entièrement de l'importation de matériel d'impression d'autres pays, sans parler de l'impression de produits hautement sécurisés, comme les billets de banque et les passeports, qui représentent l'image du pays.

La Chine est l'une des principales bases d'impression du monde, avec une croissance rapide du volume total. Les entreprises de grande envergure affirment leur puissance, tandis que l'impression verte progresse de manière constante et que l'impression numérique se développe rapidement. Selon les statistiques pertinentes, la valeur de production totale de l'industrie d'imprimerie chinoise en 2019 s'élevait à près de 1 300 milliards de CNY, ce qui la plaçait au deuxième rang mondial. L'industrie d'imprimerie chinoise possède déjà une forte capacité d'expansion à l'étranger. Phoenix Publishing & Media Group du Jiangsu est un pionnier de l'expansion à l'étranger de l'industrie de l'édition et de l'impression. En 2012, la première usine de production numérique à l'étranger, entièrement financée par le groupe, Phoenix Media International (London) Ltd., a été officiellement lancée dans le comté d'Essex, dans le sud-est de l'Angleterre. Le 23 octobre 2013, Phoenix Media International (Australia) Pty Ltd, une filiale de Phoenix Publishing & Media Group en Australie, a été officiellement inaugurée à Melbourne.

Après l'Europe et l'Australie, Phoenix Publishing & Media Group a fixé son objectif suivant en Afrique. La base d'impression sino-africaine (Namibie), construite par Phoenix Publishing & Media Group et China Jiangsu International, a été inaugurée le 19 juin 2015. La Namibie, située à l'ouest de l'Afrique australe, est le partenaire stratégique global de la Chine en Afrique. Au fil des années, les deux parties n'ont cessé de promouvoir la coopération dans divers domaines, avec des résultats fructueux. La base construite par le secteur de l'imprimerie de Phoenix Publishing and Media Group, située à 70 kilomètres de la capitale de la Namibie, Windhoek, est un centre d'opérations international intégrant l'impression industrielle, l'impression numérique, la prépresse numérique, le commerce culturel, la formation technique. La base d'impression sino-africaine (Namibie) est gérée par Phoenix Xinhua Printing Company. La base abrite également le Jiangsu Symbol International (Namibia) Cultural Exchange Centre et la Phoenix Millennium Orchid Printing Co. L'entreprise a été baptisée « Millennium Orchid », c'est spécialement pour s'intégrer à la culture locale de la Namibie. L'orchidée du millénaire, également connue sous le nom d'orchidée du centenaire ou d'orchidée de dix mille ans, est originaire du désert de Namibie, en Afrique. Les recherches montrent que l'orchidée du millénaire qui existait déjà à l'époque des dinosaures, est la seule plante rare au monde qui ne perd jamais ses feuilles, et est donc un fossile vivant du règne végétal. Phoenix Millennium Orchid Printing Limited dispose de deux établissements en Namibie : une imprimerie moderne à l'intérieur de la base d'impression et un centre d'impression numérique dans la capitale, Windhoek.

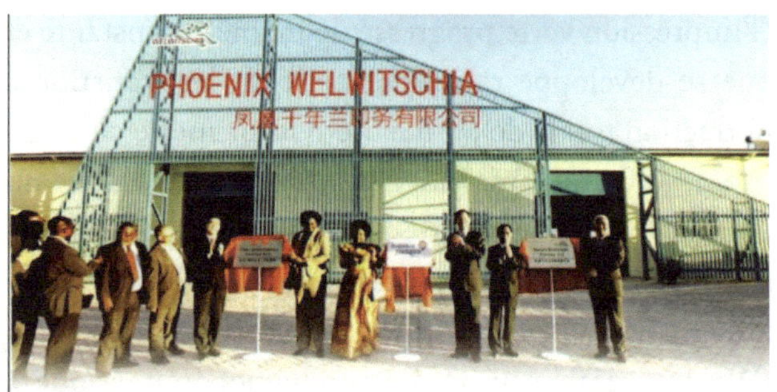

Cérémonie d'ouverture
de l'imprimerie Phoenix
Millennium Orchid Printing
Co. en juin 2015

La base d'impression sino-africaine (Namibia) a été achevée et mise en service, donnant le coup d'envoi de l'entrée du grand groupe chinois d'édition et d'impression sur le marché culturel du sud-ouest de l'Afrique. D'une certaine manière, la base assume la responsabilité d'explorer la voie du développement de l'industrie d'imprimerie en Afrique dans la nouvelle ère, d'ajouter de la valeur au développement de l'industrie culturelle sino-africaine et de construire un nouveau pont d'échange culturel, de coopération commerciale et d'amitié entre les deux pays.

4 7 Hommage du Liberia pour l'assistance technique des Nations unies dans le domaine de l'imprimerie

La République du Liberia, ou Liberia en abrégé, est un pays d'Afrique de l'Ouest qui a été envahi par les colonisateurs occidentaux à partir de la seconde moitié du XVe siècle. En 1821, l'Association américaine de colonisation (American Colonization Society) a établi une colonie d'esclaves le long de la côte, qui est devenue le Liberia en 1824. En 1838, les différentes zones de migration ont fusionné pour former le Commonwealth du Liberia, qui a déclaré son indépendance le 26 juillet 1847.

Le Liberia est l'un des pays les moins développés du monde. Sous l'égide des Nations unies, à partir des années 1960, de nombreux pays ont tendu la main au Liberia, en particulier dans les domaines de la lutte contre la pauvreté intellectuelle et de la promotion de programmes d'alphabétisation au Liberia. En 1985, le Liberia a émis un timbre-poste, symbolisant l'introduction de la presse typographique, en hommage à l'assistance technique des Nations unies et à l'art de l'imprimerie. Sur le timbre, on voit trois imprimeurs utiliser une presse typographique pour produire des articles culturels. Ce type de presse typographique est communément appelé « presse à disque », ainsi nommée en raison de la forme de disque de son tampon encreur. Elle a été le type principal de l'impression à caractères mobiles en plomb au XXe siècle, et était une méthode d'impression à plat. La pression générée est élevée et régulière, ce qui permet à la presse de s'adapter à l'impression de logos, de couvertures de livres et d'images en couleurs délicates. Toutefois, l'inconvénient de la machine à disque est que la taille de la feuille ne dépasse généralement pas le format in-octavo, ce qui ne convient qu'à l'impression de petits formats. Lors de l'impression, le dispositif d'encrage répartit l'encre régulièrement sur le disque, puis, par l'intermédiaire des rouleaux encreurs, la transfère à l'encre sur la plaque d'impression. La partie graphique de la plaque d'impression étant beaucoup plus haute que la partie restante, l'encre n'est transférée que sur la partie graphique de la plaque, tandis que la partie non graphique est exempte d'encre. Le dispositif d'envoi du papier transporte le papier vers la partie d'impression et, sous la pression, l'encre de la partie graphique de la plaque d'impression est transférée sur le substrat, complétant ainsi un tirage. Qu'il s'agisse de l'impression des plaques gravées ou des plaques à caractères mobiles, toutes deux appartiennent à la typographie. Bien que la gravure et les caractères mobiles aient été éliminés par l'histoire, l'impression typographique contemporaine existe toujours et a été développée pour devenir l'impression flexographique.

L'impression flexographique, souvent désignée sous le nom d'impression flexo, mentionnée précédemment, présente trois avantages remarquables : premièrement, le cliché est souple ; deuxièmement, la résistance à l'impression est élevée ; troisièmement, l'impression flexographique utilise non seulement

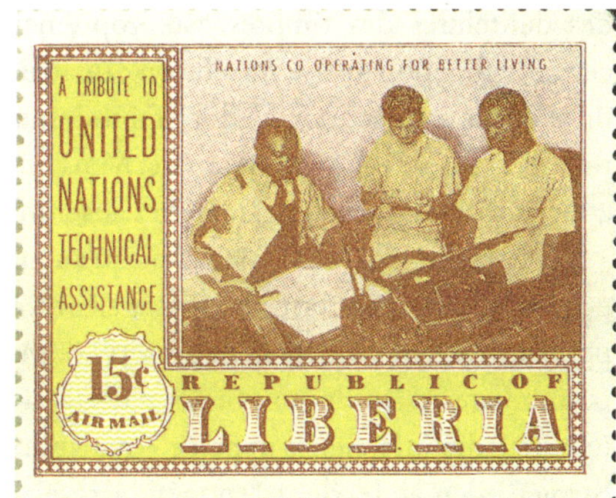

Timbres émis par le Liberia en 1985, représentant des imprimeurs travaillant sur une presse à imprimer

des encres flexographiques volatiles, mais aussi des encres à base d'eau, ce qui n'entraîne pas de pollution de l'environnement pour être écologique et conforme aux normes d'hygiène applicables aux emballages alimentaires et aux matériaux imprimés. Grâce à l'essor des plaques flexibles, la fabrication de plaques typographiques est aujourd'hui assez facile. De vieilles presses typographiques qui se trouvaient dans des musées ou dans des poubelles de recyclage ont été remises au goût du jour. De nombreux studios les restaurent et les habillent pour les appliquer aux événements culturels et créatifs ou pour l'impression vintage, avec le charme unique de la typographie entre leurs mains.

❹❽ Les premiers timbres autocollants au monde émis par la Sierra Leone

Est-ce que les jeunes ont déjà remarqué les images de certains vieux films : autrefois, les gens léchaient le dos des timbres pour les coller directement sur les enveloppes avec de la salive. Si l'on n'utilise pas de salive ou d'eau pour enduire le revers du timbre, celui-ci n'est pas collant. Comment cela se fait-il ?

Parce que le dos du tampon est recouvert d'un support adhésif. Le support adhésif, comme son nom l'indique, est la colle qui se trouve au dos du timbre, ce qui permet aux timbres d'adhérer plus facilement lorsqu'ils sont utilisés. Le premier timbre au monde, le « *Black Penny* », est né avec un support adhésif sur le revers. Il suffit de mouiller le dos du timbre avec de l'eau pour pouvoir l'apposer facilement sur l'enveloppe. Le support adhésif des timbres est très important et joue un rôle sous quatre aspects : premièrement, le timbre est facile à coller ; deuxièmement, il peut rendre les timbres rigides, la production des dentelures des timbres est proprement faite ; troisièmement, il a une certaine fonction anti-contrefaçon ; quatrièmement, les timbres peuvent jouer un rôle de protection. L'adhésif moderne pour timbres est inoffensif, non toxique, sans odeur aigre ni amère. Mais qui aurait pu imaginer que ce support adhésif discret pouvait également causer un « grand désastre ».

De la fin du XIXe siècle jusqu'au milieu du XXe siècle, les timbres-poste ont servi de terreau à des germes qui échappaient à la vigilance des populations, et ils ont également servi de vecteur à la transmission de maladies pulmonaires dans de nombreux pays. Pendant la Seconde Guerre mondiale, une maladie infectieuse appelée « maladie du champ de bataille » a sévi dans l'armée allemande, dont l'enquête a révélé qu'elle était causée par le courrier

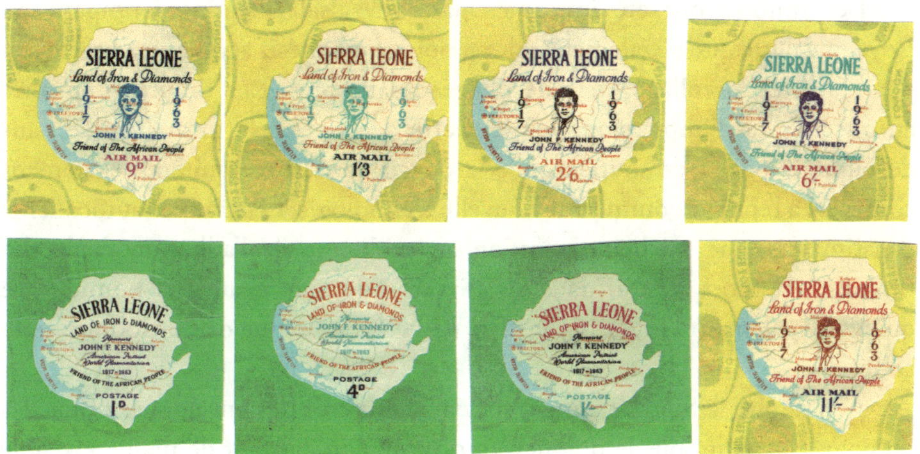

Timbres autocollants émis par la Sierra Leone le 11 mai 1964, dont 8 sont ici présentés

aller-retour et le support adhésif des timbres, qui angoissait tout le monde qui le considérait le courrier comme un fléau. C'est pourquoi les États-Unis ont pris l'initiative de passer à la colle nutritive, l'Allemagne a utilisé de la colle désinfectante, et les pays ont également utilisé de la fumée, du vinaigre et d'autres produits pour désinfecter le courrier venant des régions d'épidémie. Ce type de courrier était marqué d'un sceau spécial prouvant que l'extérieur ou l'intérieur avait été stérilisé, et était appelé « courrier stérilisé ».

Pour commémorer l'Exposition Universelle de New York aux États-Unis, la (République de) Sierra Leone, située en Afrique de l'Ouest, a émis le 10 février 1964 les premiers timbres autocollants du monde, en une série de 14 timbres. Les timbres représentent une carte du pays de forme irrégulière sur laquelle figurent les noms de la capitale, Freetown, et d'autres villes importantes, les fleuves et les côtes, ainsi que les mots « Land of Iron and Diamonds » (terre de fer et de diamants) sous le nom du pays, indiquant ses deux principales ressources naturelles. Les sept premiers timbres, avec le lion sur armoiries au centre (« Sierra Leone » est le mot portugais pour « montagne du lion »), ont des valeurs de 1 pence, 3 pences, 4 pences, 6 pences, 1 shilling, 2 shillings et 5 shillings, tandis que les sept derniers timbres sont des timbres de poste aérienne représentant l'image de la Terre en coupures de 7 pences, 9 pences, 1 shilling et 3 pences, 2 shillings et 6 pences, 3 shillings et 6 pences, 6 shillings et 11 shillings. Tous les timbres portent l'inscription « 1964-5 New York World's Fair » au bas.

Les timbres ont été imprimés par la Walsall Printing Company au Royaume-Uni, qui a également mis au point un adhésif acrylique à base d'eau pour faciliter le collage et le décollage des timbres. Les timbres imprimés en offset, après l'impression, devaient être découpés à la forme voulue, sans découper le papier de soutien qui se trouvait derrière, ce qui était également considéré à l'époque comme une nouvelle technologie. Les timbres autocollants constituaient une meilleure solution au problème de l'adhésion facile des timbres à support adhésif dans les climats tropicaux chauds et humides, ce qui était également l'intention initiale de la Sierra Leone de l'introduire cette année-là.

À cette fin, la Sierra Leone a spécialement créé des enveloppes officielles du gouvernement pour le premier jour d'émission, portant de manière visible les mots « First ever irregular self-adhesive stamps » et deux modèles de timbres à différents motifs, et portant le cachet postal rouge premier jour de Freetown, avec les mots « First ever self-adhesive irregular stamps » dans le cercle extérieur, dans un ordre légèrement différent de celui des mots imprimés sur l'enveloppe.

Trois mois après l'émission de cette série de timbres, le 11 mai 1964, la Sierra Leone a émis une série de 14 timbres autocollants ayant la même forme et le même support, dans les mêmes valeurs et aux mêmes fins que ceux mentionnés ci-dessus, en commémoration du président des États-Unis John F. Kennedy. Depuis lors, les timbres autocollants ont été accueillis favorablement par les administrations postales de divers pays pour leur facilité de stockage et d'utilisation, ils ont donc rejoint les rangs des émetteurs de ces timbres autocollants. Jusqu'à nos jours, de nombreux pays (régions) ont déjà émis des timbres autocollants de formes régulières ou irrégulières. Cependant, les timbres autocollants ne sont pas parfaits et présentent des inconvénients : d'une part, ils doivent être conservés avec le papier support et ne peuvent pas être collectionnés séparément ; d'autre part, une fois le timbre apposé sur une enveloppe, il est difficile de le retirer.

CHAPITRE IV

Histoire de l'imprimerie en Amérique du Nord

L'Amérique du Nord est un continent qui attire beaucoup d'attention parce qu'il abrite les États-Unis, qui sont le premier pays du monde en termes d'influence politique et économique. Bien entendu, le Canada, en Amérique du Nord, est également un pays développé. Toutefois, le développement économique de l'Amérique du Nord est en fait très déséquilibré et, à l'exception des États-Unis et du Canada, qui sont des pays développés, tous les autres pays sont des pays en développement. À l'instar du développement économique des pays, le développement de la technologie d'impression et de la culture de l'édition en Amérique du Nord est également déséquilibré et polarisé. L'Amérique du Nord compte 23 pays indépendants, et ce chapitre raconte 16 histoires liées à l'histoire de l'imprimerie qui a eu lieu sur le continent nord-américain.

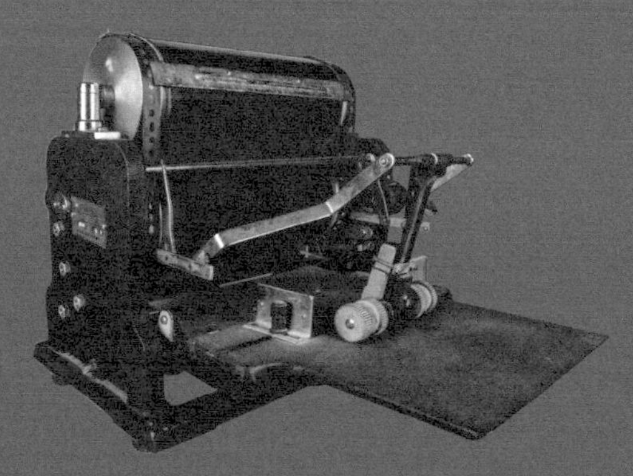

4 9 Les premiers journaux imprimés aux Antilles

Les Antilles sont un groupe d'îles situées dans la mer des Caraïbes, dans les Amériques. Elles désignent toutes les îles de l'archipel des Indes occidentales, à l'exception des Bahamas, et sont situées entre les continents de l'Amérique du Sud et de l'Amérique du Nord, composées des Grandes Antilles et des Petites Antilles. Les Antilles ont été colonisées par des Espagnols, des Britanniques, des Néerlandais et des Français. Depuis 1954, elles étaient un territoire autonome des Pays-Bas ; en 1986, Aruba a été séparée des Antilles néerlandaises et est devenue une entité politique distincte ; en 2010, les Antilles néerlandaises ont été dissoutes et depuis lors les îles ont conservé des relations plus ou moins étroites avec les Pays-Bas. Les Antilles ayant longtemps été une colonie néerlandaise, elles partagent le système néerlandais dans des domaines tels que la culture et l'éducation, et leur industrie du papier et de l'imprimerie a un caractère très néerlandais.

La première imprimerie des Antilles a également été créée en réponseà la demande d'impression des journaux, elle était située à Saint-Eustache, la moins peuplée mais la plus prospère des six îles antillaises à l'époque. Il est intéressant de noter que cette île où le premier journal antillais a été imprimé n'a plus de journal aujourd'hui.

À la fin du XVIIIᵉ siècle, Saint-Eustache est devenu un important centre commercial avec 600 entrepôts et une population de 8 000 habitants. À la même époque, de nombreux pays des Caraïbes ont connu un ralentissement économique après l'indépendance américaine. Adjacente à Saint-Eustache, Saint-Christophe qui était une possession britannique, avait été le centre d'impression de l'archipel pendant plus de 30 ans. Edward Luther Lowe,

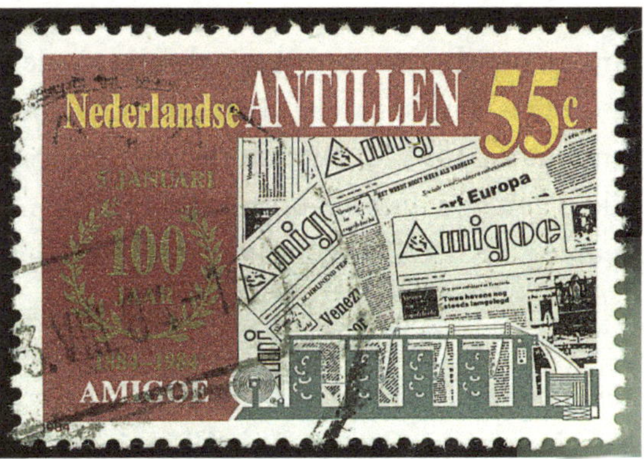

En 1984, les Antilles ont émis un timbre commémorant le 100ᵉ anniversaire de l'impression des journaux sur l'île. Sur cette l'image c'est le journal *Amigo*, publié pour la première fois le 5 janvier 1884.

qui dirigeait l'imprimerie The King à Saint-Christophe, a demandé à venir à Saint-Eustache en 1790 pour ouvrir une imprimerie. En avril 1790, Edward Luther Lowe a été autorisé à lancer un journal hebdomadaire appelé *Journal de Saint-Eustache*, qui a duré jusqu'en 1794. Ce journal a également été utilisé comme journal officiel après son lancement. La plupart des nouvelles étrangères publiées dans le journal étaient principalement des extraits d'autres journaux apportés par bateau. et, bien qu'ils ne fournissent que peu d'informations, il y avait un flux constant de nouvelles, car de nombreux passagers débarquaient chaque semaine. Ces annonces officielles et ces nouvelles du monde entier étaient très populaires. Edward Luther Lowe a annoncé dans la publicité qu'il était capable d'entreprendre toutes sortes de travaux d'impression et qu'il disposait d'une large gamme de caractères et de polices. Ce journal, publié pour la première fois à Saint-Eustache, était bilingue, c'est-à-dire qu'il était rédigé en néerlandais et en anglais.

Le 5 janvier 1884, *Amigo* a été lancé. C'est le plus ancien journal des Antilles et le plus grand et le plus ancien journal néerlandophone de Curaçao. Aujourd'hui, non seulement le journal est toujours imprimé et distribué, mais il évolue également avec le temps grâce à la création d'Amigoe Nieuws. Amigoe Nieuws est un site web d'actualités en néerlandais qui couvre un large éventail de sujets, notamment l'économie, la politique, le sport, les divertissements et bien plus encore. En plus d'un grand nombre d'informations en néerlandais, Amigoe Nieuws fournit également un petit nombre d'informations en anglais, en mettant l'accent sur des sujets sérieux.

⑤⓪ Antigua-et-Barbuda : hommage à l'impression en braille

Antigua-et-Barbuda est située dans la partie sud-est des îles Sous-le-Vent, dans les Petites Antilles, dans la mer des Caraïbes. Christophe Colomb est arrivé à Antigua en 1493 lors de son deuxième voyage vers les Amériques et a nommé l'île d'après l'église d'Antigua, à Séville, en Espagne. L'île est principalement peuplée d'Africains noirs, la majorité des habitants est chrétiens et la capitale est Saint-Jean.

En 1992, Antigua-et-Barbuda a émis une série de huit timbres, intitulée *Pionniers de l'Invention*, représentant huit inventeurs du monde entier et de leurs inventions. Parmi eux, le Chinois Cai Lun et sa fabrication du papier, mais

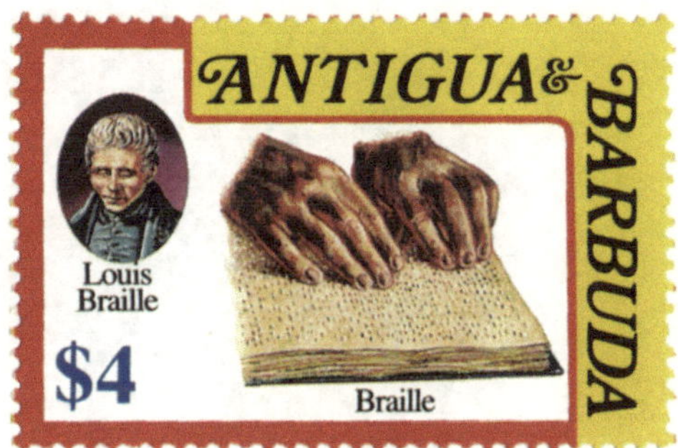

En 1992, le timbre émis par Antigua-et-
Barbuda en l'honneur de Louis Braille et
de son impression en braille.

aussi Igor Ivanovich et son avion quadrimoteur, Alexander Graham Bell et son
téléphone, Gutenberg et son imprimerie, James Watt et sa machine à vapeur,
Anthony van Leeuwenhoek et son microscope, Louis Braille et l'imprimerie
en braille, et Galilée et son télescope. Sept de ces huit inventions sont connues
du grand public, mais seule l'impression en braille est peu connue. Comment
le braille a-t-il été imprimé ?

Nous pouvons imaginer ce que cela est si une personne ne voit pas et
comment elle peut lire des livres, des journaux et apprendre tous les détails
du monde qi l'entoure. Comment un aveugle pourrait survivre dans un
monde dépourvu de toute information, se sentirait-il ennuyé et désespéré ?
Heureusement, il y a toujours des héros dans le monde. Louis Braille (1809-
1852) est l'un d'entre eux. Bien que son nom soit peu connu du grand public,
je pense que les aveugles du monde entier devraient rendre hommage à
Louis Braille, tout comme les lecteurs devraient rendre hommage à Cai Lun.
Louis Braille a inventé un système de points en relief qui est devenu par la
suite un code mondialement reconnu pour les malvoyants, permettant aux
aveugles du monde entier de lire et d'écrire.

Louis Braille est né à Coupvray, en France. Son père fabriquait des selles et
d'autres articles de sellerie. À l'âge de trois ans, Braille a été blessé à un œil par
une alêne tranchante utilisée pour percer des trous dans le cuir, ce qui a causé des
infections dans les deux yeux. À l'âge de cinq ans, Braille était complètement
aveugle. Bien qu'il y ait peu d'options pour les aveugles à l'époque, les parents
de Braille n'ont pas abandonné leur fils et voulaient qu'il soit éduqué comme
une personne normale. Braille est donc allé à l'école de son village et a appris
en écoutant. Élève appliqué et consciencieux, Braille a répondu aux attentes de
ses parents et a obtenu une bourse d'études à l'âge de 10 ans. Il s'est rendu alors
à Paris pour poursuivre ses études culturelles et professionnelles à l'Institut

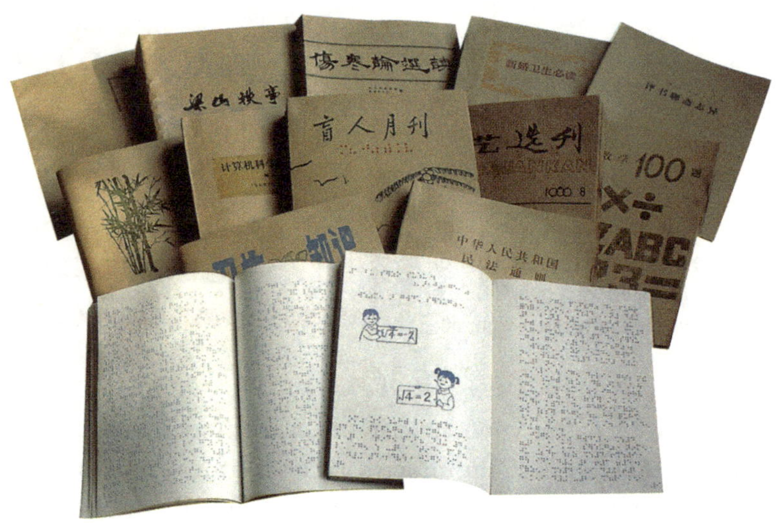

Livres imprimés en braille

National des Jeunes Aveugles. C'est là qu'il a rencontré Charles Barbier. Alors que Barbier avait servi dans l'armée française, il avait inventé un code qui utilisait différentes combinaisons de 12 points en relief pour représenter différents sons. Barbier appelait cela un ultrason systématique, dans lequel ceux qui ne voyaient pas pouvaient décoder le message en touchant les points. Ce code a été inventé pour permettre aux soldats de communiquer silencieusement la nuit, mais il n'a pas réussi à devenir un outil militaire pratique. Toutefois, M. Barbier pensait que ce système pourrait être utile aux aveugles.

Braille était l'une des personnes de l'école qui s'intéressait au système de Barbier et l'attendait avec impatience, mais il lui trouvait aussi des défauts : ce système était si complexe que même les soldats avaient du mal à l'apprendre. En outre, il était basé sur des sons plutôt que sur des lettres. Braille a mis trois ans (de 12 à 15 ans) pour développer un système plus simple. Son unité de base en braille ne comporte que 6 points, 3 lignes et 2 colonnes. Il a attribué différentes combinaisons de points à différentes lettres et signes de ponctuation, constituant un total de 63 symboles.

En 1829, Braille a publié *Procédé pour Écrire les Paroles, la Musique et le Plain-chant au Moyen de Points, à l'Usage des Aveugles et Disposé pour eux*. À force de persévérance et de travail, il est devenu apprenti professeur à l'Institut National des Jeunes Aveugles des États-Unis à l'âge de 19 ans, et professeur titulaire à l'âge de 24 ans. En 1837, l'école a publié son premier livre en braille, mais le système braille était controversé à l'école et le directeur de l'époque,

Alexandre-François-René Pinel, était favorable à l'utilisation du braille. En 1840, cependant, l'école a changé de direction et le nouveau directeur a interdit l'utilisation du braille. En 1850, Braille a été contraint de prendre sa retraite en raison de la tuberculose, mais sa méthode de braille à six points a été progressivement acceptée par de plus en plus de gens et, en 1887, le braille à six points a été reconnu internationalement comme l'écriture braille officielle. En l'honneur de la création de Braille, il a été décidé en 1895 de donner son nom à l'écriture en Braille.

Comme la base de l'impression braille est le toucher et des points saillants, la première méthode d'impression était le gaufrage avec des caractères en plomb. Cette méthode d'impression était superficiellement la même que l'imprimerie typographique ordinaire, mais en fait, les caractères d'imprimerie typographique étaient en relief, alors que les caractères des caractères d'impression braille sont en creux. En outre, le braille était convexe, donc il était généralement imprimé d'un seul côté. Grâce aux progrès de la technologie de l'impression, l'impression braille peut-être réalisée à la fois en taille-douce et en sérigraphie. Aujourd'hui, l'impression 3D est également appliquée au domaine de l'impression braille, ce qui est plus écologique et plus respectueux de l'environnement.

⑤① La presse qui imprime des timbres fautifs aux Bahamas

Les Bahamas sont connues sous le nom de Commonwealth des Bahamas. Il y a 300 à 400 ans, les Bahamas étaient déjà habitées par des Indiens. L'île de San Salvador, dans les Bahamas, a été le lieu d'atterrissage du premier voyage de Christophe Colomb en Amérique en 1492. En 1783, la Grande-Bretagne et l'Espagne ont signé le Traité de Versailles, qui a officiellement fait des Bahamas une dépendance britannique. En 1964, les Bahamas ont adopté l'autonomie interne et, le 10 juillet 1973, elles ont déclaré leur indépendance.

Les Bahamas ont émis une série de quatre timbres pour le *100ᵉ anniversaire de la mort de Rowland Hill* en 1979. Qui est donc Rowland Hill ? Rowland Hill (1795-1879) est l'inventeur du premier timbre-poste au monde, le *Penny Black*, ainsi qu'un réformateur postal britannique, connu sous le nom de « père des timbres ». La naissance des timbres-poste est due à un cas de non-paiement de l'affranchissement.

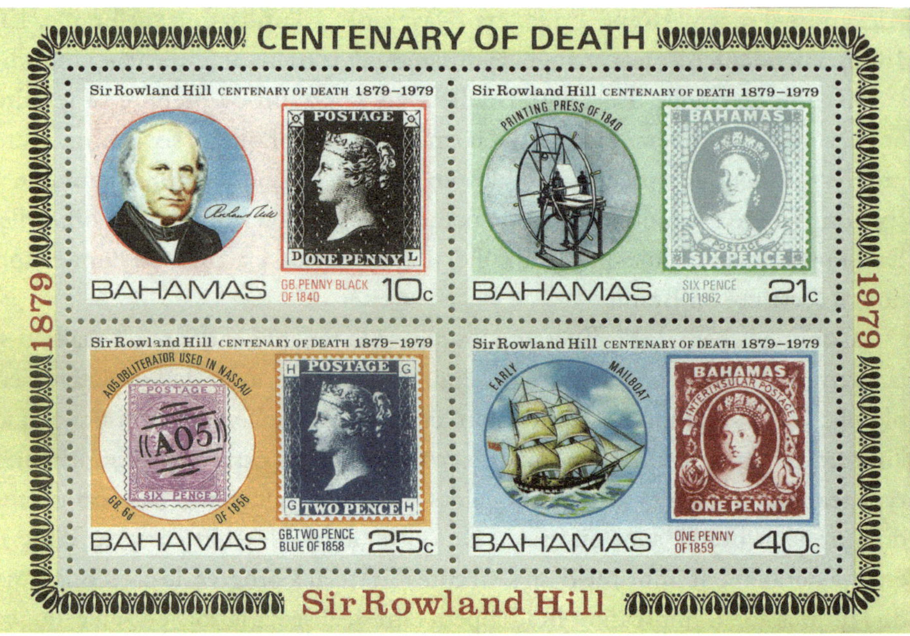

Timbres du *100ᵉ anniversaire de la mort de Rowland Hill* émis par les Bahamas

Un jour de 1837, dans un petit village d'Angleterre, Rowland Hill a été témoin d'un incident : un facteur a frappé à une porte et appelé une jeune fille nommée Alice Brown pour qu'elle récupérât une lettre. La belle jeune fille a pris la lettre, l'a regardée et l'a rendue au facteur sous prétexte qu'elle ne pouvait pas payer l'affranchissement et elle a dû la rendre. Le facteur poussiéreux était contrarié. L'enthousiaste Hill a demandé ce qu'il se passait, alors il a payé l'affranchissement pour la jeune fille. La jeune fille a reçu la lettre et dit à Hill : « Merci, monsieur ! Mais je n'ai pas besoin d'ouvrir cette lettre, il n'y a pas de lettre dedans ». Curieux, Hill lui a demandé pourquoi. La jeune fille a répondu : « Parce que ma famille est pauvre et n'a pas d'argent pour payer l'affranchissement coûteux. Mon fiancé, qui sert dans l'armée, et moi avons convenu qu'il dessinerait un cercle sur les enveloppes qu'il enverrait, pour montrer qu'il va bien et que tout se passe bien. Ainsi, je n'ai pas besoin de réceptionner le courrier ».

En entendant la réponse d'Alice Brown, Hill s'est senti à la fois désolé pour la situation de sa famille et s'est convaincu qu'il y avait quelque chose qui n'allait pas bien dans la manière dont l'affranchissement était effectué. À l'époque, l'autorité postale britannique stipulait que l'affranchissement devait être payé par le destinataire. Si le destinataire refusait de payer, la lettre était renvoyée à l'expéditeur. Hill s'est déterminé à développer une approche scientifique des frais postaux. Il a publié alors le pamphlet *la Réforme postale : son importance et sa faisabilité (Post Office Reform its Importance and Practicability)*. Sa proposition, connue simplement sous le nom de « taux bas et uniformes selon le poids », consistait à imposer un tarif fixe de 1 pence pour les lettres pesant moins de 0,5 once sur le sol britannique, qui devait être payé à l'avance. La proposition de Hill a été adoptée par le Trésor britannique en 1839. Le 6 mai 1840, la Poste a émis le premier timbre-poste au monde. Le timbre comportait le relief latéral de la reine Victoria lors de son accession au trône du Royaume-Uni. Sur un papier blanc non endossé, un petit filigrane de la couronne était visible au centre du timbre lorsqu'il était exposé à la lumière du soleil. Le timbre était appelé le *Penny Black* parce que sa valeur faciale était mesurée en pence et qu'il était imprimé à l'encre noire. Les timbres ont été gravés par les graveurs Heath and Son et imprimés par Perkins, Bacon & Petch.

Perkins, Bacon & Petch a été fondée en février 1819 aux États-Unis sous le nom de Perkins & Bacon. Elle s'est ensuite installée au Royaume-Uni. Jacob Perkins était un inventeur et ingénieur mécanique américain qui a inventé et produit une machine à graver rotative en zigzag capable de produire des motifs géométriques en zigzag extrêmement complexes, très efficaces pour empêcher la contrefaçon. Cette machine a été utilisée pour graver l'arrière-plan du *Black Penny*. Cette entreprise a été rebaptisée Perkins, Fairman & Heath en décembre 1819, puis Perkins & Heath en 1822 et Perkins, Bacon & Petch après 1835. En 1852, l'entreprise a été rebaptisée Perkins et Bacon, et a gardé ce nom depuis lors. La caractéristique la plus typique de la presse qui a imprimé le *Black Penny* est la grande roue ronde, que les Anglais appellent « Jacob Perkins D Cylinder Printing Press », c'est-à-dire la presse en héliogravure à cylindre de Perkins D, communément appelée la grande presse à cylindre. Au début, cette presse était utilisée dans tous les pays pour imprimer des timbres gravés en héliogravure sur plaque d'acier. La grande roue cylindrique de cette presse étant tournée manuellement, elle était généralement placée à la droite de l'opérateur. Dans la série de timbres intitulée *100ᵉ anniversaire de la mort de Rowland Hill*, le timbre de 21 cents présente la presse du BlackPenny de 1840, mais la grande roue cylindrique de la presse est inversée sur le timbre, ce qui en fait un timbre fautif.

Les Bahamas possèdent également un célèbre site touristique liée aux timbres, le seul bureau de poste sous-marin au monde. Le bureau de poste sous-marin a été créé le 16 août 1939 sur le fond marin des Bahamas. Le bureau de poste fait partie de l'installation américaine Williamson Photosphere, qui comprend une chambre d'observation sous-marine sphérique en verre, équipée pour observer les phénomènes sous-marins. Le courrier expédié à partir de ce bureau est marqué d'un cachet spécial ovale portant la mention « Bahamas sous le mer ».

5️⃣2️⃣ Le musée de l'Imprimerie de Saint-Georgetown à Bermudes

Quand il s'agit des endroits les plus mystérieux du monde, les Bermudes sont certainement l'un d'entre eux. Je crois que l'impression de beaucoup de gens vient de rumeurs mystérieuses telles que « Bermuda Devil's Triangle » et « Compass Failure, Alien Hijacking ». Les Bermudes sont connues sous le nom d'îles Bermudes, et les vraies Bermudes sont une destination touristique avec beaucoup de charme et qui n'a rien à voir avec les curieuses histoires. Les Bermudes sont la plus ancienne colonie britannique, avec une superficie totale équivalente à un huitième du district de Chaoyang à Pékin, avec environ 60 000 habitants, mais son PIB par habitant est l'un des plus élevés au monde et elles sont connues pour être le « centre financier offshore » du monde. Outre leur incroyable richesse, les Bermudes sont également fières de posséder la plus belle côte de saphir du monde, des plages rose pâle, ainsi que la ville de caractères britannique de Saint-Georges, classée au patrimoine mondial, à la pointe nord-est des Bermudes. C'était la première colonie anglaise permanente de l'île, fondée en 1612. Son développement est étroitement lié à l'histoire de l'immigration vers le continent nord-américain. Des dizaines de milliers de Bermudiens ont immigré aux États-Unis et ont contribué de manière significative au développement économique, commercial et démographique du pays. Un grand nombre de bâtiments historiques subsistent dans la ville de Saint-Georges, qui a été inscrit sur la liste du patrimoine mondial par le Comité du patrimoine mondial de l'UNESCO en 2000.

Saint-Georges est également le berceau de l'imprimerie aux Bermudes, où la première presse à imprimer a été introduite en 1784 et où le premier journal bermudien a été imprimé et distribué. Pour commémorer cette histoire de l'imprimerie, il existe aujourd'hui un petit musée de l'Imprimerie situé sur Featherbed Alley dans la ville. L'allée est décorée de plumes. Dans Featherbed

Alley se trouve l'Édifice Mitchell, qui abrite le musée de l'Imprimerie au rez-de-chaussée. La maison porte le nom de son concepteur, Walter Mitchell, qui l'a construite dans les années 1720. Les étages supérieurs du bâtiment abritent le musée de la Société historique de la Saint-Georges. Mais ce n'est pas le site de la première presse d'imprimerie des Bermudes, qui a été créée en 1784.

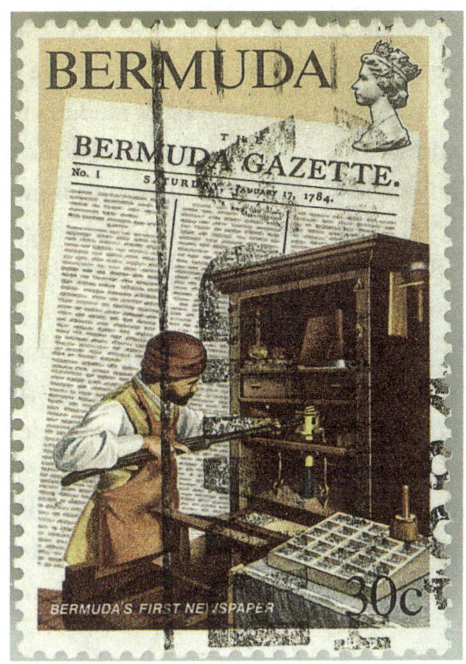

Timbres commémorant l'impression de la *Bermuda Gazette* par Joseph Stockdale dans le sous-sol de sa maison en 1784

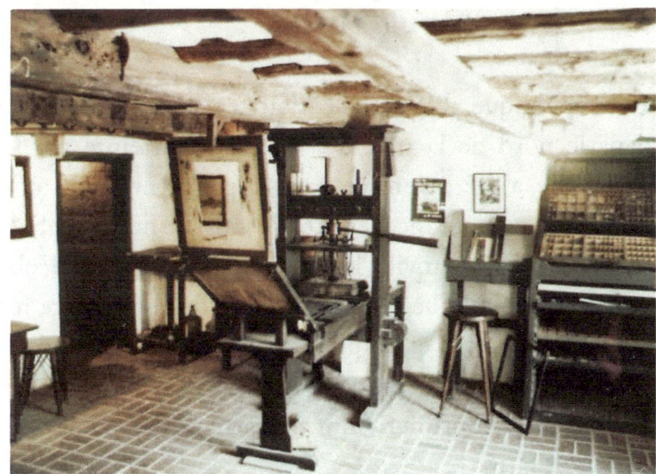

Le musée de l'Imprimerie à Featherbed Alley

En 1784, Joseph Stockdale (1750-1814) a construit un atelier d'imprimerie dans le sous-sol de sa maison pour imprimer et distribuer la *Bermuda Gazette*, lançant ainsi l'histoire de l'imprimerie aux Bermudes. À l'époque, la maison de Stockdale ne se trouvait pas sur Featherbed Alley, mais sur Printer's Alley, à une courte distance, qui est aujourd'hui une résidence privée. Après la mort de Stockdale, ses héritiers ont poursuivi l'activité d'imprimerie de la famille Stockdale jusqu'à ce qu'ils se soient installés à Hamilton, aux Bermudes, la nouvelle ville qui a remplacé Saint-Georges en tant que capitale des Bermudes en 1815. On dit que les habitants de Saint-Georges se sont vivement opposés au transfert de la capitale et au déménagement à des fins commerciales. Ils ont adressé une pétition à la *Bermuda Gazette* et ont boycotté les abonnements, ce qui a entraîné la fermeture temporaire du journal.

La *Bermuda Gazette* a été réorganisée sous le nom de *Royal Gazette* en 1828. C'est le seul journal quotidien des Bermudes et il couvre les dernières nouvelles locales et internationales. Il est publié du lundi au samedi, mais ni le dimanche ni les jours fériés. Il publie également une série de magazines. Le site web est en espagnol. Cependant, le seul quotidien des Bermudes n'a jamais été imprimé ou publié dans la ville de Saint-Georges, mais plutôt à Hamilton.

En 1922, le ministère du Tourisme du gouvernement des Bermudes a créé et géré le musée de l'Imprimerie à Featherbed Alley. Le musée présente une presse à imprimer de Gutenberg obtenue auprès d'une imprimerie locale. Des copies des premières *Bermuda Gazette* sont également exposées.

❺❸ Les quatre grandes inventions de la Chine ancienne vues depuis Haïti

La République d'Haïti, ou Haïti en abrégé, est une nation insulaire située dans le nord de la mer des Caraïbes. Atteinte par Christophe Colomb en 1492, elle a été colonisée par l'Espagne en 1502 et sa partie occidentale a été cédée à la France en 1697 sous le nom de Saint-Domingue (colonie française). Le 1er janvier 1804, Saint-Domingue a déclaré son indépendance et a créé la République d'Haïti. Il s'agit de la première république indépendante d'Amérique latine et du premier pays noir indépendant au monde.

Haïti est l'un des pays les moins développés du monde. Par conséquent, la presse et l'imprimerie ont démarré tardivement. En novembre 1803, Haïti

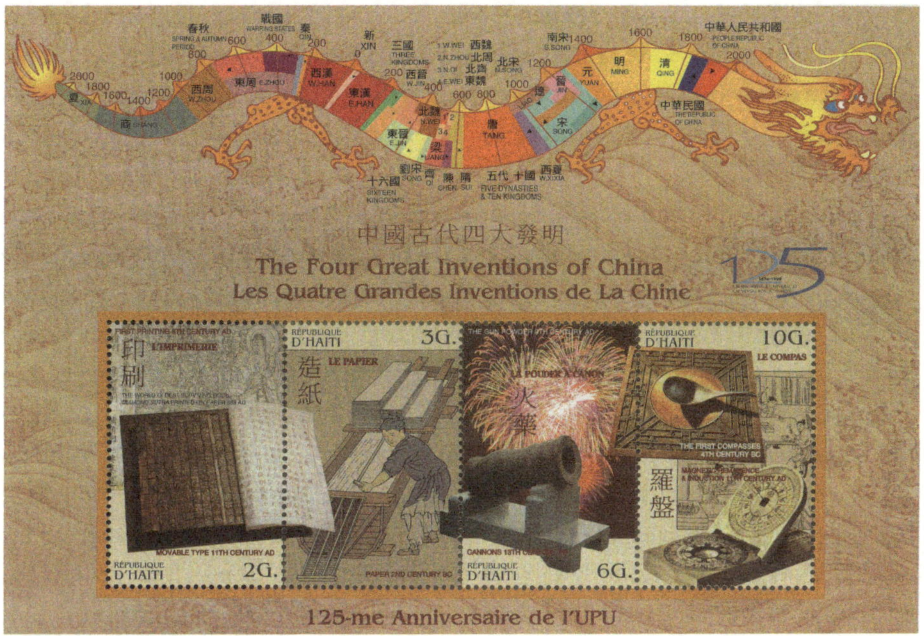

En 1999, Haïti a publié un petit bloc-feuillet bilingue chinois-français de Timbres des quatre grandes inventions de la Chine

a officiellement publié sa *Déclaration d'indépendance* et, le 1er janvier 1804, elle a proclamé son indépendance de la domination coloniale française et a établi une république. Cependant, à l'époque, Haïti n'avait même pas la capacité d'imprimer la brochure de la *Déclaration d'indépendance*. Peu après la déclaration, les dirigeants du mouvement indépendantiste haïtien ont écrit à George Nugent, un Anglais, alors gouverneur de la Jamaïque, pour lui demander de les aider à imprimer la *Déclaration d'indépendance*.

En 1999, pour commémorer le 125e anniversaire de la fondation de l'Union Postale Universelle, Haïti a imprimé et émis un petit bloc-feuillet bilingue chinois-français de *Timbres des quatre grandes inventions de la Chine*. On ne sait pas qui a conçu et dessiné les images de cette série de timbres belles et riches en connotations. L'ensemble du timbre est jaune vif, avec un arrière-plan de vagues océaniques, suggérant une communication maritime. En haut du timbre des quatre grandes inventions figure un long dragon au corps coloré, avec un long axe temporel allant de la queue à la tête du dragon, ce qui suggère que la civilisation chinoise a une histoire de 5 000 ans. Le dragon est divisé en compartiments colorés, chacun représentant une dynastie de l'histoire chinoise, de la dynastie Xia à la République populaire de Chine. Sous le dragon chinois, les timbres des quatre grandes inventions sont disposés dans l'ordre. Il s'agit de l'imprimerie, du papier, de la poudre à canon et de la boussole.

La composition du timbre de la presse à imprimer est également unique, la petite image étant composée de deux parties : la partie supérieure et la partie inférieure. La partie supérieure représente l'invention chinoise de l'impression au bloc de bois. La première ligne de texte dans le coin supérieur gauche est en anglais : First Printing 8th Century AD. En dessous, on trouve le mot « Imprimerie » en chinois à la verticale et en français à l'horizontale. Les deux lignes suivantes expliquent que l'imprimerie a été inventée en Chine au VIIIe siècle. Les deux lignes du milieu expliquent que le plus ancien ouvrage imprimé (le plus ancien clairement daté) est le *Sutra du diamant*, découvert en 868 dans la Grottes de Mogao à Dunhuang, dans la province du Gansu, en Chine, et que la partie supérieure de l'arrière-plan de ce timbre provient de cette version du *Sutra du diamant*. En fait, il ne s'agit pas des premières impressions du monde, mais le *Soutra du diamant* de la 9e année de l'ère Xiantong (868) occupe une position extrêmement importante dans l'histoire de l'impression mondiale, et sa plus grande valeur sont les mots « 9e année de l'ère Xiantong » imprimés à la fin du volume, ce qui prouve que cette édition du *Soutra du diamant* est le plus ancien ouvrage imprimé existant et daté à nous être parvenu complet. La partie inférieure de la composition représente l'invention chinoise de l'impression à caractères mobiles. Il y a une page qui est dévoilée, sur laquelle le texte peut être faiblement vu, qui est l'*Interprétation de la Collection Historique*. Le nom de l'auteur, Pei Yi, est même perceptible. En bas à droite, on peut lire : MOVABLE TYPE 11TH CENTURY AD (impression à caractères mobiles du XIe siècle).

Un si petit timbre englobe les deux principaux jalons de l'histoire du développement de l'imprimerie en Chine, l'impression au bloc de bois et les caractères mobiles, et est intelligemment conçu et raisonnablement combiné. Mieux encore, le coin de la page sur la version à caractères mobiles du premier timbre semble avoir été placé par inadvertance dans le deuxième timbre sur la fabrication du papier, ce qui explique l'importante contribution de la fabrication du papier à l'impression. Je ne m'attendais pas à ce que les timbres-poste conçus par Haïti interprètent aussi précisément les quatre grandes inventions de la Chine ! On peut dire que c'est informatif, artistique et intéressant.

⑤④ Les timbres de dessins animés Disney à la Grenade

Comment la Grenade et Disney USA sont-ils liés alors qu'ils ne semblent pas avoir de lien entre eux ?

La Grenade est située à l'extrémité sud des îles du Vent dans la mer des Caraïbes orientales. En 1498, lors de son troisième voyage à la découverte du Nouveau Monde, Christophe Colomb a découvert cette île. En 1609, les Anglais ont essayé d'établir une forteresse ici, mais ont échoué en raison de la résistance héroïque des Caraïbes sur l'île. Puis la France et les Caraïbes sont entrés en guerre pour le contrôle de l'île, et en 1651, il y a eu un conflit final dans le nord de la Grenade. Les Caraïbéens ont été forcés de se suicider en se jetant d'une falaise sur le mont Sotel, à l'extrémité nord de l'île, parce qu'ils ne voulaient pas accepter l'achat trompeur de l'île aux chefs des Caraïbes par les colons européens. Depuis lors, l'île a été occupée par les Européens. Au cours du siècle qui a suivi, les puissances européennes se sont battues pour le pouvoir à la Grenade et la Grande-Bretagne et la France ont alterné les pouvoirs. En 1783, en vertu du *Traité de Versailles de 1783*, l'île est devenue une colonie britannique. En 1967, la Grenade a obtenu le statut d'« autonomie interne » du Commonwealth britannique. La Grenade est devenue pleinement indépendante en 1974.

Depuis les années 1970, Disney a autorisé l'Inter Governmental Philatelic Corporation (IGPC) aux États-Unis à planifier la conception et l'impression de timbres de dessins animés Disney et à aider les services postaux des pays (régions) concernés à promouvoir la distribution. Les timbres originaux ont été conçus par l'équipe professionnelle de Disney, et chaque timbre porte la marque de copyright Disney. Le genre des timbres est englobant et éblouissant. Jusqu'à présent, près de 40 pays (régions) ont émis des milliers de timbres de dessins animés Disney, ce qui est devenu l'un des sujets philatéliques les plus populaires au monde.

Cette intéressante série de timbres a été émise par la Grenade en 1989 pour célébrer l'Exposition philatélique internationale. Cette série de sept timbres commémore le court métrage d'animation *Ben et moi*, réalisé par Disney en 1953. Basé sur le livre pour enfants du même nom publié en 1939 par l'auteur et illustrateur Robert Lawson (1892-1957), le film d'animation raconte l'histoire de Benjamin Franklin (1706-1790) qui accomplit une série de tâches importantes comme l'invention de l'imprimerie et le lancement du journal *Pennsylvania Gazette* du point de vue d'Amos, une souris. Le timbre représente

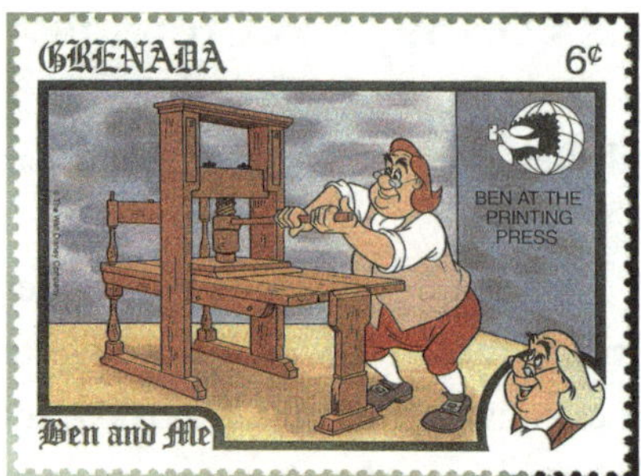

En 1989, la Grenade a émis un timbre Franklin conçu par Disney Company.

une presse à imprimer de Gutenberg et deux dessins humoristiques de Franklin, l'un faisant fonctionner la presse et l'autre, dans le coin inférieur droit, réfléchissant à des améliorations à apporter à la presse. Franklin est un homme d'État américain, un physicien, un délégué au Congrès continental, l'un des rédacteurs et signataires de la Déclaration d'indépendance et l'un des pères fondateurs des États-Unis. Il est connu comme l'imprimeur le plus performant de tous les temps. Nous reviendrons plus en détail sur lui et sur sa monumentale carrière d'imprimeur dans une section spéciale ultérieure. On pense généralement que c'est lui qui a produit la première presse hydraulique cuivre pour imprimer du papier-monnaie aux États-Unis. Franklin était tellement aimé du peuple américain que les écrivains et Disney ont créé des dessins humoristiques à son effigie pour exprimer leur respect et leur amour pour lui.

🄵🄵 Le Canadien qui a inventé le papier journal

Le Canada était à l'origine habité par des Indiens et des Inuits. Dès le début du XVIIᵉ siècle, le Canada est devenu une colonie française et britannique. Il est tombé sous la domination du Royaume-Uni en 1763, le Canada est devenu une fédération autonome, puis a obtenu son indépendance en 1926.

Dans l'histoire des inventions dans le monde, la Chine a les quatre grandes inventions, les États-Unis ont l'automobile, l'avion, l'ampoule électrique, mais la présence du Canada dans le domaine des inventions est relativement faible. En fait, le Canada possède également des inventions très significatives, telles que le téléavertisseur et le perche à selfie. Les inventeurs canadiens ont également contribué à l'avancement de la technologie de l'imprimerie. L'un des plus remarquables est Charles Fenerty (1821-1892), qui a inventé la fabrication mécanique de papier à partir de fibres de bois en 1844.

Il est de notoriété publique que le papier a été inventé par les Chinois. À l'époque de Cai Lun, les matières premières utilisées pour la fabrication du papier étaient des chiffons, de l'écorce et du chanvre. Depuis lors, les matières premières pour la fabrication du papier en Chine se sont développées et, sous les dynasties Tang et Song, il était possible d'utiliser des plantes telles que le bambou, le rotin et l'herbe. À partir du VIIIe siècle, la fabrication du papier s'est étendue à l'ouest, en raison des conditions climatiques de l'Asie centrale, les matières premières étaient également limitées, la plupart du papier était fabriqué à partir de chanvre ou de lin, mais également à partir de chiffons, de cordes de chanvre. Après l'essor de la fabrication du papier en Europe au XIIIe siècle, les Européens

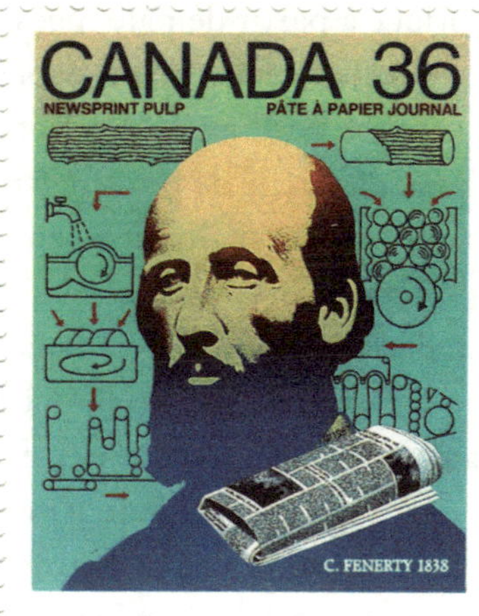

Charles Fenerty

pensaient généralement que le papier était fabriqué à partir de coton, le papier européen a longtemps utilisé des chiffons comme matières premières. Les papetiers achetaient des vêtements et des sous-vêtements sales aux marchands de chiffons pour en faire des matières premières. Les papetiers semblaient penser que les vêtements sales ne sentaient pas assez mauvais et utilisaient de l'ammoniaque pour décomposer les fibres des chiffons. À l'époque, les gens pensaient que l'urine était riche en ammoniaque, et il était donc courant de voir des collecteurs d'urine se promener dans les villes. La pâte à papier était lavée plusieurs fois et l'odeur se dissipait, mais les papeteries empestaient toujours. Le papier est devenu une nécessité en Europe pendant la Renaissance. C'est pourquoi, pendant un certain temps, les pays européens se sont livrés à une « lutte sanglante » pour les ressources en chiffons. À la fin du XIVe siècle, Fabriano, en Italie, a interdit la vente de chiffons en dehors de la région, puis d'autres régions italiennes ont adopté des lois similaires. L'Allemagne, la France et d'autres pays dotés d'une industrie papetière avancée ont également suivi le mouvement et adopté des réglementations en la matière. Néanmoins, les vieux chiffons ne suffisaient toujours pas à répondre à la demande de papier, et il était donc nécessaire de trouver une nouvelle matière première pour la production de papier. De nombreuses personnes ont commencé à expérimenter différentes manières de produire du nouveau papier.

Bûcheron à l'origine, Fenerty est né en Nouvelle-Écosse, au Canada, en 1821. Vers 1838, Fenerty a commencé à expérimenter la fabrication de papier à partir de fibres de bois. Six ans plus tard, en 1844, il a inventé un papier fabriqué à partir de pâte mécanique de bois, qu'il a nommé « papier journal » ou « papier blanc ». Ce papier était léger et résistant, il pouvait supporter l'intensité de l'impression rotative à grande vitesse, mais en même temps il n'était pas facile de transmettre la lumière, l'adsorption de l'encre était bonne, surtout le coût était faible, en particulier pour répondre aux besoins en papier de l'industrie de la presse, si bien qu'une fois inventé par un journal grand public au Canada, il s'est rapidement répandu.

Le papier journal a facilité la diffusion des journaux, mais il avait également des avantages et des problèmes pour leur conservation. Alors que les gens ordinaires avaient tendance à jeter ou à recycler les journaux après les avoir lus, les vieux journaux constituaient un trésor pour les entreprises de presse et les chercheurs en histoire. Cependant, le papier journal, qui était fabriqué à partir de pâte mécanique de bois, ne pouvait pas être stocké pendant de longues périodes car il contenait de la lignine et d'autres impuretés. La cellulose jaunissait lorsque le papier était au contact de l'air pendant de grandes périodes, l'encre contenant du plomb avait tendance à s'estomper au contact de l'air humide, et le papier pouvait facilement moisir s'il n'était pas stocké correctement. Par conséquent, le local de stockage des journaux était généralement soumis à des règles strictes en matière de température et d'humidité, afin d'éviter la lumière directe ; les journaux importants devaient être conservés en plusieurs exemplaires. Afin d'éviter que les journaux ne soient endommagés en cas d'incendie ou d'inondation, un ensemble de copies était parfois stocké à plusieurs centaines de kilomètres du bureau du journal et des archives. De nos jours, la numérisation de vieux journaux pour le stockage de données est également un moyen essentiel de préserver le patrimoine culturel.

❺❻   L'invention de la climatisation pour les besoins de l'imprimerie

De nombreuses personnes sensibles à la chaleur veulent « remercier le climatiseur de leur avoir sauvé la vie » en été. En réalité, elles devraient remercier Willis Haviland Carrier (1876-1950), l'inventeur du climatiseur. Et elles devraient remercier l'imprimerie qui, en plus de diffuser le savoir, a inspiré une invention aussi géniale.

Comme nous le savons tous, le climatiseur a été inventée en 1902. À l'époque, cependant, les gens ne pensaient pas qu'il existerait une « arme miracle » telle que le climatiseur pour améliorer leur confort de vie. Cet été-là, une imprimerie de Brooklyn, à New York, aux États-Unis, souffrait de la chaleur et de l'humidité. À cause de l'air chaud et humide, l'encre mettait longtemps à sécher et le format du papier variait également en fonction de la température, ce qui rendait les produits imprimés flous. Pour les imprimeurs modernes, la température et l'humidité avaient un impact important sur la qualité des produits imprimés. C'est pourquoi l'imprimerie a demandé à Buffalo Forge Company, une entreprise spécialisée dans le chauffage, les caissons d'air et les ventilateurs d'extraction, de concevoir un système capable de contrôler la température et l'humidité.

Carrier, du département R&D de Buffalo Forge, a accepté la mission et a entrepris d'inventer le climatiseur. Il a constaté que le tuyau rempli de vapeur pouvait réchauffer l'air ambiant, mais que, pour la même raison, si la vapeur était remplacée par de l'eau froide, l'air soufflé à travers le tuyau de refroidissement ne pouvait pas devenir plus frais. Après condensation de l'humidité contenue dans l'air humide, ne resterait-t-il pas de l'air froid et sec ? Ce n'est pas exactement la solution au problème de l'air chaud et humide dans l'imprimerie ? En se basant sur un diagramme de température, il a calculé la température et l'humidité exactes nécessaires à l'impression et a inventé le « processeur d'air ». Il a fait condenser l'air chaud en eau, puis l'a concentré et évacué, de sorte que l'humidité de l'air s'est stabilisée à 55 %, ce qui a résolu avec succès le problème de l'imprimerie.

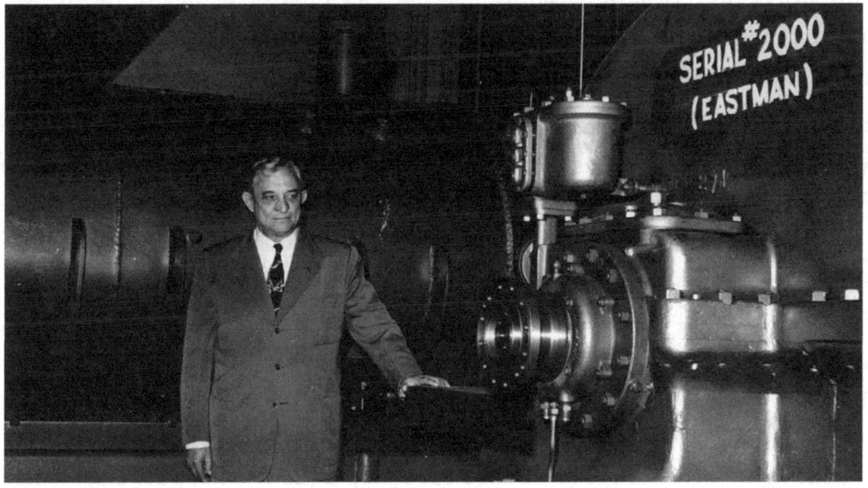

Willis Haviland Carrier

Carrier a mené des recherches inlassables sur la température, l'humidité et le point de rosée, et a publié la formule du « diagramme psychrométrique » en 1911 dans la Société américaine des ingénieurs mécaniciens. Cette formule est devenue la norme de calcul et la base fondamentale de l'industrie de la climatisation, et a été largement utilisée dans le contrôle de la température et de l'humidité de l'air dans les industries du film, du tabac, de l'alimentation, de la pharmacie, du textile et d'autres secteurs de production.

En 1915, Carrier et six autres ingénieurs ont fondé la Carrier Engineering Company dans le New Jersey, prédécesseur de Carrier Air Conditioners. L'entreprise s'est toujours engagée dans le développement de la technologie de la climatisation et dans l'étude de sa valeur commerciale. En 1921, Carrier a inventé le premier refroidisseur centrifuge pour le refroidissement de grands espaces et obtenu un brevet la même année. En 1924, il a réussi à faire passer le conditionneur d'air d'une utilisation industrielle unique à une utilisation civile. En 1928, la société Carrier a. lancé la production de climatiseurs résidentiels sur le marché. Aujourd'hui, Carrier est une entreprise mondiale.

5️⃣7️⃣ L'application de la photographie à la production de plaques d'impression

Les images sont divisées en tons continus et en demi-teintes. Le ton continu fait référence au fait que les éléments de base (pixels) de l'image elle-même contiennent des variations continues dans la nuance et la luminosité de la couleur. La demi-teinte est relative au concept du ton continu, ce qui signifie que les éléments de base de l'image elle-même ne sont que colorés ou incolores. Par exemple, les images affichées sur les écrans d'ordinateur, les téléviseurs et d'autres appareils sont généralement des images en tons continus, et les photographies produites par les techniques traditionnelles de développement photographique sont également en tons continus ; cependant, les images imprimées avec de l'encre sur une presse d'imprimerie sont basées sur le principe des demi-teintes.

L'invention de la photographie a été passionnante, et les gens ont pu voir des images réalistes en tons continus. Toutefois, dans le domaine de l'imprimerie, avant les années 1870, pour imprimer une image sur un journal, il fallait qu'un graveur grave l'image sur une plaque d'acier, puis l'imprime, de sorte que l'ensemble du processus d'impression prenait beaucoup de temps et était très coûteux. La manière d'appliquer les techniques photographiques à l'impression, afin de produire des images qui apparaissent à l'œil nu comme étant en tons continus, a fait l'objet de recherches de la part d'érudits dans de nombreux domaines à cette époque.

Aux XIXe et XXe siècles, la mise au point et l'application de la photo-composition ont apporté une contribution importante au développement des arts graphiques. Dans l'histoire de la photocomposition, des inventeurs de nombreux pays, dont Stephen Hogan, Frederick E. Ives, George Meisenbach, les frères Jaffe et Max Levy, ont contribué au processus d'impression en demi-teinte. Au Canada, bien que les noms de George Edward Desbarats (1838-1893) et de William Augustus Leggo (1830-1915) soient peu connus, leurs réalisations dans la photogravure en demi-teinte méritent d'être rappelées.

En 1987, à l'occasion de sa fête nationale, le Canada a émis un timbre commémoratif sur les inventeurs, représentant les images et les noms de ces deux scientifiques, George Edward Desbarats et William Leggo, ainsi que l'année « 1869 ». L'appareil photo dans l'image et les points en arrière-plan du petit au grand commémorent leur contribution à la technologie de la photogravure en demi-teinte.

William Leggo et son associé George Desbarats, tous deux lithographes, ont inventé et breveté le procédé de photogravure en demi-teinte sur cuivre en 1865. Ils exposaient des négatifs photographiques en demi-teinte sur des plaques de cuivre recouvertes de photopolymère, les développaient et les gravaient pour produire des plaques en taille-douce. Le 30 octobre 1869, le portrait en demi-teinte du prince Arthur réalisé par eux a été publié dans le *Weekly Canadian Illustrated News*. Toujours en 1869, ils ont fait breveter leur procédé photographique de demi-teintes, connu sous le nom du « grain photo », qui consistait à créer des demi-teintes au moyen d'un tramage photographique. William Leggo et son associé George Desbarats se sont installé à New York en 1873 et ont fondé *The Daily Graphic*, et ont imprimé la première image en demi-teinte le 2 décembre 1873.

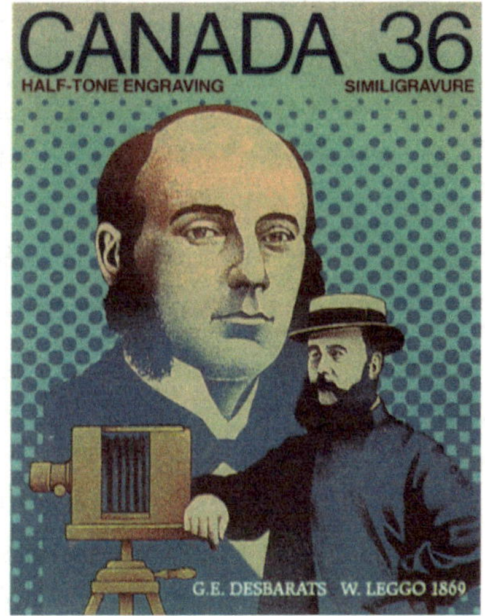

George Edward Desbarats et William Augustus Leggo

❺❽ La première presse à imprimer aux États-Unis

La première presse à imprimer aux États-Unis était une presse à plat en bois, équipée d'outils manuels, qui appartenait à l'université de Harvard, aux États-Unis, mais il n'en reste qu'une photographie. Derrière elle se cache l'histoire des débuts de l'imprimerie américaine et la légende de la difficile fondation de l'université de Harvard. Les livres imprimés sur cette presse ont établi un record dans l'histoire des ventes aux enchères et ont été décrits comme « les livres imprimés les plus chers du monde ».

En 1638, un navire nommé « John of London » est arrivé à Cambridge, dans le Massachusetts, aux États-Unis. Parmi les passagers se trouvaient Stephen Daye, sa femme, ses deux fils, son beau-fils et trois domestiques, ainsi que le révérend Joseph Glover, sa femme et ses enfants. En plus de sa famille et de ses effets personnels, Glover apportait une presse à imprimer, du papier blanc et des caractères en plomb. Il avait l'intention d'utiliser la presse pour imprimer des livres religieux pour la colonie de la baie du Massachusetts. Mais Glover est mort avant d'atteindre l'Amérique et sa femme a été contrainte de prendre en charge la presse à imprimer. Elle a confié à Daye la tâche d'installer la presse, d'imprimer et de publier. Daye était en fait un serrurier, et non un imprimeur, mais il était obligé de faire ce que Mme Glover lui demandait, car s'il était arrivé en Amérique, c'était uniquement grâce à l'argent qu'il avait emprunté au révérend Glover.

Malgré son manque d'expérience dans le domaine de l'imprimerie, Daye a créé la première imprimerie en Amérique du Nord, la Cambridge Press, au Harvard Collège, près de Boston. Ce collège de Harvard est aujourd'hui l'université de Harvard, mais il ne s'appelait pas Harvard à l'origine. Le 28 octobre 1636, le Parlement de la colonie de la baie du Massachusetts a adopté une résolution visant à créer un établissement d'enseignement supérieur sur le modèle de l'université de Cambridge en Angleterre, avec une subvention annuelle de 400 livres sterling ; l'établissement a d'abord été appelé « New College » ou « New Citizens' College ». Cette nouvelle institution, fondée sur les rives de la Charles River dans le Massachusetts, est devenue le premier établissement d'enseignement supérieur de l'histoire américaine. Le premier doyen de Harvard, Henry Dunster, s'est intéressé de près à l'imprimerie qui avait traversé l'océan et est tombé amoureux de la femme de Glover. Ils se sont mariés en 1641. Naturellement, la presse a été installée à Harvard. En 1639, les habitants de la colonie ont demandé que les *Psaumes* hébreux soient retraduits pour être utilisés dans les églises de la colonie. Richard Mather était l'un des principaux auteurs et traducteurs. Cet ouvrage, appelé *Bay Psalm Book*, est aujourd'hui connu dans le monde entier comme le *Bay Psalm*, premier livre imprimé et publié sur le sol américain. Le 26 novembre 2013, le *Bay Psalm* a été vendu aux enchères chez Sotheby's aux États-Unis. L'homme d'affaires

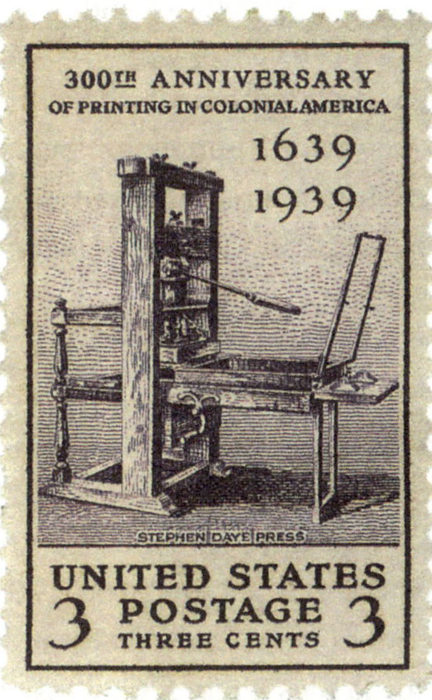

Timbre commémoratif émis en 1939 pour commémorer la première presse à imprimer aux États-Unis. Le timbre est imprimé en taille-douce gravé à la main. Sa valeur nominale est de 3 cents. La partie supérieure du timbre porte l'inscription suivante : 300 ans d'imprimerie dans l'Amérique coloniale. Partie inférieure Stephen Daye Press.

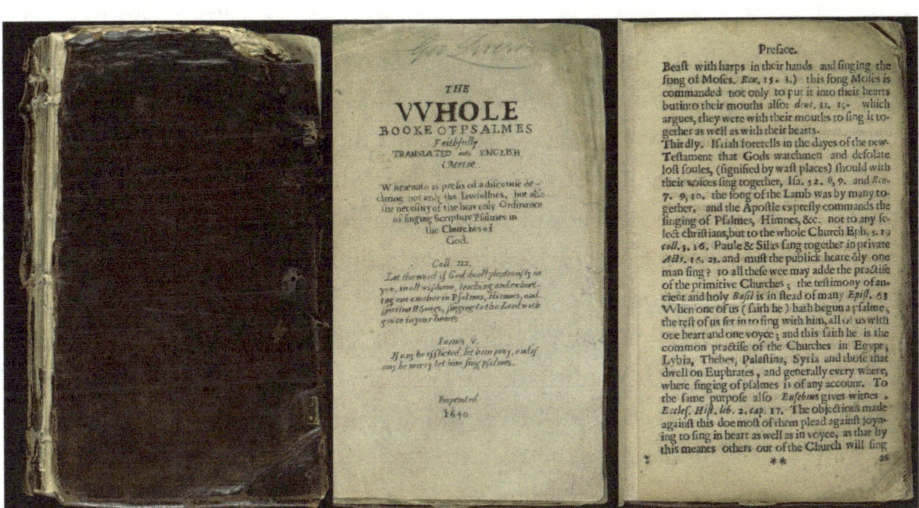

Couverture en peau de veau, page de titre et intérieur du *Bay Psalms*. Collection de la Bibliothèque du Congrès

et philanthrope américain David Rubenstein l'a acheté dans l'intention de le prêter à des bibliothèques aux États-Unis et de le mettre à la disposition du public. Le livre a été vendu 14,165 millions de USD, le prix le plus élevé jamais payé pour un livre imprimé, et est devenu une « célébrité Internet » mondiale.

La première édition du *Bay Psalm* a été imprimée en 1640 et a été réimprimée à de nombreuses reprises depuis. Il n'existe aujourd'hui que 11 exemplaires de cette première édition. Si vous pensez qu'il s'agit d'un chef-d'œuvre magnifiquement conçu, vous vous trompez. Il s'agit d'un très petit livre de 296 pages, de 12,7 cm de large et 19 cm de long. En outre, en raison de la nature de l'impression en caractères mobiles au plomb, le livre contient un certain nombre d'erreurs typographiques en caractères mobiles, ce qui montre un goût rustique. Mais *Une seule tache ne peut obscurcir la splendeur d'un jade*, il est si cher !

❺❾ Un imprimeur sur le billet de 100 dollars

Qui figure sur les billets de 100 dollars ? Et pourquoi est-il si honoré ? C'est Benjamin Franklin (1706-1790).

Benjamin Franklin est né le 17 janvier 1706 à Boston, aux États-Unis. Il était le plus jeune fils de Josiah Franklin, un fabricant de savon. Son surnom à la maison était Benny. Enfant, Franklin adorait lire - un trait de caractère essentiel pour toutes les personnes qui réussissent - et à l'âge de 12 ans, il a commencé à étudier l'imprimerie avec son frère aîné James. Le grand avantage de travailler dans l'imprimerie est que Franklin était le premier à lire de nombreux nouveaux livres et qu'il avait accès à des écrivains réfléchis. En 1723, à l'âge de 17 ans, Franklin est arrivé à Philadelphie. Fort de ses connaissances et de son expérience professionnelle, il a travaillé comme assistant imprimeur dans l'imprimerie de Samuel Kemmer et a été envoyé en Angleterre pour apprendre la technologie de l'imprimerie. À 20 ans, Franklin est revenu à Philadelphie. Deux ans plus tard, il a créé sa propre imprimerie avec un autre apprenti, Hugh Meredith, et en 1729, il a acheté le premier journal de Philadelphie, la *Pennsylvania Gazette*, qui deviendrait par la suite le journal le plus lu dans les colonies.

Au fur et à mesure que l'influence du journal grandissait à Philadelphie, Franklin est devenu un leader d'opinion et s'est lancé dans la politique. À l'âge de 30 ans, il a été nommé secrétaire de l'Assemblée de Pennsylvanie,

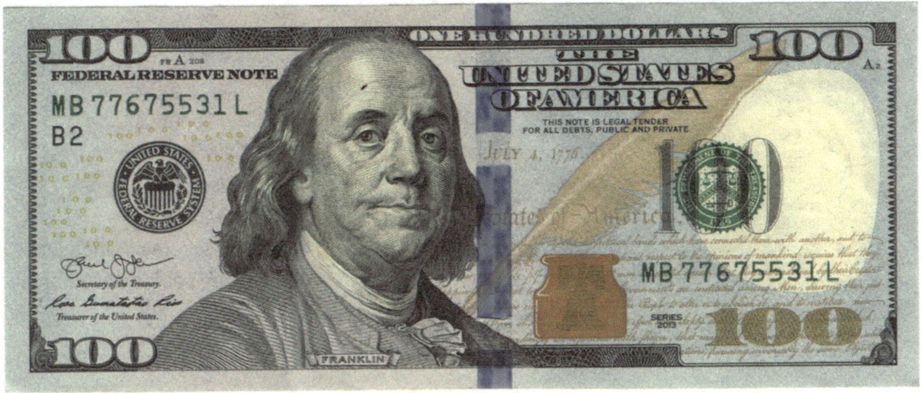

Le personnage imprimé sur le billet de 100 USD est Franklin, un imprimeur.

un poste qui non seulement facilitait ses contacts avec divers législateurs, mais lui permettait également d'imprimer des livres et des journaux liés au gouvernement. Depuis lors, son imprimerie a continué à bien fonctionner. Parmi leurs publications figuraient les premières monographies médicales et les premiers romans aux États-Unis. L'imprimerie a également imprimé du papier-monnaie local.

Le « Boston Tea Dump » de 1773 n'était pas seulement l'élément déclencheur de la guerre d'indépendance américaine, il a également changé la vie de Franklin. Cette année-là, à l'âge de 67 ans, il a traversé l'océan pour se rendre en Angleterre afin d'adresser une pétition au roi d'Angleterre. Après l'échec des négociations, Franklin est retourné en Amérique du Nord en 1775 et a participé à la rédaction de la *Déclaration d'Indépendance* en 1776, devenant ainsi l'un des pères fondateurs des États-Unis. Les réalisations de Franklin était extraordinaires et il est devenu une icône pour d'innombrables personnes. Il était connu sous de nombreux titres : homme politique, éditeur, imprimeur, journaliste, auteur, philanthrope, diplomate et inventeur. Mais sa description personnelle préférée était « Benjamin Franklin, imprimeur ». Ainsi, conformément à ses propres souhaits, sa pierre tombale porte les simples mots : Franklin imprimeur. Mais l'histoire ne l'oubliera pas, et le fait qu'il est imprimé sur la plus grande estampe des États-Unis est le plus grand hommage du peuple américain à sa contribution.

L'imprimerie américaine se souvient encore plus de lui. En 1950, l'Association américaine de l'imprimerie a créé le « American Printing Award ». Il s'agit du prix mondial de l'industrie de l'imprimerie qui fait le

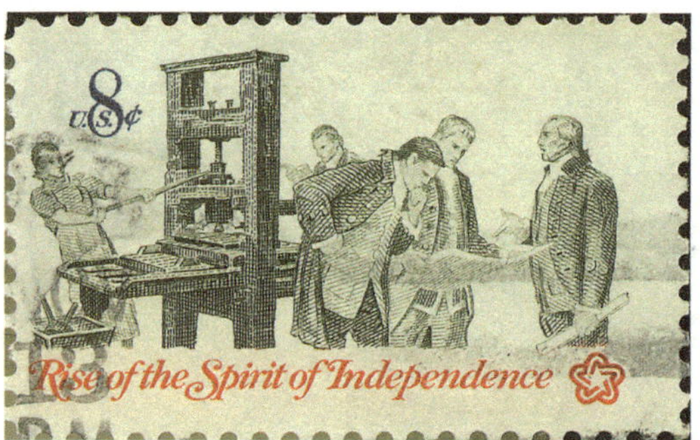

1973, Timbre du Bicentenaire de l'indépendance américaine : *Impression et édition coloniales.* On y voit des ouvriers faire fonctionner une presse à bras en bois et les « pères fondateurs » de l'Amérique examiner les documents imprimés.

plus autorité et qui a le plus d'influence. Sa plus haute distinction, le Benny Award, est nommée d'après le surnom de Franklin, et est considérée comme l'Oscar de l'industrie mondiale de l'imprimerie. En 2019, la valeur totale de la production de l'industrie chinoise de l'imprimerie s'est classée au deuxième rang mondial, faisant de la Chine une véritable puissance mondiale de l'imprimerie. Les entreprises d'impression chinoises ont également souvent remporté cet événement mondial, ce qui a permis à l'imprimerie originaire de Chine de regagner la reconnaissance et le respect du monde entier sur la scène internationale.

60 L'invention de la machine de composition au plomb, la Linotype

Ottmar Mergenthaler (1854-1899) est né en Allemagne. Son premier emploi a été celui de réparateur de montres. En 1872, il a émigré à Baltimore, aux États-Unis, où il travaillait dans un atelier de mécanique. C'est là qu'il a rencontré James Kleifin, un sténographe réputé qui avait participé au développement de la machine à écrire. Bien que la machine à écrire permît de convertir les manuscrits directement en exemplaire imprimé, elle ne pouvait produire qu'une seule copie, et Kleifin espérait que Mergenthaler trouverait un meilleur moyen de reproduire des textes en masse.

Dix ans de travail. Il a fallu dix ans à Mergenthaler pour mettre au point la première machine de composition au plomb, puis une autre machine de composition permettant de produire la forme imprimante d'une ligne de texte d'un seul tenant. Au début, la machine de Mergenthaler était appelée « souffleuse » (ou « blower »). En 1886, Mergenthaler a fait une démonstration de sa machine de composition au New York Tribune, et l'éditeur Wyatt Law Reed s'est exclamé : « Ottmar, votre machine compose une ligne entière de caractères ! » (Line of type). L'admiration sincère de Reed donnait à Mergenthaler l'assurance et cette phrase deviendrait le slogan de la société que Mergenthaler fonderait plus tard et le début de la légende de la Linotype.

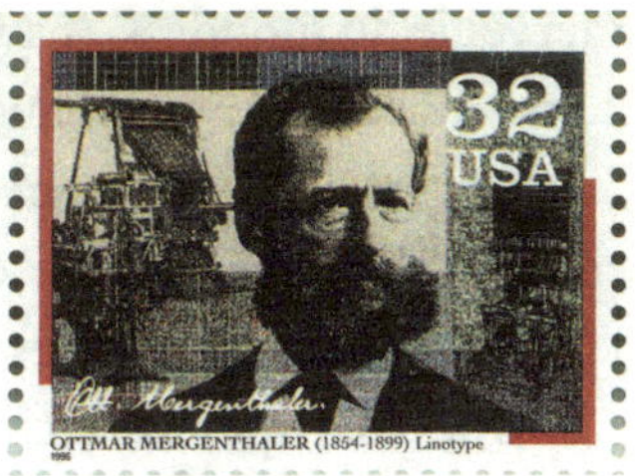

Ottmar Mergenthaler

En 1890, la société Mergenthaler Linotype a été fondée à Brooklyn, New York, États-Unis, et elle a rapidement mondialisé ses machines de composition.

La machine de composition était en effet une grande invention pour les pays et les régions Le processus de composition traditionnel avec « plomb et feu » ne nécessitait plus de flammes hautes: les compositeurs entraient le texte sur un clavier de 90 caractères, et la machine de composition formait haque ligne de caractères saillants (en creux) en une unité entière, puis grâce à la liaison de coulée de plomb fondante, une ligne de texte était coulée d'un seul tenant. Les matrices sélectionnées après la fonte retournaient automatiquement dans le magasin de la machine, en attente de la prochaine utilisation. Le compositeur n'était responsable que de la saisie devant le clavier, et le reste du travail était effectué automatiquement par la machine, de la sélection des caractères à leur assemblage, leur fonte et leur remise en place, sans nécessiter l'aide de tiers. Étant donné que la machine n'avait pas de touche de retour arrière, en cas d'erreur, il fallait remplir cette ligne avec n'importe quel caractère, puis renvoyer le moule coulé pour le fondre et le refondre, ce qui n'était pas du gaspillage et était plus efficace. À cette époque, les meilleurs compositeurs saisissaient 30 à 40 mots anglais par minute. Plus important encore, la machine de composition Linotype permettait d'économiser beaucoup de temps de composition et de coûts de main-d'œuvre.

La machine de composition Linotype a donc révolutionné la composition dans le monde des langues alphabétiques, en particulier dans le domaine de l'édition de journaux. La machine a relégué au passé la composition manuelle en se chargeant de la sélection et de la mise en page des caractères pour les journaux, un imprimé dont le temps est compté. Les machines de composition ont été utilisées jusque dans les années 1980, lorsque les machines à photocomposer ont été introduites. Selon le film documentaire de 80 minutes de l'entreprise, *Linotype*, cette invention a été décrite par Thomas Edison comme « la huitième merveille du monde ». Avant l'invention de la Linotype en 1884, aucun journal au monde ne comptait plus de huit pages.

Le plus intéressant, c'est que cette invention a eu un impact considérable sur le monde linguistique occidental, mais n'a pratiquement pas eu d'effet sur l'impression des caractères chinois.

Une fois que la technologie d'impression à caractères mobiles a été éliminée de l'histoire, la Linotype est devenue une super-entreprise mondiale des polices de caractères graphiques occidentales. Aujourd'hui, la Linotype possède l'une des plus grandes bibliothèques de polices de caractères au monde, avec plus de 10 500 polices occidentales exceptionnelles. Le 2 août 2006, la Linotype a été rachetée par Monarch. Aujourd'hui encore, à l'ère de l'internet, de nombreux textes importants et d'influence internationale utilisent la bibliothèque de polices de la Linotype.

6️⃣1️⃣ L'invention de la technique d'impression en demi-teintes sur écran de verre

La carrière légendaire de Frederic Eugene Ives (1856-1937) a commencé par un apprentissage dans une imprimerie de New York, aux États-Unis. Après deux ans d'apprentissage du métier d'imprimeur, il a commencé en 1875 à diriger le laboratoire photographique de l'université Cornell. Il y a passé près de dix ans à essayer d'inventer de nouvelles techniques photographiques et à travailler sur l'appareils photo et l'imprimerie. Ives n'était pas le premier à expérimenter les techniques d'impression en demi-teintes. Son objectif était de convertir automatiquement les tons continus d'une image photographique en lignes ou points noirs et blancs suffisamment petits, et de le faire avec plus de subtilité et d'efficacité que les autres techniques. En 1881, à l'âge de 25 ans, Ives avait ses propres idées d'innovations dans la technologie de l'impression, et il a breveté la technique de l'écran de verre et l'a améliorée.

Au cœur de la méthode d'impression en demi-teintes d'Ives se trouve la décomposition de la photographie en une série de minuscules points, connus dans l'industrie de l'imprimerie sous le nom de « points ». Les points sont les « cellules » de l'image imprimée. L'image imprimée est en fait une collection de petits points. Toutefois, lorsqu'elle est observée à une distance normale, les points sont mélangés et l'œil nu crée automatiquement une image composée de différentes nuances de gris. La technique de l'écran de verre consiste à placer l'image à la reproduire derrière un écran de verre sur lequel sont gravées de fines lignes noires qui, lorsque l'on appuie sur l'obturateur, divisent finalement la photographie en milliers de points de tailles différentes. Ives a inventé la technique de l'écran de verre, dont le principe est encore utilisé aujourd'hui dans les imprimantes offset et laser.

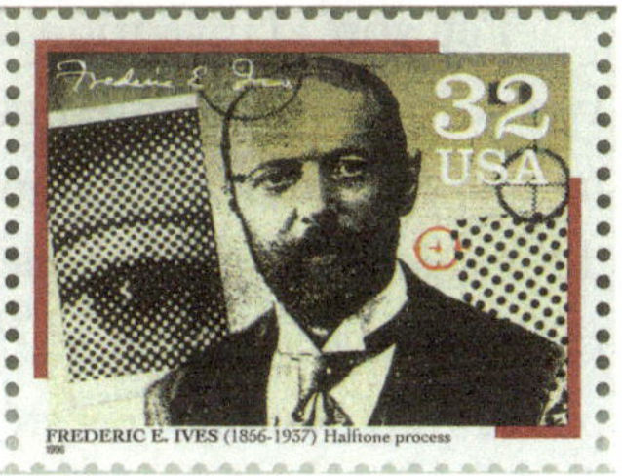

Frederic Eugene Ives

Toutefois, les points du concept d'impression peuvent être classés en fonction de leur forme, qui peut être divisée en trois types : carré, rond et diamant. Les points carrés sont très expressifs en termes de niveaux et conviennent aux lignes, aux graphiques et à certaines images aux tons durs. Les points ronds sont plus doux, mais leur capacité à exprimer les niveaux de couleur est faible. La transition des couleurs des points en forme de diamant est naturelle et convient aux images générales et aux photographies. En outre, conformément au principe de fonctionnement dans la division, le concept d'impression peut être divisé en deux types de points : 1) les points FM. La rareté des points détermine principalement la couleur et le niveau du motif des produits imprimés. La taille des points reste constante, vous pouvez modifier la densité des points pour réguler la superposition des motifs. Si les points sont denses, la densité de l'image est relativement importante et, inversement, la densité de l'image est relativement faible. 2) Les points AM. Ils diffèrent des points FM, et composés par deux points différents. Les points AM disposés de manière éparse n'affectent pas la couleur et le niveau du motif, la distance entre le point et le point est fixe. Il est principalement affecté par la taille des points. Correspondant à la couleur originale, les parties avec des tons profonds de l'original ont une grande zone de points sur l'imprimé, et la zone de points de l'original est claire, la zone de points de l'imprimé est relativement petite.

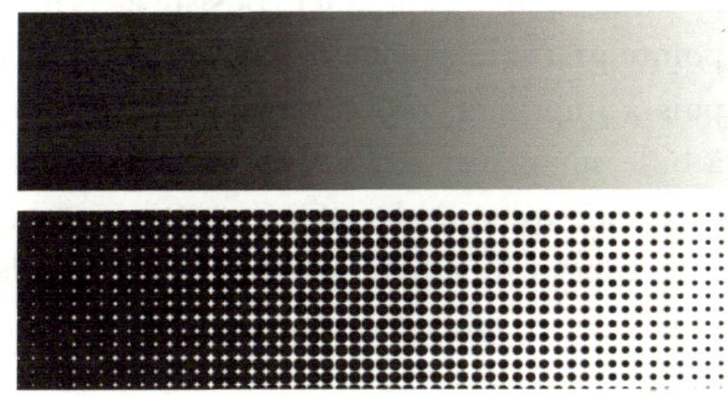

Diagramme de points en dégradé de noir et blanc. Le diagramme supérieur montre l'échelle de gris d'un point monochrome et le diagramme inférieur montre le point noir avec des surimpressions jaunes et magenta.

Peu après l'invention de la technologie de l'écran de verre de demi-teintes, Ives a inventé une méthode de traitement des demi-teintes en couleur. Une image en couleur est photographiée à travers trois écrans, chacun séparant des couleurs primaires spécifiques. Les images sont ensuite superposées pour reproduire les couleurs. Il a également réalisé de nombreux travaux sur la photographie couleur et stéréoscopique et simulé des images tridimensionnelles, dont plusieurs des premiers films en trois dimensions. Au cours de sa vie, il a obtenu 70 brevets dans le domaine de la photographie et de l'impression couleur. « Tel père, tel fils. » Son fils Herbert Eugene Ives a perpétué son héritage en tant que chef de file dans le domaine de la télévision en couleur et des systèmes de transmission par télécopie.

62 Thomas Edison n'a pas seulement inventé l'ampoule électrique, mais aussi la presse à imprimer

L'impression au pochoir était utilisée depuis longtemps dans la Chine ancienne. La grotte de Dunhuang, dans la province du Gansu, a mis au jour des ouvrages d'impressions au pochoir à l'aiguille de la dynastie Tang. À la fin du XIXe siècle et au début du XXe siècle, dans la marée de la propagation de la culture occidentale vers l'est, un nouveau procédé d'impression au pochoir a été introduit en Chine. Ce nouveau procédé consistait à graver ou à corroder des trous de fuite graphiques dans le papier enduit de cire, puis à les gratter avec un pinceau à encre, c'est la miméographie.

Il n'y a pas si longtemps que la technologie de la miméographie a été éliminée de l'histoire, et elle est encore dans la mémoire de nombreuses personnes aujourd'hui. Dans les années 1970 et 1980, elle était largement utilisée pour l'impression de petits volumes, tels que les copies d'examens scolaires et les documents d'organisations. Il existe en fait trois procédés de miméographie : le premier consiste à écrire à l'aide d'un stylo à bille, dont la pointe gratte la couche de cire du support papier, formant des micropores, puis à imprimer, procédé connu sous le nom de « miméographie au stylo à bille sur papier ciré ». Le deuxième consiste à tremper un pinceau dans de l'acide dilué, à dessiner et à écrire sur le support papier recouvert d'un film adhésif, décapant le film et exposant les micropores de la fibre, puis à imprimer, ce procédé est connu sous le nom d'« impression à la plume ». Ce procédé est connu sous le nom de miméographie en « version vrai stylo ». La troisième consiste à utiliser la dactylographie pour faire ressortir les caractères en plomb de la plaque, à marteler sur papier ciré pour former des micropores, puis à imprimer, ce procédé est connu sous le nom de la miméographe « dactylographique sur papier ciré ». L'impression à la plume n'a été utilisée que brièvement en Chine et au Japon, et la miméographie dactylographique sur papier ciré n' a été utilisée que brièvement au cours de l'histoire. De ces trois procédés, le plus connu est la minéographie au stylo à bille sur papier ciré, également connue sous le nom d'impression au pochoir. Elle a été inventée par Thomas Alva Edison (1847-1931). C'est bien cela ! Le grand Thomas Alva Edison, connu dans le monde entier comme l'inventeur de l'ampoule électrique. Et Thomas Edison n'a pas seulement inventé la ronéotypie, il a aussi inventé la « presse universelle Edison ».

Outre ses inventions et ses contributions au phonographe, à la l'ampoule électrique, au téléphone, au télégraphe et au cinéma, il est également à l'origine d'un certain nombre de créations et d'idées célèbres dans les

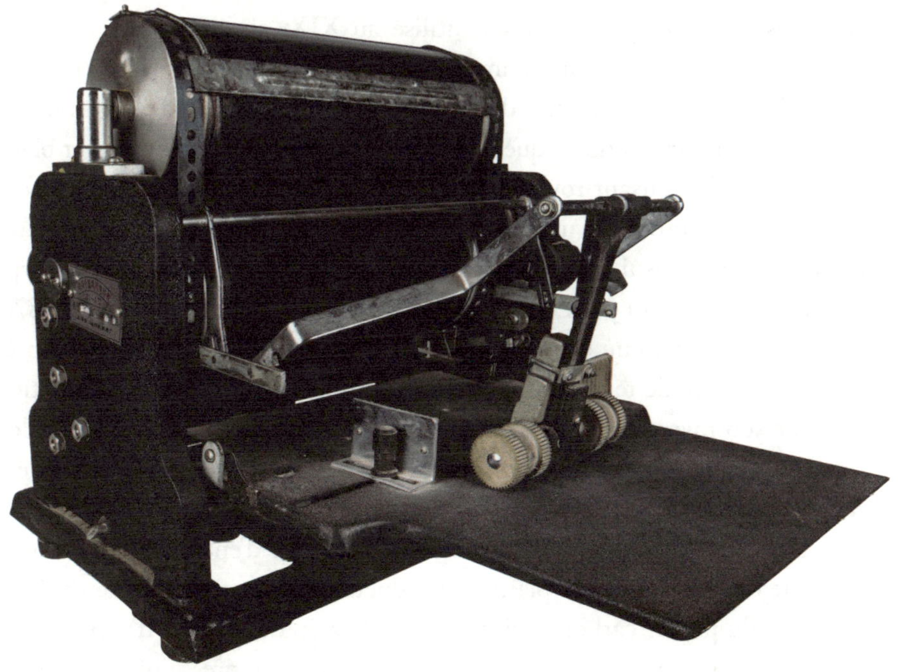

Miméographe électrique (duplicateur)

domaines de l'exploitation minière et de la construction. Edison a obtenu plus de 1 000 brevets pour ses inventions au cours de sa vie, contribuant ainsi grandement à la civilisation et au progrès de l'humanité. On peut dire que le « premier succès » de la vie d'Edison provient de l'invention de la presse d'imprimerie. Au début de juin 1869, il est arrivé à New York pour chercher du travail. Alors qu'il attendait un appel dans le bureau d'un courtier, l'un des télégraphes est tombé en panne. Edison a réparé rapidement le télégraphe et a obtenu un meilleur emploi que prévu. En octobre de la même année, il a fondé, avec un certain Pope, la Pope-Edison Company, spécialisée dans les instruments scientifiques pour l'ingénierie électrique. C'est là qu'il a inventé la « presse universelle d'Edison ». Il a vendu le brevet de cette machine d'impression au directeur d'une grande entreprise de Wall Street. Il voulait demander 5 000 dollars, mais n'eut pas le courage de le dire. Il a donc laissé le directeur fixer le prix, et il ne s'attendait pas à ce que le directeur donne 40 000 dollars. Avec cette « somme énorme », il a créé sa propre usine de fabrication à Newark, dans le New Jersey, et dès lors, ses inventions étaient comme un tigre à qui des ailes auraient poussé.

Le papier ciré, un papier neutre imprégné ou traité avec de la paraffine ou d'autres cires, était couramment utilisé au XIXe siècle comme matériau d'emballage pour les produits alimentaires tels que les bonbons et le pain. Thomas Edison a pris l'initiative d'essayer de graver le contour de lettres sur du papier ciré créant ainsi une plaque de lettres en cire, en plaçant du papier blanc sous la plaque. En faisant rouler un rouleau encreur sur la plaque, une chose merveilleuse s'est produite, une écriture claire est apparue sur le papier blanc. Thomas Edison a ensuite fixé le stylo en fer au moteur et a créé le ronéotype en contrôlant le moteur pour que le stylo en fer grave le papier. Le 8 août 1876, Thomas Edison a obtenu un brevet pour la presse à imprimer à la cire. Après un certain nombre de tests d'amélioration, Edison a commencé la production en série de son invention, le duplicateur. Plus tard, des institutions, des écoles, des établissements et des groupes ont commencé à utiliser cette machine à ronéotyper le papier ciré.

Avant l'avènement de l'impression laser et à jet d'encre, si vous n'aviez besoin que de quelques exemplaires d'un document, vous pouviez le copier à la main sur du papier carbone ; si vous aviez besoin de milliers d'exemplaires, vous pouviez les confier à une presse à platine ou à une presse offset ; mais si vous aviez besoin de dizaines ou de centaines d'exemplaires, la miméographie était la solution à retenir !

⑥③ Le premier livre imprimé dans l'hémisphère occidental

Le Mexique a une longue histoire et est connu dans le monde entier comme l'un des centres des anciennes cultures olmèque, toltèque et aztèque, ainsi que de l'ancienne culture maya.

Le Mexique est également le berceau de l'imprimerie en Amérique latine. Moins d'un siècle après l'invention de l'imprimerie, cette technologie a été introduite sur le continent nord-américain, connu sous le nom de « Nouveau Monde » découvert par Christophe Colomb 50 ans auparavant. Deux personnages principaux sont à l'origine de cette étonnante histoire : le plus grand imprimeur mexicain, Antonio de Mendoza (1490-1552), premier proconsul de la « Nouvelle Espagne » (Mexique), et l'autre est un praticien de l'imprimerie mexicaine, Juan Pablos (? -1561), premier imprimeur mexicain.

La motivation de Mendoza pour préconiser la création d'une imprimerie locale était le désir de faciliter la propagation du christianisme en imprimant et en publiant des imprimés religieux au Mexique dans la langue et l'écriture locales rapidement. Kellenberger, imprimeur à Séville, en Espagne, a reçu la première commande d'impression de Mendoza, imprimant un catéchisme en nahuatl, au Mexique. Comme les typographes qualifiés ne connaissaient pas le nahuatl et ne pouvaient pas composer les caractères mobiles, les imprimeurs ont suggéré de confier le travail d'impression à quelqu'un qui connaissait le nahuatl. C'était ainsi que le 12 juin 1539 Kellenberger a signé un contrat de partenariat de dix ans avec Pablos pour que ce dernier installe une imprimerie au Mexique. Le contrat était très détaillé et strict, et stipulait également que les caractères en plomb usagés devaient être fondus et ne pouvaient être vendus, de manière à obtenir facilement un monopole et à ne pas attirer la concurrence d'autres imprimeurs. En 1539, Pablos a quitté l'Espagne pour le Mexique avec sa famille, des presses à imprimer, des caractères mobiles en plomb, du papier et de l'encre, et a commencé à imprimer des livres à Tenochtitlan (c'est-à-dire à Mexico), l'ancienne capitale des Aztèques.

Pablos était à l'origine imprimeur en Lombardie, en Italie, et il avait à l'origine un nom italien il s'appelait Giovanni Paoli, mais peu de gens connaissaient ce nom, et le nom espagnol qu'il a pris plus tard est entré dans les annales de l'histoire mexicaine. Le premier livre imprimé par Pablos au Mexique est le *Manuel bilingue de doctrine chrétienne concise* de 1539, qui est connu comme le premier livre imprimé dans l'hémisphère occidental.

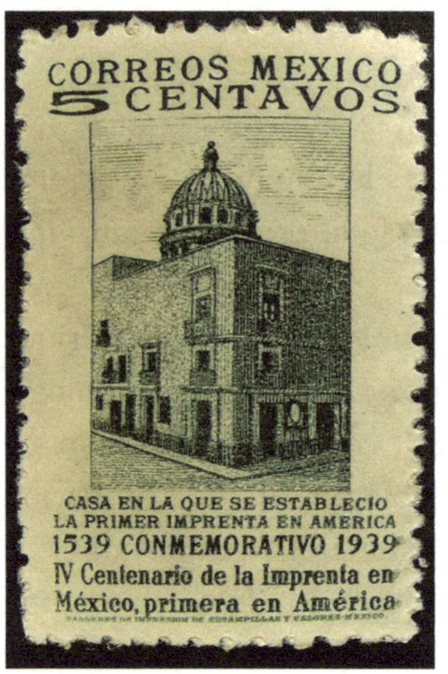

Timbre émis par le Mexique
en 1939 pour commémorer
les 400 ans de l'imprimerie au
Mexique : la première imprimerie
au Mexique créée en 1539

Malheureusement, il n'a pas survécu. Le plus ancien livre imprimé existant de l'hémisphère occidental est le *Manuel de Adutos*, publié le 13 décembre 1540, mais il n'est pas complètement conservé, à l'exception des deux dernières pages du livre trouvées dans un livre contenant des genres littéraires différents provenant de la province espagnole de Tolède. En 1560, Pablos a imprimé et a publié son dernier et plus célèbre ouvrage, *Manuel Sacramentorum*. Pablos est mort en 1561. Bien que le nom Pablos soit rarement connu dans les pays anglophones du Nouveau Monde moderne, il est considéré comme l'un des pionniers qui ont fait progresser la civilisation dans les Amériques.

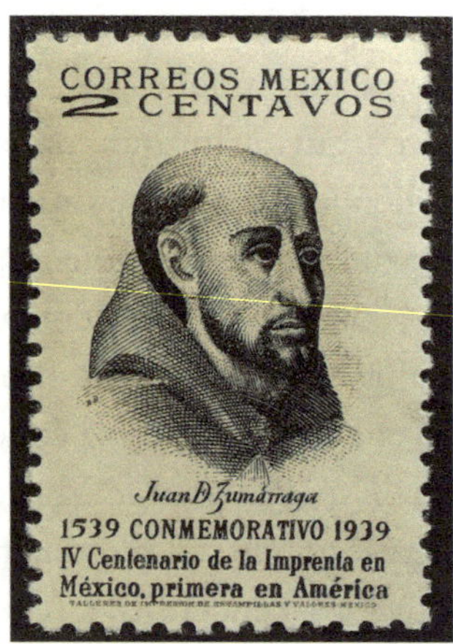

Timbre émis par le Mexique
en 1939 pour commémorer
les 400 ans de l'imprimerie au
Mexique : Juan Pablos

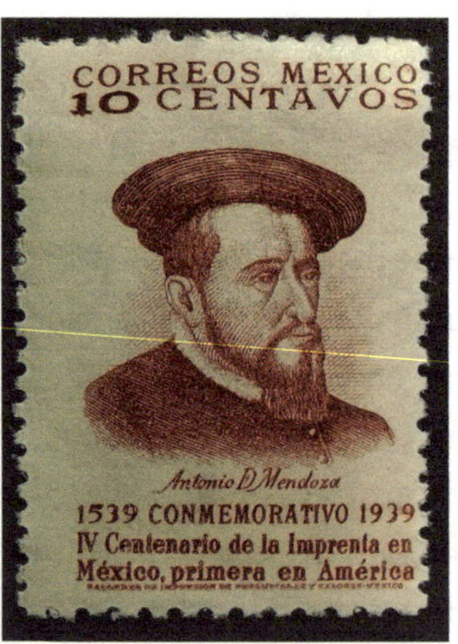

Timbre émis par le Mexique
en 1939 pour commémorer
les 400 ans de l'imprimerie au
Mexique : Antonio de Mendoza

6 4 L'industrie de l'imprimerie créée par le chef de l'État hondurien

La République du Honduras, ou plus simplement le Honduras, est un pays montagneux d'Amérique centrale, dont la partie occidentale a été l'un des centres de la civilisation maya du IVe au VIIe siècle. En 1502, Christophe Colomb est arrivé dans l'archipel du Honduras et le Honduras a commencé à avoir des contacts avec l'Europe. En 1524, le Honduras est devenu une colonie espagnole et en 1539, le Honduras est passé sous la juridiction du gouvernement métropolitain du Guatemala. Le Honduras a déclaré son indépendance le 15 septembre 1821. En 1822, il a été incorporé au Premier Empire Mexicain et en 1823, il a rejoint la Fédération centraméricaine, dont il s'est retiré en octobre 1838 pour former une république.

Bien que l'Espagne tirât beaucoup de richesses du Honduras, le gouvernement espagnol a rarement utilisé ces richesses pour promouvoir le développement du Honduras. Lorsque l'indépendance a été déclarée en 1821, le Honduras n'avait ni imprimerie, ni journaux, ni même d'université. Ce retard n'a pas changé jusqu'à la naissance d'un héros national hondurien. Son nom complet est José Francisco Morazán Quezada (1792-1842), un général hondurien, homme politique et président de la République fédérale d'Amérique centrale (1830-1839). Étonnamment, il a également été chef d'État du Honduras, du Guatemala, du Salvador et du Costa Rica, respectivement.

Né à Tegucigalpa, au Honduras, dans une famille de nobles immigrants corses, Morazán était assistant du maire de Tegucigalpa lorsque l'Amérique centrale a déclaré son indépendance de l'Espagne en 1821, et a été nommé secrétaire général du gouvernement de la République indépendante du Honduras, qui avait été établie par son oncle, Dionisio de Herrera, en 1824. Le 27 novembre 1827, Morazán s'est emparé de Comayagua et s'est déclaré maître du Honduras. Peu après, il a pris la tête de l'expulsion des forces d'Alcé du Salvador et est devenu souverain du Salvador.

En 1829, Morazán, alors général du Guatemala, avait un sens aigu des médias et comprenait l'importance de l'imprimerie ; il a donc apporté la presse à imprimer au Honduras et a créé la première imprimerie du pays. En 1830, cette imprimerie a commencé à publier *La Gaceta* de *La Nación*, un hebdomadaire qui est devenu le « porte-parole » du gouvernement et a diffusé des annonces et des informations à la population. La même année, Morazán a été élu nouveau

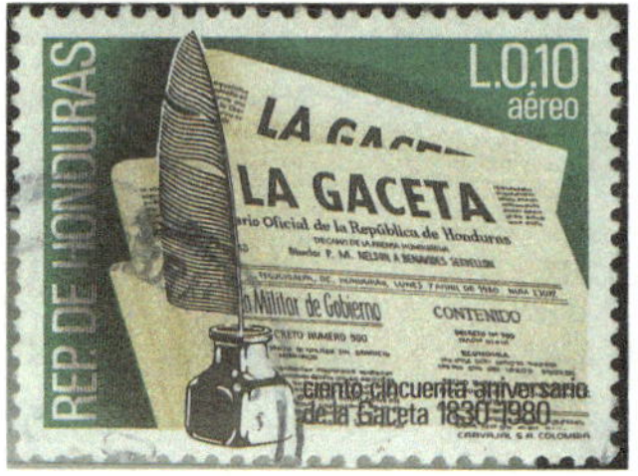

Timbre émis au Honduras en 1980 pour commémorer les 150 ans de l'impression de journaux au Honduras

président de l'Amérique centrale. Après son accession au pouvoir, Morazán a introduit une série de réformes, telles que la séparation de l'Église et de l'État et la liberté d'expression, et a banni tous les ecclésiastiques qui ne coopéraient pas avec le nouveau régime. En 1831, un autre journal hondurien, *The Beam*, a été publié, mais seulement pendant une courte période.

Morazán est mort en 1842, et après sa mort, il a été salué comme un héros national par le Honduras et le Salvador, qui ont chacun un département portant son nom, Francisco Morazán au Honduras et Morazán au Salvador. Il est également entré dans l'histoire comme le premier à avoir introduit l'imprimerie au Honduras.

CHAPITRE V

Histoire de l'imprimerie en Amérique du Sud

L'Amérique du Sud est le berceau des premiers explorateurs indigènes. Avant l'arrivée des colons européens, cette région était dominée par l'Empire inca. Aujourd'hui, l'Amérique du Sud se compose de seulement 12 pays indépendants, ainsi que de régions comme la Guyane française. Ce chapitre couvrira 7 histoires de l'imprimerie des 7 pays suivants : l'Argentine, le Brésil, la Colombie, le Suriname, l'Uruguay, le Venezuela et le Chili.

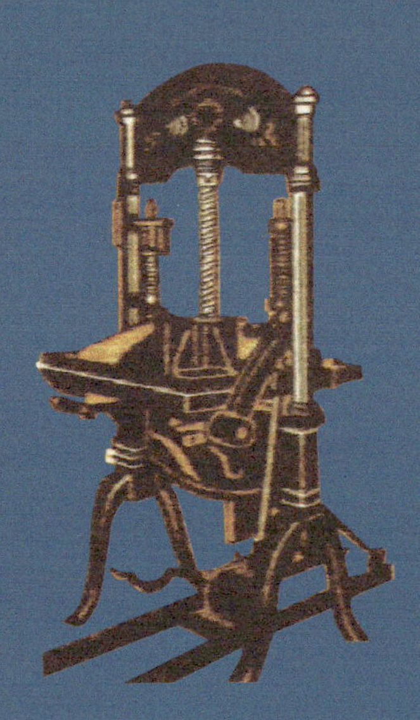

⑥⑤ Brève histoire du développement de l'imprimerie en Argentine

La République argentine, abrégée en Argentine, est un pays fédéral à régime présidentiel composé de 23 provinces et de la capitale fédérale (Buenos Aires). Elle est située dans le sud-est de l'Amérique du Sud. Avant le XVIe siècle, ses habitants étaient des peuples autochtones amérindiens. Au milieu du XVIe siècle, l'Argentine est devenue une colonie espagnole. Elle a obtenu son indépendance le 9 juillet 1816 et a été officiellement nommée République argentine en 1860.

Pendant la période de colonisation espagnole, l'industrie de l'imprimerie et de l'édition en Argentine était soumise au contrôle du gouvernement et de l'église. Les autorités interdisaient l'ouverture de bibliothèques et de librairies, et les livres non catholiques étaient strictement interdits d'entrée. En 1556 et 1560, le roi Philippe II a interdit à deux reprises la publication non autorisée de livres sur l'Amérique du Sud. L'Église catholique était responsable de la censure préalable des publications autorisées. Le premier journal imprimé dans la colonie était le *El Correo de Comercio* en espagnol, publié le 1er avril 1801 à Buenos Aires. Le propriétaire de l'imprimerie, Cabedo, avait obtenu une licence d'impression et de distribution de ce journal du gouverneur colonial.

À la fin de la période de colonisation espagnole en Argentine, la publication clandestine des ouvrages s'est intensifiée. Les œuvres des penseurs des Lumières tels que Voltaire, Montesquieu et Rousseau, ainsi que des rapports et des correspondances privées de la période de la Révolution française, ont afflué depuis le port de Buenos Aires. Les discussions sur les révolutions européennes ont commencé à s'animer dans les salons de thé et les tavernes, entre autres lieux de rassemblement. En raison du nombre impressionnant de livres progressistes de contrebande, le gouverneur a ordonné la saisie des « imprimés illégaux » en provenance d'Europe et d'Amérique du Nord le 17 août 1799. La définition des « imprimés illégaux » incluait à la fois les récits des soulèvements et des révolutions européens, ainsi que les « faits erronés » diffamant l'Empire espagnol.

Cependant, les publications légalement autorisées par les autorités sont devenues de plus en plus des outils de propagande et d'organisation révolutionnaires. Manuel Belgrano, rédacteur en chef du *Correo de Comercio*, était lui-même un pionnier de la révolution. Il a même utilisé sa propre maison comme base révolutionnaire. En 1810, Belgrano a menti aux autorités en prétendant discuter de la publication du *Correo de Comercio*, tout en organisant secrètement une réunion de révolutionnaires à son domicile à Buenos Aires. Cette réunion a conduit à la formation du « Conseil du Commerce de Buenos Aires », qui est devenu plus tard l'organisation dirigeante de la révolution pour l'indépendance. Le 10 mai 1810, la Révolution de Mai a éclaté et le gouvernement provisoire du Río de la Plata a été établi. Le 10 mai est depuis lors la fête nationale de l'Argentine. Les participants à la « Révolution de Mai »

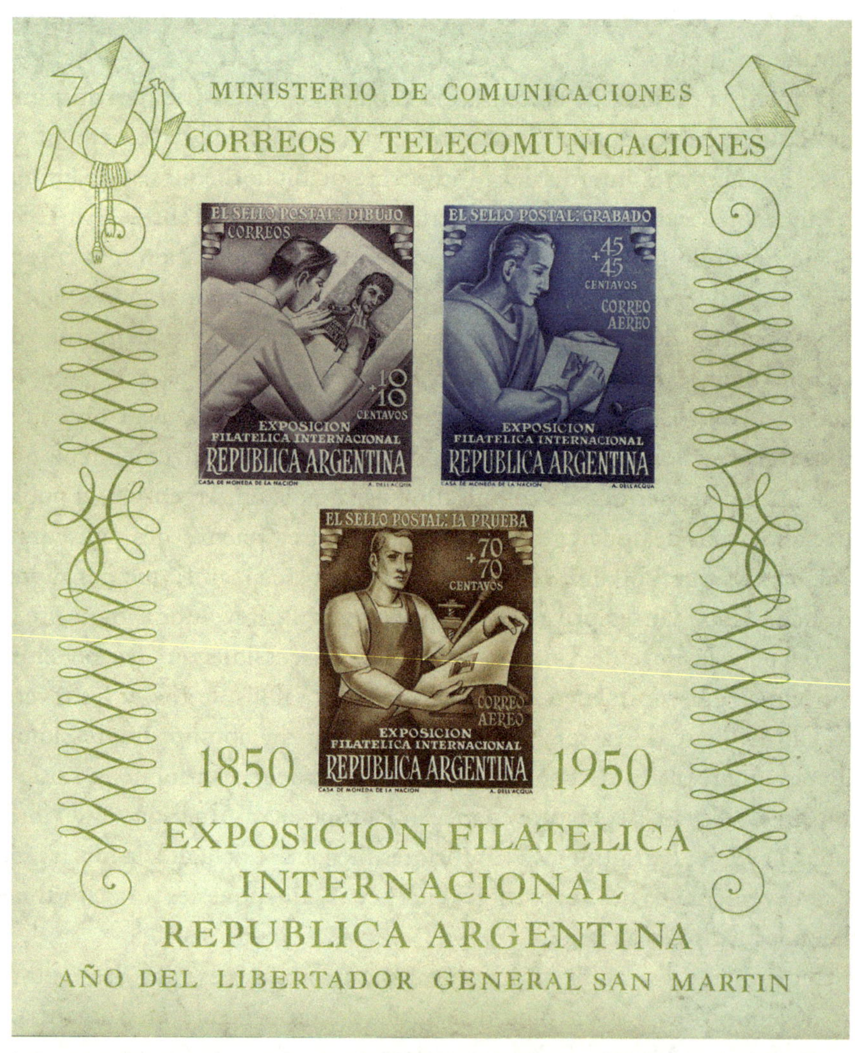

En 1950, l'Argentine a émis des timbres-poste représentant les différentes techniques d'impression. Les valeurs faciales des timbres étaient respectivement des ébauches de peinture, des plaques gravées et des impressions en taille-douce.

étaient principalement des membres du « Conseil du Commerce de Buenos Aires », une organisation secrète affiliée au Correo de Comercio.

Le 7 juin 1810, le journal officiel du gouvernement provisoire, le *Gazeta de Buenos Aires*, a été créé, avec le célèbre érudit Mariano Moreno comme rédacteur en chef. Il était publié une fois par semaine. Ce journal faisait la promotion de la liberté de la presse, couvrait la guerre d'indépendance et expliquait les politiques gouvernementales. Étant donné que peu de personnes savaient lire à cette époque, le gouvernement provisoire a ordonné qu'après la messe à l'église, une personne spécialement désignée lise publiquement les contenus du *Gazeta de Buenos Aires*. Le *Gazeta de Buenos Aires* est considéré comme le premier journal moderne d'Argentine, et c'est pourquoi le 7 juin est célébré chaque année en Argentine en tant que Journée des journalistes.

Le célèbre poète Hilario Ascasubi (1807-1875) est le premier poète à avoir introduit la presse moderne dans la ville de Salta en Argentine. Ascasubi est issu d'une famille commerçante. À l'âge de 12 ans, il a abandonné l'école et voyagé dans divers endroits tels que l'Amérique du Nord, la France et l'Angleterre. En 1824, il a fondé une imprimerie à Salta et publié le *Revista de Salta*. L'année suivante, il a rejoint l'armée du parti unitaire opposé à Juan Manuel de Rosas. De 1830 à 1832, il a été arrêté et emprisonné par le régime dictatorial de Rosas. Plus tard, il s'est exilé en Uruguay à Montevideo, où il a publié des journaux tels que *El Gaucho* et *Gaucho Hasinto Sierra*. Son premier recueil de poèmes était « Diálogo de las cosas ocurridas en el Gaucho-Jacinto Piedra y el cacique Cipriano Puelman.» En 1853, il a fondé le journal *Aniceto El Gallo* à Buenos Aires.

⑥⑥ La création de l'imprimerie moderne au Brésil

Le 22 avril 1500, une flotte portugaise dirigée par le navigateur Pedro Álvares Cabral a accidentellement atteint le port de Porto Seguro sur la côte nord-est du Brésil. Cet événement historique a été considéré par les européocentristes comme la « découverte du Brésil ». Cependant, en 1994, des manuels d'histoire de l'école secondaire publiés au Brésil ont remis en cause cette affirmation, faisant valoir que les Portugais n'ont pas « découvert le Brésil », mais l'ont « conquis ». En effet, avant l'arrivée des Portugais, entre 1 et 5 millions d'Amérindiens vivaient sur cette terre brésilienne. Bien sûr, les colons, tout en détruisant la culture des Amérindiens et en les exploitant

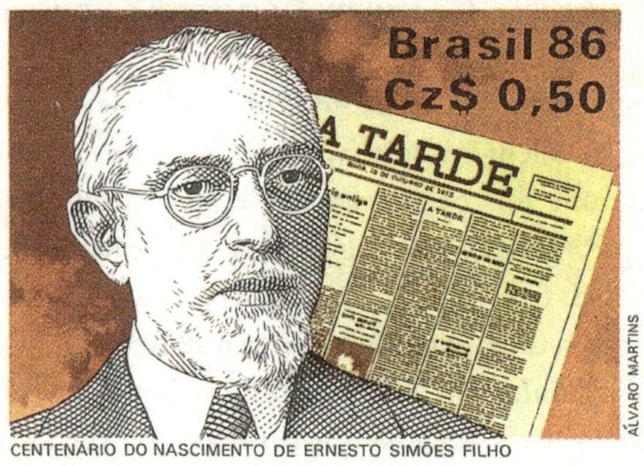

Le célèbre journaliste brésilien Ernesto Simões da Silva Tasfillo, qui a fondé A Tarde en 1912, le plus ancien journal de l'État de Bahia et le plus important du nord et du nord-est du pays.

comme main-d'œuvre, ont également accéléré le processus de modernisation du pays. L'industrie de l'imprimerie moderne a également accompagné le voyage des colons et est arrivée au Brésil.

En 1808, Napoléon a envahi le Portugal avec son armée. Cet événement historique apparemment sans lien avec le Brésil a néanmoins apporté l'art de l'imprimerie moderne au pays. En raison de l'occupation du Portugal, la famille royale portugaise a été contrainte de se déplacer. Sous l'escorte de la flotte britannique, la famille royale portugaise s'est installée dans la ville côtière de Rio de Janeiro, dans le sud du Brésil. À l'époque, la population totale du Brésil était seulement de 3 millions d'habitants, tandis que Rio de Janeiro comptait environ 60 000 habitants. Avec l'arrivée de la famille royale à Rio de Janeiro, des infrastructures culturelles telles que des musées et des écoles ont été construites. Le 10 septembre 1808, une machine d'imprimerie a été apportée au Brésil avec la famille royale portugaise. C'était la première machine d'imprimerie de l'histoire du Brésil, marquant ainsi le début de l'industrie de l'imprimerie moderne dans le pays.

Les « gazettes » de l'avant et de l'après la révolution bourgeoise en Europe, bien qu'étant publiées publiquement, reflétaient davantage la volonté des autorités. En même temps, avec le début de la domination coloniale européenne, des journaux ont commencé à apparaître dans les colonies du monde entier. Sans exception, en tant qu'un des moyens de contrôle des colonies par les puissances coloniales, les « gazettes » étaient souvent les premiers journaux à apparaître dans les colonies. À partir du XVIᵉ siècle, des pays comme l'Espagne, le Portugal, les pays-Bas, ont répandu l'imprimerie européenne et cette simple « Gazette » dans le monde entier au cours de leur expansion mondiale. Après l'arrivée de la première machine d'imprimerie au Brésil, le premier journal officiel, la « Gazeta do Rio de Janeiro », a été imprimée. La même année, José Martin, un homme d'affaires et homme politique brésilien vivant à Londres, a fondé les journaux « Postagem no brasil » et « Jornal literário e artístico », qu'il imprimait à Londres avant de les transporter secrètement au Brésil pour les distribuer. En 1822, Martin a transféré « Postagem no brasil » pour être imprimé et distribué au Brésil, et depuis lors, il n'a cessé de se développer pour devenir le plus ancien journal de l'histoire du Brésil.

Le premier journal partisan fondé après l'établissement de la République fédérale du Brésil était « Jornal do Brasil », lancé en 1891. En l'an 2000, ce journal, qui avait alors 119 ans d'histoire, a annoncé l'arrêt de sa publication sur support papier pour se concentrer uniquement sur sa version en ligne. Cette décision reflète un fait : avec la popularisation des médias en ligne, l'ère de la presse écrite représentée par les journaux imprimés est progressivement en train de sortir de la scène de l'histoire.

6 7 Un timbre colombien de grande valeur et d'édition erronée

La République de Colombie, abrégée en Colombie, était à l'origine le lieu de résidence des Indiens. Elle est devenue une colonie espagnole en 1536. En 1886, les États-Unis de Colombie sont devenus la République de Colombie. Le nom du pays rend également hommage à Christophe Colomb, qui a découvert le continent américain en 1492. Il est composé du nom de Colomb ajouté au suffixe latin « -ia », ce qui signifie « le pays de Colomb ». Dans le monde occidental, Colomb est particulièrement vénéré en raison de sa grande contribution à l'expansion des frontières. Ainsi, de nombreux éléments sont nommés d'après la Colombie, tels que l'Université de Colombie, la Compagnie de Colombie, les Éditions de Colombie, la Province de Colombie... Il existe même une machine d'impression de style colombien !

En 1859, la Colombie a émis sa première série de timbres-poste. La méthode d'impression utilisée était la lithographie. Cependant, en raison de la grande taille de la plaque lithographique par rapport à la taille réduite des timbres, il était nécessaire de disposer plusieurs petites plaques sur une plaque complète pour imprimer un grand nombre de timbres en une seule fois. Ainsi, le processus de gravure utilisé pour cette série de timbres consistait à d'abord

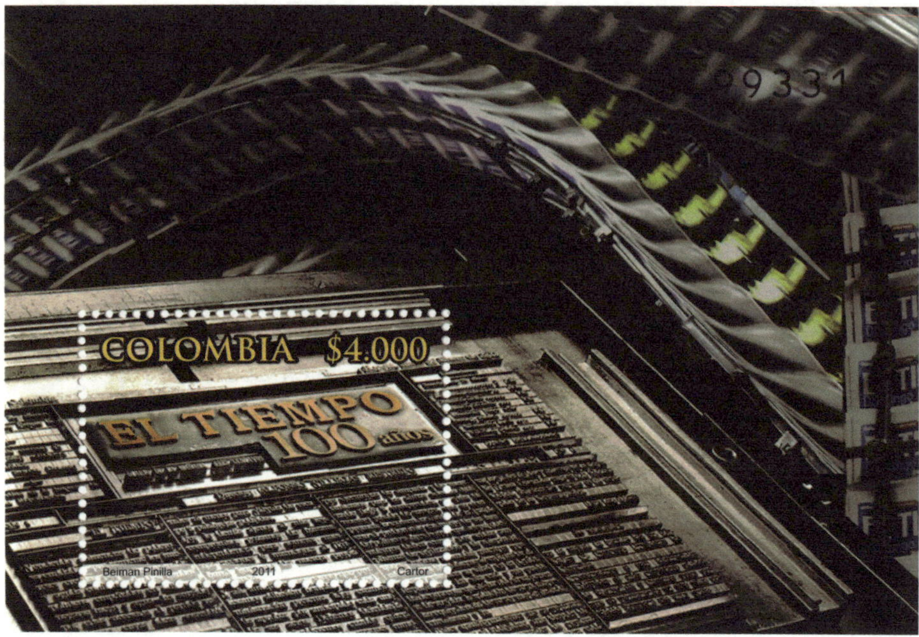

Fondé en 1911, le journal colombien El Tiempo est l'un des plus influents du pays

sculpter manuellement une plaque en relief en tant que matrice originale, puis transférer cette plaque en relief sur une pierre lithographique selon un ordre déterminé. Il a fallu effectuer ce transfert 55 fois au total pour obtenir la plaque lithographique finale.

La taille réduite des timbres-poste les rendait très petits, et les images transférées sur les plaques lithographiques étaient inversées, ce qui rendait les erreurs très courantes. Cette série de timbres présentait plusieurs types d'erreurs. Dans certains cas, des timbres de différentes valeurs étaient regroupés sur une même plaque, ce qui entraînait un désordre dans l'ordre des valeurs sur les feuilles imprimées en continu. Dans d'autres cas, les feuilles contenant les timbres imprimés en continu étaient désordonnées, avec des renversements d'images. Et il y avait même une situation où le motif d'un timbre de 20 centavos (l'unité monétaire colombienne à l'époque) avait été transféré sur la plaque lithographique d'un timbre de 5 centavos. Lorsque les employés de l'imprimerie ont découvert cette erreur, ils ont tenté de corriger le problème en modifiant le « 2 » en « 5 ». Cependant, non seulement la modification était inexacte, mais ils ont également oublié d'enlever le « 0 », ce qui a résulté à l'apparition de timbres erronés d'une valeur de 50 centavos.

Les timbres erronés sont des versions défectueuses de timbres. Que ce soit une erreur de conception, de gravure, d'impression, de papier ou de dentelure, tout cela constitue une erreur d'impression. Cependant, en raison de l'adage selon lequel « ce qui est rare est précieux » dans le milieu de la philatélie, ces timbres erronés de qualité inférieure ont vu leur valeur augmenter, devenant ainsi des objets de collection prisés par les philatélistes du monde entier. Lors d'une vente aux enchères dans les années 1980, le prix de vente d'un timbre erroné de 50 centavos s'est même élevé à plusieurs dizaines de milliers de dollars américains.

❻❽ L'imprimerie comme moyen de construire un pont d'amitié entre la Chine et le Suriname

La République du Suriname, abrégée en Suriname, était à l'origine une région habitée par les Amérindiens. En 1593, elle a été déclarée territoire espagnol par les explorateurs espagnols. Les Néerlandais ont commencé à s'installer ici en 1602, suivis par les immigrants britanniques en 1630. En 1667, les Pays-Bas et l'Angleterre ont signé un traité faisant du Suriname une colonie néerlandaise. Le 25 novembre 1975, le Suriname a proclamé son indépendance et est devenu la République du Suriname. Que ce soit en termes de superficie ou de population, le Suriname est le plus petit pays d'Amérique du Sud et le seul pays de l'hémisphère occidental ne faisant pas partie du Royaume des Pays-Bas à avoir le néerlandais comme langue officielle, tandis que la langue courante est le surinamais.

L'amitié entre la Chine et le Suriname remonte loin dans le temps. Les Chinois ont émigré au Suriname il y a environ 165 ans, et la culture chinoise s'est profondément enracinée dans la diversité culturelle locale. Il est surprenant de constater que, dans ce pays où la plupart des Chinois se sentent étrangers, le hakka, une langue chinoise, est une langue officielle. De plus, en avril 2014, le gouvernement surinamien a déclaré le Nouvel An chinois comme un jour férié permanent au Suriname, ce qui est absolument unique dans la région américaine. Dans le secteur de l'imprimerie de presse au Suriname, les publications en chinois représentent également une petite moitié. Le Suriname compte environ 10 journaux, dont le *Paramaribo Post*, le *Suriname Times*, le *Truth Times*, le *Western Evening News*, le *Voice of Freedom*, et l'*Express* sont des journaux en anglais ou en néerlandais, tandis que le *China Daily*, le *Huaxin*

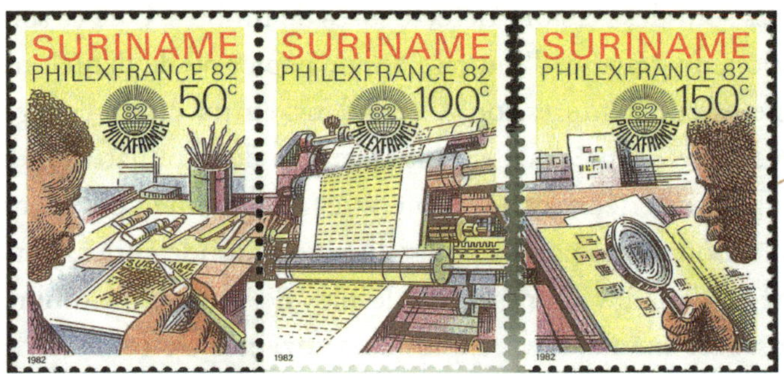

Les timbres montrent le Surinamais en train de graver la plaque, d'imprimer sur la presse et d'admirer les tirages.

News, et *Xunnan Daily* sont des journaux en chinois. Cependant, ces journaux, en particulier les journaux chinois, ont souffert d'une technologie d'impression arriérée et d'une qualité médiocre depuis leur création, et même jusqu'à la fin du XXe siècle, ils utilisaient encore la dactylographie et l'impression à l'huile.

Par le biais de l'imprimerie, le pont de l'amitié entre la Chine et le Suriname s'est construit. En raison du retard de l'industrie de l'imprimerie au Suriname, l'industrie de l'imprimerie chinoise a apporté différents types d'assistance à l'industrie de l'imprimerie surinamaise, notamment en exportant des équipements d'impression fabriqués en Chine vers le Suriname, ainsi qu'en fournissant une formation en techniques d'impression et en organisant des expositions d'impression pour favoriser les échanges. La société chinoise Qingdao RPM Electronics Co., Ltd., basée dans la province du Shandong, est l'un des représentants de cette assistance. Depuis 1994, cette entreprise produit des presses offset de la série SOLNA. Les presses offset SOLNA se caractérisent par des performances élevées, un faible investissement et un fonctionnement stable, ce qui les rend parfaitement adaptées aux besoins d'investissement des régions moins développées sur le plan économique. C'est pourquoi ses presses sont vendues à des dizaines de pays et de régions dans le monde entier. Commandée par le ministère du Commerce de la République populaire de Chine en mars 2008, en tant qu'équipement d'aide à la construction du Suriname, les presses offset SOLNA de RPM Electronics ont été transportées de Chine à Paramaribo, la capitale du Suriname, de l'autre côté de l'océan Pacifique. Cette exportation de technologie d'impression est l'un des projets d'aide de la Chine pour le développement et la construction de l'industrie de l'imprimerie au Suriname. Outre les presses d'imprimerie qui ont traversé l'océan, des techniciens de l'imprimerie se sont également rendus au Suriname pour former et guider les travailleurs locaux, afin de les aider à progresser le plus rapidement possible et de promouvoir le développement de l'industrie de l'imprimerie en général.

Plus de mille ans après son invention, l'imprimerie est partie de Chine, s'est répandue dans le monde entier par la longue Route de la soie, a été transmise dans le monde entier, transformée de manière créative et développée de manière innovante, et a profité à l'ensemble de l'humanité. Afin de promouvoir la construction d'une communauté de destin pour l'humanité dans la nouvelle ère, la Chine a lancé en 2013 l'initiative visant à construire la Ceinture économique de la Route de la soie et la Route de la soie maritime du XXIe siècle. Aujourd'hui, l'initiative passe progressivement du concept à la pratique, de la vision à la réalité, et le fait que le développement de la Chine ait conduit au progrès du Suriname en est précisément l'un des fruits. Le 27 novembre 2019, le président chinois Xi Jinping et le président surinamais Joseph Bouterse ont annoncé conjointement l'établissement d'un partenariat stratégique de coopération entre la Chine et le Suriname au Palais du Peuple.

⑥⑨ Le « père de la presse » uruguayen décédé lors d'un duel

La République orientale de l'Uruguay, abrégée en Uruguay, était à l'origine un territoire habité par des Indiens. À partir de 1680, il a été disputé par les colons espagnols et portugais, est devenu une colonie espagnole en 1777, a été occupé par le Portugal en 1816 et a été annexé au Brésil par le Portugal en 1821. Le 25 août 1825, l'Uruguay a obtenu son indépendance du Brésil. Une junte militaire a été mise en place en 1973 et a imposé une dictature, qui a rendu le pouvoir au peuple en 1984.

Au cours de la première moitié du XXe siècle, l'économie de l'Uruguay était stable et la société paisible. En 1916, l'Uruguay a créé l'Office national de l'imprimerie et a introduit des machines d'impression avancées à caractères mobiles. En 1918, Washington Beltran (1885-1920) a co-fondé le journal *El Pais* avec d'autres personnes. Washington Beltran était à la fois avocat, journaliste prolifique et écrivain. Il est ensuite devenu le rédacteur en chef d'*El Pais* et s'est fait connaître pour son talent extraordinaire en matière de discours politiques. Il est également devenu un membre important du Parti national de l'Uruguay et une figure influente de la politique latino-américaine de l'époque. Cependant, ce pionnier de la presse moderne en Uruguay est devenu une

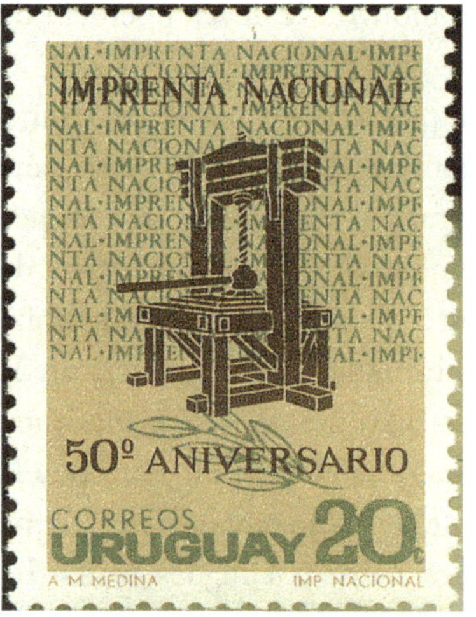

En 1916, l'Imprimerie nationale de l'Uruguay a été créée. Le timbre représente une presse à imprimer de Gutenberg.

victime de la tradition européenne du duel, et en même temps, il a mis fin aux duels légaux en Uruguay.

En 1920, le journal *El Pais* sous la direction de Beltrán, a publié un article intitulé *Les partisans de la fraude*, dénonçant publiquement les manœuvres frauduleuses du parti dirigé par l'ancien président Jose Batlle y Ordoñez lors des élections. C'est précisément cet article qui a conduit au drame. Depuis le XVIIᵉ siècle, les duels étaient largement pratiqués dans la haute société occidentale. Beltrán et Ordoñez ont convenu de se battre en duel. Le 2 avril, le lieu du duel a été fixé dans la capitale uruguayenne, Montevideo, et de nombreux politiciens, y compris le vice-président, ont

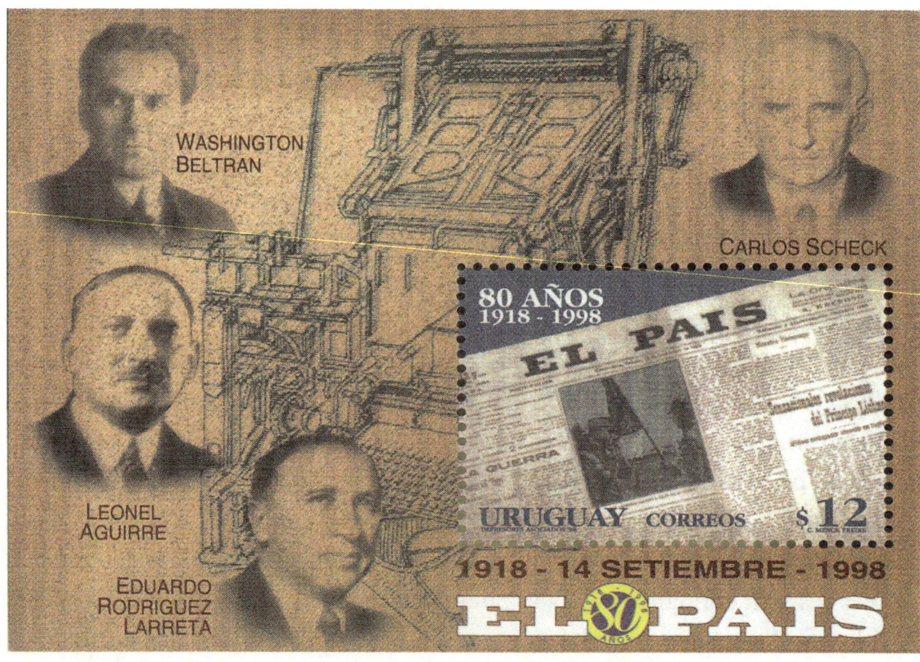

Timbre commémorant l'imprimerie et les fondateurs du journal uruguayen El Pais, avec Washington Beltrán, en haut à gauche.

assisté en tant qu'arbitres ou spectateurs sur le terrain du duel. De manière dramatique, il a commencé à pleuvoir abondamment ce jour-là. Les duellistes ont attendu trois heures en espérant que la pluie cesse, mais elle a continué de tomber. En désespoir de cause, l'arbitre a annoncé que le duel aurait lieu sous la pluie. Les deux hommes se sont tenus à 25 pas l'un de l'autre et ont tiré. Finalement, Beltrán a été touché et est tombé. Cependant, il est entendu que l'une des conditions convenues par Beltrán et Ordoñez pour le duel était qu'aucun des deux ne poursuivrait l'autre en cas de blessure. Néanmoins, étant donné que les deux hommes étaient des personnalités politiques de l'Uruguay, et que Beltrán était un homme de presse, ce duel s'est rapidement répandu dans toute l'Amérique du Sud, ainsi qu'en Europe et en Amérique du Nord, créant une onde de choc. Le procureur général de l'État uruguayen a ordonné l'arrestation d'Ordoñez, du médecin et des personnes liées au duel, Ordoñez s'est rendu volontairement à la police. Il a été placé en détention à la police et interrogé. Par la suite, la Chambre des représentants de l'Uruguay a adopté une résolution déclarant les duels illégaux et a prononcé une sentence obligeante Ordoñez à verser une pension annuelle de 3 000 dollars à la veuve de Beltrán. Le fils de Beltrán, Washington Beltrán Mullin, a été président de l'Uruguay de 1965 à 1966.

Jusqu'à ce jour, *El Pais* reste le journal le plus largement diffusé en Uruguay. De plus, cette société de presse s'est développée en un groupe de médias qui possède le site Internet le plus influent d'Uruguay, couvrant l'actualité, les services, les petites annonces, le shopping et plus encore, en anglais, français, allemand, italien, japonais et portugais.

🟤🟤 Qui a fondé la première imprimerie au Venezuela ?

La République bolivarienne du Venezuela, abrégée en Venezuela, était à l'origine habitée par les Indiens Arawa et Carib. En 1498, Christophe Colomb a découvert le Venezuela lors de son voyage à la recherche d'un nouveau continent. En 1499, l'explorateur espagnol Alonso de Ojeda a appelé le pays Venezuela, ce qui signifie « Petite Venise ». En 1567, il est devenu une colonie espagnole ; il a déclaré son indépendance le 5 juillet 1811, et en 1830, il a été créé sous le nom de République fédérale du Venezuela ; en 1999, il a changé de nom pour prendre son nom actuel.

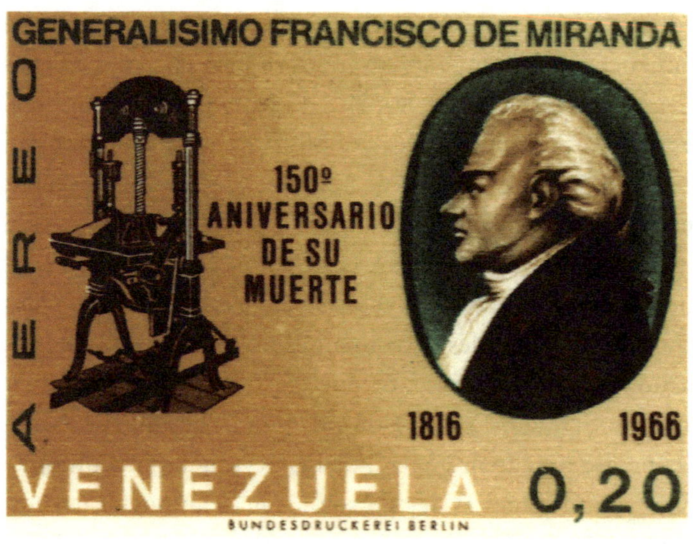

Francisco de Miranda et la première presse à imprimer du Venezuela

En 1966, à l'occasion du 150e anniversaire du décès de Francisco de Miranda (1750-1816), le service postal du Venezuela a confié à la société fédérale allemande d'impression de billets la tâche d'émettre un timbre commémoratif représentant le portrait de Miranda et une machine d'impression. Mais qui était Miranda et pourquoi l'a-t-on associé à une machine d'impression ?

Que ce soit dans les pays d'Amérique latine ou dans les pays européens, Francisco de Miranda est considéré comme une figure marquante de la fin du XVIIIe siècle et du début du XIXe siècle, avec une vie aux multiples facettes. Il a été un pionnier du mouvement d'indépendance latino-américain et un dirigeant de la première République du Venezuela. Mais aux yeux des écrivains, il était un révolutionnaire au charme envoûtant, un précurseur mélancolique de l'indépendance américaine. L'écrivain britannique Naipaul le décrit ainsi dans son livre *The Way of the World* : « Il est devenu un amoureux de la liberté parmi les Américains ; un révolutionnaire parmi les Français ; un noble mexicain et comte au sein de la haute société sous le règne de Catherine la Grande en Russie ; un dirigeant en exil parmi les Britanniques, une personne capable d'ouvrir un continent entier aux producteurs britanniques. » Il est également considéré comme le fondateur de l'imprimerie au Venezuela. Il a non seulement imprimé le premier journal vénézuélien, mais il a également dessiné le premier drapeau du pays.

Cependant, il est également bien documenté que la première imprimerie au Venezuela a été fondée par Matthew Gallagher et James Lamb. Ils ont apporté la première presse à imprimer de l'île voisine de Trinité, sous contrôle britannique, en 1808 et, le 24 octobre de la même année, ils ont publié la *Gazette de Caracas*, qui est généralement considérée comme la première publication régulière du Venezuela. Le communiqué fondateur de son numéro inaugural était *Inauguration et ouverture de l'imprimerie*. À partir du numéro 5 (publié le 11 novembre 1808), chaque numéro de la *Gazette de Caracas* se terminait par une ligne indiquant « imprimerie de Gallagher et Lamb ».

En effet, entre 1790 et 1800, il y a eu plusieurs tentatives de création des imprimeries au Venezuela, qui ont toutes été interdites par le gouvernement colonial. Les colonisateurs espagnols craignaient l'essor de l'imprimerie parce qu'elle constituait un puissant outil de diffusion des idées révolutionnaires et un instrument du protestantisme. La raison pour laquelle on pense généralement que Miranda a imprimé le premier journal vénézuélien est que cette affirmation n'est pas tout à fait exacte ; il serait plus juste de dire que Miranda a imprimé le premier journal de la République du Venezuela.

L'impression et la distribution de la presse ont joué un rôle important dans la diffusion des idées des Lumières et la formation du nationalisme local. Miranda, en tant qu'homme politique, a compris l'importance de l'impression de la presse et a fondé en 1810 la première publication en langue espagnole dans une colonie latino-américaine, *El Colombiano*, pour promouvoir la liberté. C'est pourquoi, dès l'indépendance, l'imprimerie a été immédiatement utilisée comme moyen de publication et d'impression du journal officiel, utilisant le journal comme outil de propagande.

❼❶ Comment imprimer au mieux la carte complète du Chili ?

Comment doit-on imprimer la carte de la République du Chili ? C'est une question qui préoccupe le peuple chilien depuis très longtemps, et c'est aussi une question qui préoccupe les internautes à l'ère d'Internet. Est-il si difficile d'imprimer une carte ? En quoi cela pose-t-il problème ?

La République du Chili, abrégée en Chili, était à l'origine habitée par des Indiens. Au XVIe siècle, elle était encore en transition de clans matrilinéaires à des clans patrilinéaires, avant de devenir une colonie espagnole. Le Chili a obtenu son indépendance en 1818. D'un point de vue géographique, le Chili est véritablement unique. Il possède une côte d'une longueur totale d'environ

10 000 kilomètres et s'étend sur 4 352 kilomètres du nord au sud. Si on le place sur une carte de la Chine, cela équivaudrait approximativement à la distance entre la région la plus septentrionale de la province du Heilongjiang et l'archipel des îles Paracels. La largeur du pays entre l'est et l'ouest varie de seulement 90 à 400 kilomètres, ce qui en fait le pays le plus étroit du monde.

Dans le monde, il existe plus de 200 pays et régions, chacun ayant une forme différente. Par exemple, la forme de la Chine ressemble à un coq fier, celle des États-Unis ressemble à un rhinocéros, et celle du Portugal ressemble à une carotte… Mais la forme du Chili est assez unique, elle ressemble à un pinceau fin et particulièrement long. De plus, ce long « pinceau » n'est ni orienté nord-sud, ni est-ouest, il est incliné. L'impression des cartes ne pose pas de problème dans la plupart des pays. Mais pour le Chili, imprimer une carte sur une seule feuille de papier est un véritable casse-tête. En effet, en théorie, les cartes doivent inclure des inscriptions suffisamment grandes

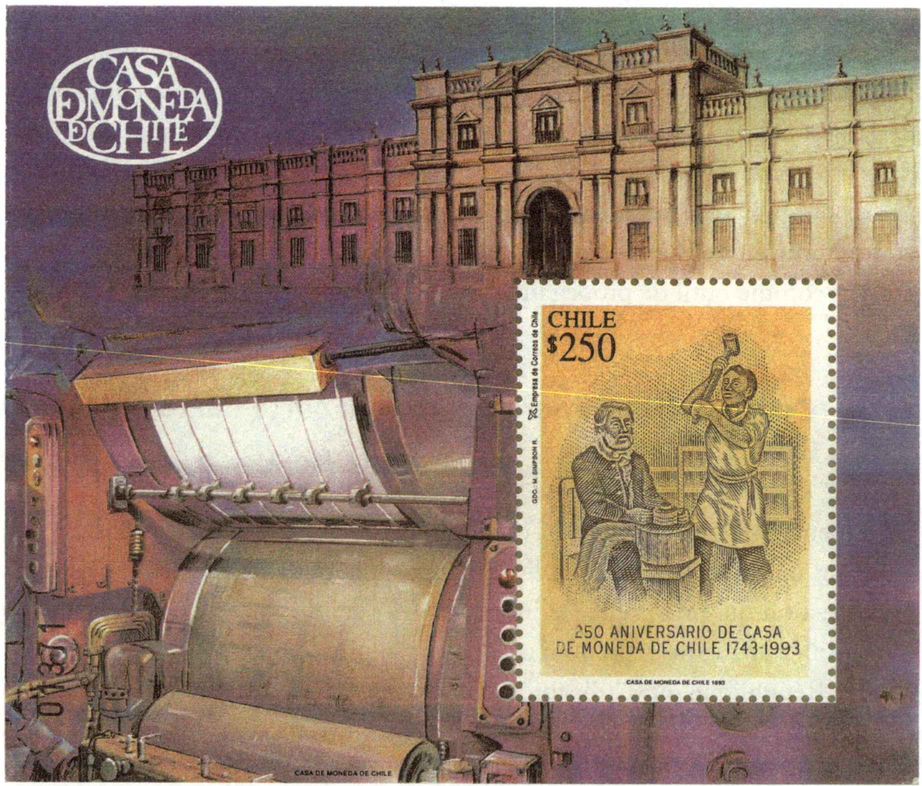

En 1993, un timbre commémoratif du 250e anniversaire de la création de la Direction générale numismatique du Chili (1743-1993)

pour que les gens puissent les lire clairement. Cependant, cela signifie que la carte du Chili doit être imprimée sur un papier très long. À quel point est-elle longue ? En prenant la carte de la Chine comme référence, la longueur nord-sud de la carte de la Chine est légèrement plus grande que celle de l'est-ouest, et proportionnellement, le rapport horizontal/vertical est comparable, proche d'un carré, tandis que le rapport horizontal/vertical au Chili est de 1:24. Si la largeur du format A4 de 21 centimètres convient horizontalement, la longueur devrait être 24 fois plus longue, soit 504 centimètres, ce qui est proche du rapport du célèbre long rouleau de la dynastie Tang, intitulé *Le Sutra du Diamant*. Si vous regardez la carte du Chili de cette manière, vous aurez l'impression, en dépliant le rouleau, de revenir à des temps anciens. Si nous devions l'imprimer comme une carte murale, la longueur serait inimaginable. Alors, comment imprimer une carte du Chili ?

Pour résoudre ce problème, les Chiliens ont imaginé plusieurs méthodes d'impression. Certains mettent la carte complète à gauche et une carte détaillée de la région de la capitale à droite, mais cette méthode a suscité l'indignation des habitants des régions frontalières, qui estiment qu'il s'agit d'une discrimination à leur égard. D'autres ont simplement divisé la carte en deux moitiés, avec la partie nord à gauche et la partie sud à droite, comme une paire de couplets chinois, mais cette approche n'a pas résolu le problème et certains disent même qu'elle divise le pays. Certains ont imprimé la carte en biais, ce qui rend difficile la distinction des points cardinaux. D'autres l'ont imprimée horizontalement, ce qui donne un aspect étrange. La méthode la plus utilisée consiste à diviser la carte en quatre segments et à les disposer verticalement, à l'instar du paravent traditionnel chinois à quatre panneaux, qui consiste en quatre peintures et dessins distincts et complets qui se combinent pour former une peinture et une calligraphie complètes. C'est la manière la plus scientifique d'imprimer la carte du Chili jusqu'à présent.

CHAPITRE VI

Histoire de l'imprimerie en Asie

L'Asie est une vaste région qui compte un grand nombre de groupes ethniques et une riche diversité de cultures et de religions. De plus, presque toutes les religions mondiales sont nées en Asie, comme le christianisme, le bouddhisme, l'islam, l'hindouisme. L'imprimerie est également née en Asie, on peut même dire que l'Asie est le berceau de l'imprimerie. La Chine est la ville natale de l'imprimerie, la naissance de l'imprimerie est due à l'ancienne culture florissante de la Chine, mais aussi liée étroitement au bouddhisme qui est né et s'est répandu en Asie. L'Asie compte un total de 48 pays. Ce chapitre raconte l'histoire et la culture de l'imprimerie dans 16 pays, dont la Chine.

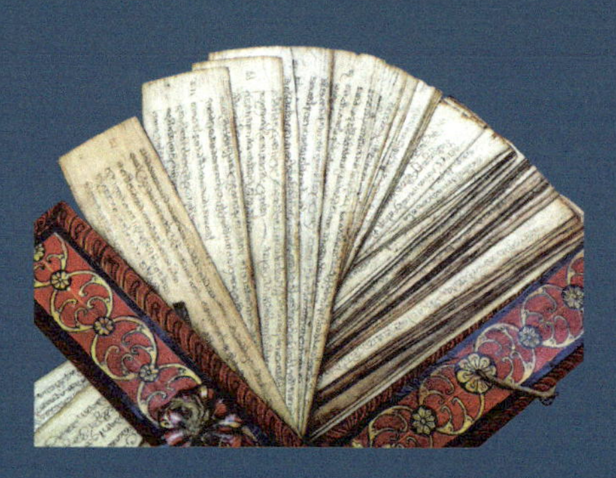

❼❷ Les artisans spécialisés dans l'impression des sutras au Bhoutan

Voici un petit timbre en feuille émis par le Bhoutan en 1975, imprimé en offset couleur, d'une valeur faciale de 5 Nu. Le Ngultrum est la monnaie du Bhoutan, abrégé en Nu.

Le timbre montre des artisans imprimant des écritures bouddhistes dans le chantier de l'impression des sutras au Bhoutan, en utilisant la même méthode d'impression que dans les régions tibétaines de la Chine. Il existe encore trois grands chantiers de l'impression des sutras dans les régions tibétaines de Chine : le chantier de Lhasa, le chantier de Labrang et le chantier de Dege, ce dernier étant réputé pour être une « encyclopédie de la culture tibétaine ». Les écritures bouddhistes tibétaines ne sont pas reliées en livres, mais plutôt en pages détachées. Chaque page des écritures est longue et étroite, ce qui diffère de la forme traditionnelle des pages des livres des plaines centrales. Par conséquent, le processus de gravure et d'impression des écritures tibétaines est légèrement différent de ce que l'on voit habituellement. En général, deux personnes travaillent en binôme pour imprimer les pages des textes sacrés. Lors de l'impression, les deux personnes sont assises face à face avec la plaque d'impression entre elles, et le processus d'impression se compose de quatre étapes, chaque personne étant responsable de deux actions. Tout d'abord, l'encreur applique l'encre sur la plaque, puis l'imprimeur prend le papier pour le

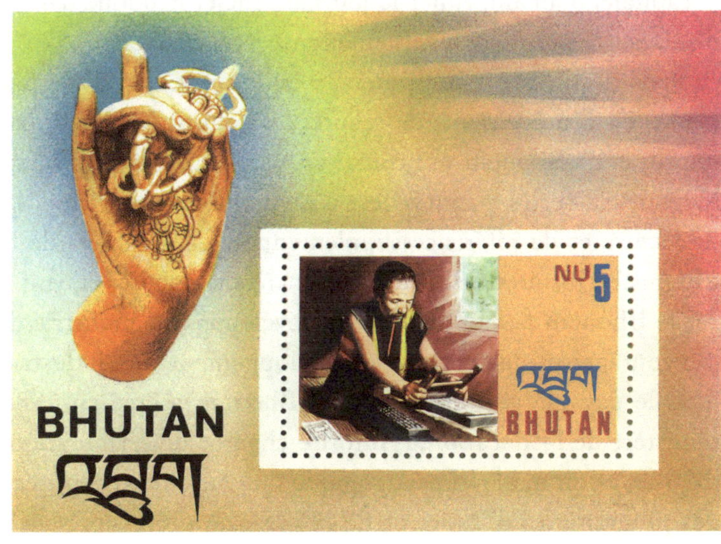

Timbre « Artisans spécialisés dans l'impression des sutras au Bhoutan »

poser, l'encreur coopère en même temps à l'alignement du papier, l'imprimeur tient à deux mains la base en bois dans le papier roulé d'avant en arrière, de manière à ce qu'un côté des écritures soit imprimé. Ensuite, l'encreur retire le papier et le replace correctement. Avec une coordination précise et une grande habileté, chaque équipe est capable d'imprimer plus de 1 000 pages par jour.

Le Bhoutan, officiellement appelé le Royaume du Bhoutan, est situé dans les contreforts méridionaux de l'Himalaya, bordant la Chine à l'est, à l'ouest et au nord, et l'Inde au sud, sur une superficie de 38 000 km². Il compte 735 700 habitants (2018), dont 50 % de Bhoutanais et 35 % de Népalais. Le bhoutanais, ou dzongkha, est la langue officielle, et le bouddhisme tibétain (Kagyu) est la religion d'État.

Depuis l'Antiquité, le Bhoutan est étroitement associé au Tibet en Chine dans divers aspects culturels et économiques en raison de liens géographiques. Naturellement, l'art chinois de la gravure et de l'impression a été très tôt introduit au Bhoutan par le Tibet et n'a jamais cessé d'être utilisé. Au XVIIe siècle, des centres administratifs locaux combinés à des lamaseries appelés dzongs ont été établis dans diverses régions du Bhoutan. La construction des dzongs et la promotion des enseignements religieux dans tout le Bhoutan ont facilité l'impression et la publication de textes religieux (écritures bouddhistes), et des imprimeries officielles bhoutanaises ont été créées dans les dzongs, dont certaines existent encore aujourd'hui.

L'industrie moderne de l'imprimerie au Bhoutan a commencé dans les années 1960. En 1965, l'imprimerie gouvernementale a été créée à Thimphu, la capitale, pour imprimer le journal officiel hebdomadaire *Kuensel* ainsi que d'autres documents gouvernementaux et sociaux. En 1970, l'imprimerie était équipée de presses à imprimer de taille moyenne, d'agrafeuses, de poinçonneuses et d'équipements de reliure. Le volume le plus important de matériel imprimé au Bhoutan est constitué par les manuels scolaires, y compris les livres de classe, les manuels des enseignants, les programmes d'études, les livres de lecture et de référence supplémentaires, les cahiers de travail, les cahiers d'exercices. Jusqu'en 1985, tous ces manuels scolaires étaient imprimés en Inde car le Bhoutan n'avait pas encore développé son industrie d'impression. Afin d'encourager et de soutenir le développement de l'industrie de l'imprimerie dans le pays, le gouvernement du Bhoutan a créé en 1985, sous l'égide du ministère de l'Éducation, l'Autorité chargée de l'élaboration des programmes d'études et du matériel pédagogique (aujourd'hui rebaptisée Autorité chargée des programmes d'études et de la garantie professionnelle), qui est l'unique éditeur de manuels scolaires. Le gouvernement a stipulé que tous les manuels devaient d'abord être confiés à des imprimeurs locaux, et que seuls ceux qui dépassaient leurs capacités pouvaient être confiés à des éditeurs indiens. Avec le développement progressif de l'édition et de l'éducation, l'industrie de l'imprimerie au Bhoutan s'est développée. Toutefois, malgré l'obligation faite par le gouvernement de confier les activités d'impression à des entreprises locales, la plupart des imprimeurs, à l'exception de quelques-uns qui disposent d'un équipement technique relativement bon, sont mal équipés et le niveau technique global de l'industrie n'est pas assez élevé pour qu'elle soit pleinement compétente. Un grand nombre d'imprimés exigeant une qualité supérieure doivent être confiés à des imprimeurs étrangers, comme les billets de banque, les timbres et certaines publications.

Le Bhoutan est célèbre pour ses timbres et détient toujours le record mondial du plus grand nombre de timbres imprimés sur des matériaux spéciaux. L'émission de timbres a rapporté au Bhoutan des revenus considérables en devises étrangères. Le Bhoutan a émis des timbres circulaires en relief en feuille métallique, des timbres en film plastique avec une couche de grille en relief, des timbres en relief en plastique et des timbres en film plastique. En 1969, le Bhoutan a émis des timbres *Bannières de prière*, fabriqués en soie artificielle, et a également émis des timbres commémoratifs *500 ans d'industrie sidérurgique* imprimés sur des feuilles d'acier. En 1973, le Bhoutan a produit une série de timbres à la rose sur du papier parfumé, ainsi qu'une série de sept mini-albums enregistrés reprenant les hymnes nationaux du Bhoutan, des chants folkloriques et des récits historiques. Cependant, beaucoup de gens ne savent pas que les timbres émis par le Bhoutan ont été conçus par la poste bhoutanaise et imprimés dans des pays comme la Malaisie, Singapour et l'Inde. Naturellement, le timbre de 5 Nu de 1975 n'a pas été imprimé au Bhoutan, mais on dit qu'il a été imprimé aux Bahamas.

En 1967, afin de préserver et de promouvoir le riche patrimoine culturel religieux du Bhoutan, la famille royale du Bhoutan a créé la bibliothèque nationale dans la pagode principale du Trashi Chhoe Dzong, sur la rive ouest de la rivière Wangchuk, dans la capitale Thimphu. La bibliothèque nationale a ensuite été transférée au monastère de Changangkha Lhakhang et, en 1984, une nouvelle bibliothèque nationale a été inaugurée dans la capitale Thimphu, rattachée au comité spécialisé dans les affaires culturelles du ministère de la Culture du Bhoutan. Afin de préserver l'art traditionnel de la gravure, un petit centre de gravure est aujourd'hui installé à la Bibliothèque nationale du Bhoutan. La bibliothèque possède une collection de 338 950 gravures imprimées de manuscrits anciens, de textes bouddhistes Mahayana et de textes religieux, dont certaines proviennent du chantier de Dege d'impression des soutras de la province du Sichuan, en Chine. En avril 2004, la Société d'impression des soutras a été créée pour imprimer les écritures bouddhistes à l'aide de la technologie des presses offset modernes et les distribuer à divers monastères et collèges bouddhistes du Bhoutan. Une autre destination incontournable pour les visiteurs de la Bibliothèque nationale du Bhoutan est le livre exposé au dernier étage – *Bhutan : un voyage visuel à travers le royaume*. Ce livre a longtemps détenu le record du plus grand livre au monde, pesant plus de 60 kilogrammes, mesurant 1,52 mètre de long et 2,13 mètres de haut. Il convient de noter que le livre a été imprimé sur une presse numérique en 2003.

❼❸ Estampes sur bois de l'Inde

Dans la région asiatique, outre la Chine, il existe une autre civilisation ancienne, celle de l'Inde. Les anciens fleuves Indus et Gange ont donné naissance à la splendide civilisation indienne. Le terme « Inde » est dérivé du nom du fleuve Indus. Dans l'Antiquité, l'Inde ne désignait pas le nom d'un pays, mais plutôt un concept géographique. Comme l'Inde et la Chine se trouvent l'une à côté de l'autre, l'histoire a laissé de nombreuses belles histoires d'échanges culturels et de compréhension mutuelle. Par exemple, l'échange du bouddhisme ou la diffusion de la fabrication du papier. Dans l'histoire de l'imprimerie, la Chine et l'Inde ont également eu beaucoup d'emprunts interactifs, comme les techniques de sceau et de tampon en bois.

Dans le livre *Deux mille ans d'impression colorée en Chine*, il existe une analyse détaillée sur l'évolution de la technologie de l'estampage. Cependant, il n'y a pas de description détaillée sur l'impression sur tissu avec des tampons en bois. L'impression au tampon est une technique dans laquelle les artisans gravent différents motifs sur un pochoir, puis appliquent des colorants de différentes couleurs sur le tissu pour l'impression et la teinture. L'impression au tampon est en fait une impression gravée. Dans le domaine de l'historiographie de l'imprimerie, « impression avec motifs » et « impression » sont deux termes différents, techniquement proches, mais ils diffèrent considérablement en termes d'importance.

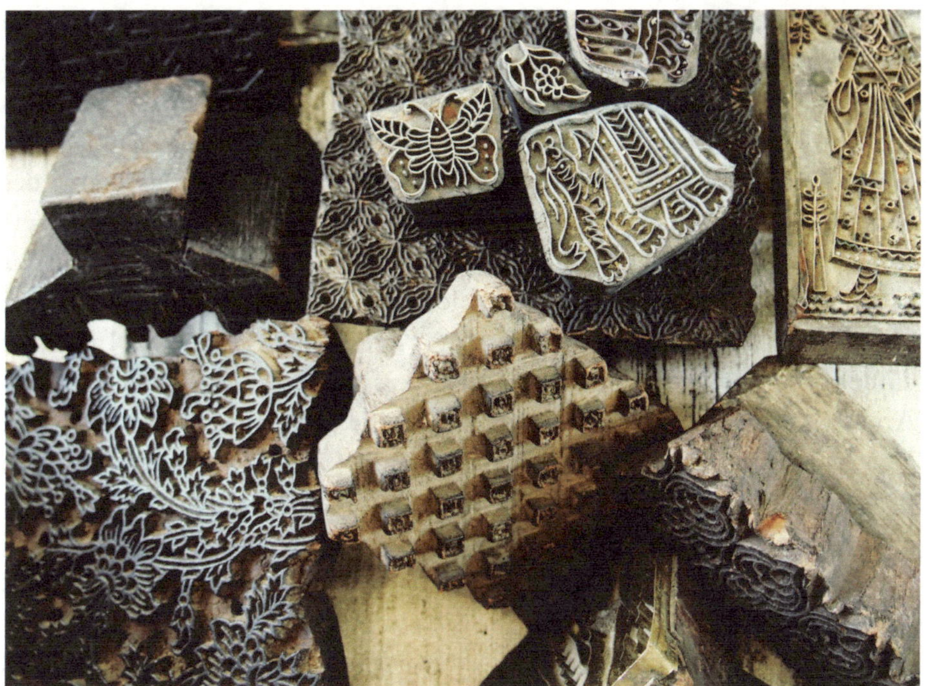

Différentes versions d'impressions sur bois en Inde, généralement munies d'une poignée au dos de la plaque d'impression.

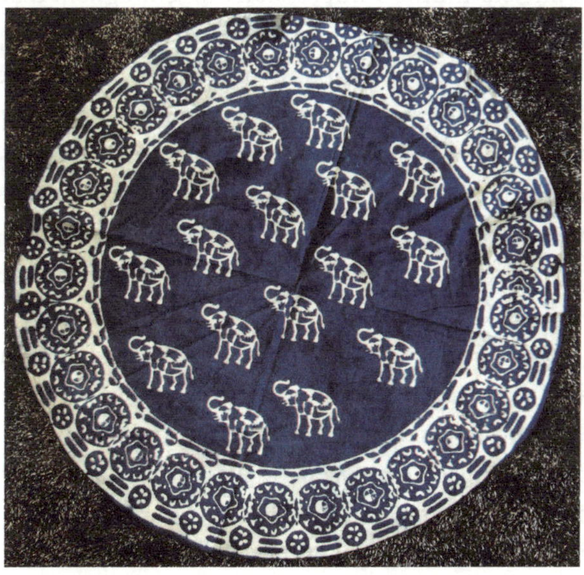

Tissu traditionnel indien imprimé à la main avec des tampons en bois.

En 2012, j'ai été invitée, comme enseignante principale, par le Comité de la Ligue de la jeunesse de l'Institut d'imprimerie de Pékin pour diriger des étudiants afin de mener à bien le projet de pratique sociale des étudiants pendant les vacances d'été *Exploration de l'artisanat d'imprimerie du Xinjiang*, qui se concentrait sur l'artisanat traditionnel d'impression sur tissu avec des tampons en bois dans le comté de Yingjisha de la région de Kashgar, dans le Xinjiang. Les techniques de tissage et de teinture du feutre de fleur ouïgour et d'impression sur tissu constituent le premier lot du patrimoine culturel immatériel national. Nous avons assisté à une démonstration de l'artisanat d'impression sur tissu avec des tampons en bois par un artisan héritier au Desert Art Museum de Turpan. Après maintes péripéties, nous avons également réussi à nous procurer quelques pièces de tissu imprimé avec de la teinture de jus de grenade du Xinjiang ainsi que trois vieux modèles d'impression. À l'époque, un étudiant a écrit dans son mémoire : « Le processus d'impression du Xinjiang est très différent de celui des régions centrales et méridionales. En effet, c'est le cas. » Dans les temps anciens, les tissus imprimés du sud étaient rarement utilisés de cette manière, et l'on utilisait le plus souvent des procédés de batik, de fuite des plaques, etc.

Actuellement, le procédé d'impression traditionnel indien le mieux préservé se trouve dans la ville de Bagru au Rajasthan, au nord-ouest de l'Inde, en raison de ses anciens motifs d'impression qui témoignent d'une forte culture religieuse, unique et magnifique. C'est une petite ville désertique. Grâce à la promotion du département local du tourisme, de plus en plus de personnes du monde de la mode et de l'art s'intéressent à cet endroit, de sorte que le processus d'impression traditionnel coloré dans le désert a commencé à être largement connu. Les musées indiens et les organisations apparentées ont organisé des expositions nationales de conservation du patrimoine, qui se déploient dans le monde entier pour promouvoir et diffuser l'artisanat traditionnel d'impression sur tissu. Un magasin dédié à cette forme d'artisanat immatériel du patrimoine culturel est situé dans le National Handicrafts and Handlooms Museum à New Delhi, où l'on peut acheter des tissus imprimés contemporains.

En comparaison, je pense que l'artisanat d'impression sur tissu avec des tampons en bois au Xinjiang est extrêmement similaire à l'artisanat traditionnel d'impression sur tissu en Inde, mais les tissus et les modèles en bois du Xinjiang sont vraiment coûteux, et il y a peu d'héritiers de cette tradition. Bagru et le comté d'Yengisar, tous deux situés dans des oasis désertiques, sont d'importants centres de la Route de la soie antique, où les traditions d'impression sur tissu se mêlent mutuellement. Je ne peux m'empêcher de m'émerveiller qu'au cours des milliers d'années, les peuples de différentes ethnies, pays et religions ont pu apprendre les uns des autres et s'inspirer mutuellement, entretenant une activité d'innovation sur la Route de la soie qui a traversé le temps et dont les empreintes sont toujours claires.

Il n'est pas difficile de se procurer un modèle d'impression sur tissu en Inde de nos jours, car de nouvelles versions sont toujours fabriquées. Dans les marchés artisanaux de New Delhi, on peut même acheter des modèles anciens de qualité patrimoniale. Ces modèles sculptés sur bois présentent principalement des motifs populaires en Inde tels que des paons, des éléphants, des déesses, ainsi que des motifs appréciés par l'islam tels que des arbres, des plantes grimpantes et des fleurs. Les modèles d'impression sur tissu en Inde se distinguent également par une caractéristique unique, à savoir la technique de l'incrustation de cuivre sur bois. Ce procédé est inextricablement lié à la tradition bien développée de l'Inde en matière d'incrustation et de fabrication de cuivre. De nombreux modèles d'impression sur tissu en Inde sont fabriqués en bois, mais la surface d'impression est incrustée avec du cuivre. Certains modèles comportent de minces feuilles de cuivre intégrées dans le bois, formant des lignes définissant les motifs ; d'autres modèles sont incrustés de petites colonnes de cuivre, créant des motifs principalement à base de points. Ce corps en bois incrusté de cuivre dans la plaque d'impression permet non seulement d'améliorer considérablement la résistance à l'impression, mais aussi, parce que le cuivre est plus large, de sorte que les lignes de la surface d'impression soint beaucoup plus hautes que les lignes sculptées à la main, ainsi les ébauches ne sont pas faciles à tacher d'encre, ce qui permet d'éviter de tacher le tissu.

❼❹ L'impression « transforme le papier en or » aux yeux des Iraniens

La République islamique d'Iran, ou l'Iran en abrégé, est une civilisation ancienne dont l'histoire remonte à 1 000 ans. Au VIe siècle avant J.-C., l'ancien empire perse s'est épanoui et est devenu le premier empire au monde à s'étendre sur trois continents, l'Asie, l'Afrique et l'Europe, occupant ainsi une place importante dans l'histoire de la civilisation mondiale, et son territoire comprenait l'ensemble de l'Iran actuel. Au VIIe siècle, la région perse a été progressivement annexée par l'Empire arabe, faisant ainsi partie de l'Empire arabe.

En 119 av. J.-C., lors de sa deuxième mission en Occident, Zhang Qian a envoyé un émissaire adjoint visiter l'Empire parthe (Anshi, 105 av. J.-C.). L'empire d'Anshi était situé dans la partie nord-est de l'Iran actuel. Le roi d'Anshi a ordonné à 20 000 cavaliers de l'accueillir et les cérémonies étaient extrêmement grandioses. Les envoyés Han ont présenté de magnifiques soieries exquises, tandis que le roi d'Anshi a offert en retour des œufs d'autruche et une troupe de magiciens pour divertir l'empereur Han Wudi. Cette cérémonie marquait l'établissement officiel de la Route de la soie, qui reliait la Chine à l'Empire romain d'Occident.

En 751, les armées de l'Empire arabe ont vaincu l'armée Tang à Talas. Les Chinois capturés par les Arabes installent un atelier de fabrication de papier à Samarcande et, au XIe siècle, le savant persan Thaalibi a écrit dans son livre intitulé *Les fruits de l'esprit sur les produits de diverses régions* : « Le papier de Samarcande a dévalué le mishir (papyrus égyptien), qui avait été utilisé auparavant pour écrire, et toutes sortes de papier en cuir, parce qu'il était plus doux, de meilleure qualité et plus économique. Ce papier n'est produit qu'à Samarkand et en Chine ». Il a également cité un ouvrage de géographie arabe, *Le Livre des Routes et des Royaumes* : « Le papier a été introduit à Samarcande depuis la Chine, et parmi les prisonniers de la bataille de Talas capturés par Ziyad ibn Salih se trouvait un homme qui connaissait l'art de la fabrication du papier, qu'il a enseigné aux habitants de Samarcande. La technique s'est ensuite répandue et les Samarcandais ont profité de ce commerce ».

L'historien arabe du Xe siècle Ibn Nadim a consigné dans son livre *Bibliographies* qu'au VIIIe siècle, les rois de Perse - les « beaux hommes » les plus célèbres des *Mille et Une Nuits*, Harun al-Rashid et Jafar, ne pouvant tolérer que les documents officiels du gouvernement sur parchemin puissent être griffonnés à volonté, ont ordonné le remplacement du parchemin par du papier chinois et l'établissement de papeteries à Bagdad et dans d'autres lieux. Le livre mentionne également que le papier a été inventé en 105 par le Chinois Cai Lun, qui le fabriquait principalement à partir de chiffons, de vieux filets de pêche, de fibres végétales, de coton et de lin. Comme la production de papier est pratique, qu'il n'est pas facile de l'endommager, que ses performances sont largement supérieures à celles du papyrus, et surtout qu'il n'est pas aussi difficile que le papyrus à sécher, à rouler des plis, et qu'il est doux, flexible, facile à plier, facile à conserver, les Égyptiens ont dû combler les étangs où poussait le

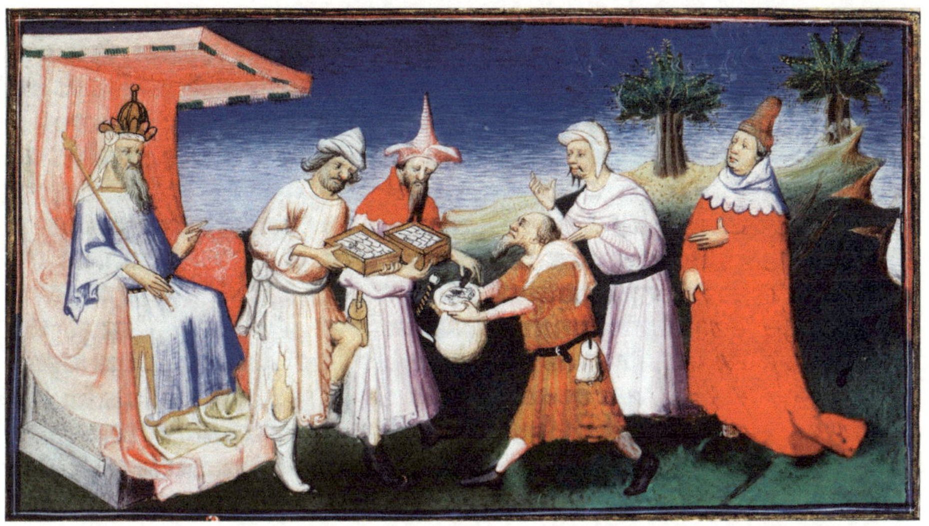

Dans une boîte en bois se trouvent les billets de banque imprimés et émis sous la dynastie Yuan. Sur cette image, Kubilaï est assis sur son trône et son entourage paie des marchandises avec du papier-monnaie fabriqué à partir d'écorce de mûrier. À l'époque, les Occidentaux ne savaient pas ce qu'étaient les billets de banque et trouvaient absurde l'idée d'assimiler le papier à l'argent. Ils ont même un jour demandé à Marco Polo de rétracter cette absurdité. Image tirée du *Livre des miracles de Marco Polo*, manuscrit conservé à la Bibliothèque nationale de France.

papyrus, les marécages, nettoyer les fossés et les voies d'eau, arracher un grand nombre de papyrus, la plantation de papyrus et la production de papier à base de papyrus se sont peu à peu éteintes.

Lors de sa visite en Chine sous le règne de Kubilai Khan, Marco Polo n'a rien trouvé digne d'être rapporté dans la vaste gamme d'écritures imprimées par gravure. En revanche, il a noté avec étonnement que Kubilai Khan avait fait imprimer des billets en papier comme moyen de paiement pour remplacer les métaux précieux. Dans *les Voyages de Marco Polo*, il appelait cela « l'alchimie du papier transformant l'or ». Outre Marco Polo, d'autres, comme Rubrouck, Odoric et Pegolotti, ont raconté avec admiration comment les empereurs Yuan utilisaient l'écorce d'arbre pour remplacer les métaux précieux.

Le *Recueil historique* écrit par le savant persan Rashid, qui a occupé le poste de Premier ministre l'Ilkhanat, a été publié pour la première fois en 1311 sous forme de manuscrit. Dans ce livre, il relate le processus complet de l'impression de billets de banque par par Kihdo Khan de l'Ilkhanat en 1294. En tant que roi très généreux, Kihdo récompensait énormément les dépenses, l'or et l'argent du pays ne lui suffisaient pas. Il souhaitait donc imiter la Chine en imprimant des

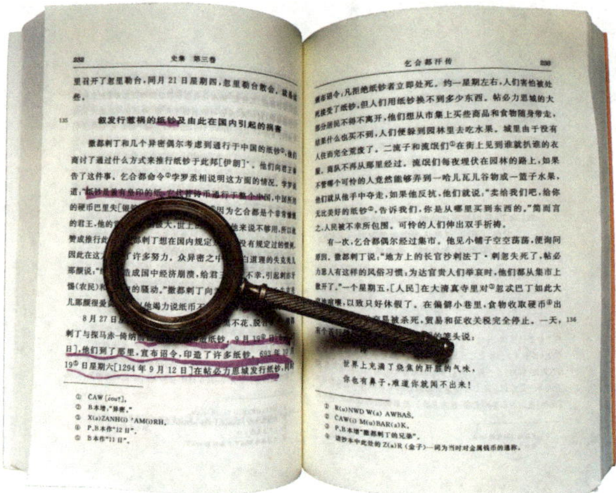

Troisième volume du Recueil historique relatant l'événement de l'apprentissage de l'impression et de l'émission de billets de banque en Chine par l'Ilkhanat en 1294.

billets de banque. Dans le *Recueil historique*, il est écrit : « Au mois de juin de l'année 693 de l'Hégire (mai 1294), une conférence s'est tenue sur l'émission de billets de banque. Sadruddin et plusieurs émirs (gouverneurs), qui avaient parfois pensé aux billets de banque qui avaient traversé la Chine, ont discuté de la manière dont ils devraient être introduits dans le pays (l'Ilkhanate). Ils ont rapporté cela au roi. Bolod, parlant de ces billets, dit : « Les billets de banque sont du papier portant le sceau impérial. Ils circulent dans toute la Chine, au lieu de pièces frappées, et les pièces de Chine, les barlisses (lingots d'argent), sont envoyées au trésor. »

Le 23 juillet 1294, l'émir Aheibuhua et d'autres ont reçu l'ordre de se rendre à Tabriz (capitale de l'actuelle province de l'Azerbaïdjan oriental en Iran), où ils sont arrivés le 13 août et ont commencé à imprimer des billets de banque. Dans le même temps, un décret a été publié par le gouvernement stipulant que toute personne refusant les billets de banque serait exécutée immédiatement. Au bout d'une semaine environ, les gens ont accepté les billets de banque par crainte de la mort, mais ils ne pouvaient pas les échanger contre grand-chose. La plupart des habitants de Tabriz ont dû partir. Cette tentative d'émission de billets de banque a échoué après seulement deux mois.

Bien que l'expérience de l'émission de billets de banque à Tabriz se soit soldée par un échec, elle a eu un impact considérable en favorisant une meilleure compréhension de l'imprimerie dans le monde occidental, accélérant ainsi la diffusion de l'imprimerie vers l'ouest.

⑦⑤ Les débuts de l'imprimerie hébraïque

En 1948, Israël a déclaré son indépendance en tant que pays. C'est le seul pays au monde dont la population principale est constituée de Juifs. L'hébreu est la langue nationale des Juifs et l'une des plus anciennes langues du monde. En 70 après J.-C., les Romains ont détruit Jérusalem, la capitale des Juifs, et les Juifs ont été expulsés de leur patrie et exilés dans diverses parties du monde. Ils ont utilisé les langues de leurs pays d'accueil, ce qui a entraîné la disparition progressive de l'hébreu en tant que langue parlée, mais il a continué d'exister en tant que langue écrite. Depuis le début du XXe siècle, en particulier depuis la renaissance d'Israël, l'hébreu a été réintroduit comme langue parlée parmi les Juifs. Après la fondation de l'État d'Israël, l'hébreu a été désigné comme l'une des langues officielles, jetant ainsi les bases de sa revitalisation en tant que langue parlée. L'imprimerie a joué un rôle déterminant dans la transmission de l'écriture hébraïque.

À l'époque de la Renaissance, les Juifs étaient dispersés à travers le monde. Parmi eux, de nombreux individus gagnaient leur vie en copiant des textes. Le plus célèbre scribe juif de cette époque, Abraham Farissol (1451-1525), a copié pas moins de 41 manuscrits que l'on peut voir aujourd'hui. C'est grâce à leurs efforts que de nombreux précieux manuscrits en langue hébraïque ont été préservés, offrant ainsi une source de lecture aux érudits. Suite à l'invention de l'imprimerie, les Juifs intelligents ont rapidement compris le potentiel explosif de cet outil. En 1477, les Juifs ont imprimé pour la première fois en hébreu les « *Psaumes* » de l'*Ancien Testament*. Peu de temps après, les presses hébraïques se sont répandues dans toute l'Italie. Parmi les 113 anciens livres hébraïques connus à ce jour, au moins 93 ont été publiés en Italie. La famille Sansino, notamment Gelson Sansino, y a apporté la plus grande contribution. Il a imprimé plusieurs textes hébraïques importants en Italie et en Turquie entre 1488 et 1535. En outre, un certain nombre d'éminents érudits juifs étaient actifs dans des imprimeries dirigées par des chrétiens et participaient activement à la publication de textes hébraïques par des imprimeurs chrétiens. En outre, certains juifs se livraient à l'achat et à la vente de livres. Le travail de distribution des Juifs, dont beaucoup étaient doués pour les affaires, a également contribué à la diffusion massive et étendue des livres hébraïques.

Au XVIe siècle, Safed, située sur le mont Muran, au nord-ouest du lac de Galilée, était une ville juive sous le régime de l'Empire ottoman. À l'époque, des Juifs venus de toutes les directions, dont l'Europe et l'Afrique du Nord, se

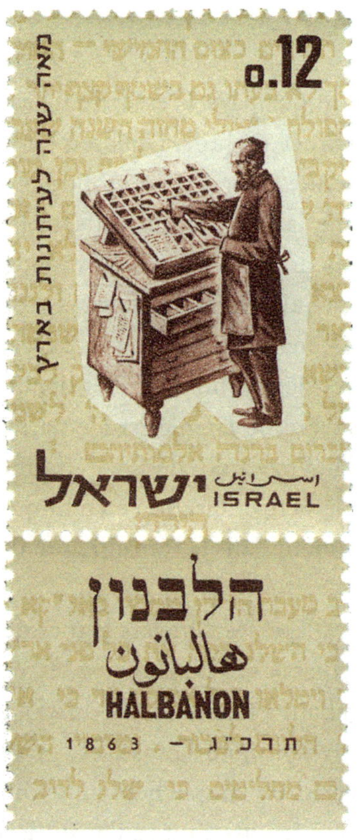

En 1863, le premier journal en hébreu, *HaHavatzelet*, a été imprimé et publié. Sur le timbre, on peut voir un ouvrier utilisant la typographie pour composer un journal.

sont installés dans la ville, ce qui a contribué à l'augmentation constante de la population de la petite ville. En 1550, la population atteignait déjà 10 000 habitants. Des personnalités juives telles que Joseph Karo, Moïse Trani, Isaac Luria et Hayim Vital y ont résidé et ont établi certaines lois et règles religieuses du judaïsme. En 1563, les frères Ashkénazes ont acheté à l'Europe la première presse à imprimer d'Israël, ont créé à Safed la première presse à imprimer de l'histoire d'Israël et ont imprimé avec succès le premier livre en hébreu. Dès lors, Israël disposait de ses propres ouvrages imprimés en hébreu. Au XVIIe siècle, Safed comptait 18 écoles, 21 synagogues, et les activités des érudits religieux mystiques ont fait de la ville de montagne une base pour le mouvement de la philosophie mystique hébraïque. De nombreux intellectuels juifs ont travaillé sans relâche à Safed pour diffuser leur culture nationale, faisant de la ville un centre de la culture juive moderne.

Aujourd'hui, la petite ville de Safed est une destination touristique riche en traditions juives anciennes et en caractère artistique. Malgré sa population de moins de 30 000 habitants, elle a été désignée en 2012 par CNN comme l'une des dix plus belles petites villes du monde. Les Israéliens ont spécialement érigé un Musée de l'Imprimerie à Safed pour présenter l'histoire du développement de l'industrie de l'imprimerie à Safed et dans l'ensemble d'Israël.

76   « Le père de l'impression numérique », Landa d'Israël

Au XXIe siècle, avec les progrès des technologies de l'information, il y a toujours des gens qui créent des légendes, comme Steve Jobs, le père d'Apple.

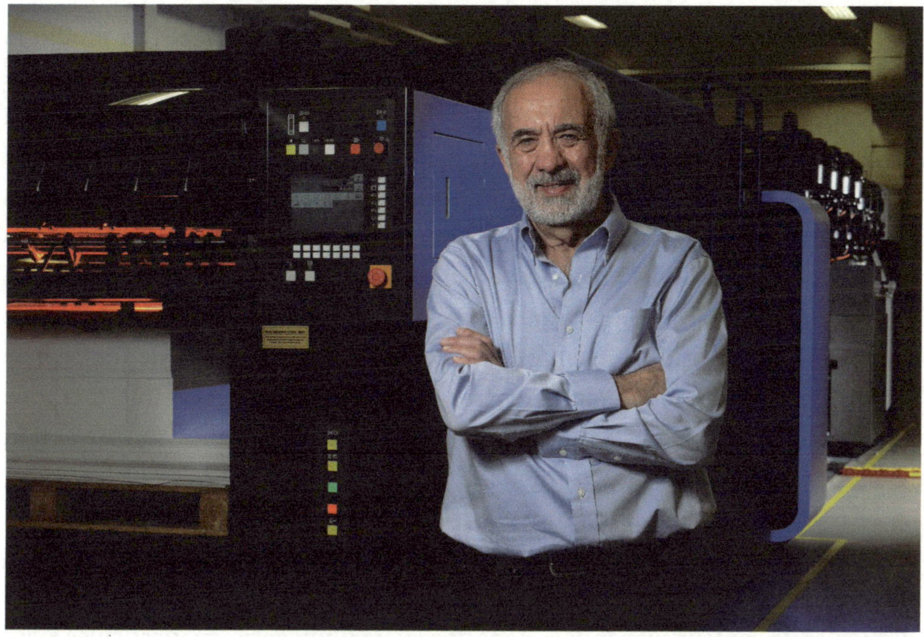

Benny Landa et sa presse numérique (image provenant du site Internet de Landa Company)

L'inventeur israélien Benny Landa (1946-) est surnommé le « père de l'impression numérique » et le « père de la nanoimpression », et son invention et son parcours sont un véritable mythe dans l'industrie mondiale de l'impression. Il est ainsi considéré comme le « Jobs » de l'industrie de l'impression.

La légende de Landa a commencé il y a plus de 50 ans, dans un petit magasin de tabac à Edmonton, au Canada.

Benny Landa est né en Pologne en 1946. Alors qu'il avait de deux ans, sa famille a déménagé à Edmonton, dans la province de l'Alberta, au Canada. Après avoir travaillé comme menuisier pendant huit ans, le père de Landa a acheté un petit magasin de tabac. Pour subvenir aux besoins de la famille, il a construit un studio photo et une chambre noire dans l'arrière-cour du magasin. Quand il était jeune, Landa aidait son père dans la chambre noire et a réalisé sa première invention : un « mélangeur chimique pour photos » fabriqué à partir de tuyaux en caoutchouc et du moteur d'un vieux phonographe. Le père de Landa a inventé un appareil photo unique en utilisant des pièces de vélo et des poulies, capable de capturer directement des images sur du papier photographique sans utiliser de film. Plus tard, ce concept important a été raffiné par Landa en 1993 pour devenir le principe fondamental de l'impression numérique.

Landa a suivi une formation universitaire très diversifiée. Il a étudié la physique et l'ingénierie pendant plusieurs années à l'Institut de Technologie d'Israël, puis a poursuivi ses études en psychologie et en littérature à l'Université hébraïque de Jérusalem. Finalement, il a obtenu son diplôme à l'École de cinéma de Londres au Royaume-Uni. En 1969, il a commencé sa carrière dans une entreprise spécialisée dans la recherche et le développement de la micro-imagerie. Deux ans plus tard, avec un associé, il a fondé la société Imtec, qui est devenue plus tard la plus grande entreprise européenne de technologies de micro-imagerie. Landa a inventé la technologie d'imagerie clé de l'entreprise et, lors de ses recherches sur les encres liquides, il a découvert une méthode d'imagerie haute vitesse. Grâce à cela, il a finalement réalisé son invention révolutionnaire : l'encre électronique.

En 1974, Landa a immigré en Israël pour poursuivre son rêve. Trois ans plus tard, il a fondé la société *Indigo* pour mettre sur le marché le concept d'encre électronique. La technologie de l'encre électronique utilise de petites particules de couleur suspendues dans une encre d'imagerie, ces particules étant attirées ou repoussées par des charges électriques. L'encre forme une couche fine et lisse de pigments à la surface du papier, ce qui permet aux impressions numériques d'*Indigo* d'approcher la qualité de l'impression offset traditionnelle et d'imprimer à grande vitesse des images en couleur de haute qualité. Au début des années 1990, *Indigo* est devenue une entreprise de fabrication de matériel d'impression réputée. En tant que représentant d'une nouvelle technologie d'impression révolutionnaire, Landa est entré en concurrence avec des géants de l'équipement d'impression tels que Xerox, Kodak et Heidelberg.

Lors de l'exposition britannique de l'imprimerie en 1993, Landa a lancé la première presse numérique couleur sans plaques au monde, Indigo E-Print1000. Cela a été un tournant majeur pour l'industrie de l'imprimerie. Il a éliminé le processus de création de plaques d'impression, permettant une impression directe à partir de fichiers informatiques. Cette technologie a rendu possible l'impression en tirage court et l'impression à la demande, bouleversant ainsi toute l'industrie et marquant l'entrée de l'imprimerie dans l'ère numérique.

En 2002, Landa a vendu *Indigo* à Hewlett-Packard pour un montant de 1 milliard de USD. Cependant, ses ambitions ne se sont pas arrêtées là. Par la suite, il a fondé l'entreprise *Landa*. Il a tenté de capturer la chaleur ambiante de l'air et de la convertir en électricité utilisable. Au cours de ses recherches sur les nanotechnologies, Landa et son équipe ont observé que de nombreux matériaux présentaient des propriétés inattendues lorsqu'ils étaient transformés en particules de taille nanométrique. Grâce à sa passion pour l'impression qui était profondément ancrée en lui, « le petit univers » a éclaté à nouveau. Il a inventé une nouvelle technologie d'impression numérique appelée Nanography@, une technique d'impression d'image nanométrique. Cette nouvelle technologie et son processus permettent l'impression numérique à grande vitesse sur des supports de grand format et sur n'importe quel papier ou plastique non traité. Cela représente un autre jalon dans l'histoire de la technologie d'impression numérique. Cette technologie a comblé l'écart de rentabilité important entre l'impression offset et l'impression numérique. L'impression numérique ne se limitait plus aux albums, aux cartes de visite et aux brochures à court tirage, mais s'est étendu à la production de manière économique et efficace des produits d'impression en petites et moyennes quantités.

🟤🟤 Le plus ancien document imprimé existant au Japon

Le Japon est un proche voisin de la Chine. Malgré cette proximité, dans les temps anciens où la navigation n'était pas très développée, en particulier pendant la période allant des Trois Royaumes à la dynastie Tang, des pays comme Silla et Baekje dans la péninsule coréenne (qui font aujourd'hui partie de la Corée) ont servi de pont pour la diffusion de la culture chinoise vers le Japon. C'est par la péninsule coréenne que des technologies chinoises telles que la fabrication du papier ont été introduites au Japon depuis l'est. En 285, Wang Ren, un Coréen, a introduit les *Analectes de Confucius* et d'autres livres confucéens au Japon. Plus tard, le bouddhisme a également été introduit au Japon depuis la Chine et la Corée et, au VIe siècle, le Japon a fait du bouddhisme la religion d'État. En 645, le Japon a mis en œuvre la « réforme Dahua », puis a commencé à envoyer des émissaires et des étudiants étrangers dans la dynastie Tang pour apprendre la culture chinoise confucéenne et les technologies avancées, et ces personnes ont rapporté beaucoup de pinceaux, d'encres, de papier, de pierres à encre et de livres en copies et en gravures à leur retour dans leur pays d'origine. Tous ces éléments ont eu un impact considérable sur la culture japonaise, et c'est à cette époque que la presse à imprimer chinoise a été introduite au Japon. Le voyage de Jianzhen vers l'est du Japon a également joué un rôle important dans l'introduction de l'imprimerie au Japon.

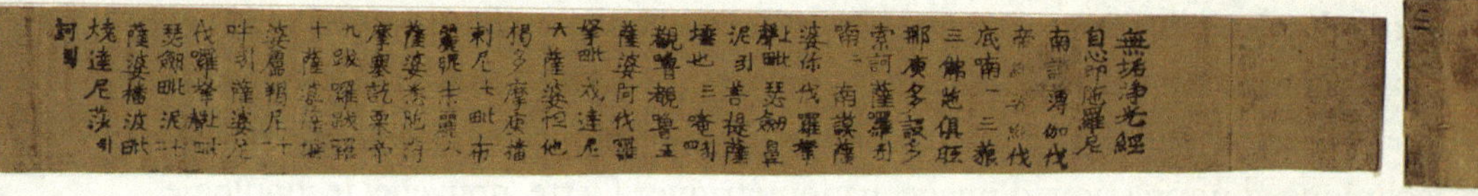

Le *Sutra de la Dharani des millions de pagodons,* conservé au Musée National de Tokyo

L'impératrice Kōken, l'une des rares impératrices dans l'histoire du Japon, a écrit une histoire d'amour passionnée et intense avec son fameux slogan « aimer le pays autant que les beaux hommes ». Son cousin Fujiwara no Nakamaro (également connu sous le nom de Fujiwara no Emi no Ōshikatsu) a gagné la confiance de l'impératrice douairière et a brièvement dirigé le gouvernement. Cependant, lors de l'abdication de l'impératrice Kōken en faveur de l'empereur Junnin, le moine Dōkyō a gagné la confiance de l'ancienne impératrice Kōken. Sentant la menace, Fujiwara no Nakamaro a tenté un coup d'État. En l'an 764 de l'ère Tenpyōhōji, la rébellion de Fujiwara no Nakamaro a été rapidement réprimée, l'empereur Junnin a été destitué et exilé, et l'impératrice Kōken a retrouvé le trône sous le nom de empereur Shōtoku. Après ce coup sanglant, l'impératrice a commencé à imiter l'impératrice de Chine de l'autre côté de la mer, Wu Zetian.

Pour commémorer la pacification de la rébellion de Fujiwara no Nakamaro et exprimer sa gratitude envers les Trois Trésors, et pour invoquer les mérites de la grande Dharani de la Pure Lumière, l'impératrice Shōtoku a ordonné la construction d'un million de petits pagodons en bois et l'impression d'un million de feuilles des sutras de la Dharani. Cela a propulsé la dévotion japonaise envers les sutras de la Dharani à son apogée. Elle a mobilisé plus de 300 000 personnes pour mener à bien ce travail en l'espace de 67 mois, mobilisant ainsi pratiquement tous les artisans du pays et utilisant une énorme quantité de ressources financières. Cependant, cela a abouti à une réalisation sans précédent dans l'histoire de l'impression au Japon.

La hauteur des petits pagodons en bois variait de 23 centimètres pour les plus petits à 45 centimètres pour les plus grands, qui pouvaient être démontés. Les rouleaux des sutras étaient placés à l'intérieur des cavités vides des pagodons, ce qui est devenu plus tard connu sous le nom de *Sutra de la Dharani des millions de pagodons*. Les millions de pagodons étaient répartis dans des temples tels que Hōryū-ji, Tōdai-ji et Yamato Hōfuku-ji. Chaque temple avait spécialement construit un complexe pour les abriter, appelé « petit complexe de pagodons » ou « complexe des dix mille pagodons ». Les feuilles des sutras mesuraient de 17 à 50 cm de long, environ 5 cm de haut et comprenaient les sutras fondamentaux de la Dharani, de la Dharani des Roues du Dharma, de la Dharani de l'Impression du Soi et de la Dharani des Six Perfections, imprimées sur du papier de chanvre jaune.

Le *Sutra de la Dharani des millions de pagodons* est largement considéré par de nombreux chercheurs comme le plus ancien exemple de gravure sur bois encore existant au Japon. Cependant, certains chercheurs ont des opinions divergentes à ce sujet. Par exemple, le chercheur japonais Seiichiro Inoue soutient que le rouleau du sutra a été réalisé en utilisant une technique de « sceau d'impression » plutôt que l'impression traditionnelle où le papier est apposé sur la gravure. De plus, une chose reste particulièrement troublante : après la fabrication du *Sutra de la Dharani des millions de pagodons* entre 764 et 770, il n'y a aucune mention d'utilisation de l'imprimerie pendant environ 200 ans au Japon, et aucune impression de cette époque ne nous est parvenue.

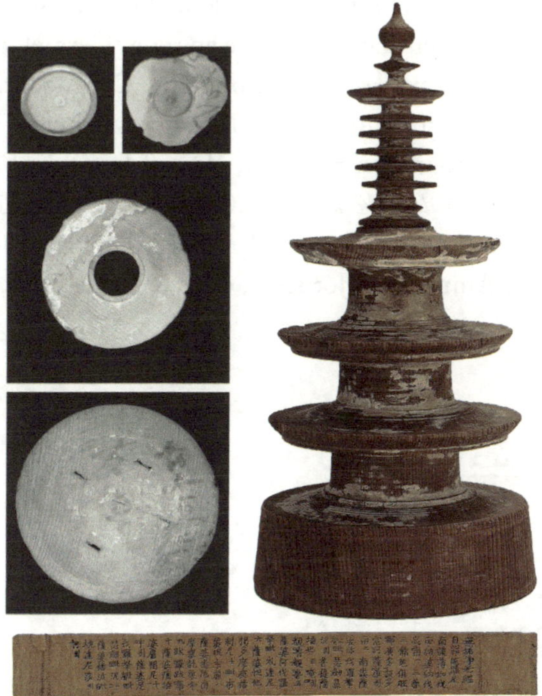

Les millions de pagodons et le *Sutra de la Dharani des millions de pagodons* au Japon

78 Presses à imprimer importées par l'énergie animale en Jordanie

Le Royaume hachémite de Jordanie, abrégé en Jordanie, faisait initialement partie de la région de la Grande Palestine. Au début du VIIe siècle, cette région était sous la domination de l'Empire arabe, puis elle est passée sous l'Empire ottoman à partir du XVIe siècle. Après la Première Guerre mondiale, elle est devenue un mandat britannique. En 1921, la Grande Bretagne a délimité la région avec le Jourdain, l'ouest étant toujours appelé « Palestine » tandis que l'est a été établi en tant qu'Émirat de Transjordanie. Le 22 mars 1946, la Grande-Bretagne a reconnu l'indépendance de la Transjordanie, qui est devenue un pays constitutionnel monarchique. En avril 1950, elle a été rebaptisée « Royaume hachémite de Jordanie ».

L'industrie moderne de l'imprimerie en Jordanie a démarré tardivement : au début du XXe siècle, il n'y avait pas une seule presse d'imprimerie dans la région, et encore moins une imprimerie propre. En 1909, Khalil Nasr, un journaliste libanais, a créé une imprimerie à Haïfa, qui se trouvait à l'époque en Palestine. Haïfa, aujourd'hui troisième ville d'Israël, est située au nord du pays, face à la mer Méditerranée et adossée au mont Carmel. Pour la Palestine, une telle imprimerie n'était pas impressionnante. Cependant, même si Haïfa n'est pas un territoire jordanien, l'établissement de cette imprimerie est significatif pour les Jordaniens. En 1919, Nasr et le résident de Haïfa, Basila Al Jada, ont publié le *Jordan Weekly* à Haïfa, ce qui a créé un lien indissociable entre la Jordanie et cette publication. En 1922, l'imprimerie de Nasr a été déplacée d'Haïfa à Amman, en Jordanie, et en 1927, le *Jordan Weekly* a repris sa publication.

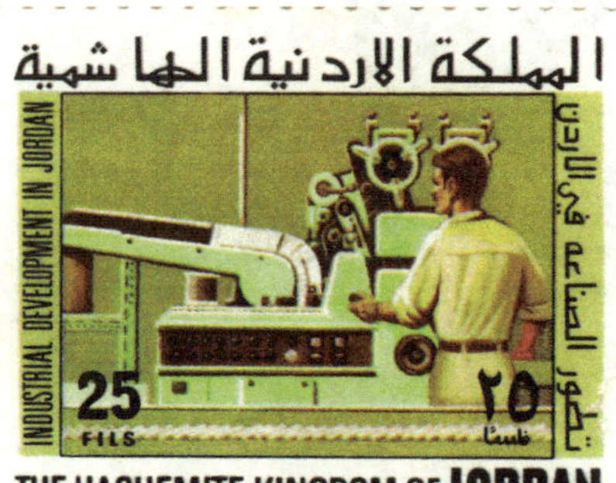

Timbres commémoratifs émis en 1979 pour commémorer le développement industriel de la Jordanie : Machine à imprimer

Au début du XXe siècle, le moyen le plus efficace de diffuser l'information humaine était le journal. Les dirigeants jordaniens ont donc compris que pour construire une Jordanie moderne, il était nécessaire d'introduire la presse à imprimer, de diffuser la connaissance et la culture et d'établir une presse et une industrie de l'imprimerie sous leur propre contrôle, en particulier l'impression et la distribution de journaux. Comme la Jordanie ne disposait pas d'une industrie d'impression indigène à l'époque, lorsque l'Émirat de Transjordanie a été créé en 1921, le gouvernement a financé l'achat d'une presse d'imprimerie à Jérusalem et l'a transportée de Jérusalem à la capitale, Amman, à dos de chameaux et de chevaux. Ainsi, en 1923, l'*Arab Orient*, premier journal officiel jordanien, contrôlé par le gouvernement, a commencé à être imprimé. En 1925, le gouvernement a commencé à installer une imprimerie pour imprimer une large gamme de livres et, en 1929, l'*Arab Orient* a été transformé en un organe qui publiait des journaux officiels, des lois et des règlements, des nouvelles nationales et étrangères, de la littérature et des articles de nature politique.

⑦⑨ Le plus ancien exemplaire imprimé avec une date clairement définie existant sur la péninsule coréenne

Un folklore bien connu en Chine veut que la Dame blanche soit gardée sous la pagode Leifeng, dans le lac de l'Ouest. Cette légende populaire et l'ouvrage de M. Lu Xun intitulé *La chute de la pagode Leifeng* ont fait connaître la pagode Leifeng aux femmes et aux enfants. En fait, la chute de la pagode Leifeng est étroitement liée à un livre ancien. Selon le folklore, lorsque le roi Qian Bian de Wu Yue a construit la tour, il a utilisé de nombreuses « briques d'or cachées », qui contenaient de l'or. Par conséquent, il y avait un flux constant de « chercheurs d'or » qui volaient et déterraient constamment les briques de la pagode. Avec le temps, le 25 septembre 1924 à 13 h 40 environ, la pagode Leifeng, à Hangzhou, du côté du lac de l'Ouest, s'est effondrée. Après l'effondrement de la tour Leifeng, le secret des briques en or cachées de la tour fut révélé. Il s'est avéré que certaines des briques de la tour étaient des briques creuses, et qu'il y avait effectivement un trésor à l'intérieur, mais pas d'or véritable, mais de vraies écritures. La vérité est donc qu'il n'y a pas de lutins sous la pagode de Leifeng, pas d'or véritable, seulement des écritures bouddhistes.

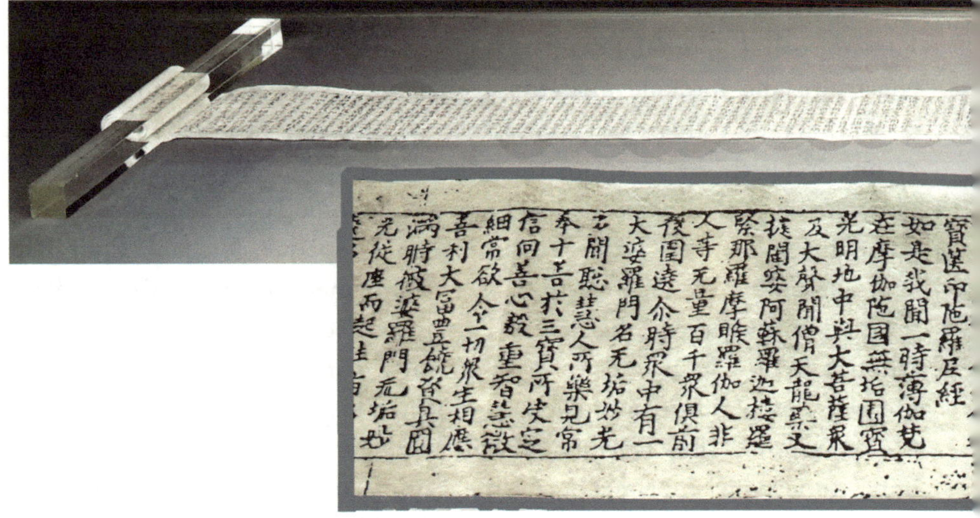

Le plus ancien exemplaire imprimé encore existant sur la péninsule coréenne est le *Sutra du trésor de reliques corporelles de tous les Tathagatas*.

Dans les briques de la pagode, on a découvert le *Sutra secret du trésor de reliques corporelles de tous les Tathagatas* (abrégé en *Sutra du trésor de reliques* ci-dessous), également connu sous le nom de « Rouleau du Sutra Leifeng ». Ce rouleau mesure 205,8 cm de long et 5,7 cm de haut dans son cadre, et comporte 271 lignes de texte, avec 10 à 11 caractères par ligne. Au début du rouleau, on peut lire l'inscription : « Le grand général des armées du monde, le roi de Wu Yue, Qian Chu, a fait imprimer cette édition de 84 000 volumes du sutra, qui a été placée dans la pagode de brique de la porte ouest en offrande perpétuelle. Gravé en août de l'année Yi Hai du huitième mois. » Le frontispice présente une illustration de l'adoration du Bouddha. Cette édition du sutra a été gravée par Qian Chu, roi de Wu Yue, en l'an 975 de la dynastie des Song du Nord. À l'époque, il y avait 84 000 exemplaires gravés de ce sutra. Aujourd'hui, il en reste un nombre non négligeable. Des exemplaires sont conservés dans des bibliothèques nationales telles que la Bibliothèque nationale de Chine, la Bibliothèque du Zhejiang, le Sanqing Hall de Quanzhou, le temple Jade Buddha de Shanghai, ainsi que dans la bibliothèque de l'université du Nord-Ouest. Des exemplaires ont également été perdus à l'étranger, conservés par des institutions telles que la Bibliothèque du Congrès aux États-Unis, la Bibliothèque publique de New York, et le Musée national britannique.

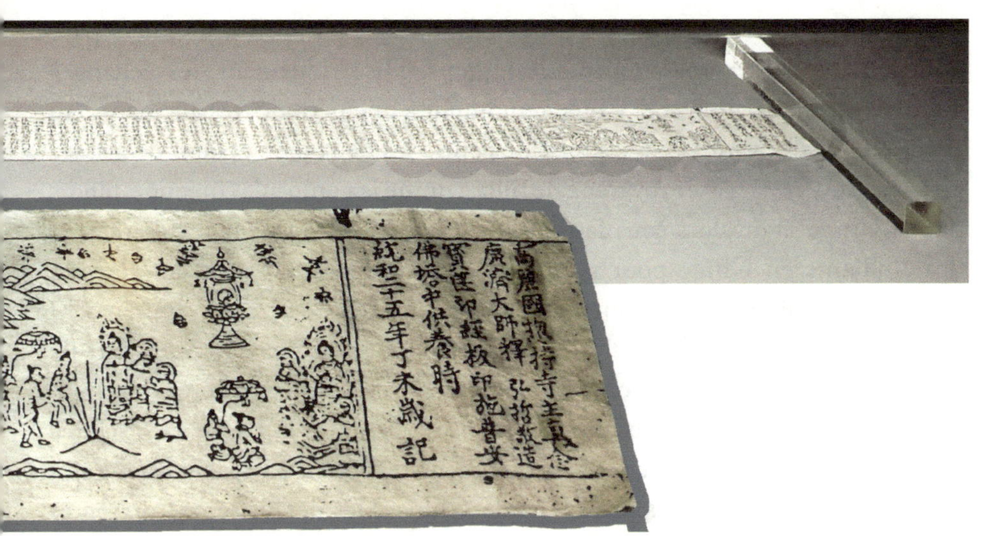

Le *Sutra du trésor de reliques* corporelles de tous les Tathagatas gravé par le roi Qian Chu de Wu Yue a non seulement favorisé le développement de l'industrie de l'imprimerie dans le royaume de Wu Yue, mais a également exercé une influence majeure sur l'industrie de l'imprimerie au début de la Corée.

Au cours de la dixième année du règne du roi Mujong de Goryeo (1007), le chef du temple Jangseung-sa, le grand maître Hwangaek Jangeol à Cheongju-mok (aujourd'hui Chungcheongbuk-do, Corée du Sud), a gravé et imprimé le *Sutra du trésor de reliques*. Ce temple était l'un des plus grands temples tantriques de la dynastie Goryeo. La version de Goryeo du *Sutra du trésor de reliques* porte l'inscription suivante : « Le maître du temple Sogosi à Goryeo, le maître Jinnim Gwangje Seok Hongcheol, a réalisé le *Sutra du trésor de reliques* et l'a imprimé dans la pagode Puan pour l'offrir au public. Il a été enregistré au cours de la 25e année du règne de l'empereur ». Ce rouleau de sutra comporte unc illustration et une inscription au début du rouleau, et il est clairement basé sur le rouleau de sutra gravé par Qian Chu en termes de texte et de planche, sauf que le texte gravé et l'illustration sont légèrement plus austères. Il s'agit de l'ouvrage imprimé le plus ancien jamais trouvé en Corée. La version Goryeo du *Sutra du trésor de reliques* existe encore aujourd'hui, conservés en Corée du Sud et au Japon.

D'après les documents existants, la Corée fait partie des premiers pays à avoir adopté l'art de l'imprimerie chinois. Historiquement, les échanges culturels entre la Chine et la Corée remontent à une période très ancienne. Au IIe et IIIe siècle avant J.-C., les relations entre les deux pays étaient déjà assez étroites. Au VIIe siècle, le royaume de Silla a unifié la péninsule coréenne, tandis que la Chine était alors sous la dynastie Tang. Ils envoyaient régulièrement des étudiants en Chine pour y étudier. Ces étudiants rapportaient souvent de nombreux livres chinois lorsqu'ils rentraient chez eux, et ils apprenaient également de nombreuses techniques artisanales avancées, y compris l'art de l'imprimerie. Au XXe siècle, on a découvert les premiers exemplaires imprimés en Corée, ce qui a même suscité une controverse entre la Chine et la Corée dans l'histoire de l'imprimerie. Les chercheurs estiment en réalité qu'il s'agit de produits imprimés « exportés » par la Chine. Des détails seront présentés dans l'article intitulé *L'imprimerie xylographique coréenne* plus loin dans le texte. Les premières références documentaires sur l'imprimerie coréenne datent également du XIe siècle. En 1237, Li Gye-bo (1108-1241), alors chancelier de l'éducation du royaume de Goryeo, a écrit le *Grand Éloge Imprimé du Trésor impérial*, et dans ce document il est mentionné que « c'est à partir de la deuxième année du règne de Munjong de Goryeo que les sutras ont été gravés ». En combinant les documents historiques et les artefacts existants, le premier livre imprimé connu en Corée est bien le *Sutra du trésor de reliques* gravé par le temple Jangseung-sa de Goryeo en 1007.

8⓪ Des « lettres mobiles » en métal mises au jour à Manwoldae, en Corée

L'imprimerie typographique est une grande invention des Chinois, et elle est considérée comme la « déesse de la sagesse » dans l'esprit des Européens. C'est également un « trésor national » de la République populaire démocratique de Corée. Les plus anciens exemplaires de sept caractères métalliques mobiles encore existants dans le monde ont été découverts à Kaesong, en Corée du Nord. Kaesong, également connue sous le nom de ville spéciale de Kaesong, est une zone économique spéciale de la Corée du Nord, qui connaît un développement économique relativement rapide, similaire à Shenzhen en Chine. Kaesong a une histoire ancienne. Pendant 474 ans, de 918 à 1392, Kaesong a été la capitale du premier pays unifié de la péninsule coréenne, le royaume de Goryeo. Il reste de nombreux sites historiques, dont l'un est Manwoldae, qui était autrefois le palais royal de la dynastie Goryeo. En 1361, il a été réduit en ruines lors de l'invasion par les Turbans rouges. En 2013, Kaesong a été inscrite sur la *Liste du patrimoine mondial*. En 1913 et 1959, déjà, des caractères métalliques mobiles de l'époque Goryeo avaient été découverts parmi les artefacts découverts à Kaesong.

Dans les années 1950, la Corée du Nord a commencé à procéder à des fouilles archéologiques sur le site de Manwoldae à Kaesong, ce qui a conduit à la découverte continue d'objets antiques. En 1959, une lettre en caractère métallique a été déterrée. Ce n'est pas un caractère chinois ordinaire, mais plutôt un « yi » avec le radical « ye » ajouté à sa droite. Ce caractère « yan » est actuellement conservée au Musée central de l'histoire de la Corée du Nord.

Un autre caractère métallique célèbre a également été découvert à Kaesong, mais pas sur le site de Manwoldae. Il provient plutôt du tombeau royal de Goryeo. Il s'agit d'un caractère chinois rarement utilisé : « fu ». Il aurait été vendu par un antiquaire japonais au musée Deoksugung en Corée en 1913 et se trouve aujourd'hui au Musée national central de Corée. Ce caractère mobile « fu » était autrefois un bien culturel vedette en Corée et a été utilisé à plusieurs reprises comme image de la promotion du tourisme culturel en Corée.

Plus précisément, ces caractères métalliques de la péninsule coréenne devraient être appelés « blocs de caractères ». Pourquoi ? Depuis les améliorations apportées à l'imprimerie typographique par Gutenberg, ce que l'on voit le plus souvent ce sont les caractères en plomb. Les caractères en plomb sont plus longs et ont une forme rectangulaire. En revanche, les blocs de caractères métalliques de Manwoldae à Kaesong et du tombeau royal de Goryeo ont la même forme : le corps des caractères est très court et la forme est plate. Ces deux blocs de caractères ont une surface non lisse, une forme externe irrégulière et des traits de différentes épaisseurs. Les bords des blocs de caractères métalliques ne sont pas droits et ne forment pas un angle droit. Certains chercheurs estiment qu'ils ont été fabriqués en utilisant la méthode de la fonte de la cire d'abeille, car il y a une cavité elliptique à l'arrière des blocs de caractères en cuivre. Les experts estiment que cela permet de réduire l'utilisation de cuivre et de stabiliser les blocs de caractères lors du coulage de la cire d'abeille. Toutefois, de nombreux spécialistes estiment qu'en raison de leur irrégularité, ces deux blocs n'ont pas la forme d'un caractère mobile, qu'ils ne sont pas non plus adaptés à la typographie et qu'il est possible qu'ils n'aient pas été utilisés dans le domaine de l'imprimerie.

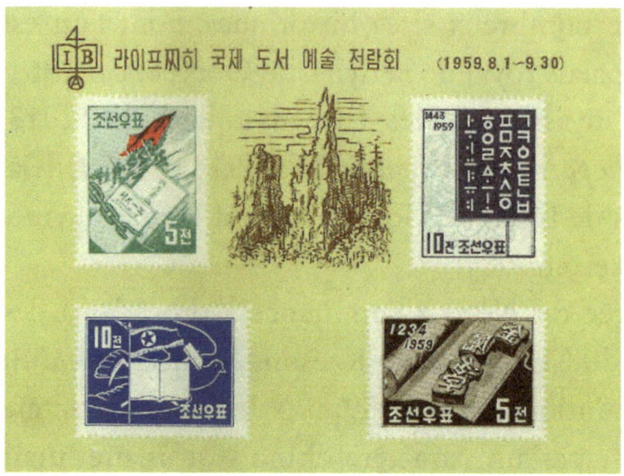

En 1959, la Corée du Nord a imprimé et émis des timbres commémorant la découverte des caractères mobiles en cuivre de Mangyudae à Kaesong.

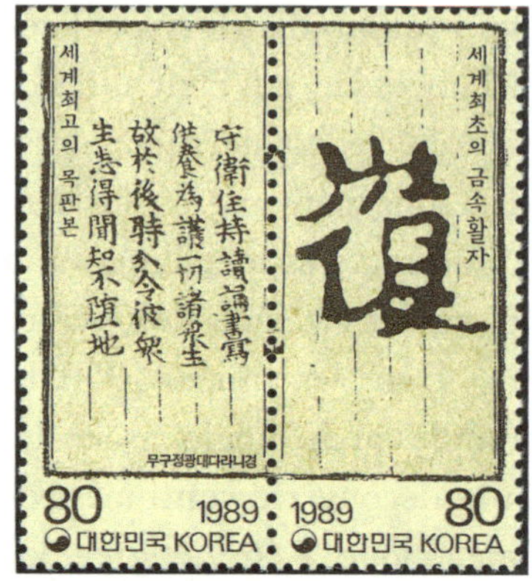

Timbres commémoratifs du début du XXᵉ siècle portant le mot « lan » en caractères mobiles en cuivre, découverts à Kaesong, en Corée du Nord.

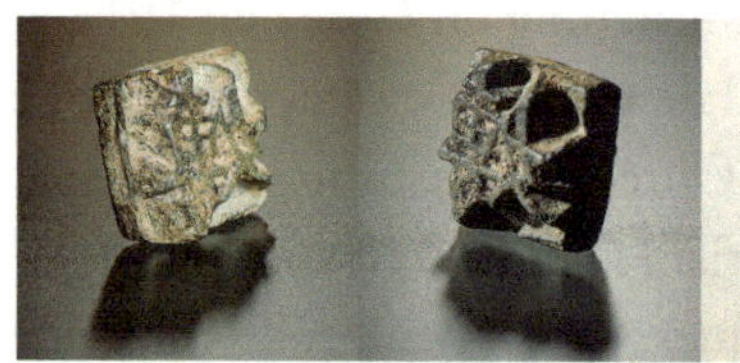
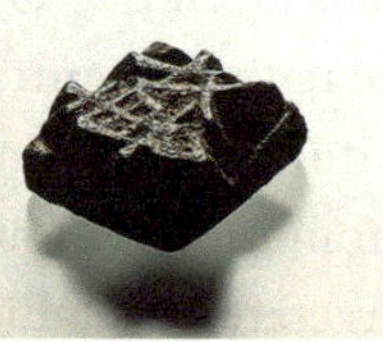
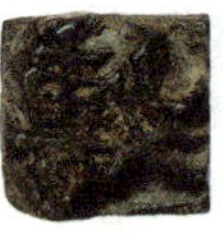

L'équipe archéologique conjointe intercoréenne a découvert le caractère mobile en métal « hao ».

L'équipe archéologique conjointe de la Corée du Nord et de la Corée du Sud effectue des fouilles conjointes sur le site de Mangwoldae depuis 2007, et sept fouilles ont été menées jusqu'en 2015. Le 14 novembre 2015, l'équipe archéologique conjointe a mis au jour un caractère mobile en métal « pin », à l'extrémité sud du complexe occidental du site de Mangwoldae. « pin » est un caractère chinois rare qui signifie « exclusif ». Le caractère mesure 1,36 centimètre de long, 1,3 centimètre de large et 0,6 centimètre de haut, et la hauteur de la saillie du caractère est de 0,44 centimètre. Choi Kwang-jik, président de l'Association des historiens coréens du Nord et du Sud, estime que ce caractère métallique a été fondu pendant la période de Goryeo, et qu'il a été fabriqué avant la destruction de Mangwoldae en 1361.

En 2016, une équipe de recherche universitaire du Musée central d'histoire de Corée a procédé à des fouilles méticuleuses dans la partie sud du complexe occidental du site de Mangwoldae, ce qui a permis de découvrir quatre nouveaux caractères mobiles en métal de la dynastie Goryeo. Trois d'entre eux sont de taille proche, environ 12-13 mm de long, 10-11 mm de large et 6-7 mm de haut, avec des caractères en saillie sur le devant et des rainures hémisphériques sur le dos. L'autre, de 7 mm et 6 mm respectivement à l'horizontale et à la verticale, est plus petit que l'autre caractère mobile, mais il était néanmoins clairement lisible. D'après l'analyse, les parties métalliques des caractères mobiles sont toutes en bronze.

Jusqu'à présent, un total de sept caractères mobiles en métal de l'époque de Goryeo ont été découverts, ayant des formes, des rainures à l'arrière et dans des matériaux essentiellement identiques.

⑧① L'art de l'imprimerie xylographique en Corée du Sud

Les caractères chinois créés par le peuple chinois constituent une partie colorée de l'histoire de la civilisation humaine. Ils ont non seulement contribué au développement de la Chine, mais ont également rayonné sur la péninsule coréenne, qui est reliée à la Chine par des montagnes et des fleuves. Les caractères chinois sont utilisés dans la péninsule coréenne depuis 2 000 ans et constituaient la seule écriture courante dans la péninsule coréenne jusqu'à ce que le roi Sejong de la dynastie Joseon promulgue l'utilisation de l'alphabet Hangul en 1446.

Pendant cette période où on partageait les mêmes caractères, les échanges culturels entre la Chine et la Corée n'avaient aucune barrière. Les premiers produits d'imprimerie chinois étaient particulièrement appréciés par les habitants de la péninsule coréenne. L'imprimerie xylographique est la plus ancienne forme d'imprimerie de l'histoire de l'humanité. Elle est le reflet de la riche et profonde civilisation de la nation chinoise, ainsi que le fruit de la sagesse du peuple chinois dans l'Antiquité. Seule une histoire culturelle continue en Chine pouvait fournir les conditions nécessaires à l'invention de l'imprimerie. Pour les premiers produits d'imprimerie, nos ancêtres en avaient fait mention dans leurs écrits. Au cours des dernières décennies, des produits d'imprimerie datant de diverses périodes de la dynastie Tang, comprenant le début, le milieu et la fin de celle-ci, ont continuellement été découverts. En 1966, la découverte du *Sutra de la Grande Mantra de Pureté et de Lumière* (ci-après dénommé *Sutra de Pureté*) dans une pagode du temple Bulguksa à Gyeongju, en Corée du Sud, a provoqué une grande excitation dans le pays. Certains chercheurs en

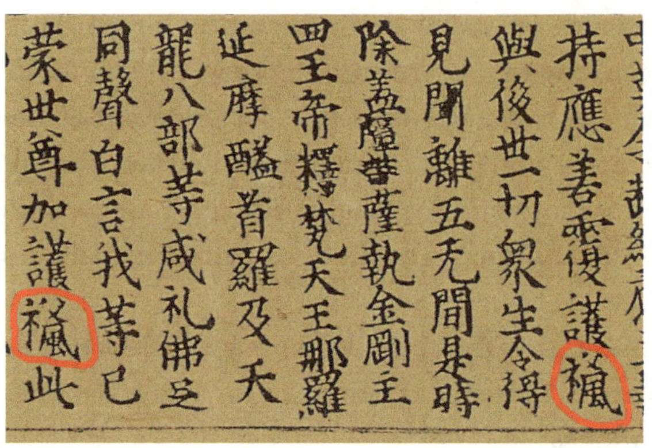

Les mots de Wuje Tian apparaissent à plusieurs endroits dans le *Sutra du Grand Mantra de Pureté et de Lumière* du temple Bulguksa de Gyeongju, en Corée du Sud.

ont conclu que ce sutra, imprimé au VIIIe siècle, était le plus ancien produit d'imprimerie existant au monde. Cela a suscité une « controverse sur le droit à l'invention de l'imprimerie entre la Chine et la Corée » dans le milieu universitaire. Cependant, après les consultations d'experts chinois et étrangers, il a été prouvé que cette publication avait été imprimée durant la période des Wu Zhou à Luoyang en Chine. La construction de cette pagode a également été supervisée par des moines chinois. Jusqu'à présent, aucune autre publication imprimée ni document historique similaire datant de la même époque que le *Sutra de Pureté* n'a été découverte en Corée du Sud.

Le temple Haeinsa, situé dans la province du Gyeongsangnam-do en Corée du Sud, est le site bouddhiste le plus célèbre de Corée. La collection de soutras du temple est connue sous le nom de « Grande collection de 80 000 soutras », car elle comprend 81 352 planches de soutras, soit un total de 52 millions de mots. La « Grande collection de 80 000 sutras » est désignée comme le « Trésor national n° 32 » et, en 1995, le temple Haeinsa et la Grande collection de 80 000 sutras ont été inscrits sur la Liste du patrimoine mondial de l'UNESCO.

Afin de promouvoir les échanges civilisationnels et la compréhension mutuelle, de renforcer les échanges et la coopération entre les musées, et de faire connaître la contribution de l'invention de l'imprimerie en Chine au progrès de la civilisation mondiale, une délégation du Musée de l'imprimerie de Chine a participé au Festival culturel 2018 de Cheongju en Corée, à l'invitation du président du comité des festivités internationales en Corée du Sud et du maire exécutif de Gyeongju. Lors du symposium sur la préservation et la diffusion de la culture de l'imprimerie, qui s'est tenu le 2 octobre 2018, plus de 40 musées de l'imprimerie et institutions connexes du monde entier, dont le Musée de l'imprimerie de Chine, ont examiné le passé et le présent de la culture de l'imprimerie et ont discuté et échangé des idées sur l'orientation future du développement. J'ai prononcé un discours en anglais intitulé *L'imprimerie éclaire la civilisation mondiale*, décrivant le développement de l'invention de l'imprimerie chinoise, une invention technologique basée sur le papier, l'encre, les plaques gravées et les caractères mobiles, qui a grandement fait progresser le cours de la civilisation humaine. L'invention de l'imprimerie chinoise a conduit et inspiré le développement de l'imprimerie dans d'autres parties du monde et a joué un rôle important dans l'avancement de la communauté de destin pour l'humanité. Les chercheurs coréens ont également présenté l'histoire et la culture de l'imprimerie en Corée sous différents angles. On peut dire qu'un consensus s'est dégagé sur le fait que l'imprimerie est une grande invention de la Chine ancienne, et que le soi-disant différend académique sino-coréen sur l'imprimerie a été pratiquement enterré.

Le *Sutra du Grand Mantra de Pureté et de Lumière* a été découvert en 1966 dans la pagode du temple Bulguksa à Gyeongju, en Corée du Sud

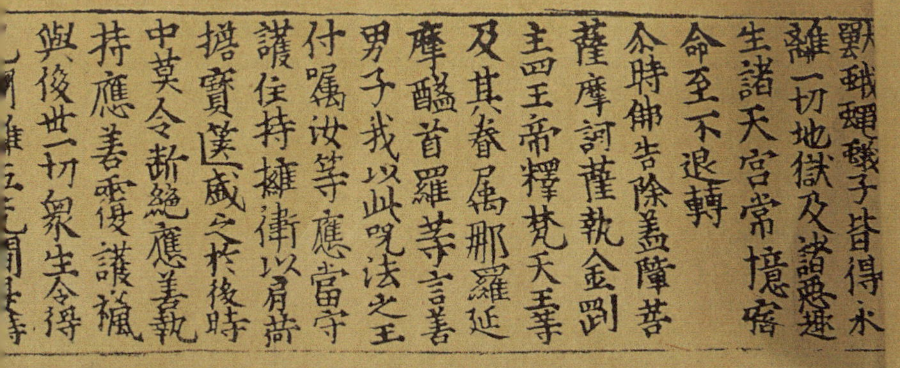

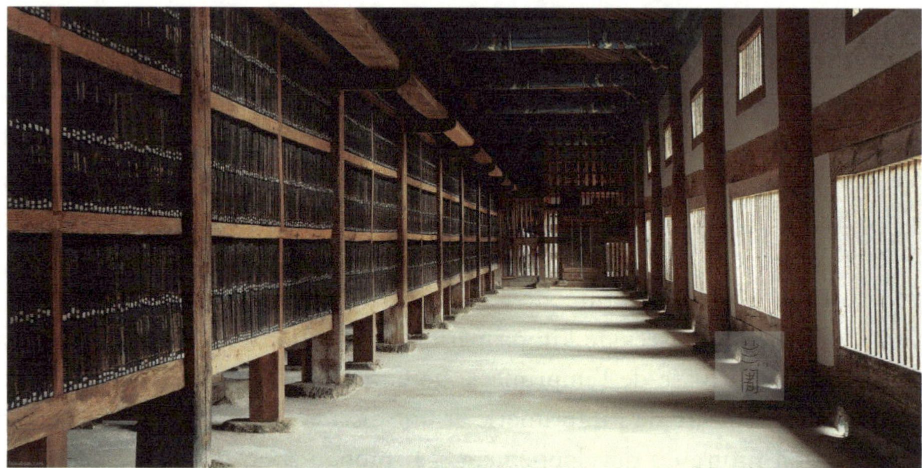

La *Collection des Editions des 80 000 sutras en caractères chinois du Tripitaka et des sutras* du temple Haeinsa a été inscrite en juin 2007 au *Registre de la Mémoire du Monde* de l'UNESCO

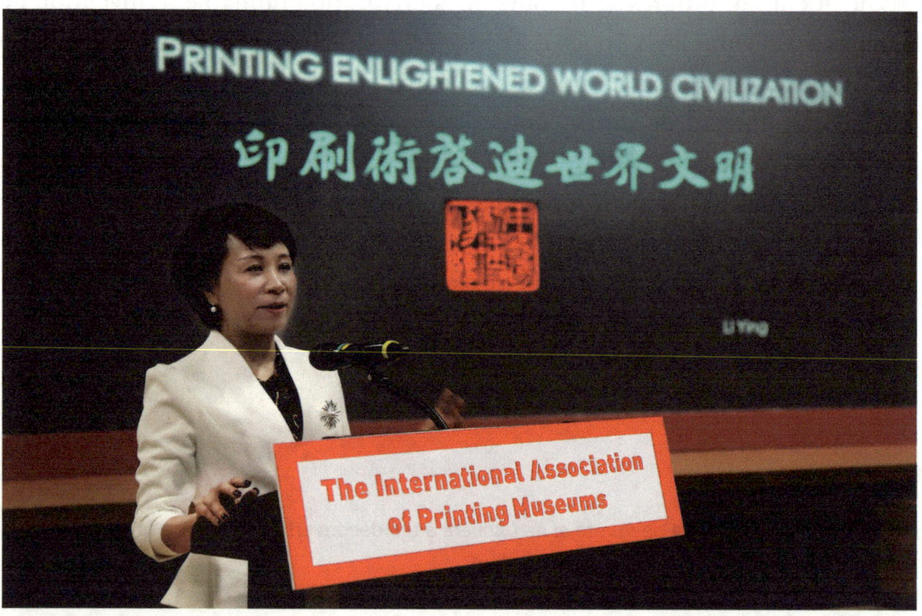

En 2018, lors du séminaire sur la protection et la diffusion de la culture de l'imprimerie lors du Festival culturel de Gyeongju en Corée du Sud, l'auteur a prononcé un discours intitulé *L'imprimerie éclaire la civilisation mondiale*

⑧② Un trésor national coréen en France

Bien que les Coréens aient utilisé les caractères chinois dans l'Antiquité et que la capitale de la Corée se soit appelée Séoul, peu d'entre eux comprennent aujourd'hui le chinois. Cependant, le mot « zhizhi (直指) » est un mot familier en Corée. Aux yeux des Coréens, ce mot a une signification complètement différente de « pointer droit » en chinois. Que signifie « zhizhi » en Corée ?

Dans la compréhension des Coréens, « zhizhi » désigne un livre, un ancien livre chinois relié à la chinoise. De plus, ce terme a également une signification particulière, celle de l'impression en caractères mobiles. Pour les Chinois dont la langue maternelle est le chinois, cela peut sembler étrange et incompréhensible. Comment cela est-il possible ? Cette histoire vieille de plusieurs milliers d'années est pleine de rebondissements et de péripéties.

Au XIVe siècle, dans la péninsule coréenne, à la fin de la période du roi Goryeo, un moine zen connu sous le nom de moine Baekun s'est rendu, en traversant de grandes difficultés, au mont Xiawu à Huzhou, en Chine, à l'âge de 54 ans (1351), pour chercher les enseignements du 18e maître zen de la secte Rinzai, le maître zen Shiwu. Le maître zen Shiwu lui a remis un volume des *Essences des instructions directes du Bouddha sur le corps et l'esprit*. Après son retour en Corée, le moine Baekun s'est consacré à l'étude du bouddhisme en tant qu'abbé des temples Anguoji et Shenguangji à Haiju. À l'âge de 75 ans, il a compilé deux volumes d'écritures bouddhistes et les a organisés sous le titre de *Transcription par le moine Baekun de l'essentiel des instructions directes du Bouddha*, abrégé en *Instructions directes* (zhizhi) par les générations suivantes. Cependant, en tant qu'écriture bouddhiste, son statut est bien inférieur à celui du *Sutra du Diamant*, du *Sutra du Cœur*. Pourquoi est-il si valorisé en Corée ? En réalité, *Transcription par le moine Baekun de l'essentiel des instructions directes du Bouddha* est la plus ancienne impression métallique de caractères mobiles encore existante dans le monde.

En 1377, trois ans après la mort du moine Baekun, les *Instructions directes* ont été publiées en deux volumes au temple Heungdeoksa de Cheongju. Toutefois, seul le volume II de la version en caractères métalliques mobiles a survécu et est conservé à la Bibliothèque nationale de France. Le processus par lequel ce livre à caractères métalliques mobiles a été transmis à la France et redécouvert par les Coréens est également assez complexe.

En 1886, la Corée a signé le *Traité de l'Amitié du Commerce et de la Navigation* avec la France. Durant cette période, la Corée était remplie d'humiliations et de malheurs alors que les grandes puissances mondiales signaient des traités commerciaux avec elle et établissaient des zones d'occupation. En 1888, le français Collin de Plancy est devenu le premier chargé d'affaires français en Corée, arrivant à Séoul. Pendant une décennie, il a collecté de nombreux livres anciens, y compris une version en caractères mobiles métalliques d'*Instructions directes*. Par la suite, les précieux livres anciens uniques de la Corée se sont dispersés dans le monde, de manière similaire à ce qu'il s'était passé en Chine à l'époque. En mars 1911, la plupart des livres anciens collectés par Collin de Plancy en Corée ont été vendus à la Bibliothèque nationale de France, mais les *Instructions directes* ont été achetées pour 180 francs par un célèbre joaillier de l'époque, Henri Vever, et conservées dans sa collection. En 1954, conformément aux dernières volontés du joaillier, les *Instructions directes* ont été finalement données à la Bibliothèque nationale de France où elles sont conservées.

Plus tard, une bibliothécaire coréenne nommée Park Byung-sun est venue à la bibliothèque et a découvert par hasard le livre à caractères métalliques *Instructions directes*. En 1972, Park Byung-sun a recommandé ce livre au comité d'organisation de l'Année mondiale du livre, et depuis lors, le livre est connu dans le monde entier. La Corée a été touchée par « la tempête *Instructions directes* ». Le 17 mars 1992, la ville de Cheongju a rénové l'ancien temple Heungdeoksa et a construit le musée de l'imprimerie ancienne de Cheongju sur le site, en nommant la rue *Instructions directes*. L'imprimerie à caractères mobiles est devenue un signe distinctif de la ville de Cheongju. Le mot *Instructions directes* est souvent mis en évidence dans les médias et sur les bâtiments locaux, et il est également utilisé comme un point promotionnel important dans les brochures touristiques coréennes et le matériel promotionnel dans différentes langues. Outre le musée de l'imprimerie ancienne de Cheongju, de nombreux autres musées coréens présentent des expositions sur *Instructions directes* et l'imprimerie à caractères mobiles coréenne. En 2002, le musée de l'imprimerie ancienne de Cheongju a organisé une exposition spéciale sur l'imprimerie à caractères mobiles ancienne avec la participation du président de la République de Corée de l'époque, Kim Dae-jung. La Corée a également inclus *Instructions directes* dans les manuels scolaires, et le contenu et les images des *Instructions directes* figurent dans les manuels d'études sociales des écoles primaires de cinquième et sixième année.

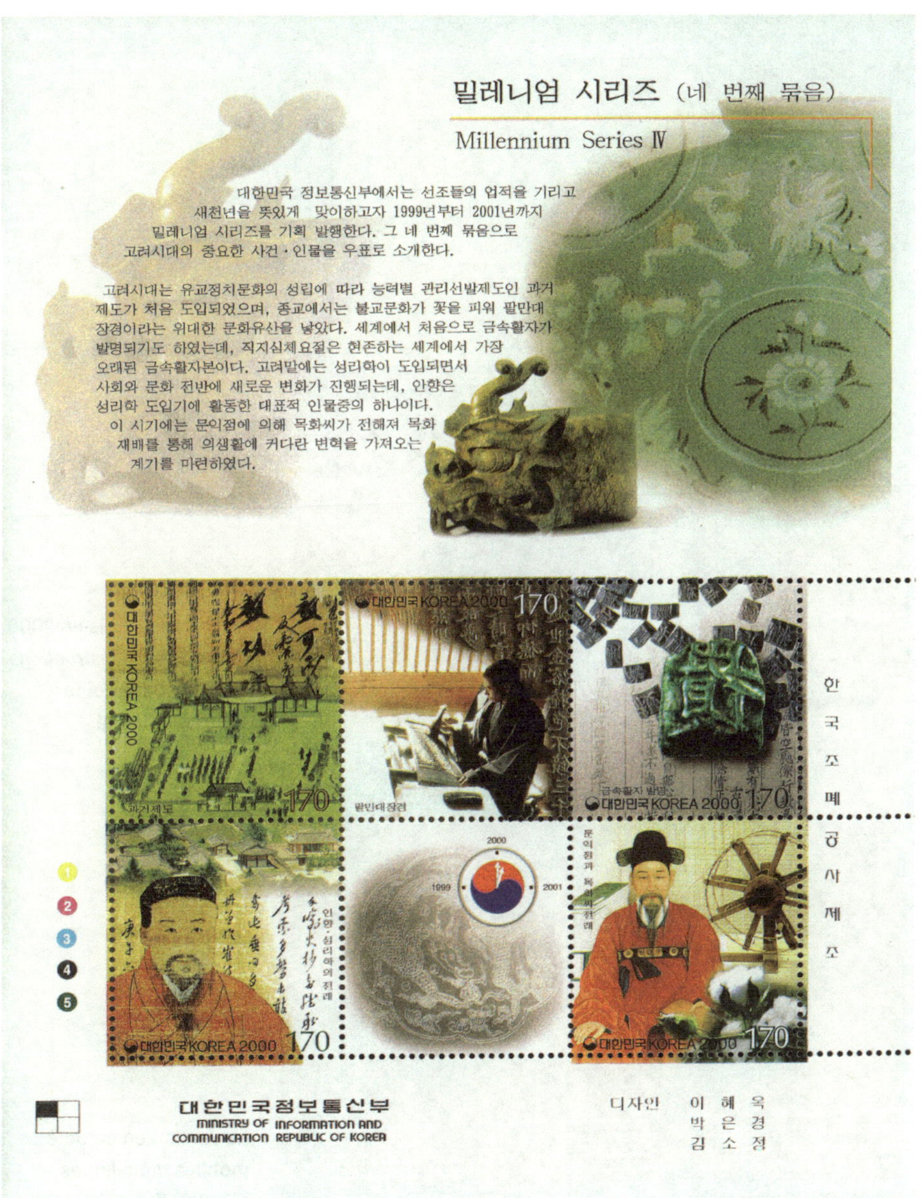

Série de timbres du millénaire émis par la Corée en 2000

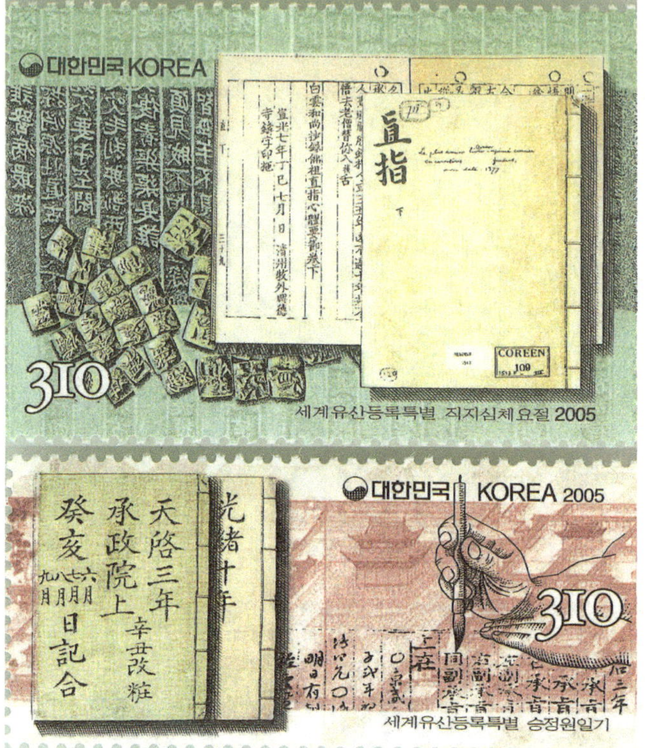

Les timbres émis en 2006 par la Corée : *Instructions directes*, patrimoine culturel mondial

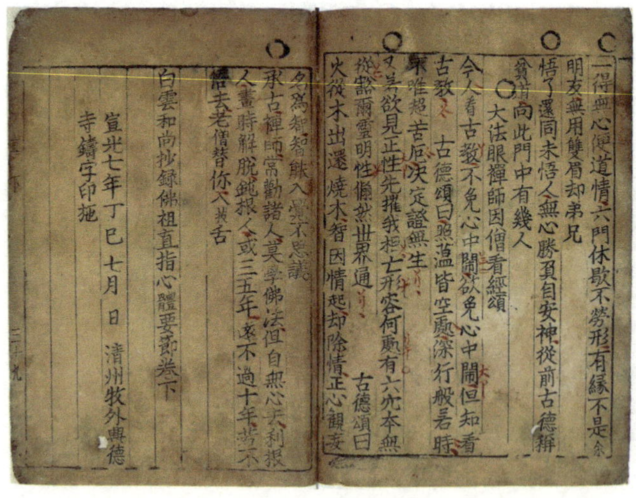

La version en caractères mobiles métalliques d'*Instructions directes* conservée à la Bibliothèque nationale de France

La Corée a tout essayé pour récupérer ce livre sacré, mais sans succès. *Instructions directes* est traduit en anglais comme Jikji, et même s'il n'est pas en Corée, il a été désigné comme le trésor national n° 1132 de la Corée. En 2001, il a été inscrit dans le Registre de la Mémoire du Monde de l'UNESCO. Peu à peu, « Jikji » est devenu un terme qui procure une fierté nationale pour les Coréens, désignant l'imprimerie typographique. Voilà l'histoire de « Jikji ».

⑧③ L'histoire de l'imprimerie entre le Laos et la Chine.

La Chine et le Laos sont des pays voisins amicaux, reliés par des montagnes et des rivières, et les deux peuples ont toujours vécu en harmonie depuis l'antiquité. Le Laos, officiellement connu sous le nom de République démocratique populaire lao, a établi pour la première fois un État unifié en 1353, connu sous le nom de Royaume de Lan Xang. En 1893, il est devenu un protectorat de la France. En septembre 1940, il a été occupé par le Japon, et le 12 octobre 1945, le Royaume du Laos a déclaré son indépendance. En 1946, la France a envahi à nouveau le Laos, puis a été remplacée peu après par les États-Unis. En 1975, la République démocratique populaire lao a été établie.

Pendant une longue période de son histoire, le Laos n'a pas développé d'écriture unifiée, ce qui explique pourquoi les documents écrits anciens sont extrêmement rares. Les premiers documents littéraires connus du Laos remontent à 1512 : *Biographie Khun Borom*, écrit par deux moines éminents de Luang Prabang dans une ancienne écriture préservée sur des feuilles de palmier jusqu'à aujourd'hui.

Pendant plus de 40 ans de domination coloniale française sur le Laos, appelée protection, la construction de la culture au Laos s'est pratiquement arrêtée et les colonisateurs n'ont pas développé la langue et la culture nationales locales. Lorsque le Laos a déclaré son indépendance en 1945, il n'y avait, dans le pays, qu'une école secondaire et cinq écoles primaires avec un enseignement de quatre ans. Les documents officiels, les manuels scolaires et les livres populaires n'étaient pas imprimés ou publiés en lao. Le *Lao News*, publié par le gouvernement lao en français et en lao, était imprimé en ronéotypie, avec un tirage de quelques centaines d'exemplaires par numéro. Dans les villages isolés et pauvres, les habitants écrivaient encore avec des stylos pointus dans des livres faits de feuilles de palmier clouées les unes aux autres. Après l'indépendance, il n'existait que quelques petites imprimeries artisanales au plomb dans les villes

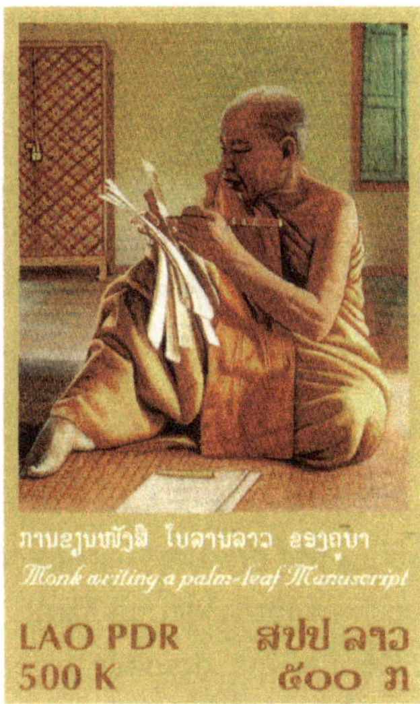

Les moines laotiens gravent les sutras sur des feuilles de palme

principales de Vientiane et Luang Prabang. Le premier journal en langue chinoise à utiliser l'impression moderne au plomb au Laos a été le *Laos Chinese Daily,* lancé à Vientiane en 1959.

En 1971, le Comité central du Front patriotique lao a demandé au gouvernement chinois de construire gratuitement une imprimerie principalement dédiée à l'impression de journaux et de publications dans la zone libérée du nord du Laos, et d'aider à former des professionnels qualifiés. Le gouvernement chinois a accordé une grande importance à cette demande et a confié la mise en œuvre du projet à la province du Yunnan. Trente-six cadres dirigeants et professionnels qualifiés, issus de neuf organisations dont l'ancienne imprimerie du peuple du Yunnan, ont été sélectionnés pour former le « Groupe technique du projet 7102 de Chine ». D'octobre 1972 à août 1974, ils ont construit lImprimerie de l'amitié sino-laotienne à Muang Xai, capitale de la province d'Oudomsay, qui se trouvait à environ 200 kilomètres de la frontière chinoise. Le projet de construction comprenait les infrastructures de l'imprimerie : les ateliers, les entrepôts, les dortoirs et les installations connexes, ainsi que les équipements de production et les fournitures (deux machines de moulage de caractères, une machine de coulée de bande, un certain nombre de moules en cuivre de caractères lao en différentes tailles, deux plateformes d'impression de plomb à double ouverture, deux presses plates à quatre pages, deux machines à plier à quatre pages, une machine à couper le papier en pleine page et en pages pliées, deux machines à relier les livres avec des fils de fer, ainsi que des équipements de réparation tels que des générateurs diesel, des radios, des machines-outils et des machines à bois, ainsi qu'une grande quantité de papier, d'encre et d'autres fournitures). La Chine a non seulement fourni du matériel d'impression au Laos, mais a également formé de manière approfondie plus de 40 cadres et ouvriers laotiens de leur côté, jusqu'à ce qu'ils soient capables d'imprimer indépendamment le journal *Front patriotique lao* ainsi que d'autres livres et publications de bonne qualité. Lors de la cérémonie de transfert du projet, le Comité central du Front patriotique lao a décerné au Groupe technique du projet 7102 de Chine la « Médaille de la liberté et de l'indépendance d'Isala de première classe ». On dit que cette imprimerie était la meilleure du Laos à l'époque.

Ceci est un témoignage d'une belle amitié sino-laotienne, témoignant de l'affection et de l'attention du peuple chinois au-delà des frontières nationales. L'histoire doit être gravée dans les mémoires et l'amitié continuera à se propager.

⑧④ Invention de la méthode de saisie de l'ourdou au Pakistan

La République islamique du Pakistan, couramment appelée le Pakistan, est un pays multiethnique, composé de 63 % de Pendjabis, 18 % de Sindhis, 11 % de Pathans et 4 % de Baloutches. Plus de 95 % des habitants professent l'islam et la langue officielle est l'ourdou. Cependant, malgré son statut de langue nationale, l'ourdou a connu une vie quelque peu mouvementée. En effet, la langue dominante au Pakistan est toujours l'anglais, un héritage colonial. Au fil du temps, l'anglais a pris de plus en plus d'importance au Pakistan. L'utilisation de l'ourdou est en fait très faible, moins de 10 % de la population du pays l'utilise. Le premier ourdou est apparu au VIIIe siècle, et lorsque la capitale musulmane de Delhi a été établie au XIe siècle, l'ourdou moderne était en grande partie formé. Pendant la période du règne de l'Empire moghol, l'ourdou a été influencé par l'arabe, le persan et le turc. En 2015, la Cour suprême du Pakistan a ordonné aux organismes gouvernementaux de faire de l'ourdou la langue officielle du pays, remplaçant ainsi totalement l'anglais.

Au milieu du XXe siècle, lorsque la technologie de la composition informatique est devenue populaire dans le monde entier, l'enregistrement, la transmission et même l'analyse des informations ont été progressivement remplacés par le « clavier alphabétique », et l'industrie de l'imprimerie est entrée dans l'ère de la composition informatique et du groupage, et la composition au plomb a commencé à être progressivement abandonnée dans le monde entier. Comme l'alphabet ourdou doit être modifié dans l'orthographe des mots en fonction de la position spécifique des lettres au début, au milieu et à la fin du mot, et que la hauteur des lettres varie, ces caractéristiques ont causé de grandes difficultés dans la dactylographie de l'ourdou, limitant ainsi la popularité de la langue maternelle informatisée. Pendant un certain temps, l'écriture ourdou, comme les anciens caractères chinois, n'a pas semblé pouvoir

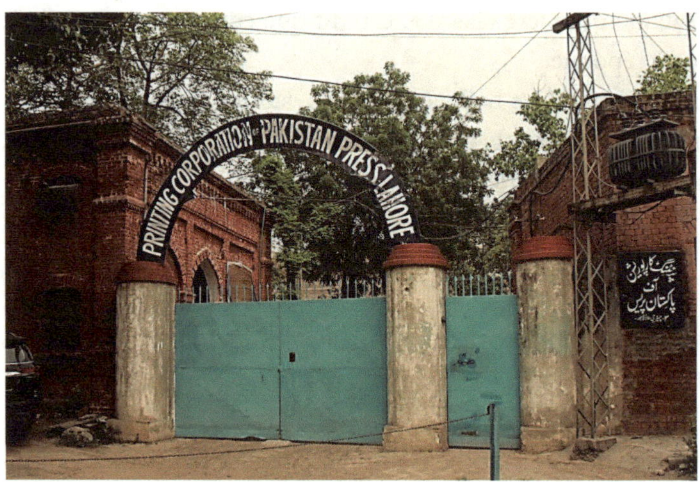

Société d'imprimerie
à Lahore, au
Pakistan

suivre le développement technologique et n'a pas pu être informatisée ni entrer dans le monde numérique, mais est restée au stade de la typographie et de l'imprimerie avec des caractères mobiles en plomb. Si cette situation perdure, l'écriture pakistanaise sera inévitablement éliminée et oubliée.

Mais les universitaires pakistanais ne se sont pas découragés et n'ont pas abandonné. Afin de permettre à l'ourdou de suivre le rythme de l'époque, les universitaires pakistanais ont fait des efforts inlassables. En 1980, des chercheurs de l'université nationale des Sciences et Technologies du Pakistan ont inventé le premier système de saisie informatique de l'ourdou, ainsi que les équipements associés, ce qui a résolu le problème technologique de l'impression moderne de l'ourdou. Dès 1950, l'association des imprimeurs de Karachi a été créée au Pakistan. Sur cette base, le Pakistan a créé en 1959 une association nationale de l'imprimerie, Association de l'imprimerie et de l'industrie graphique du Pakistan, subordonnée à la Fédération des chambres de commerce et d'industrie du Pakistan. Avec le soutien de cette association, le système de saisie de l'ourdou a connu une transformation technologique lors de la première exposition d'impression du Pakistan en 1990, et la composition électronique des journaux a été réalisée. À partir de là, l'industrie de l'impression de l'ourdou au Pakistan a entamé sa transition de « l'ère du plomb et du feu » vers « l'ère de la lumière et de l'électricité ». En 1995, le ministère pakistanais de la Langue nationale a adopté le système de saisie informatique développé par le fournisseur de services de gestion de données pakistanais (PDMS). En 1998, le système de codage de l'ourdou dans les ordinateurs a été standardisé. En 2002, les ordinateurs pouvaient faciliter la traduction entre l'ourdou et l'anglais. Par la suite, les pages Internet en ourdou ont officiellement été mises en ligne sur les sites Internet du gouvernement pakistanais. Les mesures promues par le gouvernement pakistanais ont favorisé la modernisation de l'ourdou et son alignement avec les technologies de pointe internationales.

À l'aube du XXIᵉ siècle, l'industrie pakistanaise de l'imprimerie a connu une croissance rapide et l'industrie de l'impression et de l'emballage est devenue la deuxième industrie du pays.

8 5 Les Chinois qui ont lancé l'industrie de l'imprimerie aux Philippines

La République des Philippines est communément appelée les Philippines. Le royaume de Sulu a été établi au XIVᵉ siècle. En 1565, il est devenu une colonie espagnole et a proclamé son indépendance le 12 juin 1898. Cependant, après avoir été occupée par les États-Unis la même année, il est devenue un territoire américain. Pendant la Seconde Guerre mondiale, il a été envahi par le Japon, puis est redevenu une colonie américaine après la guerre. Le 4 juillet 1946, la République des Philippines a proclamé son indépendance.

Les Philippines et la Chine sont séparées par la mer et ont entretenu des échanges commerciaux depuis longtemps par voie maritime. Vers le XIVᵉ siècle, des moines philippins ont ramené de nombreux livres de Chine, comprenant des sujets tels que l'histoire, la géographie, les statistiques, le droit, la médecine et la religion. Après l'occupation espagnole des Philippines, de nombreux artisans de la région côtière de la Chine se sont rendus aux Philippines à la recherche d'opportunités sous l'invitation des Espagnols à partir de la seconde moitié du XVIᵉ siècle. Sous la direction de ces artisans chinois, Manille a commencé l'activité d'impression sur bois, ce qui a accéléré le développement historique des Philippines. La province du Fujian était en avance en matière d'imprimerie à l'époque de la dynastie Ming et le gouvernement Ming confiait souvent les tâches d'impression des livres et des publications à la province du Fujian. Avec la migration des Chinois d'outre-mer, la technique d'impression s'est également propagée de la province du Fujian aux Philippines. Selon les archives, le premier artisan de l'imprimerie aux Philippines était Keng Yong (1538-1603) de la province du Fujian en Chine. « Keng Yong » est la translittération de son nom en chinois, basée

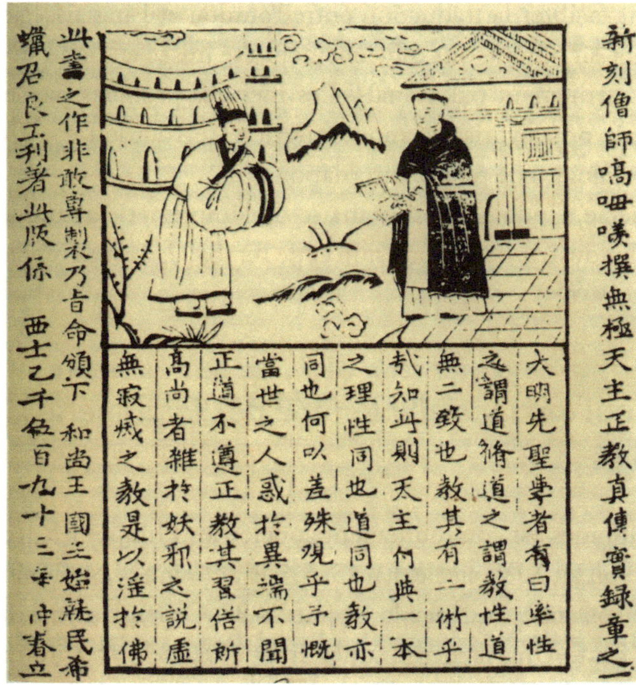

La page de couverture du livre gravé philippin de 1593 intitulé *Recueil authentique de la véritable doctrine du catholicisme sans fin*, montrant un prêtre catholique et un érudit chinois

sur les sources historiques philippines. Plus tard, Keng Yong a été baptisé à Manille, devenant un catholique, et a adopté le nom de Juan de Vera.

Jusqu'à présent, il existe trois livres gravés aux Philippines, tous imprimés à la fin du XVIᵉ siècle par Keng Yong, également connu sous le nom de Juan de Vera. Ces trois livres sont respectivement : le *Catéchisme catholique* en chinois découvert en 1924 par le sinologue français Pelliot dans la bibliothèque du Vatican ; le *Recueil authentique de la véritable doctrine du catholicisme sans fin* en chinois découvert en 1942 par le Français Henri Bernard dans la bibliothèque nationale d'Espagne ; et l'édition bilingue en espagnol et en tagalog du *Catéchisme catholique* découvert en Italie en 1946, conservé à la Bibliothèque du Congrès des États-Unis. Les deux livres en chinois ont été gravés en 1593.

La version en chinois du *Catéchisme catholique* est imprimée sur du papier coton chinois et reliée à la manière traditionnelle. Sur sa page de couverture, il y a six lignes de texte en espagnol. La première ligne est le titre du livre « Catéchisme catholique », la deuxième ligne est « Version en chinois », la troisième ligne indique « Compilation par un prêtre travaillant parmi la population chinoise », la quatrième ligne mentionne « Eglise Domingo », la cinquième ligne indique « Gravé par Keng Yong de Chine », et la sixième ligne précise « Imprimé à Parian, Manille » (Parian étant l'ancien nom du quartier chinois de Manille). Sur la page de couverture du *Recueil authentique de la véritable doctrine du catholicisme sans fin*, on trouve la mention suivante à gauche : « Ce livre, imprimé sur ordre des bonzes et du roi, n'est pas une œuvre d'arbitraire, mais a été réalisé par des artisans qualifiés à Min Xila (ancienne traduction de Manille). Cette version a été établie au printemps de l'année 1593 » (le texte original ne comporte pas de ponctuation). Cela indique clairement que le *Recueil authentique de la véritable doctrine du catholicisme sans fin* a été gravé au printemps de 1593. Ainsi, il a été le premier livre imprimé aux Philippines.

Keng Yong n'a pas seulement lancé l'activité de gravure aux Philippines, il a également été le premier à participer à la fabrication de presses d'imprimerie aux Philippines, initiant ainsi l'industrialisation de l'industrie philippine de l'imprimerie. En collaboration avec le prêtre espagnol Sisco Blancas de San José, il a fabriqué en 1602 la première presse typographique des Philippines. Le prêtre catholique espagnol Aduarté a consigné les réalisations de Keng Yong dans l'industrie de l'imprimerie dans ses écrits sur le développement de l'Église : « Juan de Vera, un chrétien chinois, fut le premier imprimeur de cette île… Il est le premier fabricant et co-inventeur de la presse typographique des Philippines, travaillant sous la direction du prêtre Blancas. »

⑧⑥ Sutra écrit sur les feuilles du palmier pattra du Sri Lanka

Dans le roman *Voyage à l'Ouest*, le voyage du moine Xuanzang vers le Paradis occidental pour y récupérer les écritures a été semé d'embûches et de périls, et il a traversé 81 difficultés. Les sutras bouddhistes qu'il a rapportés ont été trempés dans l'eau après être tombés dans une rivière et ont même été emportés par le vent. Dans l'histoire réelle, il y avait effectivement un personnage nommé Xuanzang, son prototype est le moine Xuanzang de la dynastie Tang. Au VIIe siècle, Xuanzang est parti vers l'Ouest à la recherche des enseignements bouddhistes et a rapporté les sutras. Ces sutras ont été écrits sur des feuilles de palmier.

Les feuilles de palmier, également appelées « pattra » en sanskrit, proviennent de l'arbre à palme originaire de l'Inde, connu sous le nom de « Betel » en français. L'arbre à palme est une plante de la famille des palmiers et

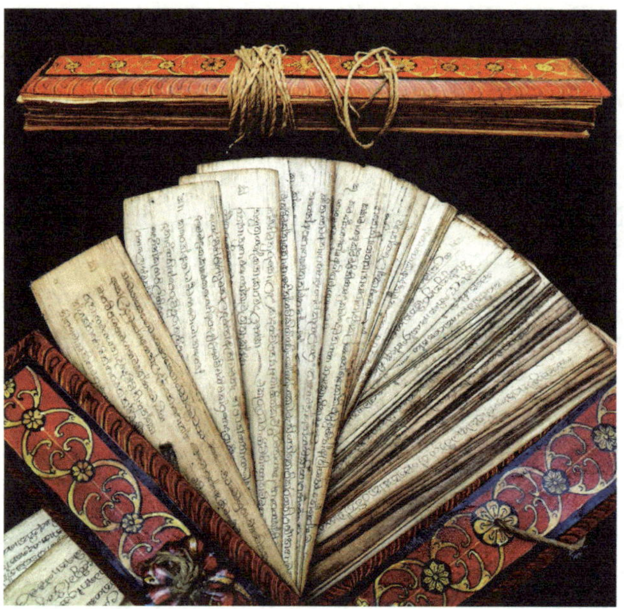

Sutra écrit sur les feuilles du palmier pattra du Sri Lanka

ses feuilles sont idéales pour l'écriture. Avant l'introduction de la technique de fabrication du papier en Inde, au Sri Lanka et dans d'autres pays, les habitants utilisaient des feuilles d'arbre comme support pour écrire. Les bouddhistes utilisaient également ces feuilles de palmier pour écrire les textes et dessiner des images de Bouddha. Les 657 volumes de sutras bouddhistes rapportés par Xuanzang de l'Inde étaient également des manuscrits sur feuilles de palmier. Il les a ensuite traduits en chinois à Chang'an. La plupart de ces manuscrits sur feuilles de palmier sont conservés dans la Grande Pagode de l'Oie Sauvage à Xi'an. Au fil du temps, seules quelques feuilles subsistent maintenant dans le musée d'histoire de la Grande Pagode de l'Oie Sauvage. Le Temple du cheval blanc de Luoyang abritait également une collection de manuscrits sur feuilles de palmier rapportés par Xuanzang de l'Inde, mais ils ont été perdus depuis longtemps. Cependant, la transmission des manuscrits sur feuilles de palmier se perpétue toujours dans les régions habitées par l'ethnie Dai en Chine. Il est largement admis que les manuscrits sur feuilles de palmier ont été introduits en Chine, plus précisément dans la région du Yunnan, par le biais du Sri Lanka, de la Birmanie et de la Thaïlande. Les Dai appellent également les feuilles de palmier « Golan ».

Le Sri Lanka est un pays où la majorité des gens pratiquent le bouddhisme. Le nom complet du Sri Lanka est la République démocratique socialiste du Sri

Lanka, autrefois connu sous le nom de Ceylan, qui signifie « terre brillante et riche » en langue cinghalaise. Le Sri Lanka possède un riche patrimoine naturel et culturel, ainsi qu'une atmosphère culturelle unique et charmante, ce qui lui vaut le surnom de « perle de l'océan Indien ». Le bouddhisme a été introduit au Sri Lanka depuis l'Inde au IIIe siècle avant J.-C. À l'époque, l'empereur indien Ashoka a envoyé son fils sur l'île pour propager le bouddhisme, et le roi du Sri Lanka s'est converti joyeusement au bouddhisme. Par la suite, Ashoka a envoyé sa fille sur l'île pour enseigner les préceptes aux nonnes et a apporté l'arbre de la Bodhi. En quelques mois, le bouddhisme s'est répandu dans tout le pays, devenant ainsi la religion d'État du Sri Lanka.

Depuis l'époque où Shakyamuni a fondé le bouddhisme, de génération en génération, les textes sacrés du bouddhisme ont été transmis de maître à disciple, de bouche à oreille, pendant près de quatre siècles, sans être consignés par écrit. Ce n'est qu'au Ier siècle avant J.-C. qu'ils ont été finalement réunis et enregistrés dans une forme écrite uniforme. Dans l'histoire du bouddhisme, la première compilation et révision des sutras bouddhistes n'a pas eu lieu en Inde, où le bouddhisme est né, mais au Sri Lanka. Au Ve siècle, le grand maître bouddhiste indien Buddhaghosa a entendu dire que de nombreux textes sacrés bouddhistes anciens, qui avaient été perdus ailleurs, étaient conservés au Sri Lanka. Il a donc entrepris un voyage pour obtenir ces textes, traversant la mer depuis l'Inde jusqu'au Sri Lanka. Il a révisé les sutras bouddhistes et traduit intégralement les commentaires en langue cinghalaise sur les Tipitaka, les trois collections du bouddhisme theravada, en langue pali. Par la suite, ces textes en pali ont été transmis aux pays bouddhistes tels que la Birmanie, la Thaïlande, le Cambodge, le Laos, où ils sont vénérés par les fidèles en tant que textes sacrés. Ainsi, on peut dire que le bouddhisme de ces pays relève de la tradition bouddhiste du Sri Lanka. Le temple d'Aluvihara, une perle du bouddhisme au Sri Lanka depuis plus de 2 000 ans, est toujours considéré comme un lieu saint où les sutras sont conservés. Les moines de ce temple antique continuent inlassablement de graver les sutras sur des feuilles de palmier, car ils estiment que les écrits sur feuilles de palmier sont plus durables que les livres en papier.

Le processus de fabrication des feuilles de palmier pour les textes sacrés implique principalement la collecte, l'ébullition, le lavage, le séchage, la confection des boîtes, le filage et l'écriture, entre autres étapes complexes. Les maîtres fabricants de feuilles de palmier récoltent généralement les feuilles matures des palmiers betel avant le début de la saison des pluies.

Ensuite, ils sélectionnent soigneusement les feuilles appropriées, les coupent selon la longueur et la largeur requises pour l'écriture, puis les attachent en faisceaux avant de les mettre dans une marmite pour les faire bouillir. Après la cuisson, les feuilles sont retirées et séchées au soleil. Chaque feuille doit être soigneusement pincée pendant le séchage afin qu'elle soit bien lisse et plate. Enfin, les feuillets de palmier sont gravés, encrés et frottés à l'aide d'un stylet en fer. L'encre utilisée est principalement un mélange de cendres de foyer et d'huile alimentaire. L'encre est appliquée sur les feuilles gravées, pénétrant lentement entre les mots et les lignes, donnant une teinte marron foncé. Une fois que l'excès d'encre est essuyé des feuilles à l'aide d'un chiffon, les textes sacrés sont ensuite exposés au séchage. Les feuilles de palmier ainsi traitées sont résistantes à l'humidité, durables, résistantes aux insectes et faciles à conserver. Plus le temps passe, plus les caractères deviennent clairs.

Les textes sacrés sur feuilles de palmier ont leur propre méthode de reliure appelée « Brahma Clip Binding ». Étant donné que les feuilles de palmier sont des feuilles naturelles qui ne peuvent pas être pliées ou plissées, une fois les textes sacrés gravés, ils sont placés dans un ordre précis pour former une pile. En général, une pièce de bambou ou de bois est placée en haut et en bas de la pile pour la protéger. Ensuite, des trous sont percés à travers les planches et les feuilles de palmier intercalées au milieu, et elles sont ensuite reliées par un cordon qui entoure les planches et l'ensemble des textes sacrés. Ainsi, la reliure « Brahma Clip Binding » est réalisée. En revanche, dans le pays où le papier a été inventé, la Chine, les textes bouddhistes ont une forme de reliure unique appelée « pliage de sutra ». Cette reliure consiste à plier une longue bande de texte en accordéon, alternant entre l'orientation avant et arrière des pages, pour former une pile rectangulaire. Les premières et dernières pages sont reliées avec des planches rigides en carton ou en bois. Du point de vue de la forme extérieure, la reliure « pliage de sutra » ressemble à un livre de pages reliées, marquant une transition entre le format de rouleau et le format de livre relié en cahiers.

87 L'industrie moderne de l'imprimerie initiée par le roi Rama III de Thaïlande.

Le Royaume de Thaïlande est désigné sous le nom de Thaïlande. La famille royale de Thaïlande existe depuis 1782. Jusqu'en 1932, les monarques de la dynastie étaient des souverains aux pouvoirs autoritaires. Après 1932, la Thaïlande est devenue une monarchic constitutionnelle, où les rois successifs occupent une fonction symbolique de chef d'État. La fondation de la dynastie a été réalisée par Chao Phraya Chakri, connu plus tard sous le nom de Rama I. Il a été nommé prince (fils adoptif) par l'empereur Zheng Xin de la dynastie Thonburi. Par conséquent, les membres de la famille royale portent le nom de famille chinois Zheng, tels que Zheng Hua pour Rama I, Zheng Fo pour Rama II, et Zheng Mian pour Rama X.

Les Chinois désignaient autrefois la Thaïlande ancienne comme « Xianluo ». En 1404, l'empereur Ming Chengzu (Zhu Di) a ordonné au ministère des Rites d'imprimer en grande quantité le Recueil des femmes et de les distribuer aux pays étrangers, dont 100 exemplaires ont été envoyés au Xianluo, suscitant l'intérêt et l'admiration des habitants locaux envers l'imprimerie et les œuvres littéraires chinoises. Sous la dynastie des Qing, de nombreux Chinois, originaires du Fujian et du Guangdong, se sont lancés dans le commerce maritime avec la Thaïlande, y compris l'exportation de matériel d'imprimerie. En raison de l'augmentation croissante de l'immigration chinoise, l'industrie de l'imprimerie sur bois a progressivement émergé en Thaïlande. Cependant, la première presse à imprimer en Thaïlande a été introduite pendant le règne du roi Rama III. Rama III a régné pendant 27 ans et il est salué pour sa politique d'ouverture envers l'extérieur. Les historiens lui attribuent également le mérite d'avoir initié l'industrie moderne de l'imprimerie en Thaïlande.

Au XIXe siècle, des missionnaires occidentaux sont arrivés en Thaïlande, se succédant les uns après les autres pour propager la foi chrétienne, mais sans grand succès. Par contre, un médecin en exercice a réussi à atteindre les objectifs de l'évangélisation en ouvrant une clinique médicale, et il a fondé la première imprimerie de Thaïlande. Il s'agit de Dan Beach Bradley (1803-1873), originaire des États-Unis. Il est arrivé en Thaïlande en 1835 pour mener des activités missionnaires alors qu'il n'avait que 32 ans. Son travail était mené sous la direction du comité de la Mission diplomatique étrangère des États-Unis, mais la coopération a été interrompue ultérieurement en raison de divergences doctrinales. Il est tombé amoureux de la Thaïlande et de son peuple, et a apporté une contribution considérable au progrès culturel de la Thaïlande.

Bradley a eu la chance, et la chance était que le roi Rama III était très intéressé par les innovations occidentales. Bradley a introduit pour la première

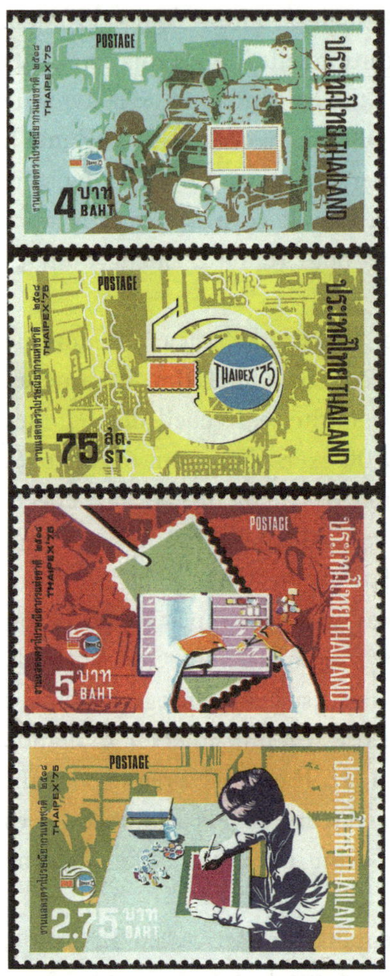

En 1975, des timbres émis en Thaïlande ont présenté les différentes étapes de la conception, de la gravure et de l'impression des timbres

fois en Thaïlande le vaccin contre la variole et les techniques de chirurgie moderne occidentale. Le succès du vaccin lui a valu la confiance du roi. Rama III a promu la vaccination pour tous les fonctionnaires. Bradley a également réalisé la première chirurgie moderne en Thaïlande et a établi un centre de traitement de la lèpre. Il a constamment prôné la réforme et a introduit les technologies d'impression les plus avancées de l'Occident. En 1835, Bradley a apporté une presse à imprimer à Bangkok, marquant le début de l'histoire de l'imprimerie moderne en Thaïlande. Au départ, étant donné que seules des caractères en plomb anglais étaient disponibles, la presse ne pouvait imprimer qu'en anglais. Pour diffuser et prêcher la culture en Thaïlande, il était évident qu'il fallait utiliser le thaï. C'est pourquoi Bradley a développé un ensemble de caractères thaï en plomb, qui est devenu la première police d'impression spéciale pour le thaï et est encore utilisée aujourd'hui.

Au début du XIXe siècle, l'opium prolifère en Asie, la Chine en souffrait beaucoup et la Thaïlande ne faisait pas exception. Afin d'interdire le tabagisme, Rama III a chargé Bradley d'imprimer des brochures anti-tabac en 1839. Bradley a utilisé ses caractères mobiles et sa presse à imprimer pour imprimer des centaines de milliers de dépliants. Cette impression à grande échelle a non seulement fait prendre conscience aux fonctionnaires thaïlandais de l'importance de l'imprimerie, mais a également suscité une demande d'imprimerie parmi la population, ce qui a grandement contribué à la promotion de l'imprimerie en Thaïlande. En 1844, Bradley a fondé le *Bangkok Recorder*, le premier journal bilingue anglais-thaï de Thaïlande. Bien que ce journal ait été éphémère, il a ensuite fondé un autre périodique, *Bangkok Recorder*, qui a été publié de 1858 à 1873. Ce périodique, spécialisé dans la description et le commentaire dc la vie à Bangkok, a exercé une grande influence. On attribue également à Bradley la première impression de la littérature thaïlandaise classique. Bradley lui-même a écrit de nombreux articles sur des questions religieuses et laïques, en anglais et en thaï.

Le développement de l'industrie de l'imprimerie en Thaïlande a également contribué à la diffusion à grande échelle des textes chinois classiques dans le pays. Les traductions thaïlandaises d'anciens romans historiques et dramatiques chinois ont commencé à fleurir en Thaïlande à cette époque : en 1864, la traduction thaïlandaise du *Roman des Trois Royaumes* a été imprimée et distribuée, et en 1879, la *Chronique chinoise Song Jiang* a été imprimée et distribuée. Ces classiques chinois se sont progressivement intégrés à la littérature et aux coutumes sociales locales et sont devenus partie intégrante de la culture locale. Les histoires telles que les *Trois Royaumes* ont eu un impact important sur la vie sociale des Thaïlandais, et même les peintures colorées de nombreux bâtiments en Thaïlande comportent des motifs du *Jardin des pêches* et des *Trois humbles visites pour une chaumière*.

⑧⑧ « L'invention du diable » dans les yeux des Ottomans

Le chercheur en communication, Harold Innis, estime que la diffusion de l'imprimerie a détruit la tradition de communication orale, substituant l'organisation spatiale à l'organisation temporelle, transformant la religion, privatisant la plupart des activités de communication, créant la relativité des valeurs, déplaçant l'autorité de l'église vers l'État, encourageant la prolifération et la montée du nationalisme. On peut imaginer que même une invention aussi grande n'a pas été immédiatement acceptée et accueillie par tous. Pendant plus d'un siècle après l'apparition de l'imprimerie, de nombreuses personnes s'y sont opposées. D'innombrables personnes en Europe qui ont utilisé l'imprimerie pour répandre le protestantisme ont même perdu la vie. Bien sûr, malgré cela, l'imprimerie et l'impression sc sont rapidement développées. Mais jusqu'à la fin du XVe siècle, les habitants de l'Empire ottoman l'ont rejetée et les écrivains ottomans l'ont qualifiée d'« invention du diable ». Pourquoi ?

L'Empire ottoman, dernier grand empire de la civilisation islamique moderne, était autrefois un géant puissant et redouté aux portes dans l'esprit des Européens. L'Empire ottoman a perdu son hégémonie maritime en

Méditerranée après la bataille de Lépante au XVIe siècle, son expansion s'est arrêtée à la fin du XVIIe siècle et l'empire a eu tendance à décliner au XIXe siècle. Le déclin de l'Empire ottoman a été un processus long et complexe, qui comprenait à la fois le problème du déclin économique et culturel causé par le système politique et les dirigeants de l'Empire, ainsi que la montée rapide du monde de l'Europe occidentale. De nombreux chercheurs ont souligné que le rejet de l'imprimerie par le peuple de l'Empire ottoman était l'une des principales raisons du déclin de l'empire. De nombreux chercheurs contemporains se sont consacrés à l'étude des raisons pour lesquelles les habitants de l'Empire ottoman ont rejeté la presse à imprimer. Ils s'accordent généralement à dire qu'il y a plusieurs raisons principales : tout d'abord, la presse à imprimer a affecté les moyens de subsistance de certaines personnes. Il existe dans tous les pays du monde un groupe de personnes qui gagnent leur vie en copiant de génération en génération et qui, naturellement, détestent la presse à imprimer, qui les prive de leur gagne-pain. Deuxièmement, l'aristocratie s'est opposée au livre imprimé, estimant qu'il s'agissait d'une vulgarité mécanique et craignant qu'il ne diminue la valeur de leurs livres copiés à la main. Troisièmement, les hommes politiques et les communautés religieuses s'en méfient, car la large

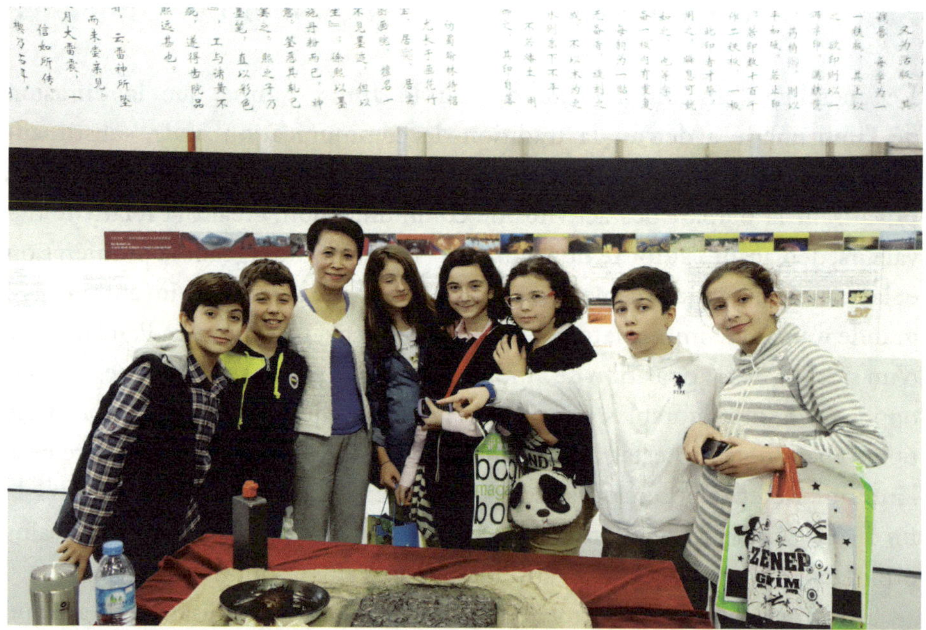

En 2013, en Turquie, des adolescents turcs ont découvert les techniques d'impression au bloc de bois dans le cadre des activités du pays hôte, la Chine, à la Foire internationale du livre d'Istanbul

diffusion de l'imprimé pourrait devenir une arme pour les idées révolutionnaires. Quatrièmement, les imprimeurs pouvaient copier à volonté les livres d'autrui et l'imprimerie mettait fin au monopole de l'apprentissage par les privilégiés et à leur contrôle sur l'éducation.

Outre ces quatre raisons, qui étaient autrefois communes à tous les pays du monde, il existait deux facteurs uniques pour les habitants de l'Empire ottoman.

Premièrement, cela concerne la calligraphie. L'art de la calligraphie arabe est caractérisé par une grande variété de styles, avec des lettres écrites en forme pleine ou creuse, ainsi que des variations de largeur, en mettant l'accent sur la disposition calligraphique. En réalité, ce que les gens de l'Empire ottoman rejetaient n'était pas tant l'imprimerie en soi, mais la presse à caractères mobiles en plomb. Car l'impression à partir de plaques de bois ne posait pas de problème pour l'impression de calligraphie. Cependant, au début, il n'existait qu'une ou deux polices standard pour l'impression au plomb, ce qui était inacceptable pour les personnes de l'Empire ottoman qui étaient passionnées par la calligraphie.

Deuxièmement, il y avait une raison importante, à savoir que la technique d'impression avec des caractères mobiles en plomb avait été inventée par les Européens. Au XVe siècle, l'architecture, la peinture, les meubles et autres articles de l'Occident étaient considérés comme des objets hérétiques par l'Empire ottoman, et celui qui tentait de les introduire était considéré comme abandonnant les traditions ancestrales. À la fin du XVe siècle, des brochures d'actualités imprimées de manière sporadique sont apparues en Europe, rapportant des nouvelles majeures telles que les guerres, la découverte du Nouveau Monde, les catastrophes naturelles et les développements religieux. L'édition de 1482, intitulée *Nouvelles de l'invasion turque en Europe*, publiée à Augsbourg, en Allemagne, était véritablement considérée comme diabolique par les personnes de l'Empire ottoman, et ses descriptions étaient remplies de « préjugés ». C'est pourquoi les gens de l'Empire ottoman considéraient également la presse à caractères mobiles en plomb de l'époque comme « l'invention du diable ».

En 1493, des Juifs séfarades ont émigré dans l'Empire ottoman après avoir échappé à l'Inquisition espagnole, introduisant ainsi la presse à imprimer. Les réfugiés juifs ont demandé l'autorisation d'ouvrir une imprimerie. Bayezid II accède à cette demande, mais n'autorise les Juifs qu'à imprimer en hébreu et en caractères européens, et non en turc ou en arabe. La raison en est que les

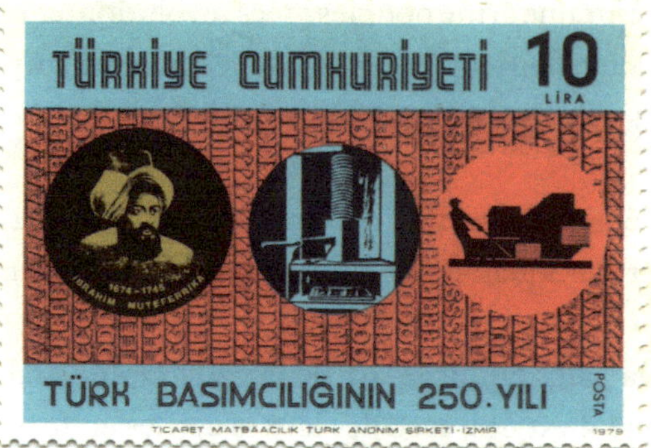

Timbre commémoratif de la première imprimerie en langue turque

textes islamiques ne peuvent être copiés qu'à la main, sous peine de constituer un sacrilège. Bayezid II était en fait un monarque d'une grande puissance civile et militaire, mais en raison de son aversion pour l'imprimerie, il a laissé une « tache » dans l'histoire et est souvent cité comme représentant de ceux qui ont entravé le développement et la diffusion de l'imprimerie. D'une certaine manière, l'Empire ottoman a ainsi facilement manqué l'occasion de la révolution intellectuelle, alors que ses rivaux européens le devançaient résolument sur la voie de la diffusion du savoir. Son interdiction n'a été levée qu'au XVIIIᵉ siècle. En 1727, la première imprimerie en langue turque a été ouverte à Istanbul par Ibrahim Muteferrika (1674-1745).

89 Imprimerie inventée par la Chine

Concernant l'invention de l'imprimerie, il est d'abord nécessaire de réfléchir à quelques questions. Pourquoi est-ce la Chine qui a inventé l'imprimerie en premier ? Pourquoi pas les États-Unis ou l'Europe ?

L'imprimerie est un ensemble de technologies artisanales, produit inévitable du développement politique, économique et culturel de la société jusqu'à un certain niveau. L'invention de l'imprimerie a fait l'objet d'une longue accumulation, comprenant : le fondement culturel représenté par l'invention et la promotion de l'écriture, les conditions matérielles préalables représentées par l'invention du papier, les préparations techniques représentées par la topographie, et la demande sociale représentée par la lecture de masse.

Parmi les éléments de la civilisation, la création de l'écriture est le symbole le plus important. Avant l'apparition de l'écriture, le nouage des cordes était une méthode courante de conservation des données dans les premicrs temps. Les ancêtres utilisaient de gros nœuds pour les grandes choses et de petits nœuds pour les petites choses. Le légendaire Cangjie est considéré comme le créateur des caractères chinois. On pense généralement que les caractères chinois sont nés de l'évolution progressive des symboles hiéroglyphiques. Les caractères chinois ne sont que l'une des plus anciennes écritures au monde. D'autres civilisations anciennes possédaient également leurs propres écritures, comme

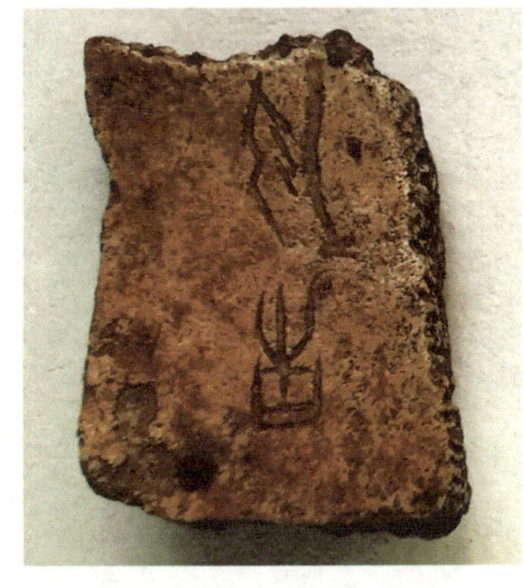

Fragment d'écriture sur os oraculaires

les hiéroglyphes de l'Égypte ancienne, le cunéiforme de Sumer et l'écriture scellée de l'Inde ancienne. Mais ils n'ont pas été transmis. Seuls les caractères chinois, après l'écriture en os d'oracle, sont passés par le style bronze, le style du petit sceau, le style du grand sceau, l'écriture des clercs, et à l'époque de l'écriture régulière, la police de caractères était pratiquement fixée. C'est pourquoi seuls les Chinois du monde entier n'ont aucun mal à lire l'écriture de leurs ancêtres d'il y a deux ou trois mille ans.

Les gens du monde entier utilisaient autrefois des tablettes d'argile et des peaux de mouton pour prendre des notes. Les Égyptiens fabriquaient du papyrus en tranchant des tiges de roseau, les disposaient en couches et les pressaient. Les Indiens utilisaient des feuilles d'arbre à bétel pour écrire, tandis que les Chinois utilisaient de la soie, des tablettes en bois et des bambous pour écrire. Cependant, tous ces matériaux d'écriture présentaient de nombreuses limites. En l'an 105, Cai Lun (environ 62-121) a inventé le papier, qui était peu coûteux, facile à fabriquer, pratique, lisse et véritablement adapté à l'écriture. Le papier est ainsi devenu le support d'écriture idéal et s'est répandu progressivement, apportant une transformation fondamentale aux outils utilisés pour enregistrer et diffuser les connaissances. Le papier n'était pas seulement un matériau important pour l'imprimerie, mais aussi une demande culturelle résultant de son invention, qui est devenue une force motrice essentielle à l'émergence de l'imprimerie.

Le calque est une technique de reproduction importante dans l'ancienne Chine, et les livres calqués sont également une composante essentielle des anciens livres chinois. La technique du calque était une invention unique de

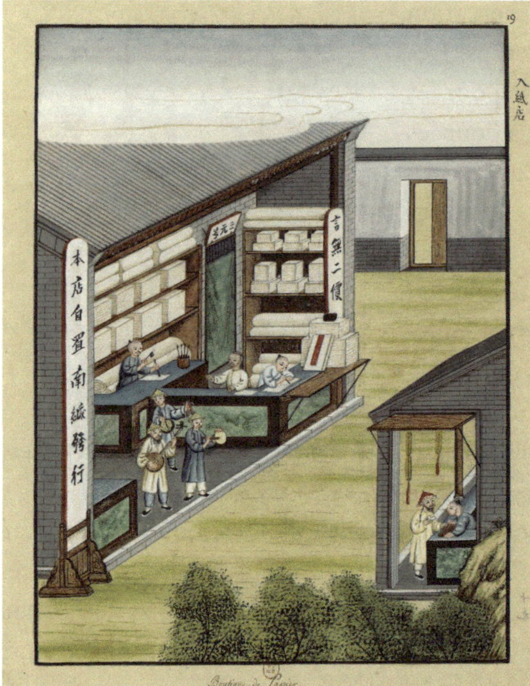

Dessin d'ateliers de fabrication de papier, extraits du *Catalogue de l'art chinois de la fabrication du papier.* Ce livre a été compilé à partir des archives du jésuite français Jiang Youren en Chine pendant la période Qianlong. Il décrit le processus de fabrication du papier de bambou en 27 peintures à la gouache et a été publié en France en 1775

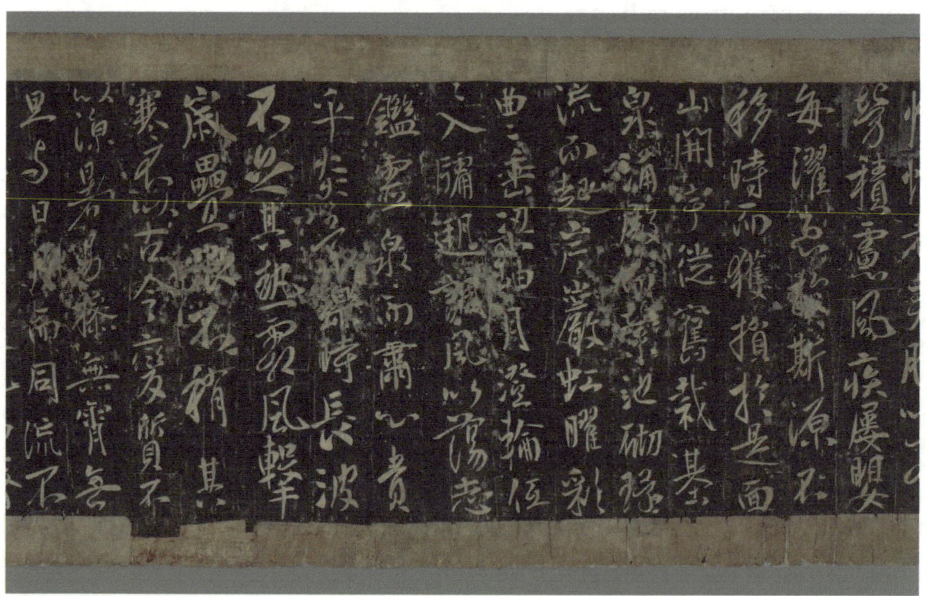

Fragment de calque en papier de l'*Inscription des Sources Chaudes*, découvert dans la grotte de Cangjing à Dunhuang, préalablement calqué avant l'année 653 de l'ère Tang de Yonghui, actuellement conservé à la Bibliothèque nationale de France à Paris

la Chine ancienne et peut être considérée comme le prototype de la gravure sur bois. Les autres anciennes civilisations du monde avaient des traditions de gravure sur pierre, mais seuls les Chinois ont inventé la technique du calque, principalement en raison de deux raisons : premièrement, les autres anciennes civilisations n'avaient pas inventé la fabrication du papier, et n'avaient pas la capacité de produire un papier mince et souple ; deuxièmement, les autres civilisations anciennes ne possédaient pas la passion et la poursuite obsessionnelle pour l'art de la calligraphie comme les Chinois.

En l'an 175 de l'ère Xi Ping de la dynastie des Han de l'Est, Cai Yong a dirigé la gravure des classiques confucéens sur des stèles en pierre, qui servaient de modèles d'étude pour les étudiants. C'est ce qu'on appelle les célèbres « Stèles de Xi Ping ». Avec l'essor des gravures de textes classiques sur pierre, la technique du calque s'est également développée. La plupart des gens pensent que le calque a commencé avec les Stèles de Xi Ping. En général, le calque désigne la technique de reproduire des inscriptions de stèles en pierre, mais en réalité, il ne se limite pas seulement aux stèles. Les gens, inspirés par la méthode du calque des inscriptions de stèles, ont également gravé les textes à copier sur des planches en bois pour créer des plaques d'impression, puis ont utilisé ces plaques pour faire des calques. Le poète Du Fu a décrit dans son poème : « Les incendies dévorent les stèles de mont Yi, les caractères gravés sur du bois grossissent et perdent leur véritable forme. » Cela relate le fait historique de la gravure des caractères sur des planches en bois pour en faire des plaques d'impression, puis de faire des calques sur ces plaques. Que ce soit la réplique de stèles anciennes sur du bois de jujube ou la gravure de livres sur du bois de jujube, bien qu'il y ait des différences entre les inscriptions en relief et en creux, les principes sont très similaires.

Les inventions naissent de besoins. Même si tout est prêt, sans la force motrice de la demande, les fruits de l'invention ne peuvent pas être récoltés. Avec la fin de la période chaotique des dynasties du Nord et du Sud, l'établissement d'une situation de grande unification sous les dynasties Sui et Tang, la Chine est entrée dans une période de développement prolongée et continue, où la demande de lecture dans la société s'est progressivement formée. Pendant la période des dynasties Sui et Tang, la demande de lecture du grand public provenait principalement de trois aspects : premièrement, la demande de lecture populaire concernant l'interprétation des rêves, la géomancie, la médecine et les calendriers ; deuxièmement, en raison de la propagation florissante du bouddhisme et du taoïsme, il y avait une demande de lecture de textes sacrés et d'iconographie sacrée ; troisièmement, avec la création et le développement du système des examens impériaux, l'éducation s'est répandue et il y avait une demande de lecture d'ouvrages sur les caractères chinois et de classiques confucéens.

Après avoir atteint une maturité complète dans les fondations culturelles, les matériaux et les techniques artisanales, l'art de l'imprimerie en gravure sur bois a été inventé à l'époque des dynasties Sui et Tang, stimulé par la demande croissante de lecture parmi la population. Cela a permis à la société humaine d'abandonner les lourdes tablettes de bambou, les coûteux manuscrits en soie et les livres recopiés à la main, pour ouvrir l'ère des livres imprimés normalisés, légers et rapides en papier. L'expression « mère de la civilisation » - l'imprimerie, fait référence à l'imprimerie en gravure sur bois, et non à l'imprimerie typographique. L'invention et la diffusion de l'imprimerie en gravure sur bois ont permis de réduire les coûts de production des livres, d'améliorer l'efficacité de leur production, d'accélérer la diffusion des connaissances et de promouvoir le progrès de la civilisation. L'imprimerie en gravure sur bois a été utilisée pendant plus de 1 000 ans dans l'histoire de l'humanité. Ainsi, elle est la technique de diffusion culturelle qui a occupé le plus longtemps et qui a été la plus dynamique parmi toutes les technologies de diffusion culturelle jusqu'à présent.

90 Imprimerie typographique inventée par Bi Sheng.

L'invention de l'imprimerie typographique constitue le deuxième jalon de l'histoire de l'imprimerie en Chine, succédant à l'imprimerie en gravure sur bois. L'imprimerie typographique consiste à fabriquer des caractères mobiles en bois, en métal ou en argile, appelés « caractères mobiles », puis à les assembler pour former une plaque d'impression, sur laquelle on applique de l'encre avant de procéder à l'impression. Shen Kuo, dans son ouvrage *Discours écrit à Mengxi*, a enregistré que, durant la période Qingli de la dynastie des Song du Nord, un homme du peuple du nom de Bi Sheng a inventé les caractères mobiles et a détaillé le procédé de fabrication de ses caractères mobiles.

Selon Shen Kuo, au XIe siècle, l'imprimerie à caractères mobiles disposait déjà d'un processus complet, comprenant principalement les éléments suivants :

1.   Fabrication des caractères : les caractères étaient sculptés dans de l'argile collante. Après la gravure d'un caractère, il était chauffé pour le solidifier. En réalité, c'étaient déjà des caractères en céramique.

2.   Préparation de la matrice : tout d'abord, une plaque de fer était préparée, sur laquelle était placé un cadre en fer. À l'intérieur du cadre, une couche d'un mélange composé de colophane, de cire et de cendre de papier était étalée.

3.   Composition : les caractères étaient étroitement disposés sur la plaque, remplissant entièrement le cadre en fer.

4.   Fixation de la matrice : la plaque de fer était chauffée pour ramollir le mélange, puis une autre plaque plate était utilisée pour presser la surface des caractères, assurant ainsi une surface plane et des caractères solides.

5.   Impression : une fois la matrice fixée, l'encre pouvait être appliquée pour imprimer sur le papier. Généralement, deux plaques étaient utilisées en alternance, pendant que l'une imprimait, l'autre était utilisée pour la composition, de sorte que lorsque l'une était terminée, l'autre avait déjà été préparée, permettant ainsi d'augmenter l'efficacité.

6.   Démontage de la matrice : une fois l'impression terminée, la plaque de fer était à nouveau chauffée pour ramollir le mélange, puis les caractères étaient retirés.

7.   Stockage des caractères : les caractères retirés étaient stockés dans des casiers en bois pour une utilisation ultérieure.

Le poète patriotique de la dynastie des Song, Deng Su, a écrit dans son poème : « Les poignets usés ne peuvent suffire pour répondre à la demande, que n'ai-je les deux plaques de fer de Bi Sheng. » Cela signifie que les écrits poétiques de son ami étaient si appréciés que dès leur apparition, les gens se les arrachaient pour les copier. Même si cela signifiait se fatiguer les poignets à force de copier, la demande était toujours supérieure à l'offre. Cela aurait été fantastique d'avoir les deux plaques de fer d'impression de Bi Sheng.

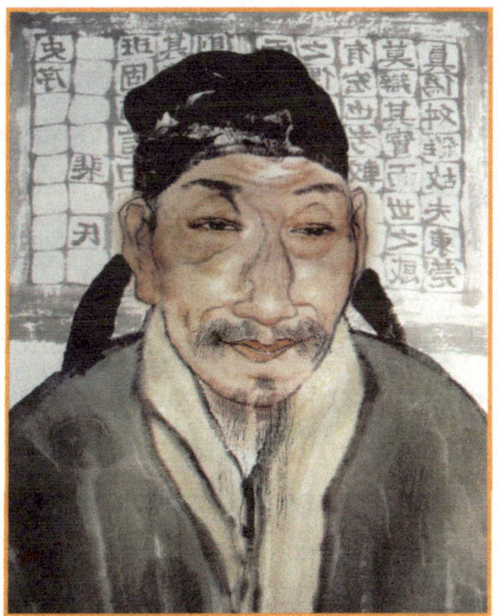

Portrait de Bi Sheng, peint par Yuan Wu

En 1193, Zhou Bida de la dynastie des Song du Sud a écrit dans une lettre à son ami Cheng Yuancheng : « J'ai récemment découvert la méthode utilisée par Shen Cunzhong pour l'impression avec de l'argile collante et des plaques de cuivre. J'ai utilisé cette technique pour copier et imprimer 28 anecdotes aujourd'hui, qui constituent le recueil *Miscellanées de la salle de jade*. » Ici, « la méthode utilisée par Shen Cunzhong » fait référence à la méthode d'impression avec des caractères mobiles de Bi Sheng telle que décrite par Shen Kuo.

L'invention de l'imprimerie typographique a une signification révolutionnaire dans l'histoire de l'impression. La technique d'impression avec des caractères mobiles inventée par Bi Sheng était déjà assez mature en elle-même. Les évolutions ultérieures telles que les caractères en bois, les caractères en étain, les caractères en cuivre, les caractères en plomb, n'ont fait que modifier les matériaux utilisés pour la fabrication des caractères, sans changer fondamentalement le principe d'impression.

Selon les découvertes archéologiques, il existe des exemples physiques de caractères mobiles datant des XIIIe et XIVe siècles le long de la Route de la soie. Déjà à la fin du XXe siècle, près de mille caractères mobiles en bois en Ouighour ont été découverts à Dunhuang, dans le Gansu. En 1988, lors des fouilles du site du temple de Haimudong au Gansu, un sutra bouddhiste en écriture tangoute intitulé *Le Sutra du Vimalakirti* a été découvert. Il a été confirmé qu'il s'agissait non seulement d'un imprimé avec des caractères mobiles datant des XIIe et XIIIe siècles, mais aussi d'un imprimé avec des caractères en argile. En 1991, neuf volumes d'un sutra bouddhiste en écriture tangoute ont été découverts dans la pagode du temple Baisigou dans le comté de Helan, Ningxia. Ils étaient datés du XIIe au XIIIe siècle et étaient des imprimés réalisés avec des caractères en bois. Ces deux exemples sont d'une grande importance dans l'histoire du développement de l'imprimerie en Chine ancienne.

Les documents historiques ainsi que les objets physiques attestent tous que depuis le XIe siècle, l'imprimerie avec des caractères mobiles a été largement utilisée en Chine, connaissant des innovations constantes. Le développement de l'imprimerie traditionnelle avec des caractères mobiles en Chine s'est étendu sur quatre dynasties : les Song, les Yuan, les Ming et les Qing. Il s'est également propagé vers l'est et vers l'ouest, jouant un rôle majeur dans la transmission et la diffusion de la civilisation chinoise ainsi que dans le progrès de la civilisation humaine.

❾❶ Les plus anciens imprimés en caractères mobiles conservés

L'invention de l'imprimerie avec des caractères mobiles est d'une grande importance. Les pays tant d'Orient que d'Occident revendiquent être les pays inventeurs de l'imprimerie à caractères mobiles. Bien que les documents chinois en fassent mention de manière catégorique, pendant longtemps, il a été difficile de fournir des preuves matérielles pour étayer cette affirmation.

De 1908 à 1909, l'explorateur russe Kozlov a découvert un grand nombre d'artefacts lors de fouilles à Heishuicheng, dans la bannière Ejina de la Mongolie intérieure. Dans une « tour de sérénité éclatante », il a mis au jour 2 000 exemplaires imprimés ainsi que des documents de l'époque des Xia occidentaux. Dans les années 1990, l'expert de l'Académie chinoise des sciences sociales, Shi Jinbo, a effectué trois visites d'étude à Saint-Pétersbourg, en Russie, lors de ses recherches sur les documents des Xia occidentaux découverts à Heishuicheng. Il a découvert plus d'une douzaine d'exemplaires imprimés avec des caractères mobiles, dont *Le Sutra du Vimalakirti*, *Le Miroir des Cent Dharmas du Mahāyāna*, *Les Paroles Recueillies des Trois Dynasties révélant les Similitudes* et *La Collection des Vertus et des Pratiques*.

Le *Sutra du Vimalakirti*, dans la version russo-tibétaine, existe en manuscrit, en xylographie et en typographie. Parmi les versions typographiques, il existe deux variations. Les caractéristiques de l'impression typographique sont très distinctives, se manifestant principalement de la manière suivante : premièrement, au sein d'une même page de l'impression typographique, les tailles des caractères varient, les graisses et les épaisseurs des traits diffèrent. Deuxièmement, certains caractères imprimés typographiquement sont penchés, les espaces entre les caractères sont inégaux et irréguliers, et certaines marges des caractères montrent des empreintes d'impression. Troisièmement, il y a une grande distance entre les caractères et il n'y a pas de traits de liaison entre les caractères tels que les crochets ou les traits d'union. Quatrièmement, les lignes de chaque côté du cadratin de l'impression typographique peuvent ne pas se toucher aux angles, laissant des lacunes évidentes ; certaines lignes sont trop longues et dépassent les lignes qu'elles devraient croiser ; certaines lignes se rompent au milieu et ont une épaisseur différente en haut et en bas.

Lorsque l'on examine attentivement la surface d'impression du *Sutra de Vimalakirti*, on peut remarquer certaines caractéristiques qui diffèrent de

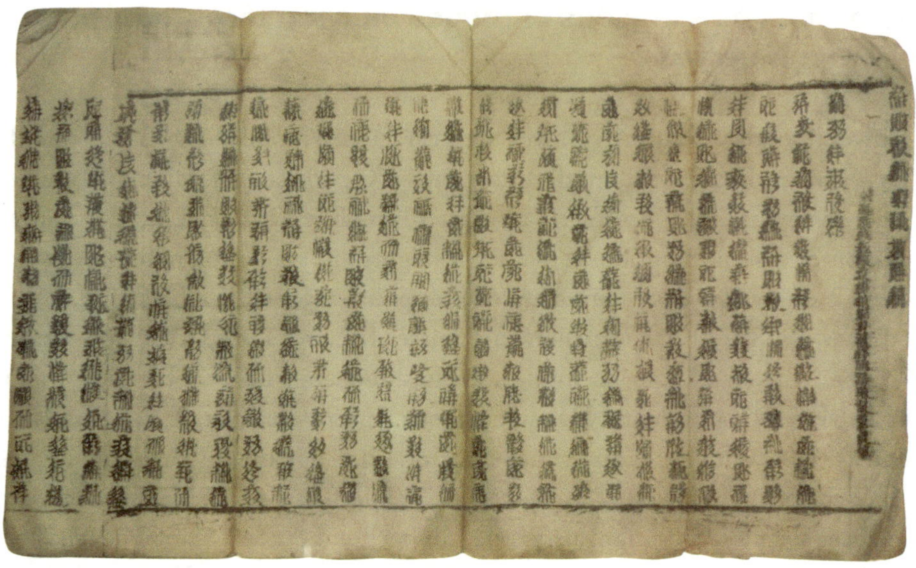

La plus ancienne version du *Sutra du Vimalakirti* conservée avec des caractères mobiles en argile

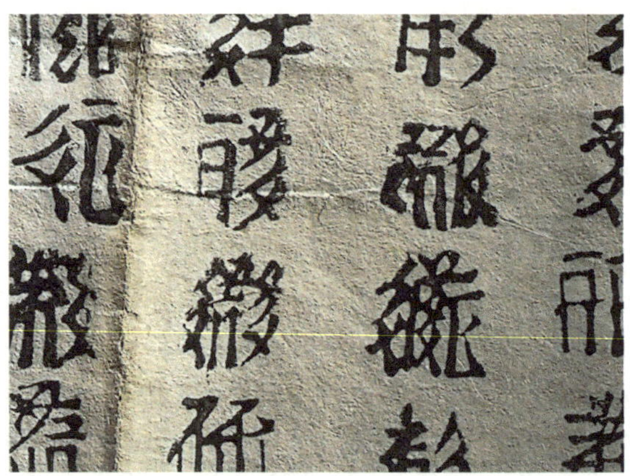

Fragment de la plus ancienne
version en caractère mobiles
en argile du *Sutra du Vimalakirti*
conservée

l'impression avec des caractères en bois. Par exemple, les caractères mobiles en argile, en raison du processus de cuisson, présentent souvent des caractères qui ne sont pas parfaitement verticaux, des traits horizontaux discontinus, des fractures au milieu des caractères, certains caractères ont une apparence seulement partiellement visible, et certains caractères peuvent même avoir des coins érodés ou des traits interrompus. Dans l'ensemble, les caractères imprimés avec des caractères en argile semblent plus arrondis que ceux imprimés avec des caractères en bois. Par conséquent, la version en écriture tangoute du *Sutra de*

Vimalakirti est considérée comme étant imprimée avec des caractères mobiles en argile.

Le volume du *Sutra de Vimalakirti* porte une inscription du règne de l'Empereur Renzong de l'Empire Xia occidental.(Traduction : « Règne de l'Empereur Renzong de l'Empire Xia occidental, glorifiant le chemin divin, brillant dans l'art de la guerre, intelligent et sage dans sa gouvernance, éliminant le mal et favorisant la vertu, harmonieux et respectueux »). Les chercheurs estiment que l'année d'impression de cet ouvrage est la deuxième année de l'ère Renzong Daqing de l'Empire Xia occidental (1141). Il s'agit du plus ancien exemple encore existant en Chine et dans le monde d'un livre imprimé avec des caractères mobiles en argile. Cette découverte a résolu des débats séculaires et a définitivement marqué l'histoire.

En 1988, *Le Sutra de Vimalakirti* de version Heishuicheng qui vagabondait en Russie a vu la naissance d'un autre « proche parent ». Cette année-là, lors des fouilles du site du temple de Haimudong à Gansu, on a découvert une édition en caractères mobiles en argile du *Sutra de Vimalakirti* en tangoute. Après expertise, il a été déterminé que cette édition était de la même famille et de la même origine que celle de Heishuicheng. Ce précieux exemplaire, le plus ancien livre imprimé en caractères mobiles en argile au monde, a finalement purgé la « nostalgie » des habitants de la patrie de l'imprimerie après un millier d'années. Il est désormais conservé au musée chinois de l'imprimerie, dans sa succursale de Wuwei.

9 2 Le plus ancien certificat d'édition.

L'histoire du Japon ancien était consignée dans des ouvrages en chinois. Le Japon ancien a été constamment influencé par la Chine, prenant modèle sur ses systèmes et sa culture. Le poète chinois Bai Juyi (772-846) était particulièrement vénéré dans le Japon ancien. On peut dire que Bai Juyi était le poète chinois ayant exercé la plus grande influence sur la sinologie japonaise, voire sur la littérature ancienne japonaise.

Aujourd'hui, nous ne connaissons toujours pas la date exacte de la première impression de la collection d'œuvres de Bai Juyi, mais les premiers enregistrements vérifiables remontent à l'année 1037. Les Archives nationales du Japon, qui constituent les archives nationales du pays, abritent les *Cahiers de Vues Gérées*, qui comprennent deux boîtes contenant dix volumes. Ces écrits ont été copiés pendant la troisième année de l'ère Yongren au Japon (1295). À la fin du dixième volume, il y a une transcription complète d'une lettre de permission officielle délivrée par l'autorité des Affaires préfectorales de Hangzhou à l'époque, qui est en fait un certificat officiel d'autorisation de publication. Cet enregistrement de publication atteste clairement que les « Œuvres de Bai » ont été officiellement publiées lors de la quatrième année de l'ère Jingyou de la dynastie des Song du Nord (1037). Cet enregistrement est d'une grande valeur, non seulement en tant que plus ancienne trace écrite de la publication des œuvres de Bai Juyi durant la période de la dynastie des Song du Nord, mais aussi car il met en lumière le système de publication en vigueur à l'époque, incluant les normes de publication, les procédures de demande, d'examen et d'autorisation.

Cette lettre du « certificat » se présente comme suit :

En date du 1 janvier de la quatrième année de l'ère Jingyou,

Décret du Bureau des Transports pour l'autorisation,

Décret du Bureau des Cérémonies et de l'Académie pour l'autorisation,

Ordonnance impériale pour la destruction et l'abandon des écrits licencieux, faux, superficiels, vulgaires et obscènes,

Concernant les œuvres de l'année récente et les candidats lettrés ayant été examinés et sans succès, à l'exception des exemplaires ayant déjà été récupérés pour être détruits par les autorités, il existe une collection d'œuvres de Bai, composée de 72 volumes, qui peuvent être édités et publiés. Maintenant, nous utilisons ce bloc d'impression.

Enregistrement postérieur en annexe,

Personnes responsables de l'application selon l'ordonnance détaillée :

Li Zang, fonctionnaire de haut rang de l'administration judiciaire de Hangzhou,

Bi Jing, fonctionnaire de haut rang de la secrétairerie du gouvernement provincial à l'essai, officiel de la surveillance à Hangzhou,

Lin Ji, fonctionnaire de haut rang du ministère des rites, docteur du ministère des rites à l'essai, fonctionnaire responsable de l'observation à Hangzhou,

Lin Ji, officiel de haut rang du ministère des rites, docteur du ministère des rites, fonctionnaire militaire du commandement de Hangzhou.

Le *Règlement détaillé* est un système d'examen et d'approbation de l'impression et de la publication de collections d'œuvres littéraires de la dynastie des Song du Nord. Il a été instauré en l'an 1009, durant la deuxième année de l'ère Dazhong Xiangfu sous le règne de l'empereur Zhenzong. Au mois de janvier de cette année-là, l'édit intitulé « Décret enjoignant aux responsables des Transports de sélectionner des érudits pour examiner attentivement les écrits, afin de prévenir les excès et la superficialité » a été promulgué. Cet édit stipulait : « Nous avons appris que certaines collections d'œuvres présentent des défauts, et qu'il existe déjà de nombreux blocs d'impression. Si nous permettons qu'ils soient utilisés pour la propagation d'idées hétérodoxes, cela conduirait également à une confusion dans l'apprentissage futur. Il convient de sélectionner avec soin et discernement. À l'avenir, tout érudit littéraire qui rédige des écrits excessivement ornementés et qui contrevient aux normes de bienséance sera soumis au châtiment officiel, afin de restaurer la pureté du style. Les collections d'œuvres littéraires anciennes et contemporaines peuvent servir de modèles, mais avant de les imprimer, elles doivent être examinées attentivement par des érudits du département sélectionnés par le chargé des Transports. Si elles sont jugées acceptables, elles pourront être imprimées et soumises à notre connaissance. » Cette ordonnance était à l'origine destinée à réprimander Yang Yi et d'autres pour leurs poèmes chantés intitulés « Xuanqu », qui étaient jugés trop décoratifs. Selon l'ouvrage *Continuation de la Compilation complète du Miroir pour aider à la gouvernance*, volume 71, le vice-censeur Wang Sizong a fait une déclaration dénonçant ces trois « maîtres » Yang Yi, Qian Weiyan et Liu Yun, qui ont écrit des poèmes « décrivant les affaires de la cour impériale des générations précédentes, utilisant des mots superficiels. » L'empereur Zhenzong a donc prononcé un édit admonestant les érudits et condamnant ceux dont les écrits étaient superficiels, tout en ordonnant que dorénavant, avant de procéder à l'impression de collections d'œuvres, il serait nécessaire que des fonctionnaires internes désignés par le chargé des Transports les examinent attentivement et les approuvent. Il s'agit là de la première ordonnance officielle de la dynastie des Song du Nord concernant l'examen et l'approbation de l'impression de recueils d'œuvres littéraires, et cette information est attestée par des documents historiques consultables.

Pendant le règne de l'Empereur Renzong, il a souvent réaffirmé le système détaillé de publication des recueils littéraires. La « Dié », équivalente à l'approbation officielle actuelle, était utilisée. Dans le recueil *Compilation des Actes du Royaume des Song*, les différentes périodes du gouvernement des Song avaient donné des ordres d'interdiction des livres, principalement axés sur les trois aspects suivants :

Le premier aspect concerne l'interdiction absolue de l'impression et de la diffusion de livres et de textes traitant de sujets liés à la défense frontalière, à l'armée, aux secrets d'État et aux affaires politiques. Ce type de décret n'a jamais été levé depuis la dynastie des Song du Nord jusqu'à la dynastie des Song du Sud. Des décrets similaires ont été promulgués lors de la cinquième année du règne de l'Empereur Renzong de la dynastie des Song du Nord (1027), la première année du règne de l'Empereur Renzong de la dynastie des Song du Nord (1040), la deuxième année du règne de l'Empereur Shenzong de la dynastie des Song du Nord (1069), et la deuxième année du règne de l'Empereur Huizong de la dynastie des Song du Nord (1108). Les dynasties des Song du Sud, telles que les règnes de l'Empereur Guangzong et de l'Empereur Ningzong, ont également continué à promulguer de tels décrets. Depuis la fondation jusqu'à la chute des dynasties des Song, elles ont toujours été dans un état de tension, d'opposition, de guerre parfois, avec les minorités ethniques du Nord. Elles étaient constamment sur leurs gardes contre les interférences des régimes des minorités ethniques telles que les Liao, les Xia de l'Ouest, les Jin et les Mongols. Par conséquent, toute publication ou vente de textes ou de livres considérés comme entravant la défense frontalière du pays, l'armée et la discussion sur les affaires politiques étaient interdites et sévèrement punies.

Le deuxième aspect concerne l'interdiction stricte de l'impression et de la diffusion de livres qui contredisent les principes de l'enseignement confucéen et propagent des « hérésies ». Les dirigeants de la dynastie des Song étaient fervents du confucianisme, et l'empereur lui-même a rédigé personnellement le traité *Sur l'adoration de la doctrine confucéenne* qui a été gravé sur des stèles et érigé à l'Académie impériale. Les écrits classiques confucéens étaient considérés comme un moyen pour les lettrés d'étudier et de servir dans l'administration, ainsi que comme un guide moral pour la gouvernance gouvernementale interne. Dès l'époque de l'Empereur Taizu, un édit avait été émis pour établir des postes de juges dans les provinces et les préfectures, qui étaient occupés par des lauréats du concours impérial et des experts en textes classiques. Il avait aussi été ordonné d'étudier la poésie, la calligraphie et les Trois Livres (Les Trois Classiques : *le Livre des Odes*, *le Livre des Documents* et *le Livre des Changements*) ainsi que les Trois Commentaires (les commentaires des Trois Livres), puis de qualifier les étudiants dans les études des Trois Livres et des Trois Commentaires pour l'entrée dans le service gouvernemental. Toute publication ou diffusion de textes ou d'images allant à l'encontre des

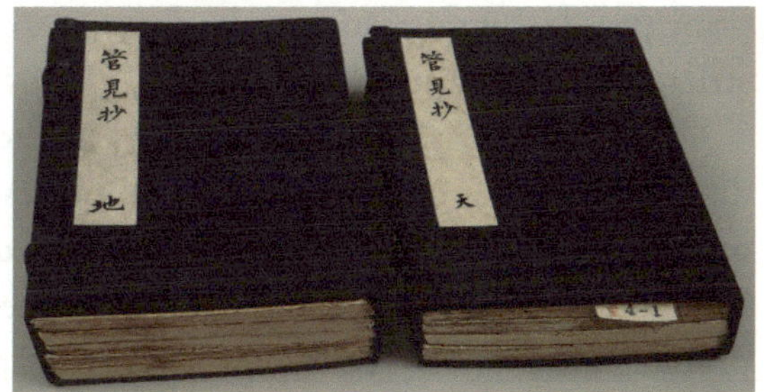

Le manuscrit de l'édition de 1295 intitulé *Cahiers de Vues Gérées,* conservé dans les archives de la Bibliothèque nationale du Japon

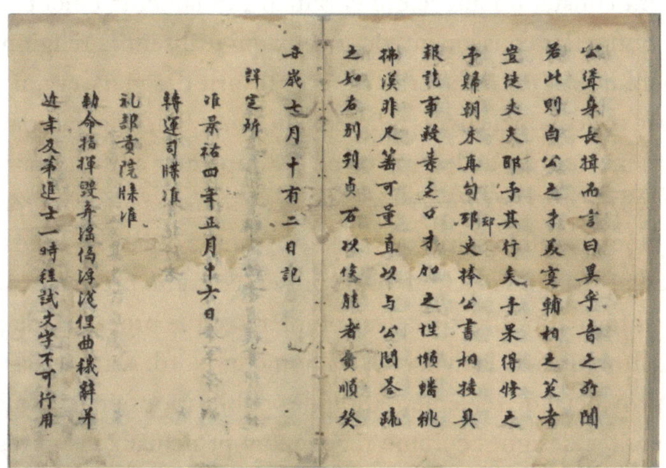

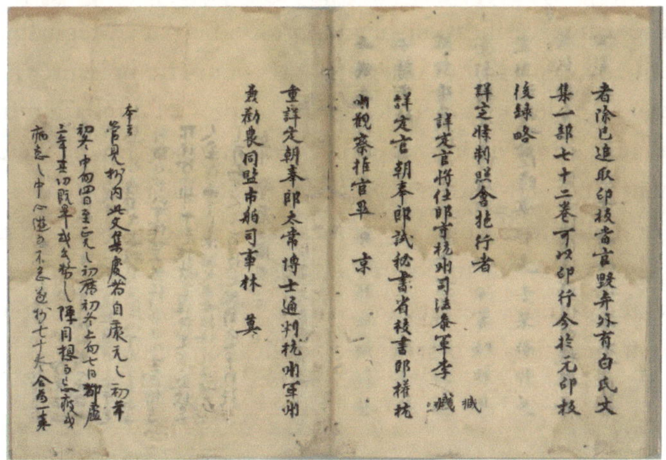

Dans le manuscrit de l'édition de 1295 intitulé *Cahiers de Vues Gérées,* conservé dans les archives de la Bibliothèque nationale du Japon, se trouve le certificat officiel d'autorisation de publication pour le recueil *Œuvres de Bai*

principes de l'enseignement classique ou propageant des « hérésies » était strictement interdite.

Troisièmement, il est strictement interdit de graver, d'imprimer et de diffuser des livres qui ne sont pas conformes aux interprétations et doctrines orthodoxes du taoïsme et qui utilisent des « doctrines maléfiques » pour créer l'opinion publique et encourager les gens à renverser la dynastie des Song. La promulgation de ce type d'interdiction s'est principalement concentrée sur la fin de la dynastie des Song du Nord. À cette époque, les contradictions entre les classes sociales devenaient de plus en plus aiguës, et les révoltes paysannes apparaissaient constamment, ce qui ébranlait fondamentalement le régime de la dynastie Song. Par conséquent, pour ceux qui utilisent la religion pour créer l'opinion publique et encourager le cœur et l'esprit des gens, et qui ne sont pas inclus dans la collection de livres religieux du Bouddha, il devrait naturellement être strictement interdit de les graver, de les imprimer et de les faire circuler.

Le recueil *Œuvres de Bai* copié dans les *Cahiers de Vues Gérées* aurait été ramené au Japon par un disciple de Jizhao, un moine de l'école Tendai japonaise, qui est décédé à Hangzhou. Cette copie préservée est un précieux document qui fournit des informations historiques complètes sur le processus de publication des recueils littéraires de la dynastie des Song du Nord. Dans le système décrit, un bureau provincial de réglementation des publications était établi, avec deux érudits littéraires désignés comme régulateurs principaux et un régulateur en chef. Après une première vérification par les régulateurs principaux, l'œuvre était soumise à une vérification plus approfondie par le régulateur en chef, puis elle était envoyée à l'office des transports pour être présentée au ministère des Rites et à l'Académie impériale des arts. Après l'approbation finale de ces institutions, une « instruction impériale de commandement » était donnée. Le document était ensuite transmis de l'office des transports au bureau provincial de réglementation des publications, qui émettait une notification aux imprimeurs pour leur indiquer l'autorisation de l'imprimerie. La version finale du texte approuvé devait être reliée à la fin du livre. Ces règles étaient étonnamment similaires au système de publication actuel.

9 3 Avis de droit d'auteur le plus ancien qui subsiste

« Ce livre a été publié dans la maison de Cheng Sheren à Meishan, et une demande a été faite aux autorités supérieures pour qu'elles n'autorisent pas la copie de ce livre. » Cette plaque de 16 caractères chinois est la première mention de droit d'auteur de l'histoire de l'édition chinoise, et elle est précieuse. Cette plaque provient du livre de la période des Song intitulé *Une brève histoire de la capitale orientale* qui est une chronique de la dynastie des Song du Nord. Le plus ancien exemplaire imprimé de ce livre est une copie gravée provenant de Meishan, dans le Sichuan, sous le règne Shaoxi de l'empereur Guangzong de la dynastie des Song du Sud, avec un papier semblable à du jade, des caractères aussi grands que de l'argent et une encre semblable à de la laque.

L'imprimerie à gravure sur bois a été popularisée pendant la période des Tang, ce qui a donné lieu à l'apparition de l'activité de piratage. Feng Su, le commandant militaire de Dongchuan pendant le règne de l'empereur Wenzong, a adressé une requête à l'empereur, demandant l'interdiction des impressions illégales de calendriers : « J'ai l'honneur de demander impérativement l'interdiction des impressions illégales de calendriers. Les provinces du sud des deux Sichuan et du Huainan vendent des calendriers imprimés sur le marché. Chaque année, avant que le Bureau astronomique n'ait publié officiellement le nouveau calendrier, celui-ci est déjà largement répandu dans tout le pays… » Étant donné que les calendriers des Tang étaient publiés annuellement par le Bureau astronomique impérial, la prolifération des piratages a commencé avant même leur publication officielle par les autorités. La Cour impériale a pris cette question au sérieux et a immédiatement ordonné la destruction et la traque des contrefaçons.

En effet, l'industrie de l'édition était très développée pendant la dynastie des Song, ce qui a amplifié le problème du piratage. Surtout pour des icônes littéraires comme Su Shi, le phénomène de piratage était une véritable source de préoccupation. Su Shi a écrit une lettre à son ami Chen Chuandao, se plaignant ainsi : « Un certain individu dans la ville cherche à tirer profit en publiant mes modestes écrits. J'ai l'intention de détruire ses plaques, mais il semble qu'il a l'intention de continuer à les publier de manière détournée !… Ce qui est montré ici n'est pas seulement dépourvu de mes corrections, mais il y a aussi les textes d'autres personnes mélangées. » Les livres étaient contrefaits, de qualité médiocre, avec des fautes et des omissions, et d'autres textes étaient même ajoutés. Su Shi était si contrarié qu'il aurait voulu détruire les plaques lui-même. Pire encore, même les livres destinés aux fonctionnaires gouvernementaux étaient piratés. Pendant la période de Qingli de la dynastie des Song du Nord, il y a eu un cas à Hangzhou où un fonctionnaire avait en réalité modifié le titre complet du livre de droit pénal *Xingtong Lüshu* en *Jinke*

Zhengyi, puis l'avait secrètement gravé et vendu. Il y avait aussi des éditeurs pirates qui s'en étaient pris à « saint » Zhu Xi. Zhu Xi avait écrit un ouvrage intitulé *Sur Mencius*, qui avait été piraté et publié par des éditeurs de Jianyang. Zhu Xi était particulièrement contrarié et a écrit à un ami en disant : « Les gens de Jianyang publient mon travail sans scrupules. Même si je le condamne, j'apprends que ces publications sont déjà largement répandues. » Il exprimait une profonde frustration. Heureusement, le gouvernement de la dynastie des Song avait pris des mesures sérieuses pour protéger les droits d'auteur. Les contrefacteurs de Jianyang ont rapidement été arrêtés, leurs publications piratées ont été détruites, et par la suite, seules les impressions et gravures de la famille Zhu étaient autorisées par les autorités.

À l'époque de la dynastie des Song, il y avait déjà un système d'enregistrement gouvernemental et des exemples d'interdiction de la contrefaçon, ce qui représentait une mesure efficace de lutte contre le piratage. Dans le livre *Objets perdus ramassés* de Luo Bi, il a dit : « Dès le début de la dynastie des Song, avant la période de gouvernance pacifique, la gravure sans autorisation était interdite et une demande devait être adressée à l'Académie nationale... »

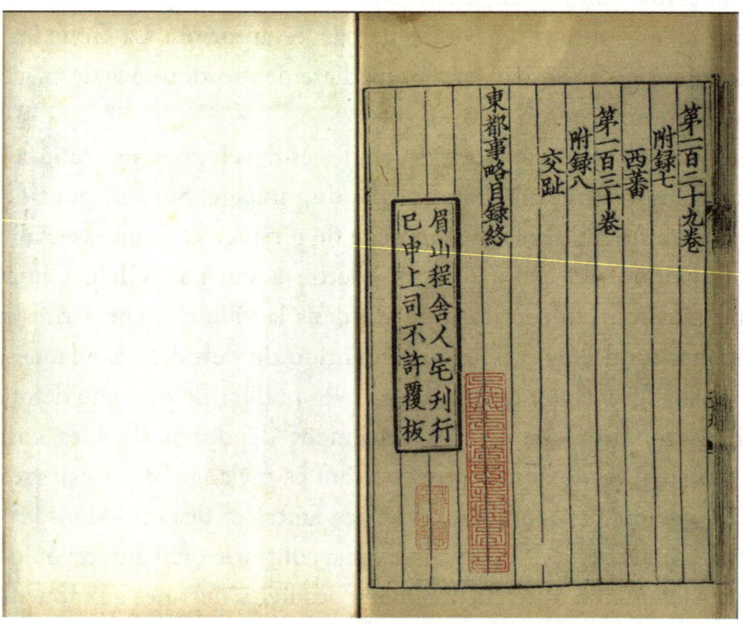

Page des droits d'auteur de l'édition gravée sur bois d'*Une brève histoire de la capitale orientale* de la dynastie des Song, conservée à la Bibliothèque municipale de Taipei

Graver sans autorisation, c'est-à-dire faire des copies non autorisées ou des contrefaçons, était passible de sanctions légales. De plus, à l'exception des livres sacrés gravés par l'Académie nationale, les « nouveaux textes publiés » devaient d'abord être soumis au gouvernement pour examen avant d'être autorisés. Cela servait à effectuer un contrôle de contenu et à prévenir les actes de contrefaçon sous le prétexte de graver de nouveaux livres. En plus de l'intervention du gouvernement, les libraires prenaient également des mesures pour protéger leurs publications. Ils enregistraient leurs propres œuvres auprès du gouvernement pour prouver leur statut légal et empêcher les autres de les contrefaire.

Les 16 sceaux imprimés dans *Une brève histoire de la capitale orientale* confirment également que la Chine est le berceau de l'imprimerie et de l'édition, ainsi que le premier pays au monde à avoir mis en place la protection des droits d'auteur.

⑨④ La grande invention de l'imprimerie à caractères mobiles, connue sous le nom de « disque rotatif avec police de caractères »

La commune de Banshu, située dans le comté de Jingde, la ville de Xuancheng dans la province de l'Anhui en Chine, est peu connue. Banshuzhen est composée de six villages et se trouve être la porte sud de Jingde. Autrefois, elle était un passage incontournable sur l'ancienne route de Jingji, bénéficiant ainsi d'une excellente accessibilité.

Le nom « Banshu » lui-même renferme une signification culturelle profonde. Selon la tradition populaire, il existe une explication sur l'origine du nom. Autrefois, dans cette commune, il y avait deux frères. L'aîné gravait des caractères et des motifs sur des bâtonnets de bambou, tandis que le cadet fabriquait de l'encre avec des cendres de poêle et de l'eau pour en faire une « encre d'impression ». En trempant les bâtonnets de bambou dans cette encre, les caractères et les motifs apparaissaient clairement sur le papier et pouvaient être imprimés en quantité. Cette technique primitive d'impression a donné naissance au nom de « Banshu » tel qu'il est connu aujourd'hui.

Selon des recherches approfondies, pendant la dynastie Yuan, de nombreux arbres de Celtis ont été plantés ici et leur tronc était un excellent matériau pour la sculpture des plaques d'impression. Ainsi, l'origine du nom « Banshu » pourrait avoir deux possibilités : la première est que de nombreuses personnes ont prononcé de manière erronée le caractère « jiù (柏) » comme « băi (柏) »[1], transformant ainsi les arbres de Celtis en cyprès, communément appelés « banshu », et ultérieurement stylisés sous le nom de « banshu » ; la deuxième explication est que cet endroit était le lieu où Wang Zhen (1271-1368), un agronome de la dynastie Yuan, a fabriqué des caractères mobiles en bois pour l'impression de livres. Afin de rendre hommage à cette grande réalisation, les générations ultérieures ont consacré ce terme ancien et élégant, « banshu », dans les annales historiques.

Wang Zhen est originaire de Dongping, dans la province du Shandong. Il était un agronome de la dynastie Yuan et un améliorateur de l'imprimerie à caractères mobiles. Il a été préfet du comté de Jingde pendant 6 ans, gouvernant avec bienveillance et apportant des bienfaits au peuple. Ses réalisations ont été remarquables et il était loué par les habitants de Jingde. En plus de se concentrer sur la gestion du comté par l'agriculture et la rédaction du *Livre de l'Agriculture*, il a également amélioré l'imprimerie à caractères mobiles.

Wang Zhen était convaincu que les plaques de gravure traditionnelles demandaient beaucoup de temps et d'efforts et que les matériaux utilisés n'étaient pas satisfaisants ; les caractères mobiles en argile ne répondaient pas aux attentes. Il a donc décidé de les améliorer. Après deux années de recherche collaborative avec les artisans de la gravure sur bois, il a réussi à concevoir avec succès la « Roue tournante des caractères mobiles », créant plus de trente mille pièces de caractères mobiles en bois placées sur une grande roue. Wang Zhen a déclaré : « Il est difficile pour les personnes de chercher des caractères, mais facile pour les caractères de trouver des personnes. Cette méthode d'utilisation d'une roue tournante permet de récupérer facilement les caractères souhaités. » Les pièces de caractères mobiles en bois étaient disposées sur le cadre de la roue tournante selon des schémas phonétiques. Lors de la composition, la roue était tournée, éliminant ainsi le besoin pour les personnes de chercher manuellement les caractères. Au lieu de cela, il suffisait de s'asseoir et de tourner la roue pour sélectionner les caractères désirés, ce qui permettait de gagner du temps et des efforts. L'essence des caractères mobiles résidait dans leur « mobilité », qui se manifestait dans le processus de composition pré-impression. La deuxième année de l'ère Dade (1298), Wang Zhen a utilisé

---

[1]   NdT : « 柏 » et « 柏 » sont si similaires en apparence et il est facile de se tromper ou de les confondre.

cette technique de caractères mobiles en bois pour la première fois afin d'imprimer son ouvrage édité *Annales du comté de Jingde*, composé de plus de soixante mille caractères. En moins d'un mois, une centaine d'exemplaires complets ont été produits. Wang Zhen a détaillé les méthodes de fabrication des caractères mobiles en bois et la technique de sélection des caractères dans son ouvrage *Art de l'imprimerie des caractères mobiles*, qui a été inclus à la fin du *Livre de l'Agriculture* – la plus ancienne documentation connue fournissant un compte rendu systématique de la technique d'impression avec des caractères mobiles dans le monde.

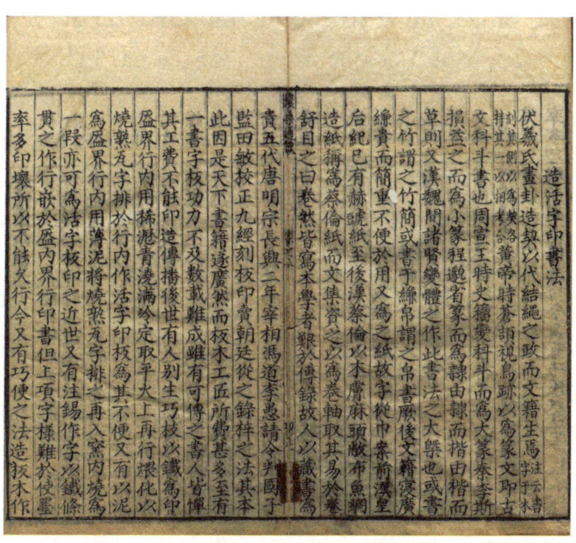

Livre de l'Agriculture avec en annexe *Art de l'imprimerie des caractères mobiles écrit par Wang Zhen*, édition gravée de l'époque Ming

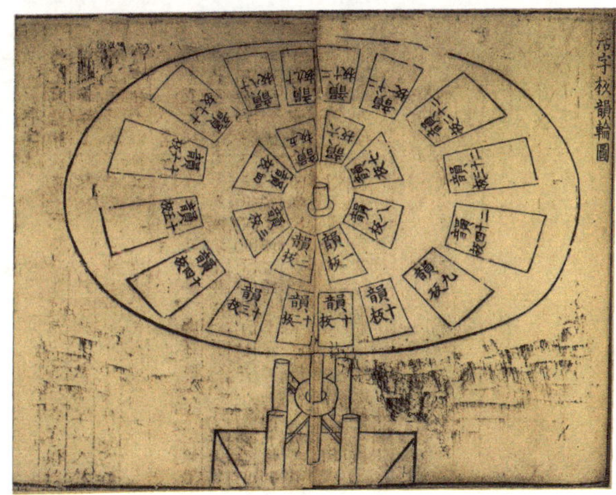

Le diagramme de la « Roue tournante des caractères mobiles » dans *Livre de l'Agriculture*

Les caractères mobiles en bois sont considérés comme des caractères intemporels. En effet, l'utilisation des caractères mobiles en bois a été mise en pratique depuis près de mille ans et n'a jamais quitté la scène de l'histoire. Ils représentent un patrimoine culturel immatériel vivant. En 2015, Wang Zhen a été inscrit au Temple mondial de la renommée de l'industrie du papier.

95 *Classique interne de l'Empereur Jaune* faisant partie du « Patrimoine mondial de la mémoire »

Le projet du Patrimoine mondial de la Mémoire est une initiative de préservation des documents lancée par l'UNESCO en 1992. Il constitue une extension du projet du Patrimoine mondial culturel et vise à sauvegarder les documents qui vieillissent, se détériorent et disparaissent progressivement à l'échelle mondiale.

En 2011, le *Classique interne de l'Empereur Jaune* a été inscrit sur la *Liste du Patrimoine mondial de la Mémoire*.

Le *Classique interne de l'Empereur Jaune* est divisé en deux parties, le *Su Wen* et le *Ling Shu*. Le *Su Wen* compte 9 volumes et 81 chapitres, abordant des sujets variés et profonds, et constitue un système théorique de base de la médecine traditionnelle chinoise assez complet. Après la dynastie des Han, le *Su Wen* a été compilé indépendamment en tant que livre. Les versions

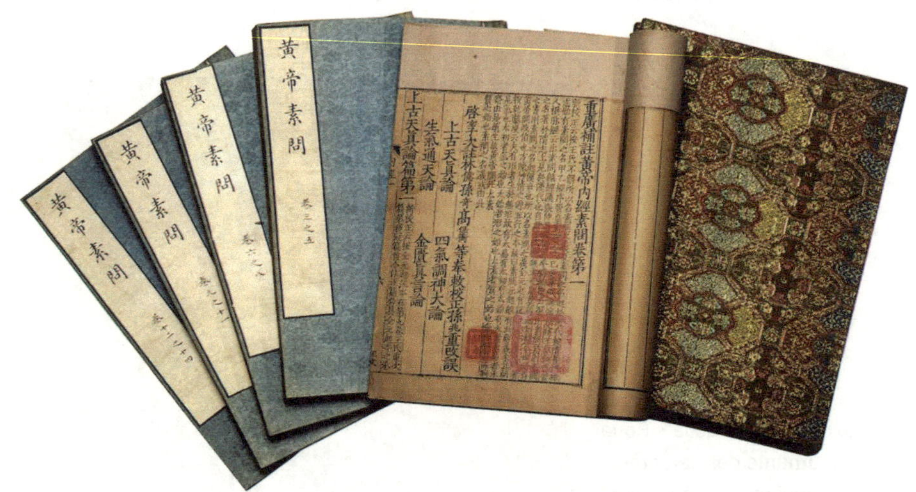

Classique interne de l'Empereur Jaune

du *Su Wen* qui nous sont parvenues sont principalement des éditions annotées, la première annotation ayant été réalisée par Quan Yuanqi de la période des dynasties du Sud et du Nord. Malheureusement, à l'époque de Quan Yuanqi, un volume du *Su Wen* était déjà perdu, c'est pourquoi le *Nouveau Livre des Tang, Catalogue des arts* enregistre « huit volumes d'annotations du *Su Wen* par Quan Yuanqi ». Les éditions annotées de la famille Quan avaient déjà été perdues pendant la dynastie des Song du Sud. Au début de l'ère Yuan de la dynastie des Tang (762), Wang Bing a repris et révisé l'édition annotée de la famille Quan, en l'annotant, la complétant, la corrigeant et la remettant en ordre. Il a fallu 12 ans pour achever le livre.

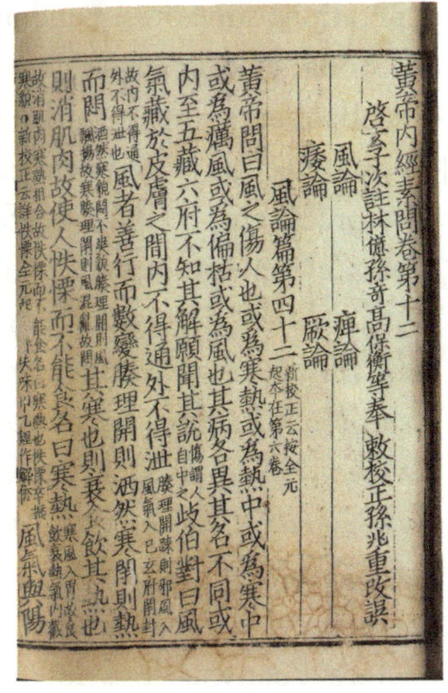

Version du *Classique interne de l'Empereur Jaune* de l'époque Jin

L'édition annotée de Wang Bing du *Classique interne de l'Empereur Jaune* compte 24 volumes et 81 chapitres, ce qui lui a permis d'être transmis aux

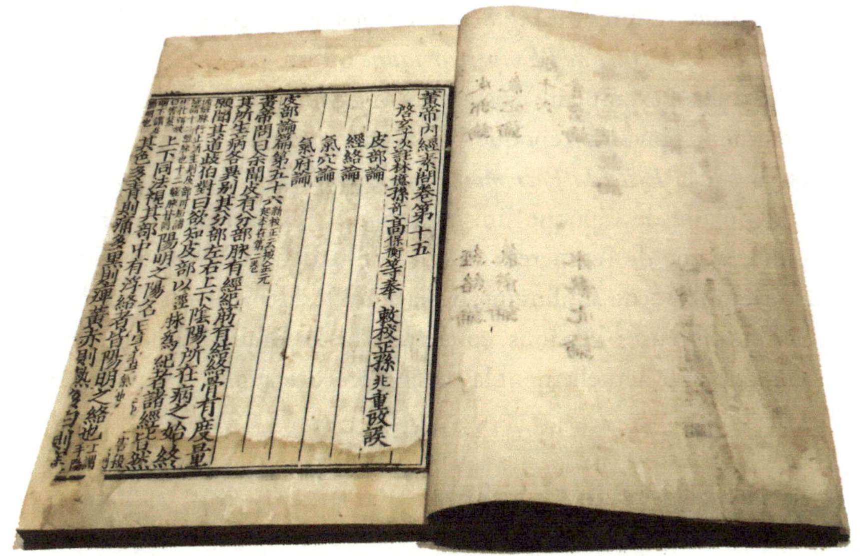

Classique interne de l'Empereur Jaune publié en l'an 1339 sous le règne de l'empereur Shundi de la dynastie Yuan, exemplaire de Gulintang de la famille Hu, est actuellement conservé à la Bibliothèque nationale de Chine

générations suivantes. Pendant le règne de l'empereur Renzong de la dynastie des Song, le Bureau de correction des livres médicaux, dirigé par Lin Yi et Gao Baoheng, a reçu l'ordre de collationner l'édition annotée de Wang Bing du *Su Wen* et de la réimprimer officiellement. Son ampleur et sa qualité étaient sans précédent, ce qui en a fait un trésor précieux aux yeux des médecins de toutes les générations et la source de différentes versions ultérieures du *Su Wen*.

Le *Ling Shu*, également connu sous le nom de *Classique du Ling Shu*, était initialement composé de 9 volumes et 81 chapitres, également appelé *Neuf volumes*. Sous la dynastie Jin, Huangfu Mi l'appelait le *Classique de l'acupuncture*, puis il a été également connu sous les noms de *Neuf vides*, *Neuf esprits*, *Classique de l'acupuncture de l'Empereur Jaune*. Le *Classique de l'acupuncture* a été perdu au début de la dynastie des Song du Nord, à cette époque seul le *Ling Shu* était préservé. En l'an 1093, lors de la huitième année de l'ère Yuanyou sous le règne de l'empereur Zhezong de la dynastie des Song, la Corée a offert un livre de médecine appelé *Classique de l'acupuncture de l'empereur jaune* en neuf volumes. L'empereur a ordonné sa diffusion dans tout le pays, et c'est ainsi que la Chine a obtenu une version complète du *Classique de l'acupuncture*. L'*Histoire des Song* enregistre : « Au mois de janvier de la huitième année de l'ère Yuanyou, un décret a été promulgué pour diffuser dans tout le pays le *Classique de l'acupuncture de l'Empereur Jaune* offert par la Corée. » Aujourd'hui, le *Ling Shu* que nous avons est en fait la version du *Classique de l'acupuncture de l'Empereur Jaune* offerte par la Corée.

Le plus ancien exemplaire existant du *Classique interne de l'Empereur Jaune* est un fragment gravé de l'époque Jin, comprenant 11 volumes. Cependant, celui inscrit sur la *Liste du Patrimoine mondial de la Mémoire* n'est pas le plus ancien exemplaire de l'époque Jin, mais plutôt l'exemplaire imprimé en l'an 1339 sous le règne de l'empereur Shundi de la dynastie Yuan, connu sous le nom d'« exemplaire de Gulintang de la famille Hu ». Il est l'un des joyaux parmi les nombreuses versions conservées à la Bibliothèque nationale de Chine et représente actuellement la version précoce la plus complète existante.

🄰🄶 L'art de la reliure, « la reliure en papillon » d'il y a mille ans

À l'époque de la dynastie Tang, la culture du livre en Chine a connu une grande prospérité, marquée par des changements majeurs dans les techniques d'écriture et de reliure des livres. Avant l'invention de l'imprimerie de gravure en bois, la copie manuscrite prévalait et les livres étaient principalement reliés en rouleaux. Avec l'invention de l'imprimerie de gravure en bois, de nombreux écrivains sont apparus, entraînant une augmentation considérable de la production d'ouvrages et favorisant ainsi le développement dynamique de l'industrie du livre. Cela a également entraîné une évolution des formes de reliure des livres, avec une orientation vers des formats pratiques à consulter et à conserver. Les rouleaux ne suffisaient plus à répondre aux besoins de lecture, et de nouvelles techniques de reliure sont apparues, telles que la reliure pliée et la reliure tourbillonnante. Ces tendances innovantes ont créé les conditions propices à l'émergence de la reliure en forme de papillon, jetant ainsi les bases de son développement continu et de son perfectionnement ultérieur. Des exemples de reliures en forme de papillon de la fin de la dynastie Tang ont été retrouvés dans des collections en France, en Angleterre et dans d'autres pays où sont conservés les manuscrits de Dunhuang. Ils présentent à la fois des caractéristiques de la première période de la reliure en papillon et témoignent également de fait que cette forme de reliure était utilisée non seulement dans les régions habitées par les Hans, mais aussi adoptée par les minorités ethniques de l'ouest de la Chine.

La reliure en forme de papillon présente deux méthodes d'assemblage. La première consiste à plier chaque page imprimée en utilisant la ligne médiane comme ligne de pliage, en repliant la face imprimée contenant le texte vers l'intérieur. Une fois toutes les pages pliées, on applique de la colle pour relier chaque bord de la face arrière d'une page avec le bord de la page suivante. Ce type de reliure en papillon ne montre pas les pages vierges lorsqu'on tourne les pages, et ressemble beaucoup à une reliure pliée. La deuxième méthode consiste à coller chaque page pliée au niveau de la ligne médiane, ce qui est moins courant selon les exemplaires conservés. La reliure en papillon ressemble à un livre broché à l'extérieur, et lorsque vous l'ouvrez, la ligne médiane ressemble au corps d'un papillon, les pages s'étalant de part et d'autre comme les ailes d'un papillon en train de battre, d'où le nom de « reliure en papillon ». La reliure en papillon est adaptée à un format d'une page par face, avec le texte tourné vers l'intérieur et centré sur le dos du livre, ce qui protège le texte à l'intérieur du cadre. Les marges blanches sont orientées vers l'extérieur, de sorte qu'une usure éventuelle n'endommage pas le texte à l'intérieur du cadre. C'est la raison principale de la popularité de la reliure en papillon pendant les périodes des dynasties Song, Liao, Xia occidentaux, Jin et Yuan.

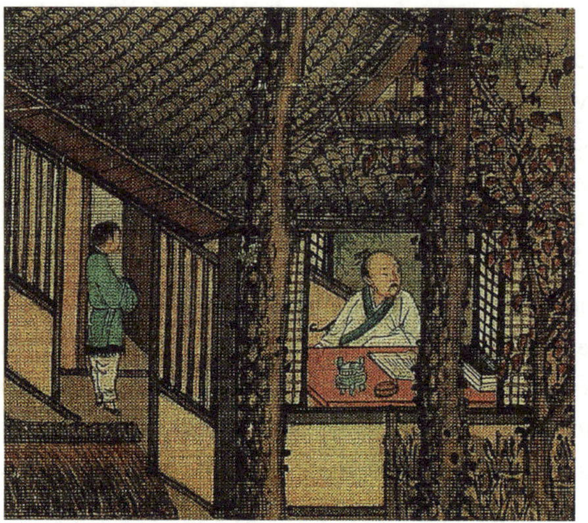

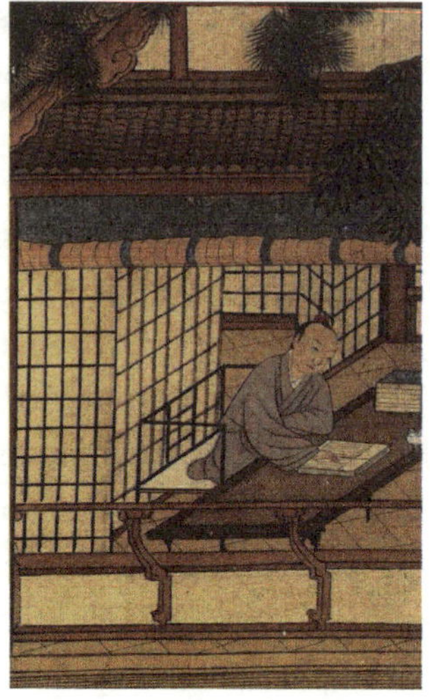

Détail de l'illustration *Lecture près de la fenêtre en automne* peinte par Liu Songnian de la dynastie des Song du Sud illustre le contour d'un livre de l'édition des Song relié en papillon, capable d'être complètement ouvert à plat

Détail de l'illustration *Lecture dans une montagne* de Liu Songnian de la dynastie des Song du Sud illustre les pages d'un livre de l'édition des Song relié en papillon, capable d'être complètement ouvert à plat

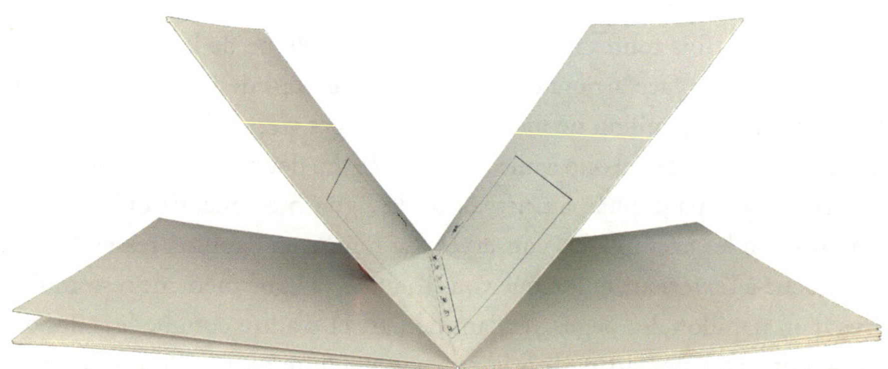

La reliure en papillon permet à chaque page de s'ouvrir à 180 degrés, avec une couture centrale continue et intacte

La reliure en papillon présente principalement deux avantages. Premièrement, la lecture des livres reliés en papillon permet de libérer les deux mains. Comme la reliure n'est pas complètement cousue ou collée sur la tranche, les pages peuvent être ouvertes à plat sur une table, s'étalant à un angle de 180 degrés. Contrairement aux rouleaux ou aux reliures traditionnelles, y compris la plupart des livres modernes, qui nécessitent de tenir les pages à la main ou d'utiliser des marque-pages ou des serre-livres pour faciliter la lecture. Deuxièmement, grâce à la reliure en papillon où le texte est tourné vers l'intérieur, chaque fois que l'on tourne une page, on a une double page complète, ce qui signifie que deux pages sont simultanément visibles dans leur intégralité. Si des images en couleur sont placées au milieu de la page, elles peuvent également être présentées en entier. Contrairement aux livres actuels où la reliure centrale, en raison de la colle et des coutures, empêche une ouverture complète des pages, et si des images sont placées au milieu de la reliure, l'incapacité à ouvrir complètement la reliure centrale peut obstruer la vision du contenu situé au milieu. En revanche, les livres reliés en papillon, une fois ouverts, permettent de présenter des images dans leur intégralité.

La reliure en papillon présente également des inconvénients, principalement en raison de l'utilisation de papier de type xuanzhi dans l'impression des livres anciens. Ce papier est à la fois fin et souple, et si deux feuilles imprimées étaient collées directement avec de la colle, la surface du papier serait irrégulière. Par conséquent, seule la bordure des deux côtés peut être collée. Avec le temps, la liaison page par page entraîne une perte d'adhérence de la colle, ce qui provoque la dispersion des pages du livre.

La reliure en papillon est arrivée à maturité sous la dynastie Song. Les livres de la dynastie Song, considérés aujourd'hui comme « une page vaut une once d'or », sont principalement reliés sous forme de reliure papillon. Selon *Préface de l'Art et de la Littérature dans l'Histoire des Ming*, il est dit que « les livres de la bibliothèque secrète sont tous des vestiges des dynasties Song et Yuan, chacun d'entre eux étant d'une beauté incomparable. Leur reliure utilise une technique de pliage inversé, les bords sont orientés vers l'extérieur pour empêcher les insectes et les rats de les endommager. Ce n'est qu'à l'époque trouble des voleurs et des pillards que les gravures sur bois de l'époque Song et les gravures sur cuivre de l'époque Yuan ont été laissées mutilées et endommagées. » Cette description « leur reliure utilise une technique de pliage inversé, les bords sont orientés vers l'extérieur » correspond à l'image de la reliure en papillon. Cependant, les livres reliés en papillon de l'époque des

Song se sont depuis longtemps dispersés, c'est pourquoi la plupart des éditions des Song que l'on trouve dans les bibliothèques sont des livres reliés par des fils, car ils ont été remaniés ultérieurement.

Le cycle de l'histoire, avec ses hauts et ses bas à travers les millénaires, n'est-il pas surprenant ? De nos jours, de nombreux livres de luxe tels que les atlas, les albums de photographies, les livres de recettes haut de gamme, les livres illustrés pour enfants et les livres en relief adoptent de plus en plus la reliure en papillon. Cependant, beaucoup de gens ne réalisent pas que cette méthode de reliure était déjà populaire en Chine il y a plus de 1 000 ans.

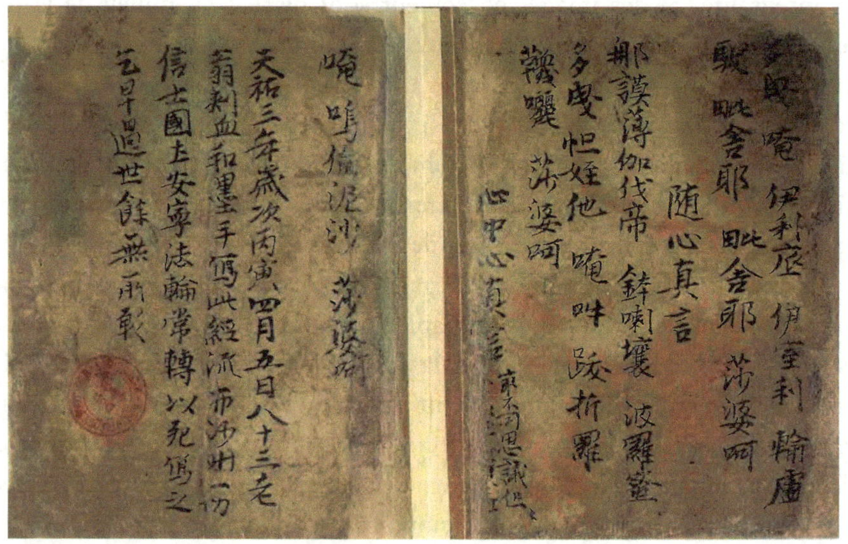

Un homme âgé de 83 ans, lors de la découverte de Dunhuang en l'an 906 de la période Tianyou de la dynastie Tang, a utilisé son sang et de l'encre pour copier le *Sutra du Diamant*, utilisant la méthode de reliure précoce à l'aide de la reliure en papillon

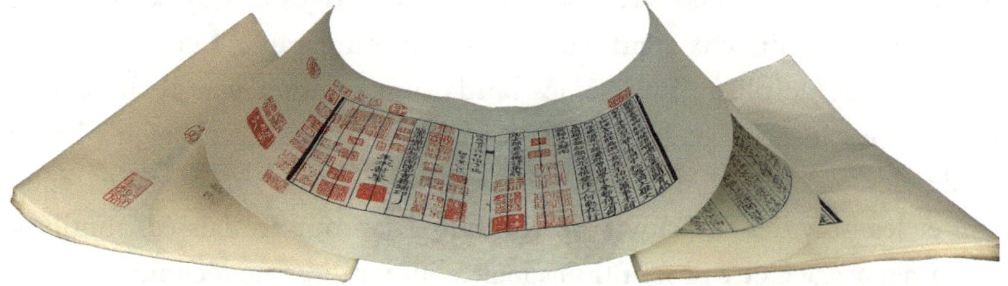

Recréation d'une édition de qualité du recueil de poèmes de Yu Xuanji, intitulé *Poèmes de la dame Yu de la dynastie Tang*, avec une reliure en papillon

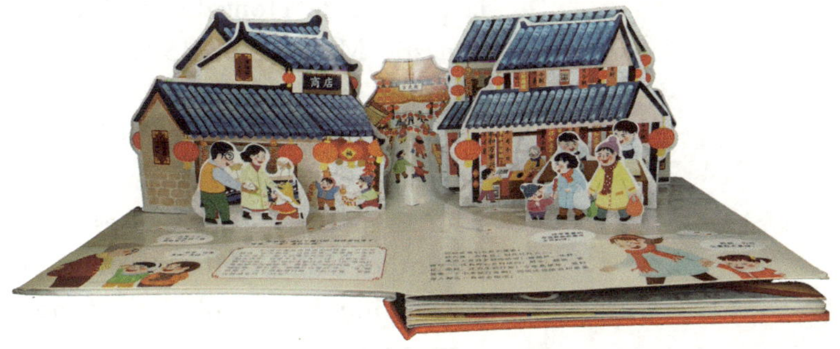

Livre pop-up illustré *Joyeux Nouvel An chinois*

Certains considèrent même ce type de reliure comme une forme d'art nouvelle et originale. La reliure en papillon, ancienne et pourtant si moderne, renaît de nos jours. Les livres reliés en papillon il y a des milliers d'années étaient des papillons bicolores en noir et blanc, tandis que les livres reliés en papillon contemporains sont de magnifiques papillons aux couleurs éclatantes.

Pourquoi cette tendance rétro dans la reliure fait-elle son apparition ? Premièrement, cela s'explique par le coût relativement bas du papier dans un contexte d'industrialisation. Deuxièmement, la reliure mécanisée offre une commodité et une rapidité dans le collage des pages entières. Troisièmement, la reliure en papillon est la seule méthode de reliure qui permet d'ouvrir le livre à 180 degrés, libérant ainsi les mains du lecteur et lui permettant de lire sans avoir à tenir les pages. Enfin, et surtout, la caractéristique la plus importante est que la reliure en papillon permet une continuité graphique et textuelle sans aucune interruption entre les deux pages opposées. À une époque axée sur la lecture d'images, c'est cet élément qui brille le plus. En raison de cette particularité, les gens peuvent supporter des coûts plus élevés, des pages de livre extrêmement épaisses (équivalentes à du papier double après collage), voire même ne pas se soucier du problème de décollement qui pourrait survenir des années plus tard.

9 7 Le livre *Collection intégrée de livres anciens et modernes* en caractères mobiles en cuivre

En ce qui concerne uniquement les caractères mobiles métalliques, les caractères en cuivre étaient largement utilisés dans la Chine ancienne. Pendant

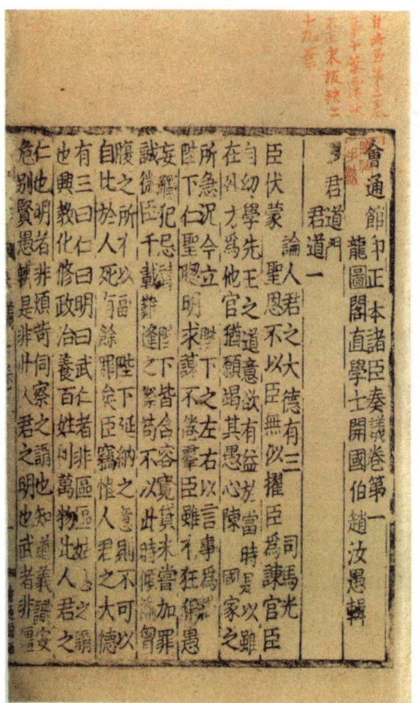

Le livre en caractères mobiles en cuivre du Bureau de la Maîtrise, *Pétition des fonctionnaires de la dynastie Song*

la période de Hongzhi et Zhengde de la dynastie Ming (1488-1521), de nombreux ateliers d'imprimerie situés à Suzhou, Wuxi, Changzhou et Nanjing, dans la province du Jiangsu, produisaient des caractères en cuivre pour l'impression de livres. Les plus célèbres étaient les familles Hua et An de Wuxi, qui avaient imprimé le plus grand nombre de livres avec des caractères en cuivre, et certains de leurs exemplaires ont survécu jusqu'à nos jours. La famille Hua est surtout connue pour Hua Sui (1439-1513). Convaincu de sa maîtrise des caractères en cuivre, il a nommé sa résidence « Le Bureau de la Maîtrise ». Il a créé une paire de caractères en cuivre appelée « Version de caractères en cuivre du Bureau de la Maîtrise ». Vers 1490, il a imprimé pour la première fois une version en deux tailles de la *Pétition des fonctionnaires de la dynastie Song*. Cette impression est la plus ancienne version en caractères mobiles métalliques encore existante en Chine, et elle est particulièrement précieuse. Entre 1490 et 1516, la famille Hua a utilisé des caractères en cuivre pour imprimer environ 24 livres, soit plus de 1 500 volumes au total. An Guo était un grand propriétaire terrien et homme d'affaires. Les livres qu'il a imprimés étaient connus sous le nom de « Version en caractères en cuivre d'An Guo », et la plupart d'entre eux portaient la mention 'Bureau de la Colline d'osmanthe d'An de Xishan', car il cultivait de nombreuses fleurs d'osmanthe. D'après les archives, An Guo a imprimé au moins dix ouvrages entre 1521 et 1534, y compris des chroniques locales, des traités sur l'irrigation, des recueils d'écrits et deux grandes catégories d'ouvrages, tous connus pour leur qualité d'impression et leur rigueur éditoriale. En conclusion, les caractères en cuivre étaient largement utilisés et bien établis pendant la dynastie Ming.

Le livre *Collection intégrée de livres anciens et modernes* avait initialement pour nom *Compilation de livres anciens et modernes*. Il a été compilé par Chen Menglei (1650-1741), un notable de la province du Fujian pendant l'époque de Kangxi de la dynastie Qing, à partir de sa collection personnelle de plus de 15 000 volumes ainsi que des livres conservés dans la bibliothèque

Xieyi Tang. Après que l'empereur Kangxi l'ait examiné, il lui a accordé le titre de *Collection intégrée de livres anciens et modernes*.

Ce livre, tout comme son titre l'indique, rassemble une somme considérable de connaissances anciennes et modernes. Il englobe divers domaines de la société ancienne tels que l'astronomie, la géographie, l'éthique sociale, l'histoire, la philosophie, les arts, l'économie, la politique, l'éducation, l'agriculture, la pêche, l'élevage, la médecine, ainsi que les inventions et les travaux de multiples érudits. Combinant textes et illustrations, cet ouvrage est d'une richesse documentaire inégalée. En tant que plus grand livre de référence subsistant en Chine, *Collection intégrée de livres anciens et modernes* se distingue par sa grandeur, tant à l'échelle nationale qu'internationale. On peut dire que *Collection intégrée de livres anciens et modernes* représente une intégration systématique de la culture académique traditionnelle chinoise, en étant l'une des plus grandes « encyclopédies » du XVIIIe siècle en Chine, voire dans le monde. Après sa publication, différentes versions de ce livre sont apparues, telles que l'édition Ernest Major, l'édition Tongwen, l'édition Zhonghua.

La quatrième année de l'ère Yongzheng (1726), le livre *Collection intégrée de livres anciens et modernes* a été imprimé pour la première fois en caractères mobiles de cuivre, un processus qui a duré deux ans. C'était la première édition, tirée à 64 exemplaires, connue sous le nom de « version en caractères de cuivre ». L'œuvre comptait 10 000 volumes de texte, avec 40 volumes dédiés aux tables des matières, répartis en 5 020 fascicules et rangés dans 522 boîtes. Les impressions ont été réalisées sur du papier Kaihua et du papier Taishi Lianzhi, affichant une qualité d'impression exemplaire et des ornements somptueux, ce qui lui a valu le surnom de « version du palais ». Les exemplaires en version de caractères de cuivre étaient rares et considérés comme des trésors précieux à l'époque. Une copie a été conservée dans la bibliothèque Wenyuan et une autre dans le palais de Qianqing, tandis que deux exemplaires ont été préservés dans le Pavillon de l'Empereur Suprême. De plus, le Pavillon Baoshan de l'Académie Hanlin et les Sept Pavillons ont obtenu également chacun un exemplaire. En raison du grand nombre de livres présentés par les collectionneurs à la cour pour la compilation de l'*Encyclopédie complète des Quatre Trésors*, ils ont tous été récompensés d'une copie de *Collection intégrée de livres anciens et modernes*.

Au niveau national, il existe plus de dix exemplaires de la version du palais en caractères de cuivre de *Collection intégrée de livres anciens et modernes*. Ils sont conservés dans des institutions telles que la Bibliothèque nationale de Chine, la Bibliothèque de l'Académie chinoise de médecine traditionnelle chinoise, la

Bibliothèque de la province du Gansu, la Bibliothèque de la ville de Xuzhou, la Bibliothèque de l'Université de Xiangtan, le Musée de Nanjing, le Musée du Palais à Taipei, etc. Parmi ceux-ci, le Musée du Palais à Taipei conserve trois exemplaires complets de la version du palais de *Collection intégrée de livres anciens et modernes*. La première édition de *Collection intégrée de livres anciens et modernes* a été initialement diffusée à la cour impériale et était difficilement accessible pour le grand public. Cependant, en tant que précieux don de la cour impériale, elle s'est rapidement répandue dans des pays tels que le Royaume-Uni et les États-Unis. Les bibliothèques de l'Université Columbia, de l'Université

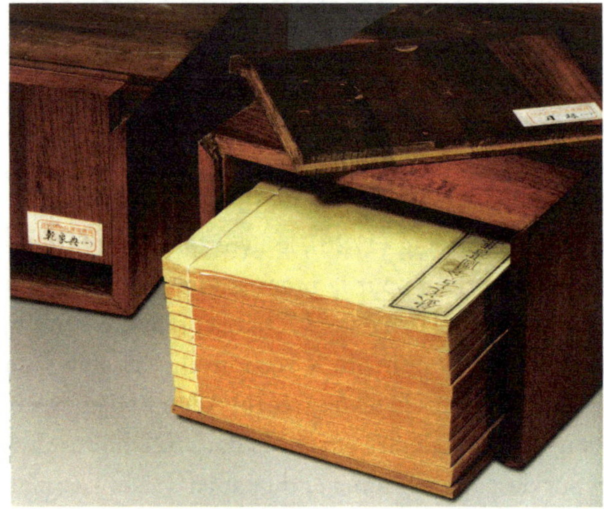

Collection intégrée de livres anciens et modernes en caractères mobiles en cuivre

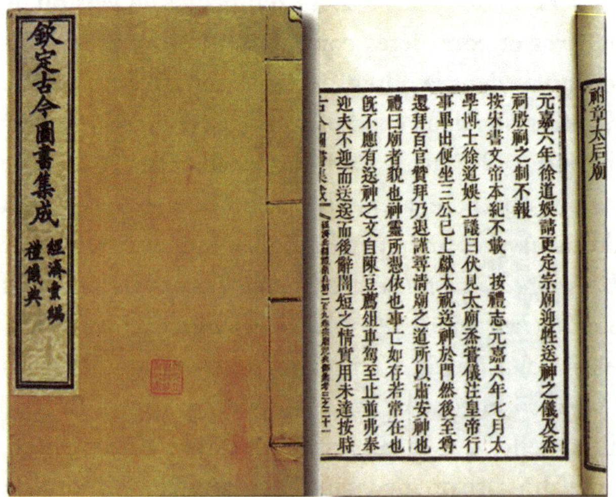

L'ombre du livre *Collection intégrée de livres anciens et modernes*

Harvard, de l'Université Yale, du Dartmouth College et de la Bibliothèque du Congrès des États-Unis possèdent des exemplaires de la version en caractères de cuivre de *Collection intégrée de livres anciens et modernes*. Des exemplaires sont également conservés à la British Library et à la bibliothèque de l'Université de Cambridge au Royaume-Uni, ainsi qu'en France et en Allemagne où une copie est présente dans chaque pays.

Collection intégrée de livres anciens et modernes, qui englobe tout, démontre son charme en tant que trésor d'informations, que ce soit en Chine ou à l'étranger. Il est précieux entre les mains des sinologues étrangers et ouvre un vaste espace pour la recherche sinologique dans les pays où il est diffusé. Comme l'a dit Joseph Needham, l'auteur de l'*Histoire des sciences et des techniques en Chine* : « L'encyclopédie la plus importante que nous consulterions régulièrement serait *Collection intégrée de livres anciens et modernes*... C'est un cadeau d'une valeur inestimable. »

⑨⑧ « La trompette » sur le chemin de la Longue Marche – le journal *Étoile Rouge*

Chaque Chinois sait que la Longue Marche est héroïque.

Le fleuve Xiangjiang a été teint de sang, et l'armée de 86 000 personnes a été réduite à un peu plus de 30 000. Après les combats acharnés, les eaux de Xiangjiang sont passées du clair au rouge, et les habitants locaux ont décidé de ne pas boire l'eau de Xiangjiang pendant trois ans et de ne pas manger de poisson de Xiangjiang pendant dix ans. C'était une scène d'une cruauté sans précédent !

En octobre 1934, sous la pâle lueur des étoiles à la rivière Yudu, dans les larmes d'adieu des soldats et des civils, des mules et des chevaux se rassemblèrent en groupes, transportant des machines d'imprimerie, des caractères en plomb, des caisses de munitions, des équipements d'usines d'armement, des machines de la Monnaie, et ils s'engagèrent sur le nouveau pont flottant qui grinçait, tout en hésitant. Des milliers de porteurs, foule sur le pont, marchaient sur la lumière des étoiles, avec leur dos sombre, portant des armes, des munitions, des hallebardes, de grands couteaux, du sel, des médicaments, des sacs de documents, les nouvelles récoltes de l'automne, et aussi des choses qu'ils ne voulaient apparemment pas jeter. Ainsi, la nouvelle République soviétique de Chine a dit adieu aux villageois de la rivière Yudu et a entamé un long voyage.

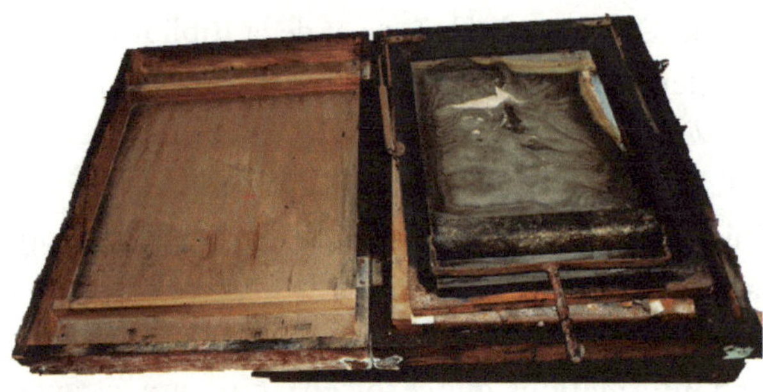

Presse à imprimer à
l'huile à main de l'époque
pour imprimer le journal
Étoile Rouge

Au début de la Longue Marche, tous les lourds équipements ont été transportés. Le déplacement stratégique de l'Armée rouge est devenu une « grande migration » de ses bases, rendant les déplacements des troupes lents et les pertes de vie étaient nombreuses. Face aux bombardements aériens incessants et aux encerclements des troupes ennemies, de nombreux soldats se sont sacrifiés pour protéger les équipements de production militaire. Après cette douloureuse leçon, le 4 décembre 1934, le Comité militaire révolutionnaire central a publié l'ordre *Concerant la réduction des effectifs des organes de l'arrière et des unités subordonnées*. Dès lors, les équipes de soldats se sont déplacées légèrement, ne transportant que des outils simples pour la réparation des armes. Lorsque les troupes campaient sur la longue route, ils construisaient des établis avec des portes ou assemblaient des tables de travail avec des selles de cheval pour réparer les armes. Lorsqu'il n'y avait plus de légumes sauvages en traversant les prairies, ils utilisaient des fils de fer portables comme hameçons pour pêcher et se nourrir. Dans de telles conditions difficiles, les machines d'imprimerie en plomb, les caractères en plomb, les machines d'impression en pierre, les plaques d'impression en pierre ont été abandonnés, mais les plus simples des presses offset ont été préservées et ont suivi les troupes de la Longue Marche sur les 25 000 li. Pourquoi les soldats étaient-ils prêts à abandonner leur vie et à porter des presses jusqu'à la mort pendant la Longue Marche ?

Mao Zedong a dit : « La Longue Marche est une proclamation, la Longue Marche est une équipe de propagande, la Longue Marche est un semoir. » Afin d'accomplir au mieux leur mission de propagande, d'améliorer leur mobilité et flexibilité, le travail de propagande de l'Armée rouge à ce moment-là devait être simple et adapté aux circonstances. C'est pourquoi l'impression à l'huile est le moyen d'impression le plus léger et flexible. Il suffit d'un stylo en fer pour graver la cire et créer une plaque d'impression. Elle peut être utilisée pour imprimer des tracts, diffuser des politiques afin de rallier le peuple, ainsi que pour imprimer des journaux, pour encourager le moral et frapper l'ennemi.

Le journal *Étoile Rouge* a été fondé le 11 décembre 1931 et était édité et publié par le Département politique général du Comité militaire révolutionnaire central du Parti communiste chinois (plus tard renommé Département politique général de l'Armée rouge chinoise). Pendant la Longue Marche de l'Armée rouge, l'*Étoile Rouge* était le seul journal du Comité central du Parti communiste chinois et du Comité militaire central, et il est jusqu'à présent le seul matériel original découvert à ce jour qui documente la Longue Marche de l'Armée rouge sous la forme de textes publics. Dans des conditions extrêmement difficiles et une situation extrêmement périlleuse, le journal *Étoile Rouge* a transmis en temps voulu les stratégies et les ordres de combat, a propagé les lignes directrices, les principes et les politiques du Parti communiste, a rapporté en détail les batailles menées par l'Armée rouge lors de la Longue Marche, et a enregistré de nombreux événements historiques importants.

Pendant la Longue Marche, les camarades du service des documents de l'Armée rouge marchaient avec les troupes le jour, mais dès qu'ils arrivaient au campement, ils ne s'occupaient pas de leur propre fatigue. Ils utilisaient les boîtes en fer comme tables et leurs sacs à dos comme chaises. Dès qu'ils recevaient les manuscrits du Département politique général, ils commençaient immédiatement la gravure. Environ trois heures plus tard, une fois la mise en page terminée, ils les remettaient aux camarades responsables de l'impression à l'huile. Une fois tous les journaux imprimés, ils les remettaient à la section de publication et de distribution du Département politique général pour la distribution.

Au départ, les journaux utilisaient du papier à bords frangés apporté depuis les régions soviétiques. Une fois épuisé, ils ont dû faire preuve de flexibilité et trouver des sources de papier adaptées aux circonstances locales. Pendant la Longue Marche, où les ressources étaient extrêmement rares, les soldats de l'Armée rouge chargés de la propagande ont même publié un « journal de feuilles », utilisant des feuilles d'arbres comme support pour leurs publications. Ils se sont servis d'une presse à imprimer à l'huile, de quelques boîtes d'encre, de cylindres de papier ciré, de quelques plaques d'acier, de quelques crayons et de quelques feuilles de papier à bords frangés pour continuer à imprimer et publier le journal *Étoile Rouge*, gravant ainsi les légendes journalistiques de la Longue Marche.

⑨⑨ Wang Xuan et son système de photocomposition laser pour les caractères chinois

« Tant que nous lisons des livres et des journaux, nous ne devrions jamais oublier Wang Xuan. » Wang Xuan (1937-2006) était un célèbre expert en informatique chinois contemporain et l'inventeur du système de photocomposition laser pour les caractères chinois. Il a initié le processus de numérisation de l'impression des caractères chinois, donnant ainsi des ailes à l'informatisation des caractères chinois et revitalisant leur ancienne vitalité dans la nouvelle ère. Il est également reconnu comme « Bi Sheng contemporain ».

En 1946, le premier ordinateur est né, et les lettres de l'alphabet anglais sont entrées dans l'ère de l'informatique. Alors que les lettres A, B, C et D créaient toutes sortes de miracles sur l'écran de l'ordinateur, les caractères chinois en Chine étaient confrontés à un dilemme. En raison de leur grand nombre et de leurs nombreux traits, il était difficile de promouvoir et de développer la technologie informatique en Chine. À cette époque, les caractères chinois étaient coincés dans une situation délicate : avancer signifierait franchir un abîme infranchissable pour stocker et traiter une quantité immense d'informations en caractères chinois ; reculer signifierait que l'impression des caractères chinois continuerait à se débattre dans le monde du « plomb et du feu », à fabriquer des caractères en plomb et à utiliser des techniques de composition longues et laborieuses.

À partir des années 1970, Wang Xuan et son équipe de recherche ont fait face au défi de l'énorme quantité d'informations relatives aux formes de caractères chinois, aux capacités limitées des ordinateurs de l'époque et à leur difficulté de stockage. Ils ont inventé une technologie de compression d'informations à haute résolution et à multiples niveaux pour les formes de caractères chinois, comprimant les informations de forme des caractères chinois jusqu'à 500 fois, atteignant ainsi le niveau de compression d'informations le plus élevé dans le monde à cette époque. Leur méthode de description des caractéristiques des traits de caractères à l'aide d'informations de contrôle (paramètres) pour assurer la qualité des formes des caractères après mise à l'échelle et déformation est une première mondiale, devançant de près de 10 ans les avancées occidentales. Wang Xuan a également inventé un algorithme de restitution des formes de caractères chinois adapté à une implémentation matérielle, offrant une restitution à vitesse élevée avec une distorsion minimale. Ces technologies ont obtenu un brevet européen et huit brevets chinois, ce qui représente le premier brevet technologique européen accordé à la Chine. Par la suite, il a conçu une puce spécialisée pour accélérer la restauration des formes de caractères, permettant une restitution rapide et de haute qualité des formes de caractères chinois, ainsi que leur mise à l'échelle et déformation, augmentant la vitesse de restitution à 710 caractères par seconde, atteignant ainsi la vitesse de rendu de caractères chinois la plus rapide du monde à cette époque.

Le système de photocomposition laser pour les caractères chinois a connu un grand succès non seulement en Chine, mais il a également été exporté vers des pays développés tels

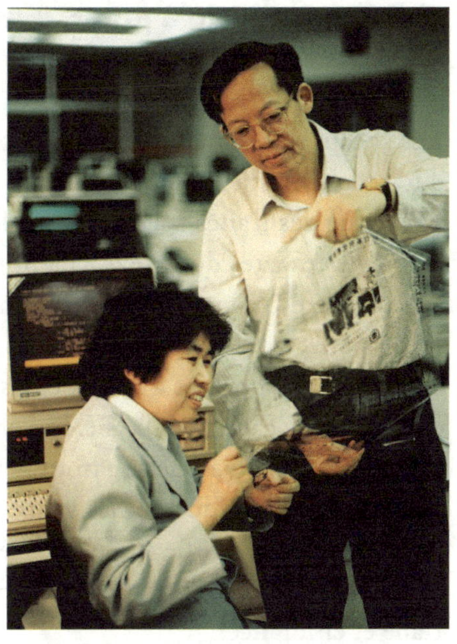

Le couple Wang Xuan tenant des films de composition typographique dans les mains

que le Japon et les pays d'Europe et d'Amérique. Il a engendré une révolution technologique dans l'industrie des journaux, de l'édition et de l'imprimerie en Chine, ainsi que dans l'industrie des journaux chinois dans le monde entier. Cette innovation a complètement supplanté l'utilisation des caractères en plomb qui avait perduré pendant cent ans en Chine. Plus important encore, cette réalisation a établi les bases importantes du traitement informatique des informations en caractères chinois, créant ainsi les conditions nécessaires à la transmission et au développement de la culture chinoise dans l'ère de l'information.

En 1991, Wang Xuan a été élu membre de l'Académie chinoise des sciences, en 1994 il a été élu membre de l'Académie chinoise d'ingénierie. Le 1er février 2002, il a reçu le prix national de la plus haute distinction en science et technologie pour l'année 2001. En janvier 2006, un mois avant son décès, Wang Xuan a écrit ses derniers mots pour célébrer le 20e anniversaire du *Quotidien de la Science et de la Technologie* : « Développer le pays par la science et l'éducation, renforcer la nation par les talents. » Ces huit mots résument sa vie dédiée à cette cause.

❶⓿⓿ La carte à jouer, « Ambassadrice de la diffusion de l'imprimerie

Les ancêtres présumés des cartes à jouer ont fait leur apparition au IXe siècle, durant la dynastie Tang, dans un jeu de dés appelé « Yezi Xi ». Il existait déjà à l'époque des traités spécialisés sur le « Yezi Xi », tels que le livre *Yezi Ge Xi*. Les règles exactes du « Yezi Xi » primitif sont inconnues aujourd'hui, mais il est considéré comme l'ancêtre commun des cartes à jouer et du mahjong. Au XIIIe siècle, avec la convergence des grands événements historiques que sont les invasions mongoles à l'ouest et les croisades à l'est, des échanges étroits ont eu lieu entre l'Europe et l'Asie. Les croisés ont ramené des imprimés orientaux en Europe, parmi lesquels se trouvaient les cartes à jouer, qui étaient appréciées tant par les jeunes que par les vieux, tant en Orient qu'en Occident. Au cours de la deuxième moitié du XIVe siècle, les cartes à jouer ont commencé à apparaître successivement en Allemagne, en Espagne, au Luxembourg, en Italie et en France.

L'écrivain italien Valere Zani (?-1696) a souligné : « Lorsque j'étais à Paris, le directeur du monastère missionnaire français en Palestine, le Père Tressens, m'a montré une boîte de cartes chinoises. Il m'a dit que c'était les Vénitiens qui avaient été les premiers à ramener des cartes à jouer de Chine à Venise, et que cette ville est la première en Europe à avoir connu les cartes à jouer. » Ainsi, les modestes cartes à jouer étaient à la fois des produits populaires le long de la Route de la soie, des médiateurs dans la diffusion de l'imprimerie et des messagers de l'échange culturel entre l'Orient et l'Occident.

En 1975, le Dr. Ferdinand von Kück, un érudit allemand, a découvert une feuille de jeu dans une ancienne tombe à Turpan, dans la région du Xinjiang en Chine. Cette feuille est conservée au musée des traditions populaires du Musée d'Art d'Extrême-Orient de Berlin en Allemagne. Dans son ouvrage intitulé *L'invention de l'imprimerie en Chine et sa transmission en Occident*, Thomas Francis Carter affirme que cette feuille de jeu remonte au XIVe siècle. Les cartes étaient de forme allongée et représentaient des guerriers portant une armure. On y trouve l'inscription « Guanhuan » en haut et « Hezao » en bas. « Guanhuan » et « Hezao » étaient des slogans publicitaires utilisés par les imprimeurs de cartes à l'époque, soigneusement conçus pour promouvoir la vente des cartes. Cela confirme de manière convaincante l'ancienneté des cartes à jouer en Chine.

Turpan était un centre important le long de l'ancienne Route de la soie.

Les imprimés chinois découverts ici ont une valeur incontestable en tant qu'émissaires de la diffusion de la technologie d'impression le long de la Route de la soie. De plus, les images de guerriers en armure imprimées sur ces cartes sont très similaires aux images de guerriers présentes sur les cartes à jouer modernes. Il s'agit des exemplaires de cartes à jouer les plus anciens encore existants dans le monde à ce jour. Le « Yezi Xi » de la dynastie Ming en Chine présentait également des images imposantes de guerriers, incluant les personnages tels que Song Jiang, Wu Song, Li Kui et Shi Jin, issus de l'époque des Song.

Grâce aux échanges et aux influences mutuelles entre les civilisations, des jeux de cartes avec des caractéristiques régionales ont été développés dans le monde entier. Au début, l'Europe n'avait pas encore inventé l'imprimerie, donc les cartes étaient entièrement dessinées à la main. Les cartes étaient d'une qualité et d'une beauté exceptionnelles, ce qui en faisait des objets très coûteux accessibles uniquement à la noblesse et à l'aristocratie. Les cartes dessinées à la main étaient souvent offertes en cadeau lors de mariages ou d'autres occasions formelles. Une fois que la technique de gravure

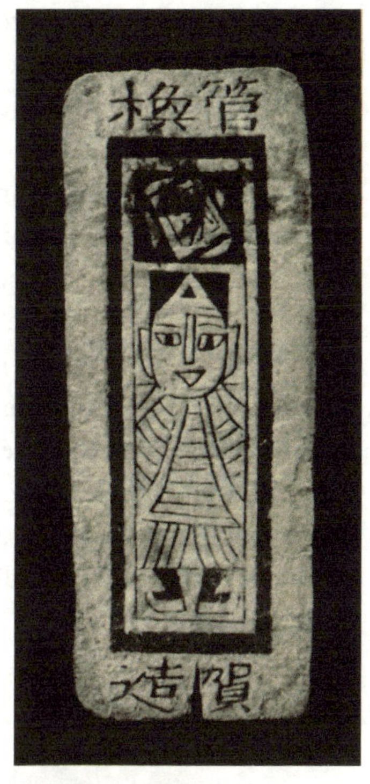

Les cartes à jouer portant l'inscription « Guanhuan Hezao », datant d'environ 1 400 ans, ont été découvertes à Turpan, au Xinjiang, et sont actuellement conservées au musée des traditions populaires du Musée d'Art d'Extrême-Orient de Berlin en Allemagne

sur bois est apparue en Europe, elle a rapidement été utilisée dans la fabrication des cartes à jouer. Certains chercheurs soutiennent même que les cartes à jouer étaient parmi les premiers produits imprimés en Europe, précédant même l'usage de l'impression dans le domaine religieux. Entre 1418 et 1450, des imprimeries spécialisées dans la fabrication de cartes à jouer ont été créées à Ulm, Nuremberg et Augsbourg en Allemagne, réalisant ainsi une production importante de cartes à jouer.

Au milieu du XVᵉ siècle, la technique de la gravure sur bois était déjà largement répandue en Europe. Il est intéressant de noter qu'en raison de l'importation massive de cartes à jouer étrangères en Italie, mettant ainsi en péril l'avantage concurrentiel de l'industrie de l'imprimerie à Venise, le gouvernement de la ville a été contraint de promulguer un décret en 1441 interdisant l'importation de produits imprimés provenant de l'extérieur de Venise.

En 2016, le Musée d'art du monastère affilié au Metropolitan Museum of Art de New York a organisé une exposition spéciale intitulée « Le monde du jeu : des cartes luxueuses de 1430 à 1540 ». L'exposition présentait des cartes à jouer provenant de différents pays européens, allant du Moyen Âge tardif au début de l'époque moderne, faisant partie de la collection du musée. Cela incluait les plus anciennes cartes à jouer imprimées encore existantes en Europe, produites par le célèbre anonyme allemand connu sous le nom de « The Master of the Playing Cards », entre 1435 et 1440. Dans l'introduction de l'exposition, les commissaires estimaient que les cartes à jouer avaient joué un rôle important dans la diffusion de l'humanisme pendant la période de la Renaissance.

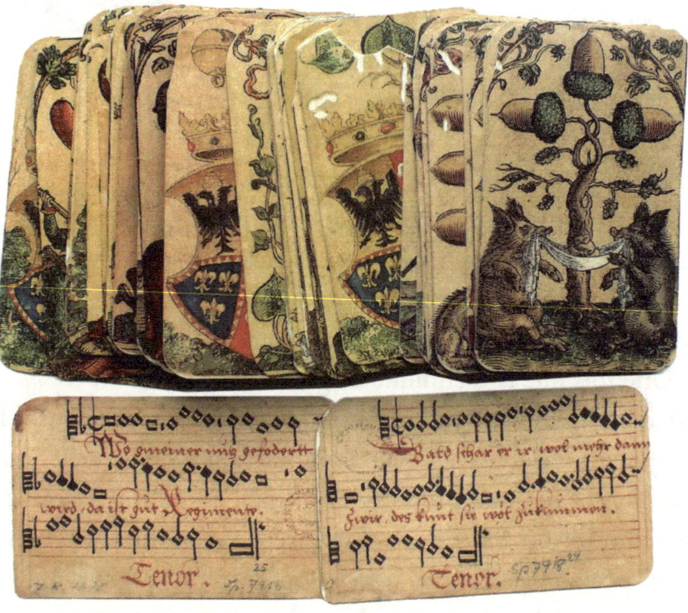

Cartes à jouer réalisées par l'artiste allemand Peter Flotner vers 1545, utilisant une combinaison de gravure sur bois et de peinture colorée, conservées au Musée d'art du monastère affilié au Metropolitan Museum of Art de New York

Bibliographie

Beamish, R. « The Making of the Manifesto ». *Socialist Register*, no. 34 (1998).

Bureau de liaison culturelle avec l'étranger de la République populaire de Chine. *L'Écriture de la messe, l'œuvre la plus ancienne de l'Albanie.* Bureau de liaison culturelle avec l'étranger de la République populaire de Chine, 1995.

Chadli et Yang Chengxu. « Journal du peuple albanais ». *The Press*, no. 6 (1958).

Chen, Dengyuan. *Histoire nationale du lycée Chen.* Shanghai : Conseil mondial du livre, 1933.

Chen, Lidan. *Histoire de la communication de l'information mondiale.* Shanghai : Shanghai Jiao Tong University Press, 2016.

Chen, Lidan, et Huang Zhaohua. « La presse et la communication albanaises échappant au contrôle strict du blocus ». *Journalism and Mass Communication*, no. 21 (2016).

Chen, Lidan, et Zhang Jiale. « Histoire du journalisme et de la communication privés et des médias alternatifs au Venezuela ». *Journalism and Mass Communication*, no. 3 (2015).

Commission internationale pour le développement de l'éducation de l'UNESCO. *Apprendre à survivre – le monde de l'éducation aujourd'hui et demain.* Traduit par Bureau de recherche sur l'éducation à l'étranger, Université normale de Shanghai. Shanghai : Yiwen Publishing House, 1979.

Cotrim, Gilberto. *História Geral para uma Geração Consciente.* Editora Saraiva, 1994.

Fang, Shengdai, et Zhang Zaijie. « Le rêve d'outre-mer du peuple Xinhua ». *Printing Manager*, no. 1 (2016).

Gan, Xifen. *Dictionnaire du journalisme.* Zhengzhou : Maison d'édition populaire du Henan, 1993.

Hamadani, Rashid al-Din. *Jami' al-tawarikh*. Traduit par Yu Dajun. The Commercial Press, 1986.

http://www.linotype.org/.

https://www.bl.uk/collection-items/the-communist-party-manifesto.

Isaacson, Walter. *Biographie de Franklin*. Traduit par Sun Yuning. Beijing : CITIC Press Group, 2015.

Jia, Chunyan. « Une étude de l'écologie linguistique et de la politique linguistique au Pakistan ». *Foreign Languages and Cultures*, no. 2 (2020).

Li, Ying. *Deux mille ans d'impression chinoise en couleurs*. Nanchang : Jiangxi Science & Technology Press, 2009.

Li, Yufeng. « Papier finlandais : Important producteur et exportateur de pâte à papier et de papier en Europe ». *China Pulp & Paper Industry*, no. 21 (2017).

Lu, Zhen. « Contributions juives à la Renaissance italienne ». *History Teaching*, no. 11 (2011).

———. « L'humanisme de la Renaissance en habits juifs ». PhD diss., Université Fudan, 2013.

Ma, Xiaolin, et Gao Jie. « Le journalisme et la communication jordaniens se développent avec le pays ». *Journalism and Mass Communication*, no. 4 (2018).

Marx et Engels. *Œuvres complètes de Marx et Engels (Volume 1)*. Traduit par Bureau de compilation et de traduction des œuvres de Marx, Engels, Lénine et Staline du Comité central du Parti communiste chinois (PCC). Beijing : People's Publishing House, 2009.

———. *Œuvres complètes de Marx et Engels (Volume 41)*. Traduit par Bureau de compilation. Beijing : People's Publishing House, 2009.

Mendoza. *Historia del Gran Reino de la China*. Traduit par Sun Jiakun. Beijing : Central Compilation & Translation Press, 2009.

Mijares, Augusto. *Libérateur Bolivar*. Traduit par Yang Enrui et Chen Yongyi. China Translation Corporation, 1984.

Mo, Feng. « Les premières pages des journaux estoniens collectivement "ouvertes" ». *Référence pour les jeunes*, le 23 mars 2010.

Niseteo, Anthony. « The First Press in Croatia ». *The Library Quarterly*, no. 3 (1960).

Priester, E. *Petite histoire de l'Autriche*. Traduit par Tao Liang et Zhang Fu. Beijing : SDX Joint Publishing Company, 1972.

Qi, Hongzhou. « Recherche sur le développement de l'art des timbres chinois ». PhD diss., Université Normale du Shanxi, 2017.

Quintana, Manuel José. *Poesías*. Madrid : Imprenta Nacional, 1813.

Reporteur. « Slayer of Beltan Prisoner after Duel; Victim's Body Lies in State – Uruguayan Politics in Ferment ». *The New York Times*, 4 avril 1920.

Shen, Suochao, et Huang Yalin. « L'héritage culturel chinois du point de vue des médias chinois africains : le cas des médias chinois sud-africains ». *Culture and Communication*, no. 8 (2019).

Singer, Samuel Weller. *Playing Cards; Origin of Printing*. London : T. Bensley and Son, 1816.

Sun, Baoguo, et Guo Dantong. « L'essor et le déclin du papyrus et ses implications historiques ». *Collected Papers of History Studies*, no. 3 (2005).

Ulich, Robert. *History of Education Thought*. Jefferson City : American Book Company, 1945.

Wang, Mingmei. « Développement rapide de l'éducation en Libye ». *Arab World*, no. 4 (1984).

Wang, Yijun. « Aperçu de l'industrie de la presse et de l'imprimerie au Laos ». *Print World : Fenêtre sur l'Asie du Sud-Est*, no. 7 (2005).

Wu, Geyan. *La Communication Culturelle*. Beijing : PLA News Media Center, 2006.

Wu, Yonggui. « L'Orient rencontre l'Occident : un examen technosocio-historique des caractères mobiles chinois de style occidental ». *Research on the History of Publishing in China*, no. 1 (2019).

Yu, Tian, « L'écriture albanaise ». *Réformes de l'écriture*, no. 9 (1963).

Zhang, Enqiang. « Étude sur les débuts de la diffusion du christianisme au Siam (1828-1868) ». MA thesis, Université du Fujian, 2016.

Zhou, Xuan. « Abécédaire sur Le véritable bilan du dialogue sur le christianisme orthodoxe ». MA thesis, Université des langues étrangères de Beijing, 2019.

À PROPOS DE L'AUTEUR

Li Ying, directrice adjointe des Archives nationales des publications et de la culture de Chine (China National Archives of Publications and Culture, CNAPC), vice-présidente et secrétaire générale de l'Association chinoise de recherche sur l'histoire de l'imprimerie, membre de l'Association chinoise des écrivains scientifiques populaires. Elle est l'autrice d'ouvrages tels que *Patrimoine culturel de l'imprimerie sous les Cinq Dynasties, 2 000 ans de l'impression en couleur en Chine*.